A MODERN HISTORY OF JAPAN
FROM TOKUGAWA TIMES TO THE PRESENT
Second Edition

Andrew Gordon

Yeesan Publishing Co.

도쿠가와 시대에서 현대까지

앤드루 고든 지음 / 문현숙·김우영 옮김

개정판

현대일본의 역사 1

이산

현대일본의 역사 1
도쿠가와 시대에서 현대까지

2005년 4월 30일 초판 1쇄 발행
2015년 3월 5일 개정판 1쇄 발행
2020년 2월 18일 개정판 3쇄 발행
지은이 앤드루 고든
옮긴이 문현숙·김우영
펴낸이 강인황
도서출판 이산
서울특별시 중구 필동로8가길 10
Tel : 334-2847/Fax : 334-2849
E-mail : yeesan@yeesan.co.kr
등록 1996년 8월 8일 제2015-000001호

인쇄 한영문화사/제본 한영제책
ISBN 978-89-87608-73-0 04910
ISBN 978-89-87608-72-3 (전2권)
KDC 913(일본사)

가격은 뒤표지에 있습니다.

www.yeesan.co.kr

차례

3부 제국 일본, 융성에서 붕괴까지

2권

일러두기

1. 이 책은 Andrew Gordon, *A Modern History of Japan: From Tokugawa Times to the Present*, Second Edition(Oxford University Press, 2009)를 완역한 것이다. 저자는 초판의 일부 내용에 첨삭을 가하고, 마지막 장에서는 개고(改稿)를 했다. 그러나 본서는 제2판의 첨삭·개고된 부분만을 추가번역한 것이 아니라, 사실상 재번역에 가까운 전면개정을 하게 되었다. 나름대로 최선을 다했지만, 지금 돌이켜보면, 부족했던 초판 『현대일본의 역사』가 독자들로부터 예상외의 과분한 사랑을 받았기 때문에, 이번 기회에 뭔가 보답을 해야겠다는 마음이 작용했던 것이다. 번역과정 에서는 일어판 森谷文昭 譯, 『日本の200年』上·下(東京, みすず, 2006)으로부터 많은 도움을 받았다. 그리고 이 책을 번역하는 내내 격려와 조언을 해주신 분들께 감사의 말씀을 드리고 싶다. 특히 지금은 은퇴했지만 여전히 공부하고 노력하는 훌륭한 일본의 편집자 야마모토 도시오 선생께 감사드린다.

2. 일본어를 비롯한 모든 외래어는 외래어 표기법에 따라 표기했으며, 필요할 경우 한자나 원어를 ( ) 안에 병기했다. 단, 일본어의 한자는 우리의 한자음대로 쓰는 관용(慣用)을 고려하여 인명이나 지명이 아닌 경우에는 그 관용을 많이 따랐다.
   예) 바쿠후(幕府)→막부, 한(藩)→번, 지민토(自民黨)→자민당

3. 독자의 이해를 돕기 위해 옮긴이의 설명이 필요한 경우, *† 등을 표시하여 해당 페이지 하단에 각주로 처리했다.

4. 방점을 붙인 부분은 원서에서 이탤릭체로 강조한 부분이다.

5. 본문 중에서 〔 〕로 표기된 것은 옮긴이가 덧붙인 것이다.

한국어판 서문

내 책이 한국어로 번역되어 출판된다니 대단히 영광스럽다. 다른 나라에서도 번역이 진행되고 있지만, 한국어 번역판이 제일 먼저 나온다는 것은 의미심장하다. 이는 번역자들과 이산출판사의 노고를 말해주는 것은 물론이요, 현재 한국 내에서 일본사를 보는 다양한 시각에 대한 관심이 점점 커지고 있다는 사실을 입증하는 것이라고 믿는다.

나의 저서가, 일본사에 관한 전형적인 '미국의 시각'을 보여준다고 확언하긴 어렵지만, 미국과 여러 나라에서 이루어지고 있는 일본과 아시아에 관한 역사적 연구의 최신 조류를 어느 정도 반영하고 있는 것은 사실이다. 그리고 이 책의 초점은 일본의 근대사에 맞춰져 있으나, 일본 제국주의, 식민지 점령을 전후한 일본과 한국의 상호작용, 그리고 일본과 세계의 관계도 분명 중요한 주제라는 점을 덧붙여야겠다. 몇 년 동안 이 책을 준비하면서, 그리고 그전에 이 책의 기틀이 된 강의를 구상하면서, 제국주의의 중요성에 대한 나의 견해는 상당한 변화를 겪었으며, 결과적으로 나는 그것을 일본사의 핵심문제로 보게 되었다. 다시 말해서 제국의 역사가 정통 일본사의 주변부에서 발생한 게 아니라, 일본의 근대적 경험에서 나온 핵심적인 그 무엇이라고 생각하게 되었다. 나는 듀

크 대학과 하버드 대학의 대학원생들한테서 자극을 받아 그런 관점을 발전시키게 되었다. 또한, 한국사와 일본사를 전공하는 동료의 새로운 연구로부터 많은 영향을 받았다. 그들 모두에게 감사드린다.

제국의 역사를 일본의 근대기에 자리매김하는 나의 작업이 아직까지는 불완전하다는 점이 두렵긴 하지만, 이 책이 20세기 전반에 일어난 제국의 건설과 국내질서의 구축을 같은 동전의 양면으로 본다는 점에서 영어로 출판된 다른 연구에 비해서는 진일보한 것이라고 믿고 싶다. 나는 이 주제와 다른 문제에 관한 한국독자들의 반응이 무척 궁금하다.

이 책이 출간된 지 약 2년이 흘렀다. 그동안 여러 사건이 발생했고, 이것들은 앞으로 개정판에서 다루어지게 될 것이다. 그 중에서도 가장 중요한 것은 아마도 일본의 정부와 미디어, 대중과 남북한 사이의 변화무쌍한 관계일 것이다. 이 책이 나올 당시만 해도 상황은 다소 호전되는 듯이 보였다. 나는 고이즈미 총리가 북한을 방문한 2002년 가을에 일본에 있었는데, 그 역사적 사건은 잠시나마 김정일 정권과 일본 사이의 국교가 정상화될 것 같은 기대를 품게 했다. 그러나 불운한 일본청년 몇 명이 북한정권에 의해 납치되었고 그들 중 절반은 사망했다는 소식이 알려지자마자, 일본의 대북정책은 흥분한 여론에 압도되어버렸다.

이 서문에서 그 일화를 자세히 설명하려는 것은 아니며, 단지 일본적 사고방식과 관련하여 한 가지만 지적하고자 한다. 물론 무고한 민간인을 납치한 것에 대해 일본국민이 분노를 표출한 것은 충분히 납득할 수 있다. 그러나 한국인의 입장에서 보면 북한정부가 개인 몇 명을 납치한 것은 제2차 세계대전 당시에 일본군이 수천 명의 남녀를 납치하는 만행을 서슴지 않았던 것에 비해 비교적 미미한 인권유린에 불과할 수도 있을 것이다. 그러나 이런 사실을 2002년 가을의 과열된 분위기 속에서 공론화하기란 거의 불가능했다. 정치인과 여론 주도층을 비롯한 수많은 일본인이 보여준 격한 감정적 대응과 납치 희생자 및 그 가족들에 대한

과도한 관심은, 제2차 세계대전 이래 기이하게(어쩌면 예측 가능하게)
균형감을 상실한 '피해의식'이 세계에 대한 일본적 사고방식의 근저에
흐르고 있음을 여실히 입증해준다.

　쉽지 않은 작업을 해낸 번역자들과 이산출판사에 거듭 감사를 표하
는 바이다.

매사추세츠 주 케임브리지에서

앤드루 고든

머리말

지난 두 세기에 걸쳐 일본인이 했던 경험은, 근현대에 일어난 다양한 변화에 대한, 빠른 속도로 전개된 매력적인 이야깃거리다. 이 책이 주로 다루는 것은 도쿠가와 쇼군가(將軍家)에 의한 지배의 마지막 수십 년이 시작된 1800년경부터 20세기 말까지 약 200년의 일본역사이다.

이 두 세기는 전세계적으로 보더라도 엄청난 변혁이 일어난 시대였다. 논의의 출발점인 1800년 전후는 세계사에서 하나의 예외적인 순간인 동시에 일본에서도 그것과 연동해서 거대한 전환이 시작되려던 시기였다. 영국에서 일어난 산업혁명은 경제력과 군사력의 글로벌한 균형을 극적으로 변화시켰다. 프랑스를 비롯한 여러 지역에서 일어난 정치혁명은 근대적인 국민국가와 근대적인 내셔널리즘을 탄생시키고, 인간사회에서 무엇이 올바르며, 무엇이 가능한지에 대한 새로운 사상을, 더 나아가서는 다양한 새로운 지배형태를 전세계로 퍼뜨렸다. 이 책은 먼저 1부에서 이러한 세계적 규모의 다양한 변화와, 도쿠가와 막부 지배하에서 일본의 정치·사회적 질서에서 일고 있던 위기가 어떻게 교차하는지에 대해서 검토한다.

2부의 주제는 19세기 말 일본의 근대혁명과 놀라울 만한 변혁이다.

이것은 1868년에 즉위한 천황의 연호 메이지(明治)에서 딴 메이지 시대에 일어났다. 메이지 시대의 일본은 반(半)식민지적 상태에서 제국주의적인 강국으로 신속히 전환하여 세계를 깜짝 놀라게 했다. 3부에서는 세계적인 대국으로서 일본이 대두되기 시작하여 제2차 세계대전이라는 파멸적인 경험으로 끝난 일본의 제국주의시대에 대해서 검토한다. 마지막 4부에서는 현대일본의 전후사와, 오늘날 일본과 전세계의 사람들이 직면하고 있는 다양한 문제를 다룬다.

상호연관성과 근대성이라는 두 가지 테마

이 책의 제목 A modern History of Japan(일본의 근대사)은 근대성과 상호연관성이라는 두 테마의 중요성을 표현하고 있다. 이 책과 같은 작품에는 'Modern Japanese History'(근대일본사)라는 제목을 붙이는 것이 보통이다. 그런 제목을 붙인다는 것은 일본적 특수성이 서술의 중심을 이루고 있음을 시사하는 것이고, '근대'라 불리는 시대에 우연히 생긴 특수한 '일본적인' 이야기로 독자들의 눈이 향하게 한다는 뉘앙스를 가질 것이다. 이 책은 일본적인 것과 근대성 사이의 그런 균형을 바꾸고 싶다는 목적에서 'A Modern History of Japan'을 채택했다. 여기에 일본이라 불리는 장소에서 우연히 전개된 특수한 '근대의' 이야기가 서술된다.

다시 말하면 일본의 근대사는 일관해서 보다 넓은 세계의 근대사와 불가분한 것이었고, 따라서 상호연관성이 이 책의 중심적인 주제의 하나가 되지 않으면 안된다. 국외에서 가지고 들어온 사상, 사건, 제품과 물건, 물적·인적 자원은 어떤 때는 플러스 방향으로, 어떤 때는 마이너스 방향으로 작용하면서 일본에서 일어난 사건·사고에 심대한 영향을 미쳤으며, 또한 역으로도 그랬다. 이 역동적인 과정에서 일본에서 살던 사람들은 다른 지역에서 살던 사람들과 많은 것을 공유해왔다. 이 주제는, 이하의 각 장에서 우리가 정치, 경제, 사회, 문화사에 관한 레토릭을 논해감에 따라서 명백하게 드러날 것이다.

　도쿠가와 막부체제가 내적인 요인 때문에 위기에 처한 것은 확실하지만, 국제환경의 변화도 막부체제의 붕괴를 초래하는 촉매적인 작용을 했다. 새로운 지도자집단이 서둘러 그린 국가건설의 청사진은, 구미(歐美)가 군사력과 경제력을 어떻게 해서 가지게 되었는지에 대한 그들의 이해를 반영하고 있다. 이들 지도자집단의 노력은 반대와 논란을 불러일으켜 가면서 생각해낸 대로 추진하다 멈추고, 추진하다 또 멈추는 식으로 단속적으로 진행되었다. 그러나 이 지도자집단이 추진한 근대화의 다양한 프로젝트는 엄청나게 거대하고 강렬한 것이었다. 그때 이래 국민국가의 성격은 세계의 다른 지역과 마찬가지로 일본 근대사의 하나의 중심적인 쟁점이 되었다. 따라서 정치를 어떻게 조직할 것인가를 둘러싼 항쟁은 이 책의 중심적인 테마이다. 그런 항쟁의 쟁점이 된 것들은 세계 곳곳에서 근대정치의 쟁점이기도 했다. 헌법과 의회, 군주제와 민주주의, 남녀의 권리, 내셔널리즘, 제국주의, 군대의 역할 등의 이념과 제도였다. 이 책에서는 지배자들이 위로부터 밀어붙인 정책과, 그런 정책에 영향을 준 일반 사람들에 의한 정치행동, 양방향에 주목한다.

　자본주의의 발흥은 세계 곳곳에서 그랬던 것처럼 19세기부터 20세기에 일본을 근대화해 나가는 과정에서, 또 하나의 중요한 측면을 이루고 있다. 이 책에서는 정부와 민간인 각자가 맡은 역할과 그리고 노동자와 경영자의 상호작용에 대해서 검토한다. 사회 각 계층간의 관계, 노동현장과 가정 내에서의 남녀간의 관계, 농민과 도시주민 사이의 관계는 세계의 다른 지역과 마찬가지로 일본에서도 복잡함과 동시에 사회적으로 중요한 의미가 있다. 조화의 중요성을 강조하는 호소가 자주 있었고,

그런 호소가 효과를 거둔 적도 적지 않았지만, 충돌과 대립도 빈번히 일어났고 종종 격렬한 양상을 띠기도 했다. 이 책에서는 그런 충돌과 대립에도 세심한 주의를 기울일 것이다.

국가간의 갈등, 그리고 국가로서의 독립을 이루려는 사람들과 국가와의 사이의 항쟁은, 세계 근대사의 제3의 중요한 측면이었다. 이 면에서 일본이 아시아 지역에서 또 세계에서 해낸 역할은 그 다양성에서도, 또 특히 20세기 전반에 파멸적인 영향을 초래했다는 의미에서도 주목해야 하는 것이다. 1850년대에서 1880년대 말 사이, 일본은 구미 열강에 지배당한 종속적인 반식민지였다. 그런데 1905년에는 일본은 그런 서양열강과 어깨를 나란히 할 정도로 식민지 소유국이 되었다. 1930년대와 1940년대에는 일본은 제국주의적인 팽창정책과, 아시아 전역을 지배하기 위한 전쟁을 수행했고, 비극적인 결과를 초래했다. 그 이후 일관되게 일본은 글로벌 정치에서는 평화주의에 입각하여 수동적인 국가로 존재해왔다. 일본과 아시아와 구미와의 사이에서의 이런 대립관계와 그 전개도 다음 각 장의 중요한 초점의 하나이다.

근대사의 세부구조에서 다양성은 상호연관성이라는 동전의 양면 중한 면이다. 일본을 포함해 어떤 지역의 역사도 보다 넓은 세계사의 다양한 테마에 대한 변화를 제시한다. 가령 연관성과 글로벌한 상호작용이 일본근대사의 중심적인 테마라고 해도, 일본인의 사고와 행동이, 무언가 독자적인 특징을 띠고 있는 것 또한 부정할 수 없는 사실이다. 이 책은 일본과 그 밖의 지역의 근대의 공통경험을 강조하지만, 그것과 동시에 일본과 다른 지역의 차이를 가져온 일본의 독특한 경험에 대해서도 조명한다. 예컨대 도쿠가와 시대 무사계급의 특성은 19세기 말 근대화 과정에서 일어난 다양한 변혁의 방법을 크게 규정했다. 일본국가가 강력한 역할을 계속해온 것도 일본의 근대사의 또 하나의 두드러진 특징이다. 정부는 사회계급의 관계나 남녀간의 관계에 관련되는 복잡하고 까다로운 사회·경제 변혁의 과정을 직접 통제하려고 한결같이 노력해왔다. 정부가 취한 행동은 의도하지 않은 결과를 야기한 적도 있지만, 중요하지 않았던 것은 결코 없었다.

일본근대사의 그런 특별한 점을 인식하는 것은 중요하다. 그러나 일본의 역사를 유례없이 특이하다든가 이색적으로 보지 않는 것은 연구자에게도 학생에게도 아주 중요하다. 일본의 역사를 특수하다고 보는 함정이 존재하는 이유의 하나는 '일본다움'이라든가 '일본적인 것'이라 불리는 것을 정의하고 보존하는 데 일본에 사는 사람들이 강한 관심을 둬왔다는 것, 경우에 따라서는 혈안이 되어왔던 점을 지적할 수 있다. 이 점은 적어도 19세기부터 오늘날에 이르기까지 잘 들어맞는다. 거기서 '일본'이란 무엇인가를 둘러싼 광범위한 관심이, 엘리트의 문화와 대중문화에 대한 이하의 논의에서 하나의 중요한 테마가 된다. 이른바 일본적 전통이라 불리는 것이 갖고 있는 특징의 많은 부분은 그 근원을 밝혀보면 근대가 되고 나서 신화로서 만들어진 것이다. '일본적 전통'은 때로는 진보의 앞길을 가로막는 걸림돌로 여겨진 적도 있는가 하면, 때로는 전세계에 보고 배워야 할 모범으로 제시된 적도 있다. 그러나 미국인이 특수한 '미국적인 생존방법'을 정의하고 지키려고 해왔던 것과 마찬가지로, 그리고 또 프랑스든 중국이든 혹은 지구상의 어떤 나라든 거기서 사는 사람들이 저마다 '독자적인' 특징을 주장하며 지켜온 것과 마찬가지로, '일본다움'이나 '일본적인 것'을 특정하고 지키려는 지대한 관심도 일본에서 근대사를 통해 존재해왔던 것이다.

감사의 말

이 책을 집필하는 과정에서 나는 운 좋게도 많은 분의 도움과 조언을 얻을 수 있었다. 하버드 대학의 대학원생 몇몇은 자료와 정보를 수집하고, 도표를 작성하고, 수많은 사실의 대조 등의 작업을 담당해주었다. 그런 협력에 대해서 제프 베일리스, 테드 맥, 나카노 요이치, 에머 오드와이어에게 고마움을 표한다. 베일리스와 맥은 각자의 전문분야인 일본 소수민족의 역사와 문예·출판의 역사에 관한 분절(分節)을 집필할 때도 도와주었다. 세밀 아이딘한테서도 역시 범아시아주의(pan-Asianism)에 관한 서술을 할 때 조언을 받았다. 나의 동료인 헬렌 하드에이커는 1990년대의 종교에 관해서 귀중한 조언을 해주었다. 또 출판사의 요청에 응해서 본서의 초고 전체를 훑어보고 꼼꼼하게 매우 유익한 비평을 해준 게리 앨린슨, 티머시 조지, 바버라 몰로니와 익명의 두 독자를 포함한 역사가 동료에게는 큰 신세를 졌다. 옥스퍼드 대학 출판부에서 이 책의 편집을 담당한 낸시 레인, 조이아 스티븐스, 피터 코브니는 인내심을 갖고 나를 격려해주고 귀중한 조언을 해주었다. 이 모든 사람의 협력 덕분에 나의 책은 그런 협력이 없었을 경우보다 훨씬 좋은 책이 되었다. 그럼에도 불구하고 남아 있을지도 모르는 결함에 대한 책임은 나에게 있다.

웹사이트

이 책에는 중요한 역사문서의 영역(英譯), 리포트를 위한 테마와 자습을 위한 설문(設問), 일본 근대사를 배우는 데 유익한 수많은 웹사이트를 링크해 놓은 전용 웹사이트 www.oxfordjapan.org가 마련되어 있으니 활용해주기를 바란다.

지울 수 없는 유구한 역사의 흔적

1868년에 정권을 잡은 지배자들은 일본의 근대혁명이라 부를 만한 큰 변화를 가져올 다양한 변혁에 착수했다. 이 전환기를 이해하려면 우선 1600년대에 형성된 정치·사회·문화질서와 1700년대와 1800년대에 일어난 많은 변화에 주목할 필요가 있다. 그래서 도쿠가와 시대의 역사가 1부의 초점이 된다. 하지만 그 전에 처음으로 일본의 근세사와 근대사를 공부하려는 독자들을 위해서 근대보다 훨씬 오랜 옛날에 기원하고, 근대에 이르러서도 여전히 중요한 지리, 정치, 국제관계, 그리고 문화의 중요한 특징에 대해서 간단히 소개하고자 한다.

지리와 기후

오늘날 일본의 영토는 한반도와는 아주 가까운 거리로 약 100km, 중국본토와는 약 160km 떨어진 가늘고 긴 열도로 되어 있다. 네 개의 주요 섬은 규슈(九州), 혼슈(本州), 시코쿠(四國), 홋카이도(北海道)이다.(일본의 지배자가 홋카이도의 영토 또는 주민을 지배하게 된 것은 19세기 이후의 일이었다.) 열도는 북동쪽에서 남서방향을 향해서, 미국 동해안의 길이에 거의 필적하는 1,920km의 거리를 비스듬히 뻗어 있다. 일본의 전국 어디든 바다로부터 그다지 멀지 않다. 해안선에서 가장 많이 떨어져 있는 내륙부도 해안까지의 거리가 130km밖에 안된다. 일본의 국토면적은 39만 제곱킬로미터로 미국 몬태나 주와 비슷한 넓이이다. 저지대의 평야는 국토의 13%가 채 안되고, 해발의 높은 대지를 포함해도 평탄한 국토는 25%밖에 되지 않는다. 국토의 3분의 2 이상은 경사가 가파른 산지로 되어 있다. 강우량은 풍부하다. 봄에서 고온다습한 여름으로 넘어갈 무렵인 6월에서 7월에 우기가 찾아온다. 우기의 강우량은 아시아의 다른 몬순지대에 비하면 적지만, 관개와 벼농사를 하기에는 충분하다.

이런 지리적 조건의 몇 가지 특징은 일본근대사와 관계가 있다. 열도를 형성하는 4개의 큰 섬 중 서쪽에 있는 규슈로부터 아시아 대륙까지의 거리는 2천 년 이상의 옛날부터 해상 왕래가 가능할 정도로 가까우면서도, 그 왕래를 위험에 빠뜨릴 만한 거리였다. 실제로 근대에 이르기까지 이 거리는 대륙의 일본침략이나 일본의 대륙정복을 위한 군사원정대를 파견할 수 있게 했으며, 또 한편으로 그런 군사행동을 아주 드물게 만들었다. 대륙으로부터 적당히 떨어져 있다는 것은 오늘날 일본열도의 주민들에게, 즉 근대 이전의 주민과 그 이후 가장 최근의 주민의 양쪽에게 아시아대륙의 여러 문화와 자신들의 관계에 대해서 양면적인 감정을 갖게 하는 작용을 했다. 일본인은 중국으로부터 계승한 무형의 유산을 자랑스러워하다가도, 어느 순간 언제 그랬냐는 듯 그 영향을 무시하고 독자적인 정체성을 강조하는 언행을 반복해왔다.

특히 가장 큰 섬인 혼슈의 중앙에서부터 남서부에 이르는 지역은 온난하고 습윤한 기후 덕분에 농경에 적합했고 나날이 증가하는 인구를 먹여 살렸다. 정착농경이 이루어지고 나서부터 최초의 수세기의 인구는 약 500만이었다고 하는데, 그것이 1800년대 초에는 3천만 명으로 늘어났다. 특히 광대하고 비옥한 두 곳의 평야는 경제·정치·문화의 중심으로서 중요한 역할을 담당했다. 하나는 일본 중서부의 간사이(關西) 평야로, 이 평야는 오늘날의 오사카와 교토 주변에 위치해 있는 고대와 중세 도시들의 기반이었다. 또 중동부에서는 간토(關東) 지방에 일본 최대의 평야가 펼쳐져 있다. 도쿠가와 시대의 지배자들이 원래 간토평야 연안에 붙어 있는 작은 어촌이었던 지역을 개발해 에도(江戶)라는 대도시로 키웠다. 1868년 이래 에도는 도쿄로 개명되어 세계적으로 유명한 근대적인 수도로 발전했다.

기후와 농경에 적합한 평야지역이라는 지리적 유산은 확실히 인구증가를 가능케 했지만, 다른 한편으로 일본의 지형은 사람들을 서로 격리시켜, 서로의 접촉을 제약하는 기능도 했다. 일본열도는 작게 한 덩어리로 되어 있지만, 산과 산림이 많은 것과 강이 짧고 유속이 빠르고, 긴 거리를 유유히 흘러가는 하천이 없는 것이 교통과 통신을 방해해 중앙집권적인 정치지배를 곤란하게 했다. 오늘날 일본인이 정치적 일체성을 갖고, 일본인으로서의 강한 정체성을 가지고 있는 것을 보면, 그런 일체감과 정체성의 공유가 면면히 이어져 온 역사체험에 깊게 뿌리 박고 있는 것처럼 생각되기도 한다. 하지만 그것은 사실과 다르다. 근대 이전의 대부분의 시기를 통해 중앙의 권력자의 지배가 미친 것은 수도와 인접한 근교뿐이고, 그보다 먼 지역에 대한 지배는 한정되어 있었다. 도쿠가와가(家)가 1600년에 권력을 획득하기 전까지 300년에 걸친 권력의 분산상태는 특히 심했다. 또 정치질서가 형성되고 평화로운 상황이 지속되었다고 알려진 도쿠가와 시대가 되고 나서도, 지방의 지배자들은 상당한 자치권을 확보하고 있었다. 일반서민들이 공통의 일본문화의 담당자로서 정체성을 공유하는 정도는 아주 한정되어 있었다. 일본이란 장소로서도 하나로 통합되어 있고, 거기에 사는 주민과 국민으로서도 하나로 통합되어 있다는 사고는, 많은 면에서 근대에 만들어진 것이다. '일본인'이라는 관념은 완강하게 저항하는 지형에 대처하려고 급조해낸 정체성이다.

정치제도

　　　　　일본의 천황과 황실은 근대사에서 중심적인 역할을 수행 해왔다. 근대의 혁명적인 대변동을 견디며 살아남은 왕실은 세계에서도 몇 안되지만, 일본의 천황가는 근대변혁기에도 살아남은 몇 안되는 그 중 하나이다. 사실 일본역사에서 7세기와 8세기를 제외하고 일본의 황 실이 19세기와 20세기의 근대화된 황실 이상으로 중요한 의미를 가진 적은 없었다.

　현 천황가의 가계는 6세기 초까지 거슬러 올라간다. 천황가는 정치적 패권을 다투던 몇몇 씨족의 하나를 통솔하던 남녀 수장(首長)·제사(祭 司)의 일족이었던 야마토(大和) 일족에서 시작되었다.(초기의 군주 중 8명이 여성이었다.) 8세기 초엽에 이 야마토 일족은 정치적으로도 종교 적으로도 비할 데 없이 확고한 지배력을 갖게 되었다. 일족은 수도를 건 설하고, 연대기의 편찬을 명했는데, 그렇게 편찬된 연대기에서는 일족 의 계보의 출발점을 A.D. 6세기에서 더 과거로 거슬러 올라가 28명의 전설상의 지배자들을 거쳐 B.C. 660년까지 연장된다는 신화화된 계보 가 만들어졌다. 이 고대신화는 19세기 말에 공인된 '근대적' 황국사관으 로 되살아난다.

　당초에 보였던, 강력한 천황이 정치에 직접 관여하는 현상은 길게 이 어지지 못했다. 몇 번의 예외가 있긴 하지만, 9세기부터 19세기까지 천 황이 정치적으로 중요한 위치를 점한 적은 거의 없었다. 역대 천황은 토착적인 신도(神道)의 전통에 따라 사제로서 종교적 역할을 수행해왔으나, 정치에 관해서는 다른 위정자들이 천황의 이름으로 지배하게 되었다. 처음 등장한 것은 조정과 관계가 두터운 귀족이고, 이어서 등장한 것은 다양한 사회적·정치적 기반을 가진 무사계급(士族)이었다. 요컨대 19세기의 근대화된 군주는 확실히 눈에 띄는 형태로 정치에 관여했는데, 이는 과거로부터 크게 일탈한 것이었다.

19세기의 혁명적 대변동에서는 오랜 역사를 가진 군인들도 중요한 역할을 담당했다. '사무라이' 또는 무사(武士, 일본어로는 '부시')라고 하는 말은 일본의 전사(戰士)들, 즉 제1부의 서술 중에서 중심적인 존재가 되는 다양한 집단을 가리킨다. 처음 무사가 역사에 등장한 것은 10세기경이다. 그들은 수도의 귀족을 섬기거나 조정에 봉사하는 지방의 전사들로서 활과 화살이 그들의 최고 무기였다. 시대가 내려가면서 무사는 귀족과 대등한 입장에 서게 되고, 마침내 귀족보다 위에 서게 되었다. 막부(幕府)라 불리는 최초의 군사정부가 간토 지방 연안의 어촌인 가마쿠라(鎌倉)에 수립된 것은, 1180년대의 일이었다. 이 정부를 이끈 미나모토노 요리토모(源賴朝)는 무력으로 권력을 장악했지만, 그후 전국의 통치자로서의 주장을 정당화하기 위해서 천황을 설득하여 쇼군(將軍, 정식명칭은 征夷大將軍)의 칭호를 하사받았다. 그 이후에도 무사 지배자들은, 근대 초에 권력의 자리에 있었던 도쿠가와가의 지배자들도 포함해서 마찬가지로 조정으로부터 쇼군의 칭호를 하사받음으로써 정통성을 획득했다.

전쟁의 기술은 시대와 더불어 변해갔고, 활과 화살에서 칼로, 이어서 16세기에는 철포(鐵砲)로 바뀌었다. 게다가 무사계급의 사회적·정치적 조직도 크게 변했다. 초기의 무사들은 개별적으로 전투에 참여했으며, 지방에 기반을 둔 무사의 가족은 도시에 집중해 있었던 것은 아니고 넓게 농촌에 흩어져 생활하고 있었다. 주민들에 대한 무사의 지배력은 약한 경우도 적지않았다. 15세기에서 16세기가 되면 한층 결속력이 강해진 무사집단이 다이묘(大名)라 불리는 군사력을 갖춘 수장의 휘하에 들어가게 된다. 16세기 중반경에는 정치권력이 극도로 분산되는 상황이 벌어졌다. 일본열도는 야심에 불타 서로 의심하고, 저마다 동원 가능한 상당한 병력을 거느린 영주인 다이묘가 지배하는 수백의 정치단위, 내지 번(藩, 영지)으로 분할되어 있었다. 근세 일본의 정치사는 이들 영주 중 소수가 나머지 자들을 제압해서 수하(手下)로 만들며 통일해가는 과정으로 시작되었다.

근대 이전 해외와의 접촉

유럽의 선교사들과 무역상들이 최초로 일본을 찾아온 것은, 이 통일과정이 시작되기 바로 전인 1540년대였다. 그들은 철포와 그리스도교의 신을 가지고 왔다. 유럽 전래의 화기에 의해 천하통일 야망에 불타던 센고쿠 다이묘(戰國大名)들의 사기는 높았고, 열도의 주요 섬들이 정치적 통일로 향하는 과정도 가속화되었다. 유럽 도래의 병기에 비하면, 그리스도교의 영향은 비교적 적었다. 1600년까지 스페인과 포르투갈 선교사들의 포교활동에 의해 그리스도교로 개종한 사람은 30만 명에 달했다. 그러나 외국의 신으로의 귀의(歸依)가 정치적 배신행위를 초래하지 않을까 하는 두려움도 한 가지 이유가 되어 일본의 지배자들은 1590년대 이후 그리스도교의 포교금지와 유럽인들과의 교역제한이라는 조치를 취하기 시작했다. 1630년대까지 이런 제한조치는 실효를 거두었다. 이처럼 근대가 시작되기 전 한 세기 동안 유럽인들이 일본에서 행한 역할은, 중요하긴 하지만 비교적 한정적인 것에 머물러 있었다.

月 = 달(つき)

上, 下 = 위, 아래(した)

權利 = 권리(けんり)

일본에 수입된 한자의 근대적 용례. 달을 가리키는 문자는 시각적으로 초승달의 이미지를 나타내는 상형문자이다. 위·아래를 가리키는 문자는 좀더 추상적으로 그 뜻을 전한다. 권리처럼 더욱 복잡한 조어는 19세기에 일본에서 만들어졌는데, 구성요소의 형상이 나타내는 바와는 직접적인 관련이 없다.

　이와는 대조적으로 다른 아시아인, 특히 중국인과 한국인은 여러 세기에 걸쳐서 일본역사에서 큰 역할을 담당했다. 사실 근대 이전 중국 본토, 한반도, 일본열도의 역사는 서로 불가분의 관계를 맺고 있었다.

　근대가 시작되기 전 몇 세기 동안 아시아 지배자들 사이의 관계는, 중국을 정점으로 하는 '조공'(朝貢)제도를 중심으로 느슨하게 형성되어 있었다. 인도차이나에서 동북아시아에 이르는 광활한 지역에서 역대 중국 황제들은 가장 강대한 힘을 가진 존재였다. 그들은 국외의 민족들을 자신들보다도 문화적으로 열등하다고 간주했다. 주변국의 지배자(왕)들은 사신을 파견하여 '천자'(天子)라 불리는 중국황제를 배알하고, 그 앞에서 머리를 조아려 선물을 바치며 그 영광을 찬미해야 했다. 그 대신 황제는 조공국에게 보호를 약속하고, 이익을 남길 수 있는 무역을 허락했다. 한반도와 베트남의 지배자들은 이런 조공관계에서 속국으로 취급받는 것에 종종 불만을 품기도 했다. 그들이 조공의 의무(와 경제적 이익)를 받아들인 것은, 중국이 조공 요구의 배경에 (가끔 행해진 군사적 침공에서 볼 수 있듯이) 자국보다도 강대한 군사력을 가지고 있었기 때문이다. 일본의 엘리트들은 수세기에 걸쳐서 중국문화와 한국문화가 낳은 성취를 자유롭게 손에 넣었지만, 도쿠가와 시대의 쇼군들을 비롯해서 대부분의 지도자는 조공체제가 함의하는 종속적 지위를 받아들일 마음이 없었다. 바다라는 천혜의 장애물 덕분에 그들은 한국과 베트남의 지배자들보다 중국의 조공 요구에 완강히 저항할 수 있었다. 그렇다 하더라도 19세기까지는 일본의 지배자들에게 조공제도를 대신하는 지역적인 제도를 만들어내서 실시하는 것도 힘들었다. 일본과 아시아의 인접국들 사이의 차이를 가져오게 된 일본 근대혁명의 중요한 한 가지 요인은 서양의 외교 및 국제관계의 제도를 수용하고, 서양의 논리에 근거해서 제국주의적인 지정학 게임을 해야겠다고 재빨리 결정한 일이었다고 말할 수 있을 것이다.

전근대로부터 계승한 아시아 각지의 민족과 얽히고설킨 역사적 유산은 이런 공식적인 외교관계의 전통 외에도 많은 부분에 영향을 미쳤다. 아시아 대륙은 일본문화를 특징짓는 거의 모든 요소의 발상지였다. B.C. 300-A.D. 300년의 시기에 도래인이 중국과 한반도를 거쳐 벼농사를 일본에 전했는데, 그 당시부터 20세기에 이르기까지 벼농사는 동아시아 전역에서 경제의 근간이었다. 새로운 전투기술도 비슷한 무렵에 들여왔다. 그후 몇 세기 동안 도래인과 일본에서 위험을 무릅쓰고 해외를 견문하고 여행한 사람들이 들여온 한자를 기초로 문자언어가 만들어졌다. 도래인과 해외에서 도항한 일본인은 한자 외에도 정치 및 종교와 관련된 사상과 제도도 들여왔다. 문자와, 이런 외래의 사상과 제도는 나라(奈良) 및 헤이안(平安) 시대(8세기부터 12세기)에 고전적 일본문명을 탄생시키는 기초가 되었다. 종교적·경제적 면에서 아시아 대륙과의 중요한 관계는 중세기(13세기부터 16세기) 내내 계속되었다. 이처럼 근대 이전의 천 년 이상 동안 일본사람들과 도래인들은 아시아 대륙의 다양한 문화형태들을 도입해 일본의 환경에 순응시키는 작업을 계속해왔던 것이다.

이들 문화형태 중에서, 다시 말해서 종교·철학·정치에 관련되는 활동 중에서 전통적으로 특히 중요한 위치를 점한 것은 불교와 유교였다.

불교는 기원전 5세기에 남아시아에서 탄생한 후 번성해서 서기 1세기 내지 2세기에 중국에 전해지고, 더 나아가 한반도에까지 전파되었다. 6세기 초에 한반도 남서부에 있던 백제의 성왕(聖王)이, 불경과 불교미술품을 천황과 가까운 일본의 엘리트 씨족들에게 소개해주었다.

　발상(發祥)할 당시부터 불교는 고뇌야말로 인간 삶의 본질이라고 강조했다. 사람이 살아가는 데 따르는 고통을 해결하거나 극복할 수 있는 해탈 내지 깨달음의 경지로 사람들을 이끌어가는 것을 목적으로 한, 풍부하고 다양한 불교사상과 신앙형태가 먼저 인도에서, 이윽고 아시아 전역에서 발달했다. 종파 중에는 명상과 고행을 중시하는 종파가 있는가 하면, 붓다의 큰 자비를 바라며 구제를 청원하는 것을 중시하는 종파도 있었다.

　불교는 7세기부터 8세기에 걸쳐 일본 국내에서 문화와 정치 양면에서 일찍이 매우 융성했다. 애초 융성했던 종파들은 결국 쇠퇴했지만, 그후 수세기에 걸쳐 좌선에 의한 깨달음을 중시하는 선종, 타력염불(他力念佛)에 의한 구제를 설파하는 정토종(淨土宗), 법화왕국(法華王國)의 건설을 설교한 니치렌종(日蓮宗) 등을 비롯한 신흥 종파들의 발전이 계속되었다. 불교의 사상적 영향은 점차 궁정(宮廷)과 귀족뿐만 아니라 지방에, 그리고 무사와 평민 사이에 널리 퍼졌다. 많은 사찰이 승병(僧兵)을 거느리거나 정치적 영향력의 확대를 도모했다. 중세에는 광대한 독자적인 정치권력망을 구축한 불교종파도 여럿 나타났다. 도쿠가와 시대가 되자 불교종파는 엄격한 정치지배 아래 편입되었다. 어떤 도시와 마을에도 거의 반드시라고 해도 괜찮을 정도로 어느 종파에든 속한 사찰이 있었는데, 지배자들은 인구나 민중의 동향을 소상히 파악하기 위해 이들 사찰을 이용했다. 수세기 동안 불교는 일본 국내에서 활기에 가득 찬 문화적 세력으로서 입지를 굳혔다. 불교는 고래로부터 내려오는 전통의 수호자인 동시에 중세에 주자학 도입을 선도한 것처럼 새로운 지적 조류의 원천이었다.

고대부터 근대에 이르기까지 유교사상의 도덕관과 정치관은 일본사회에서 중요한 의미를 가지고 있었다. 유교는 지배자들에게 윤리적으로도 지적으로도 최고의 자질을 갖춘 관리를 등용하는 일이 얼마나 중요한지를 강조했다. 도덕심의 함양은 가정 내에서 자식이 부모, 특히 아버지에게 효행과 존경의 의무를 다하는 데서 시작된다는 것이었다. 폭넓게 학문을 닦고 인자한 마음을 몸에 터득한 사람이야말로, 다른 사람 위에 서서 그들을 이끌어갈 자격이 있는 사람으로 간주되었다. 고대중국의 엘리트들은, 이런 자질의 유무는 중요한 유교경전에 얼마나 정통한지 여부에 의해 판단할 수 있다고 믿었고, 그 정도를 조사하는 시험제도를 만들어냈다. 20세기 초까지 거의 2천 년 동안, 중국의 황제와 정치 엘리트들은 이런 시험의 결과를 바탕으로 관리를 등용했던 것이다. 유교사상과 문헌이 일본에 처음 들어온 것은, 불교의 경우와 마찬가지로 백제를 통해서였다. 유교가 최초로 일본에서 정치적인 중요성을 담당하기에 이른 때는 역시 불교처럼 7세기부터 8세기에 걸쳐서였다. 중국식 과거제도도 한동안 시행되었다. 일본의 지배자들은 중국의 강대한 당조(唐朝)가 채용하고 있던 유교적인 관행을 의식적으로 모방해서, 국내의 여러 제도를 정비했다.

그후 수세기 동안 유교사상 및 정치관행의 중요성은 저하되었다. 그러나 13-16세기의 중세에는 중국으로 건너갔던 일본의 불교승려들이 주자학이라 불리는 유교의 새로운 조류를 습득하여 귀국했다. 그것은 고대중국의 유학 고전으로 되돌아가, 이들로부터 직접 배우는 것의 중요성을 강조하고, 새로운 고쳐읽기에 의해 유학의 재활성화를 지향하는 것이었다. 이 신유학의 전통은 12세기 중국의 걸출한 사상가 주희(朱熹, 1130-1200)에 의해 탄생했다. 주희는 후대의 해석을 받아들이는 것이 아니라, 공자를 비롯한 고대중국의 현자들이 남긴 원전으로 돌아가 이것을 고쳐읽을 필요를 강조하고, 유교의 전통을 재활성화하고 개혁했다. 일본에서는 수세기에 걸쳐 주희의 사상은 승려들에 의해 면밀히 연구되었다. 주자학은 중세의 승원 내의 이른바 '학승'(學僧)의 심금을 울리는 것이었다. 후술하는 바와 같이, 도쿠가와 시대에는 신유학사상이 속세사회에도 널리 퍼져서 문화적으로 정치적으로 큰 영향력을 갖게 되었다.

때때로 불교 신봉자들과 유교 신봉자들이 서로 공가(公家)의 비호나 정치권력을 놓고 싸운 결과, 긴장이 심해져 양자의 관계가 껄끄러워지기도 했지만 전반적으로 보았을 때 근세를 통해 불교와 유교의 사상적 전통도, 그 제창자들도 대체로 조화를 이루며 공존했다. 두 사상 모두 자기만 옳고 가치가 있으며 나머지는 모름지기 잘못되어 무가치하다는 식으로 일방적인 주장을 할 정도의 과도한 집착은 보이지 않았다. 불교와 유교는 함께 일본문화에 깊이 뿌리내려 그 일부가 되었다.

불교와 유교는 종래부터 있어왔던 신도(神道)의 종교적 관행과도 공존하기에 이르렀다. 신도라는 말이 최초로 등장한 것은 8세기의 일이었다. 그 이전부터 있어온 다양한 종교적 의식과 의례, 신성한 장소를 일괄해서 표현하기 위해 사용하게 된 것이다. 신도에서는 신격을 가진 다양한 존재는 '가미'(神)라고 불렸다. 수많은 가미는 농경의 주기 및 지역사회 생활의 주기와 관련되고, 전국 곳곳에 있는 작은 신사(神社)에 모셔져, 매년 계절이 바뀌는 절(節)에는 신의 가호를 빌고 신의 은혜에 감사하기 위해 제례나 의식(儀式)이 행해졌다. 신도의 의식과 신앙은 인간사회와 자연계에서 순수함과 생명력을 유지하는 것을 주안점으로 했다. 그런 가미 이외에도 강대한 정치권력을 가진 씨족을 수호하는 신이 있었지만, 그런 씨족 중에서도 가장 강대했던 것이 아마테라스오미카미(天照大神)의 직계라 주장하던 천황가였다. 중부 일본의 이세 신궁(伊勢神宮)을 비롯한 몇 개의 대신궁이 7세기 후반 이래 황실의 선조를 제사 지내는 종묘(宗廟)로 정비되었다.

수세기 동안 신도의 신관들, 불교의 승려들, 유학자(그리고 이 3자의 역할을 겸했던 자들)는 신도의 신들과 그 신앙과, 유교 및 불교의 전통과의 통합화를 도모했다. 8세기 이후에는 사찰과 신도의 신사가 종종 인접해서 세워지게 되었다. 중세에는 붓다는 다양하게 모습을 바꿔 신들로 현시한다는 새로운 교의도 나왔다. 도쿠가와 시대 초기에 일부 유학자 중에서도 비슷한 맥락에서 신도신앙과 유교적 신조의 유사성을 강조하는 움직임이 있었다.

그러나 종교와 윤리에 관련되는 이 세 가지의 전통적인 조류 사이에는 서로 다르다고 하는 감각이 확실히 존재해왔고, 각 종교의 신봉자들이 이데올로기적으로 혹은 정치적으로 더욱 유리한 입장에 서려고 다툴 가능성도 엄존했다. 그후 근세부터 근대에 걸쳐 일본의 문화적 유산을 구성하는 다양한 요소를 둘러싸고 의론과 재해석이 활발했는데, 어떤 때는 그런 전통적인 요소는 근대화에는 중요하지 않고 근대화를 방해하는 걸림돌로 공격받기도 했고, 다른 때는 그런 요소야말로 '일본 고유의' 정체성의 원천이라고 찬미되기도 했다.

*　　*　　*

1800년 시점에서 일본열도의 인구는 약 3,000만으로, 그 대부분은 농촌에 살고 있었다. 상업은 역동적으로 확대되고 있었다. 도시생활에도 활력이 넘쳤다. 도시나 마치(町)의 주민은 인구의 10%에 달했다. 도쿠가와에 의해 부분적으로 중앙집권화된 지배 아래 있던 일본열도는 동북아시아의 지역적 교역 및 외교관계 시스템의 일부를 이루고 있었다.

그러나 글로벌한 관점에서 보면, 일본열도는 비교적 발전이 더딘 후진지역이었다. 일본은 동아시아 역외(域外)의 정치관계나 경제관계에는 거의 편입되지 않았다. 자본주의의 맹아는 현저히 보이기 시작했고 정치위기의 조짐도 광범위하게 나타났지만, 아무도 가까운 장래에 사회·경제·정치체제·문화가 혁명적 변환을 경험하리라고는 예상하지 못했다.

하지만 1900년에 이르러 일본은 이미 다면적인 혁명을 경험하고, 구미 이외의 지역에서는 유일하게 입헌국가가 되었다. 구미 이외에서는 유일한 제국주의세력이기도 했고, 최초로 그리고 그 당시에는 유일하게 산업혁명을 경험한 국가였다.

20세기도 이런 변화에 뒤지지 않는 엄청난 변화들에 의해 특징지어진다. 20세기 초에는 민권운동이 활발히 전개되었다. 노동자와 경영자 사이, 소작농과 지주 사이에 격렬한 분쟁이 일어났다. 근대는 또 성역할에 새로운 전개와 불확실성을 초래했다. 20세기 전반에는 정치테러와 암살, 제국주의적 해외침략이 있었고, 그리고 한 세기당 살육행위 발생량에서 역사상 발군의 세기였던 20세기 중에서도 최악의 부류에 들어가는 수많은 잔학행위를 초래한 전쟁이 일어났다. 21세기가 시작된 시점에 일본은 이미 세계에서도 가장 풍요로운 사회의 하나가 되었지만, 국민은 경제를 활성화하고, 젊은 세대를 교육하고 노인세대를 부양하고, 그리고 국제사회에서 건설적인 역할을 담당해야 한다는, 새로운 그러나 곤란한 문제에 직면해 있다.

이 책의 목적은 그런 역사의 원인과 결과를 정리하고, 연속성과 돌연한 변화를 분별하며, 일본인 자신이 자신들의 경험을 어떻게 생각하는지 이해하는 것이다. 이런 테마들은 어쨌든 세계시민이 공유할 역사적 유산의 일부를 이루는 것이기도 하고, 사람에 따라 보는 관점은 갈라져 있다고 해도 여전히 중요한 것이다.

1부

도쿠가와 체제의 위기

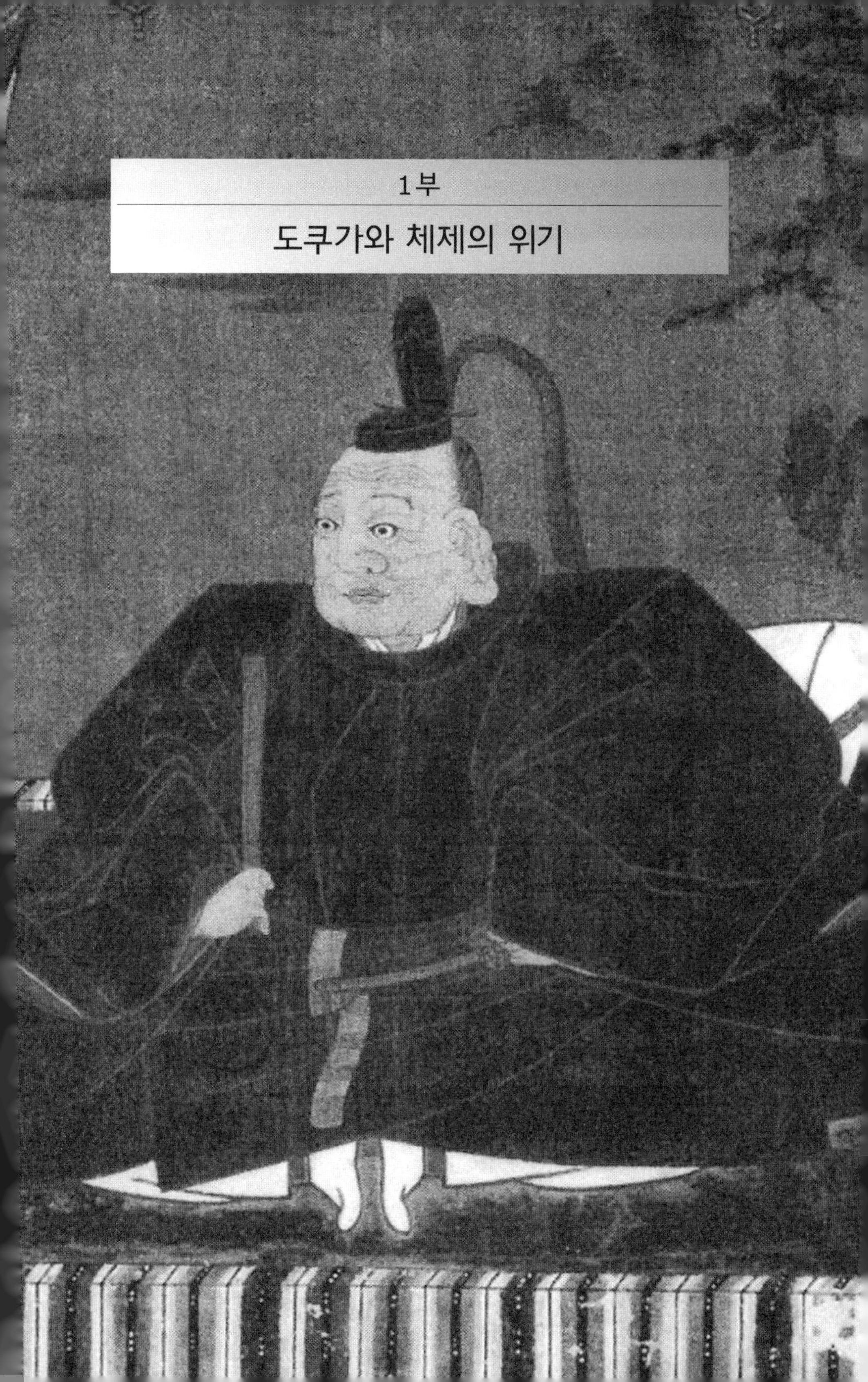

1장
도쿠가와 막부의 정치체제

일본의 근대화라는 대격변의 배경에는 2세기 이상이라는 오랜 세월에 걸쳐 유례없는 평화로운 시대가 계속되었다는 사실이 있다. 1600년에서 1868년에 이르는 시기는 일본을 무력으로 지배했던 일족의 이름에 연유해서 도쿠가와 시대라 불리지만, 이 시대는 후대에 다양한 이미지를 남겼다. 도쿠가와 지배하의 질서는 사회적 신분의 이동과 사람들의 지리적 이동을 제한하는 엄격한 법제에 의해 지탱되었다. 관리들은 백성을 다스리면서 "참깨와 농민은 쥐어짜면 짤수록 나온다"는 말을 좌우명으로 삼았다고 한다.[1] 동시에 도쿠가와 시대는 지방에서 생산과 상업이 번성하고 도시생활에 활기가 넘치던 시기였다. 1690년대 초에 일본을 방문한 유럽 출신의 어떤 꼼꼼한 관찰자 엥겔베르트 켐퍼는 다음과 같이 기록했다. "이 나라의 대로는 매일 믿을 수 없을 정도로 많은 사람이 왕래하고, 계절에 따라서는 유럽의 인구 많은 도시의 거리보다도 더 많은 사람으로 북새통을 이룬다."[2]

도쿠가와 시대를 통해서 수많은 관의 규제와, 때로는 감당할 수 없을 정도로 활기가 넘쳐나는 민중이 병존했다. 그리고 중대한 변화들도 발생했다. 이 변화들은 근대화를 향해서 도쿠가와 체제의 순조로운 전진을 재촉하는 변화는 아니었지만 중요한 의미를 지니고 있었다. 19세기 초에 도쿠가와 체제는 몇몇 심각한 문제에 직면했다. 불완전 고용상태의 무사들은 자기 목적의 상실, 즉 정체성의 위기라는 까다로운 문제에 직면하여 고민하고 있었다. 기존의 제도와 사상도 국내외에서 밀려드는 다수의 새로운 압력에 대처하는 데는 부절적하다고 생각되었다. 체제 유지를 도모하려는 강한 의지를 가진 지배자들 앞에 사회적 긴장과 막부타도운동(倒幕運動)이 가로막고 서 있었다. 도쿠가와 사회와 이런 문제들의 단서를 대략적으로 훑어보는 것은, 이 체제가 마침내 붕괴되면서 일어나게 되는, 예기치 못했던 근대화를 향한 다양한 전환에 대해서 이해하는 데 도움이 될 것이다.

천하통일

도쿠가와 시대의 특징으로 가장 중요한 것은 전란이 일어나지 않았다는 점이다. 이 점은 그 이전 시대와는 헤아릴 수 없을 정도로 큰 차이다. 먼저 1467년부터 1477년까지 이어졌던 오닌(應仁)의 난*에 의해, 794년 이래 천황의 궁정이 있었고 사원과 공경(公卿)들의 저택을 거느린 아름다운 도시였던 수도 교토가 파괴되었다. 이후 100년 동안 전란은 끊임없이 계속되었다. 수십만의 무장한 무사들이 다이묘라 불리는 각지의 군사지배자들 주위에 모여들었다. 각지에서 할거하던 다이묘들은 토지·주민·상업을 자신의 지배하에 두기 위해 서로 싸웠다.

분명 전쟁이야말로 이 시대를 특징짓는 최대의 키워드였으나, 그 시대가 모든 사람들에게 치유하기 힘든 불행의 시대였는가 하면, 그렇지는 않았다. 상업의 번영은 눈부셨고, 도시 중에는 비교적 자립적인 국제

---

* 센고쿠(戰國) 시대의 서막을 연 지방영주들 사이의 분쟁.

무역항으로 대두한 곳도 여럿 있었다. 불교도 중에서도 잇코(一向) 종의 추종자들처럼 자치적으로 공동체를 형성한 무리도 있었다. 이 사람들도 다이묘의 지배로부터 독립을 쟁취했다.

이어서 1570년대부터 1600년에 이르는 시기가 되면 종종 잔인한 행동도 서슴지 않던 비범한 세 명의 지배자가 영속적인 정치질서를 구축했다. 그후 1600년대 초부터 1800년대 중반까지 250년 이상에 걸쳐 일본에서는 전란이 없는 시대가 계속되었다. 다이묘 등 무사계급의 엘리트들은 정치적인 지배자로서의 지위를 유지했으나, 무사들의 성질은 극적으로 변화했다. 마찬가지로 경제와 문화에서도 큰 변화가 일어났다.

이른바 3인의 천하통일자 중 첫 번째 주자는 오다 노부나가(織田信長)였다. 오다 가문은 오늘날의 나고야 근처에 있던 오와리쿠니(尾張國)의 평범한 영주로 출발했으나, 1555년에 권력 획득을 향한 행동을 개시한 노부나가는, 곧이어 피비린내 나는 잔인한 정복전쟁에 나섰다. 그는 불교세력의 거점을 급습하여 수천 명의 승려를 살해하고 사찰과 불경을 불태웠다. 1574년에는 다이묘의 지배로부터 독립해 있던 잇코 종파의 신도들이 살고 있던 마을들을 정복했다. 1582년에 배신한 부하에게 살해될 때까지, 노부나가는 일본영토의 약 3분의 2를 평정했다.

생전에도 공포와 경외의 대상이었던 노부나가에 대한 후세 역사가들의 평가는 호의적이라고 할 수 없으며, 이때까지 노부나가에게는 '무류의 버릇없는 자'(無類の無骨者), '잔혹하고 비정한 사람,' 심지어 '일본의 아틸라*'라는 딱지가 붙여져왔다.[3] 그러나 노부나가는 한낱 잔인한 학살자가 아니었다. 그는 자신의 후계자들이 도쿠가와 시대의 평화를 정립해 유지하는 데 효과적으로 활용하게 되는 다양한 지배제도의 구축에도 착수했다. 그는 주민들이 연공(年貢)을 납부하는 한, 마을조직을 비

---

* 카스피 해에서 라인 강에 이르는 지역을 정복하고 때로는 로마제국까지 침략하며 유럽인을 공포에 떨게 했던 훈족의 왕(434~453년 재위).

교적 자율적인 형태로 두는 것을 장려 내지 허용했다. 그는 또 연공징수 기구를 고안해냄으로써, 가신(家臣)들이 직접 주민들로부터 연공을 징수하는 것을 봉쇄하고, 그 대신 연공징수를 전문으로 하는 관리직을 두어, 이들이 징수한 연공의 일부를 가신들에게, 또 일부를 노부나가에게 납부하는 방식을 채택했다. 이것과 병행해서 노부나가는 소규모 다이묘 수천 명을 그 영지에서 쫓아냈다. 그리고 이들 영주들에게 그 영토의 크기와 석고(石高, 쌀의 수확량)를 반영한 '지교'(知行, 가신에게 봉급으로 토지의 지배권을 주는 것)를 보증해주는 대신 토지소유권을 박탈했다. 이로써 노부나가는 자기의 지배하에 있는 다이묘들의 영지의 할당을 바꿀 수 있는 권리를 확립했다.

이 시스템이 돌아가게 하기 위해서는 토지의 질, 생산력, 면적, 소유자에 관한 체계적인 조사가 불가피했다. 노부나가가 착수한 농지의 질과 면적에 대한 조사와 측량은 근세 정치제도의 기초가 되었다. 마을사람들의 무장을 해제하고 무사와 농민의 신분을 꽤 엄격하게 구분하는 관행을 도입한 것도 노부나가였다.

노부나가 사후, 부관 하나가 천하통일의 야망에 불타 노부나가의 통일사업을 계승했다. 그 인물이 도요토미 히데요시(豊臣秀吉)였다. 그는 최하급 무사 신분으로 풍모도 보잘 것 없었다. 동시대인들은 그에게 '원숭이'라는 별명을 붙였고, 그의 부인은 그를 '대머리 쥐'라고 불렀다고 한다. 어쨌든 별명은 그렇더라도 히데요시는 정략에는 뛰어났다. 노부나가가 라이벌들을 말살하고 그들의 영토를 신뢰하는 가신들에게 나누어준 것과는 대조적으로, 히데요시는 동맹관계를 구축한다는 방침을 취했다. 다시 말해 저항하는 적은 공격했지만, 입장을 바꿔 자기 밑에 들어와 충성을 맹세하는 자는 받아주었다. 이런 식으로 히데요시는 1591년까지 그의 지배력을 일본 전역으로 넓혔다.

히데요시는 노부나가가 만들어낸 제도들을 계승하여 체계화하는 동시에, 부분적으로 자기 나름의 몇 가지 새로운 정책을 추가했다. 하나는 다이묘들에게 충성의 표시로 인질을 내놓게 한 것이었다. 1588년에 히데요시는 자신이 지배하는 전역에서 농민으로부터 무기를 몰수하는 이른바 '칼 사냥(刀狩)'을 실시했다. 그는 또 1592년과 1597년 두 번에 걸쳐 무참한 결과로 끝난 대규모의 조선침략을 감행했는데, 그것은 명나라도 정복하겠다는 구상이었던 것으로 생각된다. 한편 히데요시는 1550년대에 처음 일본에 건너온 이래 국내에서 신자를 획득하고 있던 예수회 선교사들을 적대시했다. 1598년에 사망할 당시 히데요시는 일본 전역을 포괄하는 다이묘 연합체의 정점에 서서 어깨를 나란히 할 자가 없을 정도로 강대한 권력을 쥐고 있었다. 히데요시는 자신이 가장 신뢰하던 유력 다이묘들을 고다이로(五大老)와 부교(奉行)에 임명하고서 세상을 떠났다. 유력 다이묘들은 후계자 히데요리(秀頼)가 성인이 될 때까지 일치·협력해 보좌하기로 맹세했지만, 그것은 권력계승의 계획으로서는 안정성을 결여하고 있었고, 마침내 다이묘들은 서로 권력투쟁을 벌이게 된다.

도쿠가와의 정치적 시책

수십 년에 걸쳐 급속히 전개된 정치체제의 개혁에 대한 움직임은 도쿠가와가(家)의 막부, 곧 군사정권에 의한 지배라는 형태로 귀결되었다. 막부 초대 쇼군이 된 자는 도쿠가와 이에야스(德川家康)이다. 이에야스의 전기를 쓴 외국인 전기작가 중 한 명으로, 아돌프 히틀러가 독일에서 시행하던 정책을 호의적으로 다루었던 시각에서 1937년에 이에야스의 전기를 집필한 영국인 학자는 "평범한 농부나 부르주아에게 바람직한 덕목들은 군사독재자에게는 전혀 도움이 안된다"[4]라고

도쿠가와 체제의 창시자인 이에야스의 초상화. 이에야스는 무력으로 권력을 장악했지만, 이 초상화가 보여주듯이 그가 궁중에 참대(參代)하러 갈 때는 의관을 정제했음을 알 수 있다. 이에야스가 천황으로부터 쇼군 칭호를 하사받은 것은 그의 지배를 정당화하기 위한 근거였다. 닛코(日光) 시 도쇼 궁(東照宮) 소장.

하면서 이에야스에게 냉혹하고 인정사정 없는 면이 있다고 해도 부득이 했다고 단언했다.

　이에야스는 엄격한 지배자였다. 그는 또 타협에 능한 참을성 있는 책략가였다. 히데요시와 동년배로 잠재적으로는 최강의 라이벌이었지만, 이에야스는 '대머리 쥐'에게 으르렁거리는 것을 삼갔고, 오히려 도고쿠

(東國), 즉 본거지인 간토 평야지방의 기반을 공고히 다지는 데 전념하면서 때가 오기를 기다렸다. 노부나가와 히데요시를 본받아 1580년대와 1590년대에 영지를 확실히 통치할 행정조직을 수립했다. 히데요시가 죽은 후 고다이로의 한 사람이었던 이에야스는 즉시 자기편을 결집시켰다. 1600년, 히데요시의 아들 히데요리에게 충성을 맹세한 중신들의 군대를 유명한 세키가하라(關ヶ原) 전투에서 무찔렀다. 이 승리로 이에야스는 실질적으로 확고하게 패권을 손에 넣었다. 1603년에 이에야스의 지시에 따라, 조정이 이에야스한테 쇼군의 칭호를 내렸다.

세키가하라 전투가 끝나고 5년밖에 지나지 않은 1605년, 여전히 활력 넘치고 건재했음에도 불구하고, 이에야스는 쇼군직에서 '은퇴'했다. 자신이 건강할 때 상속을 순조롭게 확실히 하기 위해서 아들 히데타다(秀忠)에게 쇼군직을 양도한 것이다. 그후 이에야스는 1616년에 사망할 때까지 오고쇼(大御所, 상왕)로서 막후에서 계속 실권을 행사했다. 히데타다가 오고쇼의 감시를 받지 않고 쇼군으로서 소신껏 정사를 펼친 것은, 1623년에 쇼군직을 사임할 때까지 고작 7년간이었다.

제3대 쇼군이 된 이에야스의 손자 이에미쓰(家光)는 지배자로서는 이에야스에 필적하는 중요한 위치를 점했다. 이에미쓰가 쇼군의 지위에 있던 1623년부터 1651까지는 도쿠가와 독재체제의 절정기였다. 1850년대에 서양열강이 일본을 식민화하려고 위협할 즈음까지 기능하고 있던 제도들을 확립한 것은 모두 다 이에야스와 이에미쓰, 특히 이에미쓰였다.

이에야스와 이에미쓰는 노부나가와 히데요시가 남긴 성과를 바탕으로 신질서를 떠받쳐줄 일련의 장치를 고안해냈다. 이렇게 강구해낸 다양한 제도와 법령에 의해 정치권력의 정점에 선 도쿠가와가의 지위가 안정되는 한편, 위로는 다이묘와 천황의 조정으로부터, 아래로는 무사·농민·상인·승려에 이르기까지 도쿠가와가에 대적할 가능성이 있는 모든 자들이 무력화되었다. 그 이전 수십년 동안, 아니 수세기 동안 계속되어왔던 긴장도 제거되었다. 일본의 역사가 시작된 이래, 가장 안정된 정치질서도 실현되었다. 물론 각종 제도를 만든다든가 유지하는 역사적 과정이 완전히 안정적일 수만은 없다. 1600년대에 나왔던 제도는, 드디어 도쿠가와 지배체제를 침식하게 되는 새로운 모순을 낳았다. 그래도 이 지배체제의 침식은 두 세기 이상에 걸쳐 서서히 진행된 완만한 과정이었다.

다이묘

도쿠가와 막부가 펼친 개별 정책 대부분은 히데요시 혹은 노부나가가 실시한 규칙·제도에서 유래한 것이지만, 이에야스와 그 후계자들은 그런 규칙·제도를 더욱 체계적으로 실시했다. 그 중에서도 다이묘를 어떻게 다룰 것인가는 가장 중요한 과제의 하나였다. 이에야스는 일국일성령(一國一城令)을 공포해서 성의 수를 한 번(藩)에 한 성으로 제한하고, 다이묘들에게 자신에게 충성을 맹세시키고, 다이묘들이 마음대로 동맹관계를 맺는 것을 금지하고, 다이묘들이 도쿠가와가에 대해서 진짜 순종하는지 안하는지를 확인하기 위해 감찰관을 파견했다. 이에야스는 다이묘들에게 혼사가 있을 때 사전에 도쿠가와 막부의 승인을 받도록 의무화하는 규제를 만들었다.

이에야스는 다이묘들에게 정기적으로 직접 권력의 중추로 삼은 에도성의 건설을 비롯한 각종 건설공사에 거액의 자금을 내놓으라고 요구했다. 그러나 때때로 이런 종류의 '공물'(貢物)을 강제한 것은 도쿠가와 이에야스나 그 후계자들이 다이묘들에게 요구해온 거의 모든 것이었다. 번(藩)의 재정 자립성은 도쿠가와의 권력을 크게 제약했다. 이에야스는 히데요시의 선례를 따라 군사적으로는 도쿠가와가보다도 약체화된 지배자들과의 정치동맹 시스템에 의거해 지배하는 방법을 선택했다. 이에야스가 자신의 명령에 공손하게 따르는지 어떤지를 조건으로, 비교적 자립된 번을 세습에 의해 대대로 지배할 수 있도록 허용해준 다이묘는 약 180명이었다.[5]

그의 손자 이에미쓰는 도쿠가와의 권세를 더욱 확대·강화했다. 이에 미쓰는 다이묘의 영지를 몰수해서 더 신뢰할 수 있다고 생각한 다른 다이묘들에게 부여하는 권한을 확립했다. 또 일부 다이묘에게 영지의 교환을 명령하여 그 힘을 상당히 약화시켰다. 많은 영지의 일부를 몰수하여 직속 가신들에게 나누어주는 것도 실시했다. 이런 도쿠가와가의 직할 영지는 '덴료'(天領)라고 불렸다. 또 때에 따라서는 이에미쓰는 과거 도쿠가와가에 대적했던 다이묘의 영지를 몰수하여 충성스러운 후다이(譜代) 다이묘들에게 나눠주기도 했다. 이런 조치에 의해 도쿠가와 일족과 동맹자의 패권을 그 밖의 번에까지 보다 강하게 침투시키는 것이 가능해졌다.

이에미쓰는 전부 합치면 당시 일본 총 석고(石高)의 20%에 상당하는 500만 석(石)[6]분의 영지를 재분배했다. 이에미쓰는 세키가하라 전투에서 조부 이에야스에게 대적했던 이른바 도자마(外樣) 다이묘들에게 특히 가혹했다. 그는 에도 주변에 도쿠가와가의 직할령을 동심원상으로 배치하고, 그것을 감싸도록 도쿠가와 일문의 친번(親藩)과 세키가하라 이전부터 도쿠가와가와 동맹관계에 있던 후다이 다이묘의 번들을 배치해 권력기반의 방호를 강화했다. 다른 한편 도자마 다이묘들을 중앙에서 가장 먼 지방에 배치했다.

이에미쓰는 또 '참근교대제'(參勤交代制)라는 굉장히 중요한 새로운 제도를 창안했다. 이 제도에 의해 도쿠가와가가 과거 위험한 라이벌이었던 다이묘들을 복종시키고, 패권의 정점에 우뚝 서는 구도가 완성되었다. 사실 참근교대제는 도쿠가와 이전부터 있었던 제도를 대대적으로 확충한 것인데, 뿌리는 14세기에 한 쇼군이 일부 다이묘를 관리하기 위해 사용하던 제도로까지 거슬러올라간다. 그 당시 다이묘는 자신의 영지에 거주하는 것이 아니라, 쇼군의 감시의 눈이 닿기 쉽도록 당시의 수도였던 교토에 거주하고 쇼군의 통솔 아래 편입될 의무가 있었다. 16세기 말에도 히데요시가 때때로 주요한 다이묘들에게 자신과 가까운 곳에 머물면서 출사하게 한 옛 참근제도는 정해진 계획에 따라 항상적 보편적으로 시행된 것은 아니다. 1635-1642년에 이에미쓰는 참근제를 항상적인 제도로서 확립했다.

이에미쓰는 모든 다이묘에게 자신의 영지 내의 성이나 저택뿐 아니라 에도에도 저택을 마련해, 격년 교대로 에도 저택에 거주하면서 쇼군 밑에서 참근하는 것을 의무로 정했던 것이다. 에도에서 근무를 마친 다이묘는 처와 자식을 에도에 남겨두고 영지로 돌아가 다음 참근 때까지 1년 동안 처자식과 떨어져 사는 것이 의무화되었다. 이는 대단히 효율적인 정치지배 시스템이었다. 이 제도는 다이묘의 처자식으로 이루어진 공동체라고 말해도 될 만한 것을 만들어낸 것이다.(다만 '인질'이 처한 상황은 에도에서의 탈출을 시도하지 않는 한 상당히 쾌적했다.) 참근교대제와 더불어 막부가 에도 주변의 관소(關所, 검문소)에서 에도로 들어오는 철포와 에도에서 나가는 여성을 엄중히 검문했기 때문에 "入鐵砲出女"라는 표어가 알려지게 되었다. 이는 반란을 경계하고 철포의 유입과 다이묘의 처자가 에도에서 탈출하는 것을 막기 위한 조치였지만, 도쿠가와의 지배가 심각한 도전을 받은 적은 200년 동안 한번도 없었다.

참근교대제는 다이묘들을 지배하는 것뿐만 아니라, 그들의 힘을 크게 약화시키는 효과도 갖고 있었다. 다이묘는 자신의 영지 내에 한 살림, 그리고 에도에서도 두세 살림을 꾸리느라 많은 비용을 지출해야만 했다. 또한 본거지의 성과 에도를 오가는 행차에도 만만찮은 비용이 들었다. 통상 다이묘는 많을 경우 연간 세수 중 3분의 2를 에도 저택 유지에 필요한 인건비로 썼다. 참근교대제로 자신의 영지에서 지내는 시간이 반밖에 안되어 번 정치에 관여하는 일이 드물어졌기 때문에 다이묘의 정치권력은 약해졌다. 더욱이 다이묘는 유소년 때는 모친과 그외 참모들에 의해 양육되고, 성인이 될 때까지 영지에 발을 들여놓을 일이 없었기 때문에 영지와의 일체감도 희박한 편이었다.

조정(朝廷)

두 번째 중요한 장치는, 일본의 정치상징으로서는 잠재적으로 가장 강력한 천황에 대해 쇼군이 효과적인 지배권을 장악하는 것이었다. 이에야스는 노부나가와 히데요시가 취했던, 궁정에 대한 경제지원정책을 계승해, 그 이전의 1세기 동안, 품격 있는 생활을 해왔어도 가난하기 짝이 없던 궁정의 어려운 경제상황을 개선했다. 최고의 군사지배자인 쇼군의 지위는 표면상으로는 천황으로부터 하사되는 것이었다. 그 때문에 도쿠가와가로서는 천황의 위신을 높여줌과 동시에 천황을 주의 깊게 통제관리하는 일이 도쿠가와가의 정당성을 강화하는 것과 연결된다. 이런 목적으로 「천황 및 공가 제법도」(禁中竝公家諸法度)를 정했다. 이 규칙은 쇼군이 조정의 관직 임면(任免)을 결정하거나, 조정과 공가에 석고를 부여하는 권한을 갖는 것을 강조했다. 쇼군은 황자를 인질로 삼고 닛코에 있는 도쿠가와 일가의 신사에 그 신병(身柄)을 구속했다. 쇼군은 또 그다지 중요하지 않은 의례적인 행위로 조정의 비위를 맞추는 한편, 교토 천황의 어소에서 그리 멀지 않은 곳에 전초기지로서 니조(二條) 성을 으리으리하게 짓고, 거기에 자신의 보좌관을 주재시켜 조정을 감시하게 했다.

이러한 시책은 쇼군을 사실상 천황과 거의 대등한 존재로 비치게 했다. 그 결과, 19세기 중반에 일본의 원수가 도대체 누구인지 몰라서 구미인이 혼란스워하는 사태를 빚었다. 1857년에 미국의 통상사절 타운센드 해리스는 "일본국 천황 폐하" 앞으로 된 피어스 대통령의 친서를 쇼군에게 전달했다.[7] 그러나 적어도 1850-1860년대에 막부타도운동에 가담했던 무사들 사이에서는 애초에 쇼군의 지배에 정당성을 부여한 것은 천황이었다는 인식이 강하게 남아 있었다.

무사(武士)

16세기 말, 일련의 전쟁에는 수백의 다이묘에 의해 수십만 명의 병사가 거의 항시적으로 동원되고 있었다. 유럽의 봉건제와 아주 유사한 정치제도하에서 이들 무사들은 본래 지교지(知行地)라 불리는 소규모 토지와, 그것을 경작하는 농민을 지배하고 있었다. 무사들은 이 토지에서 연공(年貢, 토지세)을 징수해서 군사행동을 준비했다. 그러나 지교지와 거기에 사는 사람들을 관리하고 인근의 무사들로부터 지키는 데는 곤란이 따르는 경우도 적지 않았다. 그래서 무사들은 보다 강대한 다이묘에게 충성을 맹세하고 그 신하가 되어 군사적 서비스를 제공하는 대신에, 영지의 약탈을 노리는 근린의 무사들의 공격과 농민의 반항에 대한 안전보호를 손에 넣었다. 하지만 천하통일을 향한 일련의 전쟁이 끝난 후, 자신의 영지에 돌아와 직접 그 관리에 임하려는 무사는 거의 없었다. 오히려 태반은 도시의 주민이 되었다. 대부분의 무사는 주군으로서 섬기는 다이묘의 지시에 따라서 각 번의 성(城) 주위에 생겨난 조카마치(城下町)에 거처를 마련했다. 일부 무사는 쇼군이 사는 에도 성 주위에 마련된 다이묘의 저택근무를 지시받았다. 또 일부는 시골의 읍에 관리로 부임하여 작황평가, 연공징수, 치안유지 등의 임무를 맡았다. 무사의 지교지는 다이묘 또는 쇼군에 직속된 전문화된 이런 관리에 의해 관리되었다. 마을에 배치된 관리들은 원래 무사들이 관리하던 토지에서 연공을 거두고, 징수된 금액을 다이묘의 성이나 에도 저택으로 보냈다. 그러면 다이묘는 개별 무사에게 각자의 지교지에서 얻었을 것으로 예상되는 수입에 상당하는 액수를 지불하는 것이 일반적인 관행이 되었다.

도시에 사는 무사들은 두 개의 칼을 착용할 권리를 계속 보유했다. 그 중에는 경찰 업무와 치안유지 업무를 보는 자도 있었지만, 바야흐로 태반은 공무로서의 병역에 종사하는 일은 없었다. 이런저런 행정상의 지위에 임명되었건 혹은 어떤 직책에도 임명되지 않았건 무사들은 다이묘로부터 자기 본래의 지교지의 석고를 반영하는 '봉록'(俸祿)이라 불리는 연봉을 지급받았다. 그러나 시간이 경과함에 따라 무사의 의식 안에 지교지와의 끈은 점점 관념적인 것이 되어 모호해졌다. 무사는 도쿠가와 가 또는 번의 법에 따라야 했다. 명예를 지키기 위한 또는 충성을 다하기 위한 사적인 복수는, 보다 광범위한 사회질서를 지킨다는 관점에서 가차없이 처벌되었다.

천하통일을 향한 전란의 기억이 아직 선명하게 남아 있던 도쿠가와 시대 초기에는, 도시주민이 된 무사들은 말썽만 일으키는 감당하기 힘든 패거리였다. 17세기 초에는 사무라이 집단 간의 싸움—에도 성의 음지에서 펼쳐지는 「웨스트사이드 스토리」—이 빈번하게 일어났다. 하지만 세월이 흐르자 대부분의 사무라이는 칼을 붓으로 바꿔 들었다. 그들은 표면상은 명예로웠지만, 많은 경우 번이나 막부의 업무를 보는 세습적 엘리트로서 아주 옹색한 처지에 있었다. 특히 높은 지위로 발탁되거나 승진하기 위해서는 읽고쓰기 능력이 필수였다. 이것은 중층·상층 무사의 자식일 경우에 특히 해당하는 일이었다. 무사는 전사에서 관료로 탈바꿈했다. 봉록의 서열에서 최하층에 속하는 무사들의 생활상은 좋게 말해서 소박했지 대다수는 가난했다. 도쿠가와 시대에 이런 무사계급에 속한 사람은 인구의 약 6-7%를 차지했다.

농촌과 도시의 주민들

도쿠가와 시대의 평화를 지탱하던 네 번째 시책의 대상이 된 것은, 인구의 나머지 부분을 구성하던 서민이었다. 서민은 몇 개의 집단으로 구분되었다. 1630년대에 도쿠가와 이에미쓰는 모든 서민을 인근 사찰에 등록하도록 제도화했다. 1665년에 쇼군이 사찰에 서민 한 사람 한 사람에 대해 단가(檀家, 절에 시주하는 집)인 것을 보증하는 증명서의 발행을 의무화하면서 이 제도는 한층 강화되었다. 마을사람들은 이사를 갈 때도, 심지어 여행을 갈 때도 이 증명서가 필요했다. 그래서 이 등록제도는 민중을 정치적·사회적으로 지배하기 위한 수단이 되었다. 이것은 또 1590년대 이후 일관성 없이 실시되고 있던 그리스도교 금지를 철저히 하기 위한 수단이었다.

이렇게 해서 농민신분과 상인 또는 직인(職人)이었던 조닌(町人) 신분은 고정되고 세습화되었다. 도쿠가와 시대 초기에는 인구의 80%가량이 농촌에서 살며, 주로 농업으로 생계를 꾸렸다. 나머지는 각종 직종의 조닌(町人)이었다. 각 신분으로 구분된 사람들에게 무엇을 해야 좋은지 아닌지에 대해서 많은 제약이 따랐으나, 도쿠가와 막부는 일반서민의 생활을 속속들이 관리한 것은 아니었다. 일정한 경계선 내에서, 나누어진 범위 내에서는 서민은 자주성을 상당히 인정받았다. 물론 여행을 하려면 허가가 필요했고, 도시로의 이주는 허용되지 않았다. 하지만 이러한 규칙의 실시는 대개 아주 느슨했다. 실제로 막부도, 번 정부도 마을사람들이 연공을 납부하기만 하면 마을의 내부문제에는 간섭을 하지 않았다. 막부는 개개의 농민으로부터 연공을 거두는 것이 아니라 마을 단위로 징수했다. 한편 마을측은 내부문제의 관리, 질서 유지, 막부 혹은 번 당국으로의 범죄자 인도를 공동책임으로 수행하는 권한을 확보했다.

도시주민들에 대한 대우는 그들이 상인이든 직인이든 관계없이, 또 에도나 오사카 등 막부 직할의 대도시에 살든, 수백 개에 달하는 전국 각 번의 조카마치(城下町)에 살든 마을사람들에 대한 대우와 유사했다.

무사인 관리들은 마을의 수장들에 대한 것과 마찬가지로 질서를 유지하고 경제활동을 규제할 권한과 책임을 유력 상인들로 구성된 평의회에 위임했다. 유력한 조닌의 장로그룹이 법의 시행, 범죄조사, 징수의 책임을 졌다.[8)]

일본인과 일본의 주변

중국의 유교사상에 근거한 도쿠가와의 사회질서에 대한 정통적인 시각에서는, 사회는 도덕적 덕목 및 세속적인 권위의 위계를 형성하는 사농공상(士農工商)이라는 네 계급으로 나뉘어 있다. 하지만 이들 네 계급의 어디에도 해당하지 않는 사람도 많이 있었다. 그런 사람들 중 일부는 사회적으로 존경을 받는 저명한 사람들로 승려·배우·예술가들이었다. 다른 한편 창녀나 다양한 천민집단을 비롯한 사회적으로 천대받던 사람들도 있었다. 최대의 천민그룹은 에타(穢多, 글자 그대로 풀이하면 '몹시 더럽다'는 차별적인 말이기 때문에, 오늘날에는 쓰이지 않는다)라고 불렸다. 에타는 세습되는 그룹이지만 그 기원은 분명치 않다. 에타의 구성원은 각지에 점재하는 공동체에 거주하면서 사체 매장, 처형, 가축 도살 및 시체 처리 등 주류사회에서 불결하게 여기는 일에 종사했다. 또 천민 중에는 '히닌'(非人)이라는 별도의 범주로 분류되어, 넝마주이 같은 일을 해서 먹고 살아가는 사람들이 있었는데, 당시 범죄자로 낙인찍힌 사람들도 여기에 포함되었다.

에도에서는 17세기에 유곽·극장·음식점으로 구성된 여러 개의 환락가를 한 곳으로 모아서 쇼군의 성에서 그리 멀지 않은 요시와라(吉原)에 유곽이 개설되어 번창했다. 도덕주의적인 관리들은 요시와라를 썩 좋지 않게 생각했는데, 무사 중에는 직무를 망각하고 유흥에 몰두하는 자도 있었다. 그러나 지배자들은 현실적 분별이 뛰어났고, 매춘을 금지하고 싶다고 생각하지 않았다. 막부 당국은 매춘을 금지한 것이 아니라,

1657년에 대화재가 발생해 이 유흥구가 불타버린 것을 기회로 삼아, 시가에서 더 멀리 떨어진 지구에 새 요시와라를 재건했다. 요시와라에는 유곽 외에도 가부키 극장과 음식점이 즐비했다. 또 요시와라 근처에는 에도의 대부분의 사찰이 모여 있었을 뿐만 아니라, 세습적인 천민들이 맡고 있던 처형장도 설치되어 있었다. 이렇게 다양한 범주의 천민과 창녀와 승려 등 사회의 주변에 위치한 사람들은, 그들이 사는 지역이 물리적으로도 도시와 멀리 떨어져 배치됨으로써 관념상으로뿐만 아니라 실질적으로도 사회의 주변부로 쫓겨나 있었던 것이다.

　도쿠가와 막부는 종교조직에 대해서 특별한 주의를 기울였다. 모든 서민의 사찰등록을 의무화했을 뿐 아니라, 사찰 자체도 엄격한 제약을 받았다. 사찰의 수와 장소는 세세하게 지정되었고, 매년 막부(또는 다이묘)에 보고하는 것이 의무화되었다. 이런 규제들은 사찰이 과거에 그랬듯이 세력을 키워서 세속적인 권위에 도전하는 사태를 미연에 방지하기 위한 것이었다.[9]

　또 하나의 중요한 주변적 신분집단은, 일본열도 원주민의 복잡한 뿌리를 추적할 수 있게 해주는 아이누족이었다. 도쿠가와 시대 이전의 수세기 동안 아이누족은 혼슈 북부지역과 에조(蝦夷, 오늘날의 홋카이도)라는 북쪽 섬에서 비교적 독립된 문화를 영위하고 있었다. 도쿠가와 시대에 아이누족의 수는 대략 2만 5천 명에 달했다. 그들의 생업은 대개 수렵과 채집이었다. 가장 북쪽에 위치한 마쓰마에(松前) 번의 다이묘는 아이누와 교역하는 동시에 그들을 견제하는 책임을 맡았다. 아이누족은 사회 주변부에서 애매한 위치에 머물러 있었다. 도쿠가와 정권의 질서 안에서 이들은 일본인의 문명세계를 구성하는 한 부분으로 인정받지는 못했지만, 그렇다고 외국인들의 야만적인 세계의 한 부분으로 간주되지도 않았다.

　주변적인 위치에 놓여 있던 주요한 그룹으로 하나 더 들 수 있는 것은 외국인이다. 도쿠가와 일본의 대외관계는 한마디로 '쇄국'(鎖國)이라는 한마디로 정리되는 경우가 많다. 분명 17세기에 도쿠가와 막부는 상품과 함께 종교를 끼워팔려고 하던 국가들과의 교역을 중단해버렸다. 1540년대 이래 무역과 그리스도교 포교를 추구하던 스페인과 포르투갈이 배제되었다. 이 두 나라의 사절들도 세속적인 이윤추구를 위해서 포교활동을 방기하는 것을 떳떳하게 여기지 않았기 때문이다.

참근교대제를 실시하던 시기와 겹치던 1633-1639년에 이에미쓰는 일본인과 외국인의 교류를 제한하는 일련의 명령을 내렸다. 일본인에 대해서는 한반도 서쪽이나 류큐 제도(琉球諸島, 오키나와) 남쪽까지 항해하는 것이 금지되었다. 또 외국인에 대해서는 일본으로의 무기수출을 제한하고, 그리스도교의 신앙과 포교, 가톨릭 신자의 입국을 금지했다. 1637-1638년에는 그리스도교가 번성하고 있던 나가사키(長崎) 근처의 시마바라(島原)에서 농민들이 흉년임에도 빡빡하게 연공을 징수하는 데 대한 불만과, 영혼 구제를 기원하는 천년왕국신앙에 동요되어 폭동을 일으켰다. 막부군은 이것을 반역적인 그리스도 교도들의 도전으로 받아들이고 무자비하게 폭동을 진압해, 얼추 3만 7천 명의 남녀노소를 살해했다. 이에미쓰는 포르투갈 무역상들을 추방했다. 포르투갈의 마지막 상선단이 나가사키를 출항한 것은 1639년의 여름의 일이었다. 아울러 이에미쓰는 일본에 남아 있는 모든 외국인에 대해 국내를 여행하거나 일본인에게 책을 팔거나 기증하는 행위를 금지했다.

영국은 이미 1623년에 일본과의 무역을 포기했다. 스페인 역시 이듬해 1624년에 같은 결정을 내렸다. 포르투갈인이 국외로 추방되자 남은 것은 네덜란드인뿐이었다. 네덜란드인은 포교를 하지 않고 무역에만 전념하는 데 만족했다. 네덜란드인은 나가사키 항의 데지마(出島)라는, 매립해서 만든 인공섬의 작은 거류지에서 살게 되었다.

이런 조치는 큰 영향을 미쳤다. 1630년대부터 1850년대까지 200년

이상에 걸쳐 일본과 구미의 교류는 크게 제약되었다. 그 기간은 유럽의 역사에서 결정적으로 중요한 시대였다. 산업혁명과 부르주아 혁명이 일어난 시대였고, 신세계의 식민지화가 진행된 시대이기도 했다. 그것은 또 북아메리카가 영국의 식민지였던 시대와 미국이 독립한 후의 첫 70년이 포함되는 시대이기도 했다.

그러나 도쿠가와 막부의 대외정책을 단순히 쇄국정책이라고 이해하면 궁극적으로 큰 오해를 부르게 된다. 일본 국내에서 사람들이 도쿠가와 막부체제의 본질을 '쇄국'이라고 보게 된 것은, 도쿠가와 시대가 조금 진행된 1790년대가 되고 나서부터였다. 1630년대 당시의 지배자들의 시각에서 보면, 쇄국령 발포에 따라 도쿠가와 막부가 실시한 것은 단지 정치적 위협으로 보인 종교의 포교를 완강하게 주장한 서구인을 추방했을 뿐이었다. 막부의 지배자들은 의연하게 서양과의 무역을 일정 정도 허용했고, 사적인 해외여행을 금지한 것을 제외하면 아시아에서 대외관계 지속을 위해 노력했다. 그들은 막부 공인의 통상과 외교사절의 파견을 적극적으로 추진했지만, 그 목적은 대외관계를 추구하는 동시에 국내에서의 패권을 유지하는 데 있었다.

규슈 남서부의 사쓰마(薩摩) 번은 류큐 제도와의 교역을 허가받았다. 사쓰마에 의한 류큐 무역은 도쿠가와 시대에 중국상품을 도입하기 위한 창구였다. 중국에서 명조가 멸망하고 청조가 수립되는 정변이 일어나, 내전의 행방이 어떻게 될지 모르던 1644년에 에도의 막부수뇌들은 사쓰마가 류큐 무역을 속행하는 것을 결정했다. 막부 자체도 도쿠가와 시대 내내 나가사키를 경유한 중국무역을 계속했다. 이 통상관계는 상품뿐 아니라 정보를 얻기 위한 접근이라는 점에서도 중요한 의미가 있었다.

도쿠가와 막부는 조선과의 경제적·정치적 관계를 유지했는데, 그것도 중요한 의미가 있었다. 조선과의 교류는 히데요시에 의한 조선침략이 있고 나서 약 10년 뒤에 재개되었다. 일본측은 나가사키의 네덜란드

상관과 비슷한 거류지인 왜관(倭館)을 부산에 설치했다. 조선과의 무역
량은 상당했다. 규슈로부터 한반도 남부까지의 거의 중간지점의 현해탄
에 떠 있는, 농지가 거의 없는 작은 섬 쓰시마(對馬) 번이 대조선무역을
담당했다. 1700년경에는 쓰시마 번은 일본 본토에서도 가장 큰 번의 석
고에 필적할 정도의 수입을 조선무역으로 올렸다.

　더욱이 도쿠가와 막부는 자신들의 정치적 정당성을 강화하기 위해
특히 조선과의 사절 교환을 중심으로 하는 외교정책을 적극적으로 활용
했다. 17세기 초의 국교 회복 이래, 1607년부터 1811년까지 조선으로
부터 통신사(通信使) 등 대규모 공식사절단이 12차례 일본에 파견되어
왔다. 10-15년에 한 번 꼴이 된다. 한 차례의 통신사 규모는 300-500명
에 달하고, 그 시기는 새로운 쇼군의 취임이나 쇼군 후계자의 탄생을 축
하할 때였다. 그러나 일본측에서 조선으로 보낸 공식사절단의 파견은
이루어지지 않았다. 일본은 조선측에 사절의 파견을 적극적으로 촉구한
데 비해, 조선이 일본측에 사절의 파견을 요청한 적은 없었고, 일본측이
가끔 사절파견을 타진해도 조선은 냉정하게 거절했다.

　그와 유사한 외교관계는 류큐 제도와 막부 사이에서도 구축되었다.
1610년부터 1850년까지 류큐는 쇼군의 취임을 축하하기 위해 21차례
나 사절단을 에도로 파견했다. 그러나 도쿠가와 막부는 중국과는 정식
으로 국교를 맺지 않았다. 그것은 일본측이 중국측의 요구대로 중국의
우위를 인정하는 형태의 교류를 거부했기 때문이다.

　이상과 같은 여러 외교시책에 따라서 도쿠가와 막부는 다른 아시아
나라의 통치자들이 받아들이고 있던 조공제도에 의해 상징되는, 중국이
아시아 질서의 중심에 있다는 전제를 거부했던 것이다. 막부는 지금까
지와는 다른 지역질서를 구상하고, 실현하려 했다. 그렇다고 해서 패권
주의를 노골적으로 드러낸 구상은 아니었다. 조선통신사 일행에게는 존
경의 마음을 담아 대접했다. 조선사절단은 중국의 궁정을 참대할 때에

요구된 것처럼 엎드려 절하거나 복종의 뜻을 상징적으로 표상하도록 요구받은 적도 없었다. 조선과 일본은 거의 대등한 교류였다.(하지만 일본인은 류큐인에 대해서는 분명 자신들이 우위에 있다는 우월감을 가지고 있었다.)

이런 외교정책에 의해 도쿠가와 막부는 일본의 지배자로서 국내의 입장을 정당화하려 했다. 특히 쇼군가가 어떻게 외국인들에 의해 존경받고 있는가를 많은 다이묘들에게 인상지우려 했다. 그중에서도 이런 노림이 가장 잘 드러났던 것은, 일련의 이른바 외국인추방령이 내렸을 무렵인 1617년과 1634년에 조선통신사에 대한 대우이다. 도자마·후다이·친번의 모든 다이묘에게 총 428명의 조선통신사 일행을 환영하는 연회, 통신사의 장대한 행렬, 이에야스 묘소 참배에 열석하라는 명령이 내려졌다. 통신사가 쇼군가에 수많은 물품을 선물하고, 일본의 통일을 경축하는 광경을 다이묘들에게 보여서 깊은 인상을 심어주려 한 것이다. 막부는 그후 수십 년에 걸쳐 조선통신사를 일본 국내의 정치질서가 외국에서도 존경받고 있음을 엘리트 다이묘들과 상층 무사들에게 과시하는 데 이용했다.

18세기 말까지 이런 대외관계시스템은 막부의 관리와 다이묘, 국제정세에 밝은 다수의 사무라이들, 농촌주민 중 교양 있고 부유한 자들 사이에 서구와의 관계를 끊는 것이 올바른 통치방식이라는 생각을 확고하게 심어주었다. 1820년대에 도쿠가와를 비판하는 논의를 전개해 큰 영향력을 가지고 있던 아이자와 세이시사이(會澤正志齋, 1782-1863)도 다음과 같이 질타했다.

근자에 역겨운 서양 오랑캐들이 세계의 말단에 위치한 하등(下等)의 존재이면서 사방의 바다를 설치고 다니며 여러 나라를 유린하고, 자신의 분수도 모르고 감히 고귀한 우리 신국(神國)을 능멸하려 하고 있다.

이 무슨 오만불손한 작태인가?[10]

그로부터 30년 뒤, 이런 서구관은 자신들의 문명이 보편적인 중요성을 갖고 있다는 것을 의심하지 않는 서구의 신념 — 함선의 힘을 뒷배로 가진 — 과 정면으로 충돌했다. 그리고 그로 말미암아 도쿠가와 질서는 무너지게 된다.

*   *   *

이 장에서 기술해온 도쿠가와 체제를 지탱해온 제도는, 주로 도쿠가와 이에야스 치하에서 고안되었고, 그의 손자 이에미쓰에 의해 확립되었다. 그 당시 이들 제도는 우주 또는 성스러운 것에 기원을 가진 자연의 위계를 사회질서에 항구적으로 반영한 것이라고 여겨졌는데, 미국에서 일본사 연구의 선구자 중 한 명인 존 W. 홀이 말한 '신분지배'[11]제도를 형성했다. 신분지배라는 표현에서 홀이 의미하는 것은 다이묘, 무사, 공가(公家), 조닌, 상인 혹은 직인, 승려, 창녀, 천민, 아이누 같은 개개의 신분에는 나름의 독자적인 법칙이 있다는 것이다. 즉 각각의 신분은 도쿠가와 막부의 지배자들과 개별적인 관계를 맺고 있다는 것이다. 표면상으로는 사람들은 엄격히 정해져 있는 각 신분의 틀 안에 머물도록 제약받고 있었지만, 동시에 자율규제의 책임도 부여받고 있었던 것이다.

도쿠가와 지배자들은 질서와 자신들의 위치를 지키기 위해 잔인하고 자의적일 때도 있었다. 그렇지만 도쿠가와 시대의 정치체제는 지속적이고, 시대 흐름의 변화에 순응하는 역량을 발휘했다. 이 체제는 일본에 그때까지 없었던 평화를 오랫동안 가져왔고, 경제 또한 크게 성장했다. 도시와 농촌의 문화생활은 활기차고 창의력으로 넘쳐났다. 그 이전 수 세기의 일본을 기준으로 판단할 때, 이들 성과는 참으로 괄목할 만한 것이었다.

그렇다고는 해도 도쿠가와 질서의 유연성과 그 질서가 미친 범위는 제한적이었다. 1850년대에 자국의 군사력과 경제력을 일본 국내에까지 몰아붙이고 있던 서구의 국민국가들과 비교하면, 도쿠가와의 정체(政體)는 엉성하고 구조적으로도 통합이 결여되어 있었다. 이 정체는 전국의 경제자원을 징세대상으로 하는 데 이르지 못했고, 전국의 인적 자원을 동원하지도 못했으며, 국제관계를 독점적으로 수행하지도 못했다. 19세기 초까지 이 정체의 기본적인 성격과 관련된 경제사회적·이데올로기적 면에서의 적지않은 부작용은, 도쿠가와 막부의 정치적·사회적 지배를 현저하게 약화시켰다.

2장
도쿠가와 시대의 사회경제적 전환

도쿠가와 체제의 공식적인 신분질서는 2세기 이상에 걸쳐 거의 변하지 않았다. 그러나 경직되어 있다시피 했던 이 정치제도는 끊임없이 변동하는 사회경제적 기반 위에 세워져 있었다. 2세기 동안의 경제성장과 사회변화는 신분집단간의 경계를 침식한 동시에 농민과 무사라는 두 주요 신분집단 사이에 새로운 긴장을 야기했다. 그리고 이런 긴장은 개혁을 요구하는 거센 압력을 낳았다.

어느 정도 센 압력이었던 것일까? 도쿠가와 시대 일본의 사회상황은 19세기 초에 막 혁명을 맞을 정도로 긴박했던 것일까? 아니오라고 말해도 그다지 틀리지는 않는다. 서양의 두 번의 출현에 의해 혼란이 초래된 사정이 없었다면, 도쿠가와 체제는 필시 1860년대 이후에도, 수십 년은 더 살아남았을 것이다. 그러나 동시에 신생 메이지 체제가 추진했던 여러 근대화 프로젝트가 신속하고 광범위하게 실행될 수 있었던 요인으로서, 그 이전에 문화영역과 사회경제영역에서 다양한 변화가 서서히 진행되고 있었고, 도쿠가와 말기에 개혁요구의 목소리가 높아지고 있었던 것이 큰 의미를 갖는 것도 사실이다. 일본의 19세기 혁명은 화학반응에 비유하면, 밖에서 가져온 촉매와 국내의 요소가 강력하게 서로 반응한 결과 일어난 것이었다.

17세기의 호황

　　도쿠가와에 의한 천하통일이 임박하던 16세기 무렵, 일본 열도 전역에서 도시는 그 수에서도 규모에서도 확대되고 있었다. 도시 확대의 경향은, 서로 경쟁하고 있던 군사지배자(다이묘)들이 조카마치 한복판에 항구적인 수비대를 두고 거기에 수하의 병사들을 불러모아 편입시킴으로써 가속화되었다. 조카마치에는 무사 외에도 각종 서비스업에 종사하는 사람들, 이를테면 물자보급 담당자, 직인, 상인 등이 모여 살고 있었다.[1]

　　그러나 16세기 말의 권력투쟁과 전투과정에서 다이묘의 운명은 부침을 면하지 못했다. 조카마치와 그곳에 살던 상인들의 기반도 마찬가지로 불안정했다. 전국 각지의 도시가 한층 안정된 상태가 된 것은 도쿠가와 정권의 지배가 확고해지고 다이묘들의 연합체제가 전국적인 규모로 안정되고 난 뒤의 일이었다. 17세기에 그것이 실현되자 도시와 상업은 유례없이 번성하게 되었다. 대부분의 번에서 무사는 조카마치에 영주하게 되었다. 심지어 작은 번의 조카마치에도 봉급을 받아 생활하고, 봉급 전부를 시내에서 소비하는 무사 주민이 5천 명 안팎에 달했다.

　　이런 도시화를 촉진하고 개별 번의 경제를 오사카나 에도와 직결시켰던 최대의 요인은, 바로 참근교대제가 시행된 것이었다. 이 제도가 없었다면, 개별 번은 횡으로 연결되지 못하고, 자급적인 소규모 구니(國)로 발전했을 가능성이 컸을 것이다. 조카마치는 소규모 경제의 중심으로서 외연부의 농촌으로부터의 공급에 의해 유지되었을 것이며, 지방마다 번의 경제는 자기완결적으로 되어, 그 결과 번과 번의 횡적 교류는 한정되었을 것이다.

인구가 집중되었던 각 번의 조카마치는, 확실히 번 내의 배후지인 농촌지역과의 사이에 밀접한 경제적 유대를 구축했다. 하지만 그 밖에도 참근교대제 아래서 격년제로 에도와 영지를 오가야 하는 필요에 의해, 다시 말해서 에도와 번 양쪽에 거주지를 마련해야 하는 필요에 의해, 번 경계를 넘나드는 사람·금전·상품·서비스가 대량으로 유통하게 되었다. 참근교대는 다이묘에게 큰 경제적 부담을 주었지만, 다른 한편으로는 지역간 통상을 확대하고 멀리 떨어져 있는 도시의 시장, 특히 에도와 오사카의 시장을 겨냥해서 지역특산품 생산의 특화를 촉진하는 효과도 있었다.

일본 최대의 도시이자 도쿠가와 막부의 행정기능의 중추였던 에도는 쇼군의 거성인 에도 성과, 도쿠가와가 직속 무사들과 각 번의 에도 근무 가신들로 이루어진 무사인구를 거느리고 있었다. 에도에 뒤떨어지지 않은 규모를 가지고 더 많이 벌어서 더 많이 소비하는 데 깊이 몰두하던 도시가, 도쿠가와 시대의 상업중심지 오사카였다. 오사카의 경제를 움직였던 것은 10여 명의 거대 미곡상이었다. 오사카에는 전국 각지의 다이묘로부터 대량의 연공미(年貢米)가 에도에 근무하는 가신단에게 지불할 봉급자금으로 현금화되기 위해 운반되어 왔는데, 이들 미곡상들은 이 연공미를 사들여서 도시에 사는 소비자들에게 판매하는 사업을 운영했다.

이 두 대도시도, 두 도시를 연결하는 가도(街道)도 활기로 넘쳐났다. 이것을 증언하는 한 사람은 나가사키 네덜란드 상관에 근무하던 독일인 의사 엥겔베르트 켐퍼이다. 그는 1691년과 1692년에 네덜란드 상관이 매년 에도에 파견하는 진공(進貢)사절의 일원으로 에도까지 여행했다.

일본의 주민수는 땅의 넓이에 비해 많고, 또한 일반적으로 믿고 있는 인구수를 훨씬 넘어서는 것 같다. 마을이 다음에서 다음으로 끝없이 계속되는 곳도 대단히 많고, 한 마을을 나왔다고 생각하면 금방 또 다른 마을로 들어선다. 이름을 달리하는 여러 마을이 이어져, 몇 리에 걸쳐 처마가 다닥다닥 붙은 인가가 들어선 곳도 많았다.[2)]

당시의 도시와 마치(町)는 사람이 많아서 너저분한 장소이기도 했다. 18세기 에도의 서민주거지구는 20세기 말 현재 세계에서도 가장 인구가 조밀한 도시의 하나인 도쿄의 주택가보다도 더 혼잡했다.

1700년에 전체적으로 일본인의 5-6%가 인구 10만 이상의 도시에 살고 있었다. 이것과 비교하면 당시 유럽의 도시화 진행속도는 일본의 절반에도 미치지 못했다. 유럽의 전체인구에서 인구 10만 이상의 도시에 살고 있던 사람의 비율은 겨우 2%에 불과했다. 도시의 정의에 좀더 규모가 작은 곳까지 넣어서 비교한 경우에도, 일본의 도시화 진행은 역시 인상적이었다. 1700년 무렵 인구 1만 명 이상의 도시나 마치에 거주하는 사람은 일본 전인구의 10%에 상당하는 약 300만 명에 달했다. 인구 100만을 거느린 에도는 세계 최대의 도시였다. 각각 35만의 인구를 품고 있던 교토와 오사카는 런던이나 파리에 필적하는 규모였다. 어떤 기준을 갖다대더라도 1700년 당시의 일본은 세계에서 가장 도시화가 진행된 나라 중 하나였다.

도시의 성장은 몇 가지 중대한 경제적 파급효과를 가져왔다. 하나는 도시주민들에게 물자를 공급하기 위한, 그리고 또 수백 명에 달하는 가신을 거느린 다이묘의 행렬이 에도와 번을 오가는 것을 가능케 하기 위한 교통과 통신의 인프라 체계가 정비되었다.

육상 운송과 이동은 광범위하게 퍼져 있던 도로망에 의해 유지되었다. 에도에서 교토, 더욱이 오사카까지는 해안도로인 도카이도(東海道)와 혼슈의 중앙부 산악지대를 관통하는 나카센도(中山道)라는 두 가도

표2.1　　**1720년경 일본 주요 도시의 인구**

도시	인구
에도(도쿄)	1,000,000
오사카	382,000
교토	341,000
가나자와	65,000
나고야	42,000
나가사키	42,000

출전: 関山直太郎, 『近世日本の人口構造: 徳川時代の人口
調査と人口狀態に関する研究』(東京: 吉川弘文館, 1969).

에 의해 연결되었다. 다른 가도들도 에도로부터 북쪽·남쪽·서쪽으로 방사상으로 뻗어 있었다. 이들 가도를 이용하는 여행객들이 숙박할 여관의 네트워크도 출현했다. 격식과 호화로움 면에서 오늘날의 오성급 호텔에 버금가는 것은, 도카이도 연변에 막부의 지정을 받아 설립된 53개의 여관이었다. 다이묘나 고귀한 무사 여행객들이 이용하는 이들 고급여관 외에, 서민들이 이용하는 검소한 하타고(旅籠, 여인숙)도 있었다. 참근교대의 다이묘 행렬과 각종 장사치나 신사나 절에 참배하기 위해서 먼 길을 여행 중인 많은 서민이 조우라도 하게 되면 도로와 여관은 그야말로 북새통을 이루었다.

18세기 말에 여행이 굉장히 일반화된 결과, 지도·여행기, 심지어 오늘날의 여행가이드북에 가까운 여행안내서 등을 내는 출판업이 번창하게 되었다. 한 여행기 작가는 1810년에 간행된 안내서에서 오늘날의 여행자들도 익히 들어보았을 몇 가지 충고를 한다. "여관은, 되도록 만듦새가 훌륭하고 북적이는 여관에 묵는 것이 좋다. ……배가 고프다고 해서 여행 중에 과식해서는 안된다. ……여름에 여행할 때는 자주 목이 말라 물을 마시게 되는데, 깨끗한 물을 찾아 마셔라. 오래된 연못이나 산의 약수터라도 너무 맑고, 흐르지 않는 물은 함부로 마셔서는 안된

도쿠가와 막부가 자리잡은 에도의 1809년 조감도. 배경에 눈 덮인 후지 산이 보인다. 쇼군의 성은 우측 상단에 있으며, 성 주위를 둘러싸고 있는 해자 바깥쪽에 다이묘와 그 밖의 무사의 저택이 둥글게 늘어서 있다. 상인·가게주인·직인이 주를 이루는 조닌(町人)의 주거지는 그림 중앙에 보인다. 하단에는 당시 에도의 경계를 이루던 스미다(隅田) 강이 가로지르고 있다. 쓰야마(津山) 향토박물관 소장.

에도 중앙부에 있던 니혼바시(日本橋)의 1640년의 광경. 이 그림은 상거래와 인파로 북적대던 수도의 광경을 생생하게 전해주고 있다. 다리 아래에는 목재, 쌀, 생선, 그 밖의 상품을 실은 배가 오가고, 다리 위에는 무사, 조닌(町人), 승려, 거리의 예인 등 다양한 사람들이 걸어가고 있다. 이데미쓰(出光) 미술관 소장.

다." 특정 신분집단에 맞춘 충고도 들어 있다. 일반 무사에 대해서는 "여관에서 잘 때는 칼은 자신이 자는 침상 밑에 두라. 창(槍) 등도 침상 안쪽 구석에 두는 것이 좋다"고 충고한다. 부유한 여행자에게는 "가마에서 멀미하지 않는 방법"으로 "만약 두통이 심하고 속이 메스꺼운 사람은 뜨거운 물에 생강즙을 타서 먹으라"는 힌트가 유용할 것이다. 그러나 역사가들에게 가장 흥미로운 것은 도쿠가와 사회를 특징짓는 신분질서와 그 질서를 지키기 위해 일정한 배려를 강조한 다음과 같은 조언들이다.

다른 손님이 있는 여관에서 목욕탕에 들어갈 때는 여관사람의 안내에 따르면 되지만, 여관이 붐비는 날에는 손님들이 순번을 착각한다든가

유명한 화가 가쓰시카 호쿠사이(葛飾北齋)의 1840년대 작품으로, 풍경을 상세히 묘사한 판화. 18세기부터 19세기 초에 걸쳐서 지방의 수공업과 지역간 통상의 발전, 그리고 여행자의 증가와 더불어 주요 가도를 왕래하는 교통의 풍경이 어떠했는지를 전해준다. 게이오(慶應) 대학 소장.

해서 다툼이 일어나기 쉽다. 그런 경우 손님의 차림새를 살펴보고 신분
이 높은 사람이면 그 사람을 먼저 들어가게 하라. 자칫하면 목욕탕 순
번의 잘못으로 싸움이 벌어지기 때문이다.[3]

사람뿐 아니라 물자도 가도로 이동했다. 물자운송을 목적으로 출현한
짐말(卜馬)을 이용한 운송업이 크게 성행하여 수천 명의 마부들이 가도
를 걸어가는 여행객들을 밀어젖히듯이 물자를 운반했다. 역사가들이 이
런 운송업자들의 기록을 통해, 18세기에 이루어진 경제활동의 밀도를
해명해왔다. 일례로 에도에서 교토로 통하는 내륙 루트인 나카센도 연
변에 있던 주요한 운송센터에 대해서 살펴보자. 이 가도에는 연도에 작
은 마치와 마을이 점재해 있는 수많은 2차적인 지방도로가 합류한다.
이 가도의 중간지점에 자리 잡고 있는 것이 이다마치(飯田町)이다. 대
략 한 해에 이다마치로부터 근방에서 생산된 상품을 가득 싣고 멀리 떨
어진 시장을 향해 출발한 짐말은 2만 1천 마리에 달했다. 하루에 60마
리분의 물자가 1년 내내 출하된 셈이다. 마부들이 낮 동안만 일을 했다
고 가정하면, 시간당 다섯 마리가량의 짐말이 이다마치를 출발한 셈이
된다. 그런데 이 숫자는 이다마치 자체의 출하량만을 집계한 것이다. 이
다마치를 통과해 간 짐말은 이것의 5배 내지 10배에 육박했으리라 추정
된다. 필시 다소의 과장이 있겠지만, 전해오는 18세기의 이야기를 따르
면, 이다마치를 거쳐 간 짐말은 매일 1천 마리였다고 한다. 그렇다면 우
리는 제법 외진 내륙에 자리 잡은 이 마을에서도 중심부는 인마의 왕래
로 몹시 혼잡하고 상거래로 북적거렸을 것으로 미루어 짐작할 수 있다.
연안 가까이 가는 해상운송은 내륙운송에 비해 경제적·효율적이었기
때문에, 배를 이용한 운송도 번성했다. 에도의 주민들이 필요로 하는 현
금은 엄청났다. 전국 각지의 다이묘들은 에도의 저택을 꾸려 나가야 하
고, 에도 근무 가신들의 생계를 위해 연공미를 시장에 운반해 환금화하

여 에도에 송금해야 했다. 중부 이서의 다이묘들은 환금을 위해서 저장미를 조운하는 발송지로 오사카 항을 이용했다. 18세기 초에 오사카의 중심부를 흐르는 요도가와(淀川)는 오가는 선박으로 붐볐고, 강변에는 미곡도매상들의 위풍당당한 쌀 창고가 늘어서 있었다. 당시 상거래의 중추를 차지하던 미곡상들은 다이묘들에게 융자를 해주고 막대한 부를 축적했다.

경제가 점점 복잡해짐에 따라 사람과 물자 외에도, 현금은 물론이고 화폐 역할을 하는 교환수단의 유통이 늘어났다. 오사카에서 저장미를 매각한 다이묘들이 받은 대금을 쓰는 곳은 에도였다. 그래서 미곡도매상이 에도에도 지점을 열게 되었다. 다이묘들로부터 오사카에서 쌀을 받는 대신에 에도의 지점이 다이묘들에게 판매대금을 지급하는 시스템이 생겨났다. 미곡상들은 또 쌀 수확 전에 쌀값대금을 미리 지급하는 일도 눈에 띄기 시작했다. 한마디로 미곡 선물시장이 개설된 것이다. 이 시장에서 자금을 조달하는 다이묘들은 미곡도매상 겸 금융업자 앞으로 연공미가 들어오면 넘겨주겠다는 뜻을 약조하는 일종의 약속어음을 발행하는 대신 쌀값대금을 미리 빌린다. 이 약속어음은 매매할 수 있었고, 매매가격은 벼농사의 작황 예상과 예상 쌀값에 따라 변동되었다.

이처럼 경제가 점점 복잡해지고 생산력이 증대해가면서, 도시는 상업활동을 끌어당기는 자석으로서의 기능을, 마치·가도·해로는 경제생활의 결절점이자 동맥으로서의 기능을 담당했다. 한편 마을은 소비용 혹은 가공용의 원재료 대부분을 공급했다.

몇 가지 중요한 점에서 도쿠가와 막부의 지배는 마을입구에 머물고, 마을 내부에는 미치지 않았다. 감시·행정의 기능이나 경찰기능을 담당하는 무사들이 마을에 주재하는 일은 거의 없었다. 막부도 번도 개별 세대로부터 직접 연공을 징수하지 않고, 연공은 마을 전체를 한 단위로 해서 부과했다. 연공액을 주민들에게 할당하는 책임은 마을수장과 장로들

페달식 양수기의 사용으로 농부들은 논에 물을 대기가 쉬워졌다. 도쿠가와 시대에 이런 양수기를 비롯해 다양한 농업기술이 보급되어 농업생산이 비약적으로 증가했다. 도쿄 대학 사료편찬소 도서실 소장.

에게 위임되었다. 마을사람들은 연공을 납부하는 기본적인 의무만 다하면, 마을 내의 문제들을 처리하고 시장에 내다 팔 상품을 생산하는 것이 비교적 자유로웠다.

　이런 상황 속에서 농민들이 농법을 개선한 결과, 농업생산성과 생산고는 눈에 띄게 높아졌다. 신뢰할 만한 종합적인 자료는 없으나, 개별

경지에 대해 남아 있는 생산기록에 따르면 18세기부터 19세기 초에 걸쳐서 생산고가 50년마다 두 배나 증가한 사례도 있었다.[4] 이런 수확을 증가시킨 요인으로서는 새로운 경작기술의 개발보다도 기존의 기술이 조금씩 개선되었다든가 보급과 이용하는 방법이 개선된 것이 컸다. 기술 개선 중에는 괭이의 이용을 늘린다든가 탈곡기를 개선한다는 아주 간단한 것도 있었다. 또 농부들은 생산성이 높은 벼 품종을 채택하거나, 말린 청어의 분말과 같은 비료의 사용을 늘린다든가, 페달식 양수기를 이용해서 관개를 효율화하는 등의 개선도 했다.

이런 더 나은 농경법을 보급할 수 있게 한 하나의 기본적인 변화는 읽고쓰기의 보급이다. 교양 있는 무사, 일부 승려 및 (적지않은 여성도 포함된) 농민이 학당에서 읽고 쓰기를 농촌주민들에게 가르치기 시작했다. 학당은 주로 마을의 사찰에서 열리는 것이 일반적이었다. 읽고쓰기를 익힌 농민의 자제는 남녀를 불문하고 점점 늘어났다. 농법의 개선에 관심을 둔 모범농부가 쓴, 효율적인 농법에 대해서 해설한 '하우 투'(how to) 매뉴얼책이라 할 수 있는 농서도 활발하게 간행되어, 17세기 이래 널리 읽히게 되었다. 추계에는 들쭉날쭉이 있지만, 19세기 초에 일본인의 식자율은 남성의 경우 3분의 1에서 절반 정도, 여성의 경우 5분의 1 정도에 달했던 것 같다.[5]

평화가 찾아오고 농업생산량이 증가함에 따라, 17세기에는 일본의 인구가 급증했다. 신뢰할 만한 전국 규모의 인구조사가 실시된 것은 아니어도, 각지에 점재하는 사찰의 기록과 연공의 징수기록을 이용한 추계에서는, 1600년부터 1720년까지의 농촌인구는 1,850만 명에서 3,100만 명으로 늘어났다. 그것을 연평균 증가율로 환산하면 0.8%라는 굉장히 높은 비율로 꾸준히 증가했다.

정체와 활황의 수수께끼

17세기의 호황에 이은 150년 동안의 경제·사회 상황에 관한 자료를 보면 정체와 활기가 병존했다는 일견 수수께끼 같은 상황이 눈에 들어온다. 부정적인 측면에서 먼저 눈에 들어오는 것은 혼슈의 중심부에 위치한 대도시들, 특히 여러 조카마치의 쇠퇴이다. 37개 주요 조카마치에 관한 자료에 보면 1700년부터 1850년까지의 150년 동안 이들 도시의 인구는 평균 18％나 줄었다. 인구의 감소는 경제적으로 가장 발달해 있던 서남부의 도시들에서 가장 심했다. 인구가 증가한 것은 외딴 지역에 있는 마치뿐이었다.[6]

더욱이 1720년대부터 1860년대까지 총인구도 정체상태에 빠졌다. 18세기 후반에 여러 차례인가 심각한 기근이 발생해 수만 명이 아사했다. 그중에서도 1786년의 덴메이(天明) 기근 때는 수십 년 만의 악천후가 흉작과 기근을 초래해 많은 마을이 폐촌화되었다. 도시에서는 옆 마을에서 시체가 매장되지 않은 채 산처럼 쌓여 있다든가, 인육을 먹는 사태까지 벌어지고 있다는 보고가 전해져왔다. 1830년대에도 광범위한 지역에 걸쳐 기근이 발생하여, 기아와 영양불량으로 말미암아 사망한 사람들의 수가 수만, 심지어 수십만에 달한 지방도 있었다고 기록되어 있다. 그런 기록은 사람들이 나뭇잎이나 잡초, 심지어는 짚으로 만든 도롱이까지 뜯어먹었다든가, 관청이 주민들에게 관의 매장허가가 나오는 것을 기다리지 말고 죽은 사람을 매장하는 것을 허락하는 포고령을 내렸다는 상세한 서술로 사태의 심각성을 실감 나게 전하고 있다.

기근 외에, 또 하나 어떻게 생각해야 할지 이해하기 어려운 것은, 영아를 골라 죽인 관습이다. 그 이유에 대해서는 오늘날에도 논쟁 중이지만, 여아·남아를 불문하고 원치 않는데 태어난 영유아를 농가가 버리거

1780년대의 덴메이(天明) 기근이 몰고 온 참상의 일면을 보여주는 그림. 가죽조각을 빨고 있는 피골상접한 어머니와, 필사적으로 어머니의 젖을 빨려는 어린아이, 큰 애들도 가죽조각이나 동물의 사체에 달라붙어 물어뜯고 있다. 이 기근은 홍수·냉해·화산분화가 원인이었는데, 특히 혼슈의 동북부에서 피해가 컸고, 아사자는 수만 명에 달했다. 국립공문서관 소장.

나 죽이는 일이 드물지 않았다고 한다. 당시의 주자학자들도, 1970년대 까지의 대부분의 역사가도 영아살해는 절망적인 상황에 내몰린 가난한 농민들이 선택한 최후의 수단이라고 생각했다. 그러나 사찰에 남아 있는 주민명부 같은 인구통계자료를 면밀히 분석해보면, 이와는 다른 해석의 가능성이 드러난다. 모든 마을에서는 아니라고 해도 일부 마을에서는 영아를 살해하는 경향이 부유층에서 더 심했다는 행적이 보인다. 영아살해는 극빈층의 농민이 기아를 피하려고 저질렀을 뿐만 아니라, 아이가 많아지면 안정된 생활을 지탱해준 조상 대대로 내려오던 전답을, 한 가족이 먹고 살아갈 수 없을 정도의 작은 규모로 나누지 않으면 안되기 때문에, 그런 사태를 막으려고 부유한 농민들이 행했던 일종의 가족계획이었다고 말할 수 있을지 모른다.[7]

　이런 지경에 이르자 도시에서 성난 불만의 목소리가 마구 터져 나왔다. 무사인 관리들은 기근과 영아살해를 백성은 물론 통치자들이 도덕적으로 타락했다는 증거로 간주했다. 엘리트들은 농민들이 살아남을 수 있도록(그리고 연공을 납부할 수 있도록) 넉넉한 자비심을 갖고 농민을 대해야 할 의무가 있는데, 그 의무를 다하지 않고 있다는 것이다. 애석하게도 도시에 거주하는 다이묘와 무사들의 생활비가 천정부지로 치솟았다. 각 번은 그러려고 생각했다면 농민의 생산량이 증가한 만큼 연공을 좀더 거두어들이는 것도 불가능하지 않았지만, 그 생활비 증가분을 충당할 만한 수입을 늘리는 데 성공한 번은 거의 별로 없었다. 증수 대신에 다이묘와 무사는 상인에게 돈을 빌렸는데, 종종 변제가 어려워지는 경우도 많았다. 19세기 초에 이르자 세상은 관료화된 엘리트 무사들의 눈에는 세상이 마치 관절이 빠져버린 것처럼 보였다. 다음과 같은 장탄식이 자주 들리게 된다.

　　오늘날의 무사들 상태를 말하면 거의 200년 가까이 동안 풍족하고,

정말 더할 나위 없는 시대를 살아왔기 때문에, ……5-6세대에 걸쳐 전쟁이라는 것을 전혀 모르는 형편이다. 무도(武道)는 쇠약해질 대로 쇠약해져 만약 무슨 일이 일어난다면 제일 앞장서야 할 상급 무사와 하급 무사들도 10명 중 7-8명은 마치 부인들처럼 연약하다.[8]

도시의 상인들도 불만을 품고 있었다. 쇼군과 유력 다이묘들은 자신들의 채무장부를 없애버릴 정치력을 갖고 있었고, 그 힘을 꽤 정기적으로 발동시켰다. 상인들에게는 손실을 받아들이고 새로운 대출에 응하는 외에 달리 방도가 없었다. 이에 못지않게 중요했던 것은, 농촌에서 대두한 생산자가 정식으로 허가를 받은 도시의 상품과 서비스의 공급업자에게 만만치 않은 경쟁자로 부상하고 있었다는 사실이다. 1789년에 2만 명 가량의 조닌(町人)이 거주하고 있던 조카마치 오카야마(岡山)에서 인구의 급감에 직면해서 다음과 같은 불만이 표명되었다.

이 마치의 상업은 사양길에 접어들어 수많은 소상인은 극심한 어려움을 겪고 있다. 그 반면에 다른 지방에서 와서 근처의 시모쓰이(下津井) 마을이나 사이다이지(西大寺) 마을 같은 곳에 정박하는 타지의 배는 꾸준히 늘어나고 시골의 장사는 번창하고 있다. 예전에는 근처 마을에서 사람들이 물건을 사려고 조카마치에 왔는데, 이제는 조카마치에서 사람들이 물건을 사려 시골로 외출한다. 옛날에는 시골의 상점주들이 위탁판매품을 매입하기 위해 조카마치로 나오곤 했는데, 지금은 조카마치의 상점주들이 위탁판매품의 매입을 위해 시골에 심부름꾼을 보낸다. ……시골과의 차이가 없어져 버려, 농민과 소상인의 처지가 바뀌어버렸다. 당연히 그 결과 많은 조닌은 궁핍하게 되었다.[9]

이런 종류의 기록은 글쓴이가 무사 행정관인지 유학자인지 도시상인인

지에 관계없이 이 세상에서 당연히 있어야 할 위계질서가 지켜지지 않는 것을 다시 정립하고 싶다고 생각하는 사람들의 불안을 잘 반영하고 있다. 그런 기록은 또 실제의 세상에서는 다이묘에게 혹은 관을 등에 업은 상인들에게 사태가 안 좋게 전개된 반면, 어딘가 득을 보게 된 사람이 있다는 사실을 보여준다. 오카야마의 사정에 대해 기록한 필자가 표시한 "농민과 소상인의 처지가 바뀌어 버렸다"는 한탄은 도시가 정체된 이면에 18세기부터 19세기 초에 걸쳐서 농촌에서 생산과 상거래가 비약적으로 늘어났다는 사실에 대한 하나의 반응이다.

1757-1855년에 직물을 특화하면서 그 규모가 세 배나 커진 기류(桐生) 마치에 남아 있는 자료는 원래 양잠이나, 실잣기, 베짜기를 하고 있던 사람들 중에서 방직업자로 전업해서 번성한 사람들이 배출된 상황을 다음과 같이 묘사한다. "방직업자들은 저마다 실잣는 공정이나 그것을 베로 짜는 공정을 담당하게 할 많은 여직공을 고용해 대규모로 사업을 운영하게 되었다. 다른 지방에서도 사람들이 마치에 몰려왔는데, 새로운 마치는 말할 것도 없고 인접 마을에까지 셋방을 얻는 사람이 있었다."[10] 다른 여러 자료도 직공들이 30-50명, 심지어 100명에 달한 직물 공장에 대해 묘사하고 있다.

농촌지방의 각지에서 술이나 된장·간장·식초·식용유·과일가공품 등의 생산을 비롯한 다양한 산업이 발흥했다. 비단, 면, 마, 그 밖의 섬유방직 분야에서는 가내공업의 복잡한 생산네트워크가 형성되었다. 이 생산네트워크란 10여 단계 이상으로 구성되는 생산공정을 망라하는 것인데, 개별 공정의 전문화된 생산자들을 네트워크화하여 그 전반을 중매인(中買人)이 관리하는 것이었다. 칠기·도자기·목기 등의 일상용품, 종이와 종이제품, 양초·밧줄·나막신·염료, 빗과 머리핀 같은 장신구 따위의 제작에도 이와 비슷한 생산네트워크가 형성되었다. 19세기가 시작되기 훨씬 이전에 이들 제품을 비롯한 많은 제품은 도시의 직인과 시장의 독점물이 아니게 되었다. 이런 변화는 농촌의 '원초적 공업화'라 부를 수 있는데, 생산규모의 확대와 원격지 시장을 대상으로 한 전문화된 생산네트워크의 형성이 그 특징이다. 이런 생산네트워크는 농촌의 사회와 경제 속에 깊이 뿌리박혀 있었다. 농촌인구 중에서 집안일 외의 이런저런 제조업에서 임금노동자로 종사하는 남녀의 수는 전체로 봐서는 소수파이긴 해도 무시할 수 없는 규모로 계속 늘어나고 있었다. 그런 남녀 중에는 연간 또는 계절 단위로 고용계약을 맺는 사람이 있는가 하면, 임시직인 일용 노동력의 일부가 되는 사람도 있었다.

이런 경제의 전개에 의해 때때로 농촌의 신흥공업가와 이전부터 도시에 본거지를 두고 있던 상인 및 직인 사이의 대립이 생기는 적도 있었다. 동시에 농촌지방 내에서는 기업가 정신으로 부를 축적한 상류층과, 기회가 많은 만큼 위험도 늘어난 세상에서 열심히 살고 있지만, 경제적으로는 궁핍한 소농 및 소작농 사이의 반목을 초래했다.

도쿠가와 시대의 일본에서 빈농층에게는 합법적으로 이의를 제기할 수 있는 유효한 수단이 거의 없었다. 연공이나 빚의 부담이 함께 몰아쳐 오면, 기껏 할 수 있는 것은 다른 번으로 도망가는 것뿐이었으며, 실제로 그것을 실행한 자도 있었다. 그러나 그것은 법적으로도 경제적으로도 위험천만한 선택지였다. 공식 절차를 밟아 당국에 구제를 요청하는 것은 위법이 아니었지만, 신청이 각하되었을 경우 청원자는 처벌받는 것을 각오해야 했다. 공식 절차를 밟지 않은 청원은 전부 위법으로 간주되었고, 작당을 한 집단행동도 모두 금지되어 있었다. 그럼에도 불구하고 위법한 청원이나 행동은 실제로 일어났고, 날이 갈수록 점점 빈번히 이루어지게 되었다.

확실히 항의의 색채는 짙어져 가는 경향을 띠었다. 항의의 형태로는 집단청원이나 시위, 관리나 부유층에 대한 공격이 있었다. 시간이 흐르면서 공격적인 행동이 늘어나는 심대한 변화가 보였다. 1600년부터

표2.2	농민의 항의행동, 1600–1867년	
기간	총 항의행동 건수	연간 항의행동 건수
1600–1700	420	4.2
1700–1800	1,092	10.9
1800–1850	814	16.2
1850–1867	373	21.9

출전: Stephen Vlastos, *Peasant Protests and Uprisings in Tokugawa Japan* (Berkeley: University of California Press, 1986), p. 46.

1650년까지 도쿠가와 시대 초기에는 말 그대로 멀리 도망쳐버리는 도산(逃散)이나, 관청에 온건하게 올리는 청원이 농민에 의한 항의행동 총수의 절반 가까이 차지하고 있었다. 그런데 19세기 전반에 이르자, 전체 항의행동에서 이런 온건한 행동의 비율은 13%까지 감소한 반면, '직접적인 공격'이나 '파괴행위'로 분류되는 행동은 무려 43%를 차지하게 되었다.[11]

이런 항의행동 중에는 당국으로부터 우대받던 도시의 경쟁상대와 경합하는 상거래에 진출하는 것을 제약받고 있던 농촌의 공업생산자가, 이 제약에 분노해서 일으킨 것도 있었다. 그러나 많은 항의행동, 특히 당시에 '때려부수기'(打ち壊し)라는 속어로 불리던 파괴행동은 농촌지대에서 빈농이 부유한 이웃을 습격하는 식으로 농민층 내부에서 발생했다. 때려부수기에 가담한 자들은 종종 사업에서 성공한 농민 겸 공업생산자의 집을 파괴하고 창고에서 금품을 약탈했다. 경우에 따라서는 그들은 창고에 보관되어 있던 물건들을 대충 계산된 '공정한 가격'에 분배하는 적도 있었다. 때려부수기 참가자가 사람들에게 위해를 가하는 일은 극히 드물었다. 공격을 당한 사람들은 주로 지주·대금업자·상인·공업생산자 등이었다.(한 사람이 여러 업종을 겸한 경우도 많았다.) 이를테면 그들은 부업으로서 뽕나무를 키워 누에를 치려는 소농들에게 높은 이자에 돈을 빌려주는 사람들이었다. 항의행동은 누에가격이 내려가서

농민이 빚을 갚을 수 없는 지경이 되었을 때 일어났다. 돈을 빌린 소농들은 상거래의 확대와 농촌공업의 보급이 가져다준 현금수익의 기회를 이용하려 했지만, 동시에 상거래와 시장경제가 마을에 침투하면서 자신들의 기반이 점점 취약해지는 것도 두려워하고 있었다. 소농은 부농들이 자금력을 이용해 고리로 돈을 빌려주고, 빌린 자의 희생 위에 부를 축적하는 데 강하게 분개했다.

이런 사회·경제상황 아래서는, 남녀별로 전통적으로 규정되어온 역할과, 남녀가 실제로 종사하게 된 일 사이에서도 큰 알력이 생겼다. 도쿠가와 사회의 정통적인 이념에서는 여성은 학문을 익힐 필요는 없고 부엌만 지키면 된다고 주장되어왔다. 이 같은 관점을 설파하는 고전적인 수신서(修身書)로는 유교사상에 기반을 둔 『온나다이가쿠』(女大學)가 알려져 있다. 이 수신서는 종래 유학자였던 가이바라 에키켄(貝原益軒)이 1670년대에 집필한 것이라고 전해져오지만, 실제 저자는 다른 사람일 것 같은데, 어쩌면 본인도 유학자였던 에키켄의 부인의 작품일 가능성이 크다고 생각된다. 누구의 작품이든 간에 이 책은 여자의 수신서로서 널리 읽혔다. 내용은 여성교육의 일반원칙과 순종적인 몸가짐에 대한 구체적인 지시를 기록한 19개의 장으로 구성되어 있다. 어떤 연구자는 이 책에 대해서 다음과 같이 평하고 있다. "[저자는] 여성의 생식기는 호주를 상속할 남자를 재생산하기 위해서는 필요하지만, 머리가 둔하고 나태하고 참을성 없고, 그리고 쉽게 원한을 품는 특이한 능력과 결합되어 있다고 주장했다."[12]

사회의 현실은 이따금 이런 엄격한 규정과 종종 정면으로 대립했다. 여성은 종래도 그랬던 것처럼 가계에서 아주 중요한 역할을 하는 동시에 가계 밖에서도 중요한 생산활동에 종사했다. 여성이 부유한 농가나 마치의 상가 내지 공방의 경영자나 공동경영자를 맡는 경우도 때때로 보였다. 좀더 평범한 농가여성의 경우에는 마을의 섬유중매인으로부터 방직 등의 성과급 일을 받아서 하는 것이 일반적이었고, 도시에 사는 여성도 성과급 일을 받아서 했다. 또 젊은 여성이 계절계약 또는 더 장기계약으로 임금노동자가 되어 집을 떠나서 일하는 경우도 종종 있었다. 과거와 마찬가지로 부유한 농가의 딸은 교토의 공가(公家)에서 식모살이를 했고, 빈농의 딸은 도시나 소도시의 유곽에서 매춘부가 되었다. 그 경우 부모들은 예상되는 임금의 선급으로 상당한 금액을 받았다. 그 대신 그들의 딸들은 3년에서 6년에 이르는 고용계약기간이 끝날 때까지 일해서 선급금을 갚아야만 했다.

여성이 가정 밖에서 얻을 수 있는 다른 취직자리는 이런 고용살이의 새로운 변종이라고 할 수 있었다. 농촌지대에서 번성했던 방직 중심지에서 일하는 노동력 대부분은 여성노동자였는데, 매춘에 종사하던 여성들과 마찬가지로 고향에서 상당히 먼 곳까지 나가서 부모가 선급으로 받은 한 계절 내지 여러 계절의 임금분만큼의 고용계약이 끝날 때까지 작은 직물공장에서 먹고 자고 하며 고용살이하는 것이 일반적이었다. 식모살이, 유곽에서 몸 팔이, 공장에서의 고용살이 등, 이 모든 임금노동의 형태는 그후에도 오랫동안 계속되었으며, 머지않아 근대일본의 사회경제사에서 중요한 역할을 담당하게 된다.

상층 무사 이외의 남자들도 일상생활에서는 성역할의 엄격한 구별과 사회적 위계를 중시하는 이데올로기가 허용하는 범위를 넘어서 훨씬 유연하게 행동했다. 도쿠가와 시대와 메이지(明治) 초기의 자료는 남자들이 육아와 가사에서 적극적인 역할을 했다는 것을 보여준다. 1610년에 부유한 상인이 아들 앞으로 보낸 지시는 사용인들을 위한 식사를 준비하고 장작을 사서 쌓고 쓰레기를 선별하는 등의 작업을 스스로 하라고 명령하고, "남자가 이런 잡일을 스스로 떠맡지 않으면 세대를 만족하게 할 수 없다"고 단언하고 있다.[13] 가정은 일터이자 동시에 주거지였고, 가사노동은 여성의 활동영역으로 엄격히 구분되어 있지도 않았다.

1878년에 영국인 여행가 이사벨라 버드는 농촌의 이른 아침풍경을 다음과 같이 묘사했다. "열두 서너 명의 남자들이 야트막한 제방 위에 앉아서, 두 살이 채 안되어 보이는 아이를 하나씩 안고 어르고 달래면서, 자기 자식이 얼마나 튼튼하고 똑똑한지 자랑하고 있었다."[14]

기근과 영아살해가 있었던 일, 도시와 대규모 조카마치에서 인구가 감소한 일, 사회적인 항의행동이 늘어난 일 등을 보여주는 부인할 수 없는 증거의 존재와, 다른 한편으로는 사회가 활기차고, 농촌지대에서 상거래 및 공업이 융성해 있었다는 것을 보여주는 확고한 증거의 존재가 양립하는 상황은 어떻게 이해해야 좋을까? 서로 모순되는 정황을 조정하는 데 필요한 첫 번째 요인은, 계급간과 계급내에서, 그리고 또 지역간에서 자원의 분배가 불균등했다는 인식이다. 사회계급에 의해서, 또 지역에 의해 놓여 있는 상황에 편차가 있었다는 것을 설명하는 두 번째 요인은 아시아 규모, 나아가서는 글로벌 규모의 무역 네트워크에 도쿠가와 경제가 비교적 제한적으로 편입되어 있었다는 점이다.

도시가 쇠퇴한 반면 비교적 소규모 마치는 번영했다. 번영했던 지방의 마치에는 원료생산지가 가깝고 물을 이용하기가 좋은데다, 확대일로에 있던 농촌시장에 가깝고 도시시장에서도 그리 멀지 않다는 여러 이점이 있었다. 이들 지방의 마치들은 상인과 생산자를 묶는 긴밀한 인간관계 네트워크에 의해 지탱되었다. 그런 인적 연결고리는 체계적인 상법(商法)이 존재하지 않던 상황에서 안정된 경제관계를 위해서 중요했다. 번영하던 지방의 마치들에게 농촌의 일꾼들이 농사일과 다른 돈벌이를 융통성 있게 병행하는 기지를 발휘한 것도 다행스러운 일이었다. 도쿠가와 막부와 번의 관리들의 엄중한 감시하에 있던 도시의 상인들은 세제(稅制)나 동업조합의 규제에 얽매여 있었지만, 지방의 마치들에는 그런 압박이 없었다. 또 농촌지방들 사이에도 번영의 편차가 있었다. 구체적으로 혼슈 중부에서 북 규슈에 걸쳐 있는 지역에서는 농촌의 생산과 상거래가 비약적인 번영을 보였지만, 혼슈 북쪽 지역은 뒤처져 있었다.

이처럼 농촌지방의 일부 지역이 도시의 쇠퇴라는 희생 위에 번영했던 것은, 17-18세기 유럽의 역사와 비교하면 아주 대조적이다. 유럽에서는 농촌경제가 성장추세에 있었지만, 중심도시가 그로 말미암아 쇠퇴하지는 않았다. 이처럼 유럽이 일본과 달랐던 이유는 유럽인은 매우 적극적으로 외국과의 무역을 추구했기 때문이다. 외국과의 무역은 도시의 고용증가를 가져오고 식량수입을 확대시켰을 뿐만 아니라 전반적인 인구증가와 인구의 도시유입을 자극하는 역할을 했던 것으로 생각된다.

도쿠가와 시대의 일본에서 국제무역이 갖는 중요성은 극히 한정되어 있었다. 17세기와 18세기의 일본은 나가사키 항을 경유해 상당량의 비단과 구리를 중국에 수출했고, 조선에도 많은 양의 은을 수출했다. 이 교역은 나가사키 주변과 광업생산의 거점지역, 남쪽의 규슈에서부터 혼슈 중앙의 교토와 오사카에 이르는 지방의 비단생산지에서의 고용을 촉진했다. 그렇다 하더라도 일본의 외국무역은 동시대 유럽의 무역과 같이 경제성장과 도시성장을 견인하는 큰 힘을 발휘하는 데까지는 이르지 못했다. 일본에서는 경제 전체의 성장과 도시의 성장 대신 내부 지향적이고 농촌 중심적인 성장이 일어났던 것이다.

경제적으로 어느 정도 윤택했는가는 사회계급에 따라서도 지역에 따라서도 달랐다. 경제가 점점 복잡해지면서 개방된 기회가 많아졌을 뿐 아니라 위험도 동시에 커졌다. 이런 상황변화는 실패하는 경우에 겪게될 참담한 결과를 완화해줄 안전판으로서의 체계적인 사회복지정책 같은 게 없었기 때문에 오히려 농촌 내에서 부와 권력의 격차를 확대했다. 농촌의 최상부는 교양을 넓히고 행동력을 키웠다. 부농은 토지와 자금을 보유하고 있었으며, 보다 이득이 되는 결단을 내리는 데 필요한 식견도 있었고, 정보 또한 가지고 있었다.

도쿠가와 시대의 사회는 결코 평등한 사회는 아니었다. 막부 말기에,

빈부격차가 없었던 옛날 이에야스의 시대를 황금시대라 보는 견해가 개
혁가들에 의해 피력된 적이 있지만, 그것은 지어낸 이야기였다. 실제로
는 마을에서는 예전부터 늘 번주(藩主)나 마을지도자들의 온정에 호소
하여 연공을 감면받거나 돈을 빌리든가 하지 않으면 흉년을 극복하기
어려운 가난한 농민이 존재하긴 했지만, 그래도 옛날이 더 좋았다는 식
의 견해를 지지하고 선동한 것은 많은 경우 현실세계를 바로잡는 '요나
오시'(世直し)을 꾀하려 했던 반역자들이었다. 그런데 도쿠가와 시대
초기에는 타인에게 의지하지 않으면 생활하기 어려웠던 가난한 마을사
람은 고용인이거나 분가의 구성원인 경우가 많았다. 그리고 이들의 빈
곤은 자신의 수하이거나 자기 비호 아래 있는 자를 돌봐야 할 주인의 의
무감에 의해 어느 정도 완화되었다.

가족주의적 온정은 19세기에는 완전히 사라져 없어진 것은 아니지
만, 이전만큼 의지가 되지 않았던 것으로 생각된다. 타인에게 의지하지
않으면 살아가기 어려운 서민은 윗사람이나 부유한 사람들과 혈족관계
로 묶이기보다, 임노동계약을 통해 결부되는 경우가 점점 많아졌다. 이
들이 친척의 도움을 필요로 하는 경우는 이전처럼 많지 않았지만, 그런
도움의 손길을 기댈 수 없는 상황이 되어버린 것이다. 도쿠가와 시대를
통해 사회적인 항의가 서서히 그러나 확실히 강해졌는데, 그것은 옛날
부터 있어왔던 불평등 일반에 대한 반응으로서 강해진 것이 아니라 새
로운 유형의 불평등, 즉 시장경제가 초래한 불평등에 대한 반응으로서
강해진 것이다. 지배자들과 부자들은 그 지위가 높아서 공격을 받았다
기보다는, 오히려 높은 지위에 있는 자일수록 자선을 베풀어야 할 의무
가 있음을 잘 알고 있었을 텐데, 그들이 그 의무를 이행하지 않게 되었
기 때문에 공격받았던 것이다.

3장

도쿠가와 후기의 지적 상황

다이묘와 무사들이 만성적인 빚을 지고, 기근이 심각한 황폐화를 초래하고, 격렬한 항의행동이 빈발하는 등 이런저런 형태로 고뇌와 쇠퇴의 징후가 광범위하게 퍼져가는 가운데 지배자와 피지배자들은 너나없이 변용하는 세상을 둘러싸고 정력적인 논평활동이 벌어졌다. 그런 논평은 지금의 세상을 옛날의 좋았던 시대로 되돌려놓으려면 개혁이 필요하다는 주장을 골자로 해서, 사고방식이 적극적인 것도 있었지만, 소극적인 것들이 많았다. 역설적이게도 자주 있는 일이지만, 보수적인 다양한 개혁이 만들어낸 일련의 사태로 말미암아 실제로는 과거로 되돌아가기는 불가능해져 버렸다. 도쿠가와 시대 후기를 특징지었던 문화적·지적 흥분상태를 이해하기 위해서는, 먼저 개혁가들이 부활시키기를 바라던 이상사회에 대해서 검토하는 것에서부터 시작하지 않으면 안된다.

도쿠가와 체제의 이데올로기적 기반

어떤 정치질서라도 도쿠가와 막부체제처럼 오래가려면

패자(覇者)와 그 추종세력들의 고압적인 힘에만 의존할 수는 없다. 권위에 필수적인 요소는 그것이 사회적으로 이해되어 수용되는 정당한 지배라는 관념에 입각하는 것이다. 야심에 불타는 모든 위정자와 마찬가지로, 오다 노부나가도 도요토미 히데요시도 이 이데올로기적 딜레마에 직면했다. 하지만 두 사람의 경우, 이 딜레마는 특히 강력한 형태로 나타났다. 즉 그들은 천하를 통일하는 과정에서 강제력을 마구 휘둘렀던 까닭에 자신들의 지배 정당성을 더욱더 적극적으로 사람들에게 납득시킬 필요가 있었다. 노부나가와 히데요시는 도쿠가와 이에야스도 마찬가지였지만, 자신의 권위가 종교적인 상징과 이념, 그리고 세속적인 상징과 이념이라는 양 방향에 입각하도록 했다.

노부나가는 많은 신도를 거느린 종파를 적대시하여 전쟁을 일으키고 수만 명을 죽였으며, 자신을 초인적으로 신성한 위정자로 선전하려 했다. 노부나가는 무사들에게 자신을 신성시하고 공경할 것을 요구하고, 그 반대급부로 군사적인 보호뿐만 아니라 신성한 보호도 제공했다. 또 현세에서 자신을 위해 최선을 다한 자는 내세에서 충실한 가신으로서 보답을 받을 것이라고 주장했다. 노부나가는 부와 행복을 바라는 자는 모름지기 자신을 숭배하라는 포고를 내렸다. 또 자신을 '천하'(天下)를 체현한 천하인이라고 부르기에 이르렀다. 그때까지의 군사적 패자들과 달리 노부나가는 만약 쇼군의 지위에 오르면, 천황의 임명을 받아들인 것이므로 천황 아래에 서는 것을 상징적으로 인정하게 된다며 쇼군 직에 오르지 않았다. 또 가신들에게도 자신을 향한 충성을 맹세하는 서약문에서 "천하를 위해, 노부나가를 위해"라는 문구를 쓰도록 의무화했다. 이렇게 노부나가는 스스로를 하늘 아래 모든 것을 지시하는 천하와 동일시했던 것이다. 프랑스의 루이 14세는 "짐은 곧 국가다"라는 선언으로 유명하지만, 노부나가는 그것과 같은 의미를 갖는 최고주권자로서의 선언을 루이 14세보다 먼저 했던 것이다.

히데요시도 노부나가의 자기신격화를 따라했다. 히데요시는 교토에 있는 자신의 성에 천황을 초대하여 자신과 동등한 입장의 손님으로 대접했다. 자신의 정실을 천황의 모후와 같은 관위(官位)에, 또 자신의 아들을 천황의 아들과 같은 관위에 서위했다. 또 조선침략을 신성한 국가적 영위로 위치짓고, 신도의 신사에서 다양한 의식을 개최했다. 신도의 종교적인 전통에서는 피는 불길한 부정(不淨)으로 간주하지만, 히데요시는 자신을 찬양하기 위해 '지마쓰리'(血祭り)*를 거행했다. 사후에는 자신을 호코쿠다이묘진(豊國大明神)으로 신격화하는 호코쿠(豊國) 신사의 건립과, 전국 각지에 그 별궁을 건립하도록 조치했다.

도쿠가와가(家) 역시 궁정이 주장하는 종교적 권위에 맞서는 이런저런 개인숭배의 구상을 계승했다. 이에야스는 황족과 공가들의 일거수일투족까지 통제하고 지시했을 뿐 아니라, 그들 면전에서 외국사신과 회견했다. 이에미쓰도 1634년에 30만 9천 명의 대행렬을 거느리고 천황이 거주하는 교토를 방문했다.

도쿠가와 이에야스의 유언에 따라 아들 히데타다와 손자 이에미쓰는 닛코에 장대한 신사 도쇼궁(東照宮)을 건립했다. 20세기에 닛코 도쇼궁은 일본의 유명 관광지가 되었는데, 도쿠가와 일족이 관광객이 뿌리는 돈을 노렸을 리는 없다. 이에야스는 두 선배가 내놓은 거창하고 요란한 전통에 따라 자신을 신격화하려 했다. 이에야스는 노부나가가 세웠으나 그 사후 얼마 안되어 파괴된 장엄한 아즈치(安土) 성을 의식하고 있었으며, 히데요시를 신격화한 호코쿠 신사와 일련의 별궁을 해체해 거기에 새로운 신사 네트워크를 구축하려 했다. 그는 자신이 죽으면 시체를 닛코에 매장하라고 지시했다. 이는 사후의 정치까지 염두에 둔 포석이었고, 닛코 신사의 위치는 에도에 있던 이에야스 성에서부터의 거리가,

---

* 지마쓰리는 도요토미 히데요시의 조선침략을 예찬하기 위한 것으로, 살해된 조선병사들의 귀를 일본으로 보내 신도의 신인 하치만(八幡)에게 바쳤다고 한다.

천황가의 선조를 기리는 이세 신궁과 교토 궁정 사이의 거리와 똑같게 정해졌다. 그는 사후에 '도쇼다이곤겐'(東照大權現)이라는 신격을 부여받았는데, 그 칭호는 불교의 화신(化身)사상과 신도에서 밝은 빛의 이미지를 상기시킨다고 해서 선택되었다. 이에야스는 나아가 아시아 규모의, 아니 더욱 보편적인 신으로서 나타났다. 이에미쓰의 시대에 류큐 왕국의 사절이 닛코에 참배했을 뿐만 아니라 조선의 통신사도, 심지어 네덜란드의 사절단도 닛코 참배를 했다. 위치적으로도, 의식에서의 활용이라는 점에서도, 그리고 명명법(命名法) 면에서도 이에미쓰는 닛코 도쇼궁을 이세 신궁을 대신하는 일본 최고의 신성한 정치적 상징으로 만들려 했다. 1645년에 이에미쓰는 도쇼 신사의 격을 이세 신궁과 같은 격인 궁(宮)으로 격상시켰다. 궁정에는 닛코 참배를 위한 사신파견을 의무화했지만, 쇼군가에는 이세 신궁에 사신을 파견할 의무는 없었다.

도쿠가와 일족은 위정자의 인격을 상징적으로 신격화함으로써 지배자로서 자신들의 권위를 강화하는 동시에 자신들의 지배권을 정당화하는 근거를 종교적·세속적 전통들의 다양한 사상적 주장 속에서 찾았다. 도쿠가와의 치세가 시작되고 첫 100년 동안 바람직한 정치적·사회적 질서에 관한 견해 중에서 다음과 같이 몇 가지 견해를 중심으로 폭넓은 합의가 형성되었다. 첫째, 위계는 자연적인 것이고 옳은 것이다. 둘째, 사리사욕을 버리고 봉사하며, 위계사회 내에서 자신의 위치를 받아들이는 것은 중요한 미덕이다. 셋째, 도쿠가와 이에야스는 위대한 성인이자 시조이고, 모든 지혜의 근원이다. 이에야스가 만들어낸 질서는 우주의 질서에 뿌리 박고 있다고 생각되었다.

이런 이데올로기적 통합을 떠받치고 있던 것은 불교·신도·주자학의 요소를 복잡하게 조합시킨 사상이었다. 무사 출신의 선승 스즈키 쇼산(鈴木正三, 1579-1655)은 이 이데올로기를 내놓는 데 공헌한 한 사람이었다. 그는 현세의 삶이란 은인들(군주와 부모)한테 받은 은혜에 보답하

기 위한 기회라고 설파했다. 사람은 자기 자신을 위해서 존재하는 것이
아니라 군주와 사회를 위해 존재한다. 사람은 자기의 분수를 알면서 군
주와 사회를 위해 온 힘을 다해야 한다. 스즈키는 평민들에게 의욕적으
로 하루하루의 일에 열중하여 자신의 '천직'(天職)을 완수해야 하며, 그
렇게 하면 내세에서 구원을 받는다고 설명했다. 한편, 승려에서 유학자
로 변신하여 신도를 지향한 야마자키 안사이(山崎闇齋, 1618-1682)는
신도와 유교의 전통을 파고들어 현실세계를 독해하는 '일본적인 사고방
법'을 탐구했다. 안사이는 숫자점(數占い)을 이용해서 일본의 신들과 고
대 중국의 성인들의 가르침 사이에는 유사성 내지 대응관계가 있다고
주장하고, 이 관점에서 도쿠가와가에 의한 천하지배의 방식을 인정하는
논의를 전개했다.[1]

　끝으로, 17세기 말 사상계가 점점 다양해지고 논쟁도 활발히 전개되
었는데, 많은 사상가는 주자학 사상에 근거해서 올바른 정치질서란 어떠
해야 하는지를 지배하는 자와 지배받는 자를 상대로 강의했다. 유교 고
전으로부터 직접 배우는 것의 중요성을 강조한 주자의 사상은 중세 이래
일본에서는 주로 선종사원의 승려들이 배우고 있었는데, 도쿠가와 시대
가 되어 새로운 주자학파가 등장하면서 이런 사정에 변화가 생겼다. 새
로운 학파를 연 사람은 후지와라 세이카(藤原惺窩, 1561-1619)와 그 문
하인 하야시 라잔(林羅山, 1583-1657)이다. 신분제 사회를 적극적으로
긍정하는 그들의 학설은 막부의 지지를 얻었고, 그들의 학원은 막부에게
우대받는 두뇌집단이 되었다. 1630년 막부는 라잔의 학숙(學塾) 설립을
위한 비용을 갹출했고, 1632년에 공자묘 센세이덴(先聖殿)을 중심으로
하는 학숙이 에도 우에노에 개설되었다. 1690년 린케(林家)*의 사숙은
막부의 직속 학문소로서 공공의 것이 되었다. 유교를 사찰 밖에서 강의

---

* 하야시 라잔을 시조로 하는 유학자 가계(家系).

해서는 안된다고 하는 이에야스 및 이에미쓰의 고문승려들은 승적에 없는 린케의 유학자가 유교를 강의하는 데 이의를 제기해 양자 사이에 대립이 생겼다. 린케의 주자학자들은 불교 쪽에서 주장한 학문상의 우위를 무너뜨리는 데 성공했으나, 그들도 처음부터 경합관계에 있던 다른 유학자들이나 학파들의 비판에 직면했다. 이런 경합과 비판의 과정에서 일본에서는 학문의 많은 부분이 종교와 관계없는 세속의 영역에 발을 들여놓았고, 사숙에서 배우는 학생들의 층은 무사뿐 아니라 부유한 평민들에게까지 넓어졌다. 린케의 유학자도 경합관계에 있던 다른 학파의 유학자들도 체제수호를 위해 유학사상을 동원해서 지식에는 실용적인 가치가 있음을 강조했다.

이런 유학자들 덕분에 발전된 하나의 종합적인 체계로서 주자학 사상의 근간을 이루었던 원칙은 이(理)였다. 이 불변의 자연법칙이야말로 모든 학문과 행위의 기초를 이루는 것이고, 물리적인 우주와 인간사회를 관통하는 것이라고 유학자들은 주장했다. 따라서 자연법칙과 사회의 법은 동일한 형이상학적인 기초에 서 있다는 주장이다. 중국과 일본의 주자학자들은 물리적인 세계와 인간사회의 양방의 '사물을 적극적으로 연구'함으로써 그 배후에서 작용하는 원리를 해명해야 한다고 가르쳤다. 관찰에 의해 천체의 관계들이 이(理)에 의해 지배되는 것이 확인되었다는 주장이었다. 즉, 이(理)는 대지를 아래에, 태양을 위에 배치하고, 양자 사이를 돌아다니도록 별을 배치한 것이고, 그것과 마찬가지로 위정자를 위에, 백성을 아래에 배치했을 뿐이다. 모든 인간의 사이에서도 마찬가지로 부자·부부·군신·형제자매·친구 등에는 의당 그래야 될 관계가 정해져 있다는 것이다. 특히 일본에서는 위정자로서 쇼군은 다른 모든 사람 위에 서고, 천체 안에서도 가장 숭고한 태양의 자손인 천황은 쇼군에게 권력을 위탁하고, 사농공상(士農工商)이라는 네 주요한 신분으로 나눈 사람들은 쇼군의 아래에 위치하며, 무사가 쇼군의 지배를 보좌하는 역할을 담당하고 있다고 간주되었다. 도쿠가와 시대 초기, 이러한 신분질서는 구체적인 의미에서도 추상적인 의미에서도 현군 이에야스가 구상한 성스러운 창조물로서 찬미되었다. 린케와 대립하는 학파의 학자들을 포함하여 도쿠가와 시대 중·후기 모든 개혁가의 최대 목표는 그 신성한 질서를 유지하는 데 있었다.

문화의 다양성과 모순

물리적 세계와 인간사회를 통일적으로 파악하려는 이 주자학 사상은, 자연의 세계와 인간의 세계를 각각 개별적인 것이 아니라 완전히 일체를 이룬 질서정연한 것으로 표현했다. 하지만 사실상 유학자 자신들도 포함된 도쿠가와 시대의 일본인 상당수는 자신들이 살아가는 세상이 복잡한 곳이라는 점을 이해하고 있었다. 세계를 형성하는 개개의 단편이 항상 서로 잘 맞는 것은 아니었다. 인간의 바람과 정치적 충의는 이따금 사회는 이런 것이라는 정통적인 관념과 충돌할 수도 있다. 점점 많은 사람이 이런 모순에 대해 탐구해 나가면서, 도시에서도 농촌에서도, 또 평민 사이에서도 무사 엘리트 사이에서도 지적·문화적 생활의 활성화와 다양화가 일어났다. 논쟁이 시작된 것은, 주자학 교설이 막부의 보호를 받고 나서부터 정학(正學)의 지위를 차지하려 했던 1660년대였다. 논쟁은 그후 거의 200년에 걸쳐 계속되었다. 유교의 올바른 해석을 둘러싸고 다종다양한 개인과 학파가 갑론을박을 벌였다. 유교적인 전통의 틀 속에 머물러 있던 자들은 전혀 다른 사상 조류에 근거해 논의를 전개하는 학자들로부터의 비판에도 대처해야 했다.

아마도 공자의 가르침을 당대의 현실에 맞게 해석하는 것을 지향하며, 전통적인 학문 조류 내에서 주자학에 들이댄 도전 중에서 가장 중요했던 것은 고학파(古學派)에 의한 비판이었다. 일련의 대학자가 고학(古學) 사상에 대해 상술했는데, 그중에서도 가장 유명한 사람이 오규 소라이(荻生徂徠, 1666-1728)였다. 고학의 명칭은, 이 학파가 공자의 가르침을 올바르게 배우기 위해서는 후대의 해석에 의한 것이 아니라 공자의 경전을 직접 연구하는 것이 중요하다고 역설한 데서 유래했다. 고학파 학자들은 주자나 그 사상을 이어받은 중국·조선·일본의 주자학자들의 해석이 고문사(古文辭)의 본래 의미를 정확히 파악하지 못하고 있다고 주장했다. 이런 지적은 다소 역설적이다. 그도 그럴 것이 후대의 해석을 무시하고 공자가 남긴 경전으로 바로 돌아가야 한다는 주장은 1100년대 주자의 출발점이기도 했기 때문이다.

공자와 공자사상에 근거해 정치제도를 구축한 고대중국의 황제들을 숭배했던 소라이는 일본의 무사도 덕을 닦는 의무수행에 전념해서 고대중국 위정자들의 행동을 자신들의 행동거지를 바르게 하기 위한 모범으로 삼아야 한다고 강조했다. 그는 또 현 제도도 고대중국의 제도를 모범으로 한 것으로 바꾸어야 한다고 주장했다. 동시에 소라이는 고대 중국 황제들의 '도(道), 즉 정치적·윤리적 질서는 황제들 자신이 뛰어난 지성과 통찰력을 함양한 덕분에 직접 만들어낼 수 있었던 것이지 성스러운 하늘(天)에서 부여한 것은 아니라고 간주했다. 이런 인식은 도쿠가와 후기의 위정자들에게도 만약 그들이 유교의 경전·의례·제도에 대해 제대로 이해한 다음 조정을 하려 할 경우 그럴 여지는 있다는 것을 암묵적으로 시사한 것이었다.

소라이와 그 동시대 사람들, 그리고 후계자들에게 문제였던 것은 창조적인 정치행위와 제도개혁을 어떻게 정당화할 것인가 하는 문제였다. 그들이 보고 있던 현실세계는 분명히 변화를 이루어가고 있는데, 표면상으로는 고대의 사상과 관행에 따라야 한다는 것이었다. 소라이는 고대 중국에 기원을 둔 시간과 변화를 초월하는 '도'(道)를 특히 강조했다.

18세기 초에 막부의 정치고문으로서 소라이가 내놓은 정책 제언 중에는 고대 중국의 조세제도와 관료제의 채택을 권하는 것도 포함되어 있었다. 하지만 소라이는 동시에 막부의 위정자들에게 때로는 농민의 토지매매 허용과 같은 참신한 조치를 강구하는 것도 중요하다고 설득하는, 현실주의적인 면도 겸비하고 있었다.[2)]

18세기 초에 이르면 상인들도 소라이 같은 무사 출신의 유학자들에 가세하여 유교 경전과 동시대의 사회에 관해서 적극적으로 연구하고 비판을 하게 되었다. 특히 오사카와 그 인근에서는 서민들이 출자한 많은 사숙이 개설되었다. 그중에서 가장 중요한 기관은 막부의 공식허가를 받아 오사카 학문소로서 인정받았던 가이토쿠도(懷德堂)였다. 도쿠가와 시대의 상인계급은 유교적인 신분질서 속에서 종속적인 지위를 감내하며 정치에서 적극적인 역할을 맡아 달라고 요구한 적은 없다는 것이 역사가들의 오랜 상식이었지만, 가이토쿠도를 본거(本據)로 해서 활동한 학자들에 관한 최근의 연구는 그 상식을 뒤집었다. 사실 가이토쿠도 학자들은 정치와 경제를 분리할 수 없다고 지적했다. 그들은 무사와 상인의 지위에 대해, 무사가 공적인 관청의 행정사무를 수행하고, 상인은 사회 전체에 중요한 경제실무의 관리를 한다면서 양자를 기능적으로 대등하게 위치짓고 있었던 것이다.

물론 가이토쿠도의 지식인들이 무사의 지배권에 이의를 제기한 것은 아니었다. 또 도쿠가와 시대 상인의 사고방식을, 귀족의 지배에 대립각을 세우기 시작했던 18세기 유럽 도시 부르주아지의 사고방식과 단순 비교할 수는 없다. 그러나 가이토쿠도 지식인들의 교설이 상인과 관료가 상호의존하고 덕(德)에 있어서도, 사회적 기능에서도 비교적 동등하다는 점을 강조한 것은 사실이다. 이러한 관념은 후대까지 계속 이어져서, 머지않아 지방과 도시의 상인이 자신들과 나라 전체의 번영을 꾀하면서 산업의 주역으로 등장하기에 이르는 중요한 문화적 요인의 일단을

형성했다.[3)]

도쿠가와 문화의 발효작용은 진지한 척 무표정한 무사계급의 유학자나 상인의 원조를 받던 비슷하게 근엄한 학자들 사이에서 보였을 뿐 아니라 대도시, 특히 오사카와 에도를 비롯한 대도시의 환락가에서도 볼 수 있었다. 찻집이나 유곽과 처마를 나란히 대고 늘어선 극장이나 서점이 줄지어 선 환락가에서는 인형조루리(人形瑠璃, 일본 고유의 인형극)나 가부키(歌舞伎)의 관객으로서의 무사와 서민 사이에 칸막이는 없었다. 조루리나 가부키 각본은 스캔들이나 가십, 어마어마한 범죄사건 등을 제재로 삼아 의리와 인정의 갈등, 공적인 규범과 사적인 충의의 갈등 같은 심각한 주제를 다루었다.

도쿠가와 시대의 도시를 무대로 조닌(町人)과 파락호의 삶을 찬미하면서 신분이 높은 고결한 도덕주의자를 은근히 비꼬는 산문체의 우키요조시(浮世草子, 세태소설), 하이카이(俳諧, 익살스런 내용의 시) 등의 시, 회화예술이 꽃피었다. 예를 들어 이하라 사이카쿠(井原西鶴, 1642-1693)는 종교, 상인의 금전욕, 인간의 욕망을 조롱하는 세태소설을 썼는데, 사회 밑바닥의 사람들에게 초점을 맞추어 그 사람들을 주인공으로 묘사했다. 『호색일대녀』(好色一代女)에서 이하라는 궁정의 시녀였던 여성이 이상적인 연인을 찾아가는 인생을, 깨달음을 구하는 종교적 행각을 장난스럽게 얼버무린 패러디로 묘사했다. 이야기는 늙은 주인공이 죽을 장소를 찾아 방문한 절에서 나란히 서 있는 100개의 불상을 살펴볼 때 불상 하나하나가 옛날 베개를 나란히 베고 잤던 남자들의 얼굴과 겹쳐 보이는 장면에서 끝난다. 사이카쿠와는 다른 종류의 비판적 감수성을 발휘한 에도 시대의 또 한 명의 유명한 문학가는 시인 마쓰오 바쇼(松尾芭蕉, 1644-1694)이다. 마쓰오의 세련된 하이쿠(俳句)[*]는 자연세

* 5·7·5의 17음절로 구성되는 일본 고유의 짧은 시.

우키요에 풍경화는 도쿠가와 후기에 크게 유행하여 한층 세련미를 더했다. 위에 보이는 가네자와 팔경(金澤八景)의 「우치가와의 눈 내리는 저녁」(內川暮雪)은 유명한 우키요에 작가 우타가와 히로시게(歌川廣重)의 1835년 내지 1836년 작품이다. 게이오 대학 소장.

계와 사라져가는 과거를 찬미했다. 에도의 주민이었지만, 그의 작품은, 유명한 한 구절

오래된 연못이여 개구리 뛰어드니 풍덩 물소리
古池や蛙飛びこむ水の音[4]

에서도 분명히 알 수 있듯이, 그 자신도 종종 도시를 도망쳐 여행했던 시골의, 향수를 불러일으키는 고즈넉함의 진가를 노래한 것이 많았다.

도쿠가와 시대 문화가 탄생시킨 것 중에서 오늘날 일본 국외에서도 가장 잘 알려진 것은 우키요에(浮世繪)인데, 우키요에의 발전도 문학과 예술의 시장이 미증유의 성장을 이루었기 때문에 가능했다. 여기서 말하는 우키요(浮世)란 유곽이나 연극의 세계가 주는 잠깐의 오락을 가리

킨다. 도쿠가와 시대 중기에 목판화 예술이 성행하기 시작하면서, 유명한 오이란(花魁, 제일 지위가 높은 유녀)이나 가부키 배우의 초상화가 대량으로 인쇄되어 유포되었다. 우키요에 화가들도 문화인으로서 이름을 날리게 되었다. 이후 우키요에 화가들은 풍경화에도 눈길을 돌려 지방을 탐색했던 바쇼의 기행문에 필적하는 회화형태의 많은 명작을 탄생시켰다. 또 판화에 문장을 박아넣고, 그림과 문자를 결합시키는 것도 자주 시도되었다. 어쩌면 20세기에 융성하게 된 만화의 원류 한 가지는 도쿠가와 시대의 판화에서 찾을 수 있을지도 모른다.

도시문화생활의 한복판에서 가부키와 분라쿠(文樂, 인형조루리)라는 두 전통무대 예능이 탄생했다. 가부키는 본래 몸을 파는 여창이나 남창이 관중을 불러모아 성적 서비스의 고객으로 만들기 위한 수단으로 시작되었다. 많은 경우, 공연은 대개 마른 하천에 설치된 가설극장에서 흉내 내기나 스모 같은 마쓰리나 엔니치(緣日, 신불과 이 세상과의 인연이 강하다는 날) 때 자주 열리던 오락들과 나란히 행해졌다. 1629년에 막부는 풍속을 어지럽힌다는 이유로 여성배우의 가부키를 금지했지만, 용케도 가부키는 살아남았다. 여성배우 출연을 금지하는 바람에 가부키의 질이 향상되었다는 견해도 있다. 어쨌든 가부키가 한층 특이해진 것은 확실하다. 온나가타(女形)라 불리던 여장남자들의 화려한 연기는 가부키의 특징이 되었다. 바로 17-18세기의 연극 안에서는, 젠더란 한 개인의 육체에 고정된 것이 아니라 퍼포먼스의 결과에 따라 변할 수 있는 것이라는 포스트모던적인 발상의 한 원초형태를 발견할 수 있다.

분라쿠·인형조루리는 에도 시대의 문화가 낳은 두 번째로 위대한 신기축이었다. 연기를 하는 것은 크기가 살아 있는 인간의 3분의 2쯤 되는 인형이다. 인형 하나는 최대 세 명의 인형사에 의해 조작되었다. 한 명의 예술장인인 조루리 태부가 샤미센 반주에 맞춰 등장인물 몇 명의 대사와 나레이션을 읊조린다. 살아 있는 완고한 배우들을 상대하는 번거로움이 없는 인형조루리는 작가들에게 인기 있는 장르가 되었고, 연극의 문학적 질도 세련되었다. 가장 위대한 인형조루리 작가는 지카마쓰 몬자에몬(近松門左衛門, 1653-1725)이었다. 그의 작품에서 가장 큰 특징은 존속살해 같은 당시의 세상을 떠들썩하게 한 사건을 비롯하여 서민의 비극적 삶에서 제재를 취했다는 점이다.

지카마쓰는 도쿠가와 시대의 사상과 사회가 안고 있던 긴장을 훌륭하게 포착했다. 그의 작품 대부분은 종종 의리와 인정 사이의 갈등을 그리고 있다. 실화를 각색한 『신주텐노아미지마』(心中天の網島)는 유녀(遊女)와 절망적인 사랑에 빠진 지물포상의 이야기이다. 친척들은 그를 비난하고 그의 가게도 잘 안되게 된다. 그는 애인인 유녀를 기적(妓籍)에서 빼내려고 아내의 기모노를 저당 잡힌다. 아내와 가족으로부터 의절을 당할 지경에 이른 지물포상과 그 애인은 죄의식과 욕망 사이에서 갈가리 찢어져 '정사'(情死)하기 위해 사랑의 도피행각을 벌인다. 하지만 결국에는 의리가 욕망을 무너뜨리고 그렇지 않았으면 좋았을 텐데 하고 바라는 관객들의 바람을 남기면서 막이 내려간다.

지카마쓰는 아코로시(赤穗浪士) 사건을 바탕으로 한 『겐코호시모노미구루마』(兼好法師物見車)와 그 속편인 『고반타이헤이키』(碁盤太平記)에서, 줄거리는 변함없이 복잡하게 얽혀 전개되지만, 정치적 의미가 더욱 선명한 테마를 채택했다. 지카마쓰가 이것들을 인형조루리 작품으로서 집필한 것은 1706년이었다. 그후 1740년에 '주신구라'(忠臣藏)라는 제목으로 가부키용 버전이 쓰여, 그것은 도쿠카와 시대에 가장 빈번히 상연된 연극이 되었다.(이 주제는 오늘날의 일본에서도 여전히 영화와 연극 모두에서 아주 큰 인기를 끌고 있다.) 조루리와 가부키의 대본은 사건을 수세기 전에 일어난 것으로 바꿔놓은 것인데, 1703년에 실제로 일어났던 사건을 바탕으로 하고 있다는 건 누구나 알 수 있었다. 이야기는 정적의 손에 모욕을 당하고 죽음에 내몰린 주군에 대한 가신 무사들의

충성심을 찬미한다. 죽은 주군의 원수를 갚기 위해 가신들은 주군의 숙
적을 습격하여 살해하는 위법행위를 저지른다. 『신주텐노아미지마』의
경우와 마찬가지로, 법과 질서를 위반한 자들은 결국 벌을 받게 된다.
47명의 로시(浪士, 섬길 영주가 없는 무사)는 사적인 복수를 한 대가로
위로부터 할복하라는 명령을 받는다. 그러나 이 충성스러운 무사들은
현실의 사건에서도 연극의 세계에서도 또 사후에도 영웅으로 계속 남는
다. 그리고 누구에 대해서 궁극적으로 충성을 다할 것인가라는 도쿠가
와 시대 정치세계의 근간과 관련된 중대한 긴장을 폭로한다.

　극작가와 배우는 이런 긴장관계를 후벼 파 드러냄으로써 많은 관객
을 기쁘게 했다. 한편 도쿠가와 막부의 정치고문들과 학자들은 이런 문
화활동을 봉쇄하고 극을 통해 폭로된 문제를 해소시키려 했다. 환락가
를 도시 바깥으로 몰아내 그 주변에 길게 담을 쌓아 외부세계와 물리적
으로 차단하는 조처를 했다. 무사들은 환락가 출입이 금지되었다. 막부
와 각 번은 세습적 신분에 어울리는 사회적 행동규범을 유지하기 위해
이른바 '사치금지령'(奢侈禁止令)을 제정했다. 이 명령은 계층별 무사에
인정되는 복장과, 상인과 그 밖의 서민들에 허용되는 복장을 제한하고,
마치에서 가마를 탈 수 있는 자격이 있는 사람에 대해서도 정하고, 신분
이나 계층별로 주거의 크기에 대해서도 제한했다. 심지어 명령은 먹고
마시는 관습까지 규제했는데, 농민에게는 차를 즐기는 사치를 금지했기
때문에 농민은 따뜻한 물로 만족해야 했다.

　이런 금지령 대부분은 반복적으로 하달되었지만, 이것은 오히려 많
은 사람들이 금지령을 무시했음을 보여주는 명백한 증거이다. 그렇게
보면 막부의 독재지배가 미친 범위에는 한계가 있었다. 그러나 이들 금
지령이 사치에 대해 냉정히 다시 생각해보도록 한 결과, 도쿠가와 시대
의 사회적 긴장의 흔적이 오늘날까지도 남아 있는 것은 분명하다. 다른
많은 사회에서와 마찬가지로, 사치스러운 생활을 비난하고 근검절약을

칭송하는 도덕주의적인 경향은 오늘날에 이르기까지 일본의 문화와 정치에 면면히 이어지고 있다. 하지만 대중문화에서는 그것 외에도 부를 축적하는 일과 풍부하게 넘쳐나는 물건들을 보란 듯이 소비하는 일을 찬미하는 측면이 있는 것도 사실이다.

당국은 가부키에 적합한 주제에 대해서도 제약을 가하고, 공연 시기와 횟수도 제한했다. 이는 도쿠가와 질서가 내포한 긴장을 차단하려는 광범위한 노력의 일환으로 행해졌다. 47명의 아코로시에 의한 복수에 어떻게 대처할지에 대해서 오규 소라이는 쇼군에게 상주한 의견서에서, 어떤 특정 군주에게 충성을 다하는 미덕과 사회 전체 질서를 지키는 것의 가치 사이의 긴장관계에 대해 논하고 있다. 소라이는 로시들의 행위에 대해 "그 주인을 위해 원수를 갚는 것은 사무라이인 자가 수치를 아는 것이고 자신을 깨끗하게 하는 길로서 그 행위 자체는 의(義)"에 해당하지만 "자기 일당에 한하는 것이기 때문에 결국 '사'(私)의 논리에 지나지 않는다. 왠가. 애당초 다쿠미노카미(內匠頭)*가 쇼군 거처(殿中)에서 행한 행동이 원인으로 처벌되었는데, 또다시 코즈케공의 노스케(上野介)에게 보복을 한 것은 공의(公儀)의 허가 없이 소동을 일으킨 것이고, 법(法)이 용서할 수 없는 일이라"며 소라이는 다음과 같이 결론지었다. "만약 이번 사건으로 일가일당(一家一黨)의 사론을 공론에 우선시킨다면 이 이후 천하의 '법'이 바로 서지 못하게 될 것이다."[5]

그 외에 궁극적으로 덮어 막아버리는 것이 불가능한 긴장도 있었다. 그 중 하나는 능력·실적과 세습적 신분 사이의 대립관계였다. 유교세계에서 위정자는 실력 유무에 따라 위정자의 지위에 적합한지 아닌지가 판단되었다. 중국에서 실력은 면학에 의해 길러지고 시험에 의해 확인되었다. 일본에서도 옛날 나라 시대(奈良時代, 710-794)에 도입된 적이

---

* 천황가의 생활용품과 의식용품의 제작을 담당하는 다쿠미료(內匠寮)의 우두머리.

있었으나, 도쿠가와 시대의 무사는 그런 시험을 볼 필요가 없었다. 그들은 지위와 소득의 상속권을 세습적으로 보증받았다. 공직을 맡은 것은 이 상속권과 연동되어 있었다. 대체로 도쿠가와 시대에는 실력주의 원칙과 세습 관행 사이의 모순을 타개하려는 노력이 거의 없었다. 학자들도 위정자들도 다들 표면상으로는 막부와 번의 관청에 총명하고 건장한 인재를 등용하는 것의 중요성을 역설했지만, 현실에서는 세습에 의한 신분과 가족의 소득이 무사의 경력을 좌우하는 가장 중요한 요소라는 실태는 변함없이 계속되었다.

18세기가 되어 사회가 위기에 직면했다는 인식이 깊어지면서 위정자들이 '우수한 인재'를 중요한 자리에 등용하지 않는 데 대한 불만의 목소리가 높아졌다. '다이묘의 재주'(大名藝, 본인은 잘하고 있다고 생각하지만 신통치 않은 재주)라는 표현은 모욕을 의미하는 말이 되었다. 18-19세기의 수많은 사상가들—어떤 역사가가 '능력주의 개혁가들'이라 명명했던 사상가들—은 위정자들에게 우수한 인재를 등용하여 체제의 쇄신을 도모해야 한다고 호소했다. 표면상 그들이 내세운 목표는 기존 체제를 유지·강화하자는 것이었다. 그러나 이들 비판의 언외의 주장이 언제까지나 유능한 인재의 가치를 인정하려고 하지 않는다면 위정자의 정당성과 존속이 위태로워질 거라는 점에 있었다는 것은 명백하다.[6]

최종적으로는 체제를 뒤흔들 가능성을 숨기고 있는 하나의 긴장은 천황과 쇼군의 관계를 둘러싼 것이었다. 한편으로 도쿠가와의 위정자들은 조정을 엄중한 감시와 감독 아래 두었다. 그들은 또 조정의 권위로부터 다소나마 독립된 정당성을 주장하기 위한 상징으로 닛코 도쇼궁 등의 신사나 외교를 이용했다. 하지만 명목상으로는 이에야스도, 그 뒤를 이은 후계자들도 천황에 의해 쇼군으로 임명되었던 것이다. 도쿠가와의 권력 중추의 외부에서 정치적인 활약의 장을 요구하고 있던 자들과 권력 중추의 주변부에 있던 사람들은 도쿠가와 시대를 통해서 도쿠가와의 권위는 위탁된 잠정적인 것이라는 생각을 갖고 있었다. 이를테면 도쿠가와 고산케(御三家, 도쿠카와 쇼군의 일족인 尾張·紀伊·水戶)의 하나인 미토 번은 쇼군가에 혈통이 끊어지려 할 경우 후계 쇼군을 세울 수 있는 자격을 가지고 있었는데, 17세기 말의 미토 번주(藩主, 다이묘) 도쿠가와 미쓰쿠니(德川光圀)는 매년 새해 아침이 되면 궁정에 참배하러 갈 때에 착용하는 예복을 입고 교토 방면을 향해 절을 올리는 게 관습이었다. 미쓰쿠니는 가신들에게 항상 말했다. "나의 주인은 천황 폐하이시다. 현 쇼군은 우리 집안의 종실(宗室)이다."[7] 이런 사고가 존재하는 한 중대한 위기가 닥쳤을 때, 도쿠가와의 위정자들에 대한 신뢰를 잃고 반란을 일으키려는 자들이, 자신들 행동의 근거를 천황에게 찾는 것은 불가피한 일이었다.

개혁, 비판, 반란사상

18세기 초, 막부 재정 부채의 만성화와, 막부체제가 재정 위기뿐만 아니라 도덕적인 위기에도 직면해 있다는 인식이 개혁을 위한 일련의 공식적인 조치를 내놓게 하였다. 그런 조치는 수차례에 걸쳐 시행되었지만, 회를 거듭할수록 새로운 개혁은 그 이전 개혁보다 단명으로 끝나게 되었다. 어떤 개혁도 영속성 있는 성과를 거두지 못했다. 1716년부터 1745년까지 쇼군 직에 있었던 8대 쇼군 요시무네(吉宗)가 일련의 개혁의 서막을 여는 교호(享保)* 개혁을 지휘했다. 1767년부터 1786년에 걸쳐 소바요닌(側用人)과 로주(老中)†를 역임했던 다누마 오

---

* 당시 천황의 연호를 딴 것.
† 소바요닌은 쇼군 곁에서 쇼군과 로주 사이의 연락을 맡던 요직이며, 로주는 쇼군 직속으로 정무를 총괄하고 다이묘를 감독하던 직책이다.

키쓰구(田沼意次)가 막부의 수입 증대를 목적으로 몇 가지 변칙적인 개혁에 착수했다하지만, 그의 낭비벽은 보수적인 정적들에게 공격의 좋은 빌미가 되었다. 오키쓰구는 불명예스러운 실각을 할 수밖에 없었다. 대신 로주 직을 꿰찬 오키쓰구의 정적인 마쓰다이라 사다노부(松平定信)는 간세이(寬政) 개혁(1787-1793)을 추진했다. 간세이 개혁은 소비자 쌀값을 안정시키고, 막부의 지출을 줄이면서 세입을 늘리는 재정재건이 목표였다. 일련의 개혁을 마지막으로 장식한 덴포(天保) 개혁(1841-1843)도 비슷한 목표를 내걸었다. 막부의 조치는 별다른 효과를 발휘하지 못했지만, 개혁이 성과를 거둔 번도 몇 군데 있었다.

이런 개혁의 시도는 그 방법에 따라 두 가지로 크게 나눌 수 있다. 하나는 이른바 '유교강경파노선'이라 부를 만한 것으로, 18세기 초반에 요시무네가 추진한 교호 개혁과 18세기 말에 마쓰다이라가 추진한 간세이 개혁은 이 노선상에 있었다. 검소한 생활의 칭송, 사치에 대한 비난, 막부의 재정지출 삭감을 비롯해서 이들 개혁은 도덕심 함양을 꾀하는 정책을 통해 신분제도의 강화도 도모하려 했다. 무사들은 더욱 열심히 면학에 힘쓰고 무예수업에도 새로운 결의로 임할 것을 장려했다. 마쓰다이라는 하급 무사 출신이라도 재능이 있고 근면하다면 책임 있는 자리에 등용하겠다고 약속했다. 마쓰다이라는 1790년대에 주자학을 막부 공인의 정통사상체계로서 재확인하는 명령을 공포해서 정통이 아닌 사상을 배제하려 했다. 이 명령에 의해 외설출판물의 발행이 금지된 것을 비롯하여 검열제도를 더욱 강화했을 뿐만 아니라 지위 높은 관리의 훈련을 담당하는 막부의 학문소에 연차 시험제도도 도입되었다. 이렇게 해서 표면상 막부에 유능한 인재가 등용될 수 있는 문이 열렸다. 그러나 실상 시험은 신분이 낮은 가문에서 태어난 무사들에게 여전히 아주 불리한 것이었다.[8]

반면에 이런 '유교강경파 노선'과 대조적으로 1777년부터 1786년까지 마쓰다이라의 전임자였던 다누마 오키쓰구가 취한 방침과 그후 1830년대의 덴포 개혁에서 채택된 방침 중 몇 가지는 변화를 장려하고 변화를 이용하려 했다. 이런 방침이 의거했던 정신은 서양사가가 중상주의라고 부르는 정책, 즉 국가가 경제발전의 추진을 통해 권력의 강화를 도모하는 정책과 유사하다. 마쓰다이라처럼 다누마도 과세기반의 확대로 이어지는 농민에 의한 개척사업을 장려했다. 하지만 다누마는 거기에 그치지 않고 상인의 사업을 인가제로 한다든가, 상인에 대한 과세를 늘릴 목적으로 막부와 상인의 협력관계 강화를 도모했다. 그는 중국무역에 대해서도 완제품을 수출하는 대신 은을 획득할 수 있도록 지원했다. 또한 과학의 연구와 서양서적의 번역을 장려했다.

영광의 과거를 재현해보려는 강경파의 노력은 이데올로기적으로 매력적이었다고 해도 실행 불가능한 것이었다. 한편 변화를 받아들이고 변화를 이용하려는 제2의 노선은 실용적이긴 하나 이데올로기적으로는 의심스럽고 정당화하기 어려웠다. 도쿠가와 시대의 위정자들은 그런 노선을 추구하는 데 필요한 일관성이나 의지가 부족했다. 이에 비해 도자마다이묘의 번 중에는 좀더 유연하게 대응하는 것이 가능했던 번이 몇 개 정도 있었다. 그 결과 이 번들은 19세기 중반의 위기를 맞아 권력투쟁에서 유리한 고지를 점하게 된다.

철저한 개혁의 필요성을 호소한 것은 막부 위정자들과 그 보좌진뿐만이 아니었다. 일찍이 18세기 초에는 상업과 교육의 보급에 의해 읽고 쓰기가 가능한 도시상인과 무사들 그리고 지방농민 중 읽고쓰기가 가능한 부농들의 결속이 은밀히 이루어졌다. 농촌의 이 상류계급은 이미 마을의 경계를 벗어나 세상의 정치경제문제에 관심을 두기 시작했다.

부유한 농민들은 마을의 절에 개설된 학교, 이른바 데라고야(寺小屋)의 후원자가 되었다. 그중에는 본래는 무사의 자제를 위해 설립된 번교(藩校)에 자녀를 다니게 하는 사람도 있었다. 이처럼 교육받은 부농들—남성에 국한되지 않고 소수이지만 여성도 포함하여—은 학업을 마친 뒤에도 도시에 사는 교사나 문인들과 문화적인 관심사에 대한 서신을 주고받는 경우가 자주 있었다. 그들은 서로 중국의 한시(漢詩)를 보내서 서로 비평했으며, 일본고전문학이나 유교사상에 대해 의견을 교환하고 자식들을 교토의 공가나 오사카 또는 에도의 상인 집안에 고용살이(奉公)로 보내기도 했다.

많은 지방에서, 교육받은 농민들은 국학(國學)의 조류에 동참하는 지식인의 문하가 되었다. 이 학문 조류를 개척한 한 사람은 모토오리 노리나가(本居宣長, 1730-1801)이다. 노리나가 사상의 특징 가운데 하나는, 오규 소라이를 비롯한 주자학파가 중국사상을 극단적으로 지나치게 숭배하는 것에 대한 반발이었다. 노리나가도 그 문하도 고전으로 되돌아가 고전을 중시한다는 점에서는 오규 소라이와 궤를 같이하고 있었다. 오규 소라이는 유교의 원전으로 돌아가 일본의 사회·정치 현상을 비판적으로 보고 개혁의 필요성을 역설한 데 비해, 노리나가는 접근방식은 유사했지만 소라이와 크게 다른 점은, 노리나가가 일본인은 중국이라는 외국의 고전으로부터가 아니라 일본 고유의 정신으로부터 지식을 구해야 한다고 주장한 데 있다.

순수한 일본문화를 추구해서 노리나가는 역사 연대기인 『고지키』(古事記, 712)나 장편이야기인 『겐지 이야기』(源氏物語, 11세기)를 비롯한 현존하는 일본의 가장 오래된 문헌을 연구했다. 그리고 노리나가는 이런 작품 속에서 발견한, 타인에 대한 동정어린 정감이 가득 찬 이해와 복잡한 이치를 끌어대지 않아도 선악을 직감적으로 구분할 수 있는 능력이야말로 일본인의 중심적인 가치관이라고 상찬했다. 또 그는 인간에서 신으로 점진적으로 이어져가는 연속체로서 포착한 전통사상으로서 신도를 상찬했다. 그것은 신들을 압도적인 초월자로서가 아니라 인간능력의 한계를 아주 조금 초월한 곳에 위치한, 신비한 영역에 머무는 것이라는 관점이다. 이런 관점에서 보면 천황은 영(靈)의 영역과 인간의 영역 사이를 중개하는 결정적으로 중요한 존재였다.

국학을 연구하는 학자들과 농촌의 문하생들을 연결하는 네트워크는 19세기 초에 크게 확장되었다. 노리나가의 저작은 직접적으로 정치문제를 논하지 않았으나, 그의 제자들, 특히 히라타 아쓰타네(平田篤胤, 1776-1842)는 19세기 초에 노리나가의 사상을 정치적으로 전개했다. 도쿠가와 시대 대부분의 사람들에게 가장 중요한 정치적 정체성을 형성하고 있던 충성심이 개별 다이묘와 그 번이라는 한정된 대상을 향하고 있었던 것과는 달리, 그들은 '일본'(日本)에 대한 충성이라는 보다 광범위한 개념에 대해서 설명했다. '구니'(國)라는 말이 근대에 이르러 일본 전체를 하나로 뭉뚱그려 의미하게 되었지만, 도쿠가와 시대 대부분의 일본인에게 구니는 자신이 소속된 번(藩)을 의미하는 말이었다. 히라타의 사상은 번에 대한 충성을 초월해서 그때부터 수십 년 뒤에 서양열강에 대한 사람들의 반응을 특징짓게 되는 일종의 내셔널리즘을 확정한 것이었다. 히라타 사후 1850년대에 그를 따르는 제자로 등록된 사람은 3,745명에 달했다.[9] 이들 대부분은 저마다 제자를 두고 국학사상을 가르치고 전파했다.

히라타 아쓰타네는 일본을 신도의 신들이 머무는 땅이라고 치켜세웠고, 일본을 국제질서에서 높은 지위로 격상시켰다. 히라타와 그 제자들은 국내외적 고난의 징후를 현 위정자들이 신들과 천황과, 서민에 대한 의무를 다하지 않은 것을 나타내는 증거라고 생각했다. 국학사상의 지지자들은 도쿠가와 막부의 타도를 목표로 하는 공격을 주도한 것은 아니다. 그러나 그들은 도쿠가와 체제를 초월한 하나의 통일체로서 '구니'(國)를 지향하는 대격동과 변혁의 실현을 보다 가능하게, 용이하게 했던 사상환경의 일부분을 형성한 것이다.

체제의 근간을 가장 심각하게 뒤흔들고, 직접적으로 큰 영향력을 가진 비판을 행한 것은 현행 쇼군가에게 잠재적인 라이벌이었던 분가(分家)의 영지인 미토 번의 유학자들이었다. 이 학자들 중에서도 가장 영향력이 컸던 인물은 미토 번주의 고문으로 선동적인 저작 『신론』(新論)을 저술한 아이자와 세이시사이(會澤正志齋)였다. 명확한 서양 비판메시지와 막부에 대한 암묵적인 비판을 결합하여 1825년 간행된 이 책은 은밀히 필사되어 1840년대와 1850년대에 반체제파 무사들 사이에서 널리 회람되었다.

『신론』은 지배 엘리트의 연약함을 맹렬히 비난했다. 다이묘와 상층 가신들에 대해서는 타락하여 사치스런 생활을 보내고, 해가 갈수록 증가하는 서양 군함의 내항이 의미하는 공전의 위협에 대한 준비를 소홀히 해왔다고 비판했다. 막부에 대해서는 막부의 패권을 유지하기 위해 다수의 번을 약체인 상태로 남겨둔 결과 일본 전체를 외국의 위협 앞에 놓이게 하였다고 질타했다. 서민에 대해서는 속기 쉬운 불충실한 자들이라고 비판했다. 아이자와가 즐겨 쓰던 표현에 따르면 서민은 '우민'(愚民)이었다. 그는 그리스도교 선교사들이 아주 간단히 많은 우민을 개종시켜 신들이 머무는 땅인 일본의 진수를 파괴해버리지 않을까 심히 우려했다.

아이자와는 위정자들이 유능한 인재를 등용하길 바라고, 사람들에게 다시 도덕의 중요성을 설명하고 스스로 모범적으로 행동해야 한다고 촉구했다. 이 제안은 도쿠가와 시대의 개혁가가 내건 제언으로서는 비교적 평범한 것이었다. 또한 아이자와는 공동의 위협에 맞서기 위해 보다 강고한 중앙집권화가 필요하다고 역설했다. 『신론』은 도쿠가와에게 막부 자체의 강화와 동시에 나라 전체를 강화할 수 있게 하는 것을 목적으로 이 제언을 내세웠다. 그러나 그의 의도와는 정반대로 천황을 더욱더 존경할 필요성을 역설하고, 외국의 위협에 대처하기 위한 대규모적인 국내개혁의 필요성을 주창하는 아이자와의 사상은, 잠재적으로 도쿠가와와 체제의 안전을 위협할 가능성을 내포하고 있었다.

서양에서 산출된 지식의 습득은 '난학'(蘭學)이라 불렸는데, 그것은 나가사키의 네덜란드 상인들이 신지식을 전하는 가장 중요한 공급원이었기 때문이다. 난학도 잠재적인 변혁사상의 또 하나의 공급원이었다. 막부는 1640년대 이래 '그리스도교 서적'의 수입을 금지했으나, 외과수술이나 항해술 같은 실용적인 주제를 다룬 책의 수입은 허용되었기 때문에, 그 후 수십 년에 걸쳐 서양서적과 그 중국어 번역본이 일본으로 조금씩 흘러 들어왔다.[10] 이 수입제한조치는 1720년에 완화되었다. 이때부터 네덜란드어 문헌을 통해 서양학문을 연구하는 전통이 미약하나마 나가사키를 중심으로 뿌리를 내렸다. 난학자들은 특히 서양의 자연과학·의학·식물학을 공부했고, 사전과 지도를 편찬했다. 난학 연구는 오랜 기간 이해타산과는 관계없는 순수학문적인 것에 머물러 있었으나, 1840년대에 난학자들이 군사기술연구에 관심을 보이면서 사정이 싹 달라졌다.

국학과 미토학파가 주장하는 개혁주의, 네덜란드어를 매개로 하는 서양연구에 강한 관심을 보인 것은, 주로 농촌의 상층부 준엘리트들과 교육을 받은 중하층 무사들이었다. 이런 새로운 학문 조류가 가장 강한 관심을 불러일으킨 곳은 도쿠가와 질서의 주변부에 위치한 농촌, 전통적으로 쇼군가와 심한 긴장관계에 있던 도자마다이묘의 여러 번과 친번 몇 곳, 또는 에도에서 서쪽으로 멀리 떨어져 있는 나가사키였다.

잠재적으로 반체제 경향을 내포한 또 하나의 사상 조류는 비교적 가난한 농민들에 의해 육성되었다. 이 조류를 구현한 것은 앞장에서 언급한 잇키(一揆, 농민의 봉기)의 증가와 강력한 영향력을 발휘한 신흥종교운동이었다. 도쿠가와 말기에 새롭게 흥한 몇몇 민간신앙은 저마다 수천, 수만의 신자를 획득하고 있었다. 이런 신흥종교에는 구로즈미교(黑住敎, 1814), 덴리교(天理敎, 1838), 곤코교(金光敎, 1857) 등이 있다. 각

종교는 신성한 계시를 받았다거나 난치병에서 기적적인 치유를 경험한 남자 또는 여자 교조(敎祖)에 의해 창시된 것으로 다양한 형태로 신도나 불교의 요소를 조합했다. 이들 신흥종교는 거대한 변화가 일어날 게 틀림없고, 이 세상의 모든 사람이 평등과 번영을 향유할 수 있는 올바른 상태로 '세상을 바로잡아'(世直し)줄 것임이 틀림없다고 기대를 품게 된 많은 농민에게 받아들여졌다. 신흥종교에 따라서는 신자들에게 세상을 바로잡는 순간까지 참고 기다리라고 충고했으나, 그중에는 현세에서 구원되는 날을 앞당기기 위해 행동해야 한다고 신자들을 부추긴 종교도 있었다고 생각된다. 막부의 당국자들은 이들 신흥 종교집단에 불안감을 갖고 있었다.

더욱이 도쿠가와 시대 일본에서는 사람들이 대거 아주 먼 곳까지 순례여행을 떠나는 적이 몇 번인가 있었는데, 그때 농촌주민들이 고삐 풀린 망아지처럼 마냥 신나는 듯한 행동을 하며 출발한 적이 있었다. 이런 순례여행은 목적지인 이세 신궁의 이름을 따서 이세마이리(伊勢參り) 또는 오카게마이리(お蔭參り)*라 불렀다. 대규모 이세마이리는 도쿠가와 시대를 통해 대략 60년에 한 번꼴로 일어났지만, 특히 마지막 두 차례는 대규모였다. 1771년의 이세마이리에 대해서 보고한 여러 기록에 의하면 여행 짐을 꾸려 이세로 향해 여행길에 나선 농민은 약 200만 명에 달했다고 한다. 또 신사의 부적 같은 다양한 것들이 하늘에서 떨어져 내려오는 광경을 보고한 기록도 유포되었다. 이와 같은 일이 1830년에는 더 엄청난 규모로 재현되었다. 거의 4개월 동안 당시의 추정인구 약 3천만 명인 나라에서 이세를 방문한 사람이 약 500만 명에 달했다. 그들은 서로 밀치고 노래하고 고함치고 구걸하고 때로는 남의 물건을 훔치고 도둑질당하면서 이세 신사에 다다랐다. 대규모 이세마이리는 그

---

* '오카게'는 이세의 신덕(神德)을 입는다는 뜻.

자체로서는 혁명적인 행위는 아니었지만, 변혁에 대한 광범위한 기대감
을 키운 것은 확실하다.

*　　*　　*

19세기 초까지 도쿠가와 시대의 많은 사상가나 현상 비판자들의 저작
을 관통하는 한 올의 실은, 요컨대 시대는 혼란상태에 있다는 광범위한
인식이었다. 세상은 엉망이 되어버렸으며, 세상을 바로잡기 위해서는
행동이 필요했다. 세상을 바로잡는다는 것은 많은 경우 도쿠가와 시대
초기의 이상화된 황금시대로 회귀하는 것을 의미했다. 아이자와 세이시
사이조차도 막부 자체의 재건에 도움을 줄 목적으로 저작을 집필했다.
그러나 표면 바로 밑에서는, 많은 사람은 천황을 구심점으로 하는, 막부
보다도 더 큰 존재와 관심이 개혁의 초점이 되어야 한다는 생각에 끌리
고 있었다. 1850년대에 이르러 서양이 지배하는 세계질서에 일본이 억
지로 굴욕적인 형태로 참가하게 되고 극적으로 새로운 상황이 조성되
자, 행동을 요구하는 이런 목소리는 많은 이의 불만 및 좌절된 소망과
뒤섞였다. 이 혼합물은 강력한 힘을 발휘했고 점차 내셔널리즘적인 양
상을 띠게 되었는데, 그것과 더불어 개혁사상이 혁명적 결과를 낳게 되
었다.

4장

도쿠가와 체제의 전복

1800년을 전후로 유럽과 미국의 포경선·상선·군함이 불안감을 조성할 정도로 빈번히 일본 해역에 나타나게 되었고, 일본에 가지각색의 요구를 밀어붙이는 집요함도 점점 거세졌다. 이들 선박은 그 무렵 구미사회를 가장 변용시키고 있는 것이었고, 더욱이 구미 바깥에도 영향을 확대해 전세계를 변용시키고 있던 시민혁명과 산업혁명이라는 두 혁명의 상징이자, 이들 혁명이 내보낸 사절이었다. 일본에서 이들 선박의 출현은 일본 내에서 항상적인 일이 되고 있던 가벼운 위기를 심각한 혁명적 상황으로 전화시켰다. 그때까지 수십 년에 걸쳐 도쿠가와 체제질서의 관리책임자들은 우물쭈물하면서도 그럭저럭 가벼운 위기를 헤쳐나가고 있었다. 쇼군과 다이묘들은 농민과 무사가 품고 있는 사회적 불만과 막부와 번(藩)들의 재정위기라는 이중의 압력에 가까스로 대처하고 있었다. 그런데 이 이중의 압력에 더해 그때까지는 조우한 적이 없는 이질적인 힘—군사력·경제력·문화력—이 그때까지 들도 보도 못한 새로운 종류의 국제관계 수립을 독촉하는 전례가 없는 요구를 내걸고 비집고 들어왔다. 도쿠가와 막부의 정당성 그 자체가 돌연 의심받게 되었다.

그렇더라도 도쿠가와 체제는 압력을 받아서 휘어지려고 했지만, 당분간은 우지끈 부러지지 않고 버틸 수 있을 것 같았다. 1860년대 중반까지 막부는 이미 군비를 확충했고, 쇼군과 번들의 역학관계를 조정했으며, 신기술 수입에 착수했다. 외국의 외교관들은 서로 다른 세력에게 내기를 걸었다. 영국은 공식적으로 중립입장을 취했으나, 영국외교단의 대표는 반역하고 있던 도자마다이묘의 번들과 비공식적인 관계를 유지했으며, 일부 영국인 상인은 이들 번을 직접 지원했다. 프랑스는 서양의 외교 및 경제질서에 편입되는 과정을 자신들의 손으로 관리하려고 하던 막부 내의 개혁파를 후원했다.

결과는, 내기를 분산해서 빈틈없는 도박사 기질을 발휘한 영국에 승리의 깃발이 올라갔다. 결국 도쿠가와의 위정자들이 구질서에 투입해온 것은 너무나도 많았던 것이다. 도자마다이묘의 번의 위정자들은 반역적이기는 했어도 신중하게 행동했고, 때로는 번 내의 반역자들을 진압기도 했다. 그러나 결정적인 순간에는 이들 번은 혁명의 새로운 주역으로 등장한, 사회적으로 신분이 낮은 하층무사들의 행동을 지지했다. 새로운 주역들은 스스로 '지사'(志士)라 부르며 '존왕양이'(尊王攘夷)의 기치를 내건 '행동하는 사람들'이었다. 그들은 도쿠가와 막부를 권좌에서 끌어내렸고, 세계근대사에서 대혁명의 하나를 추진한 것이다.

서양열강과 불평등조약

2세기나 공백을 두고 서양이 또다시 일본에 관심을 보이기 시작한 그 최초의 전조는 육로를 통해 들어왔다. 1780년대에 러시아의 탐험가들이 광대한 시베리아 산림지대를 넘어서 극동 연안에 당도했다. 그곳을 기점으로 연안의 수역을 탐사하고 해도를 작성했다. 그것과 병행해서 모피 사냥꾼들과 상선대(商船隊)가 사할린 섬과 쿠릴 열도라

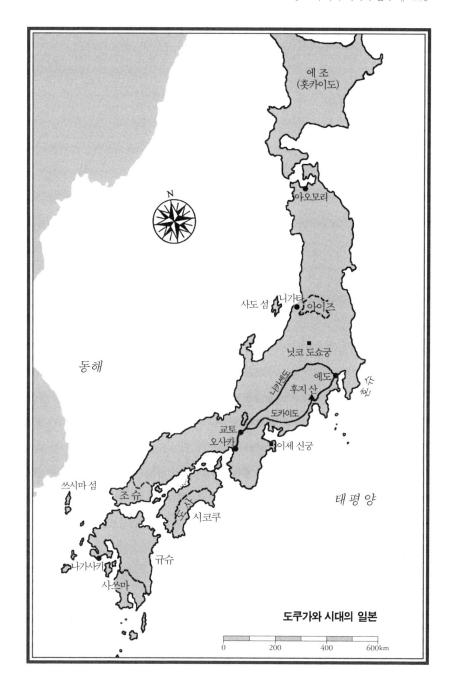

에조
(홋카이도)

아오모리

사도 섬 니가타
아이즈

넛코 도쇼궁

동해

니가세토
후지 산
에도

도카이도

교토
오사카
이세 신궁

쓰시마 섬

조슈

시코쿠

태 평 양

나가사키
규슈
사쓰마

도쿠가와 시대의 일본

0   200   400   600km

고 하는 북부 섬들, 이어서 홋카이도 루트를 개척했다. 1792년에 홋카이도를, 1804년에 나가사키를 찾아온 러시아 상선대는 막부에 교역상의 편의제공을 요청했으나 막부는 정중하게 거부했다. 이런 예비적인 절충에 이어서, 그후 수십 년에 걸쳐 일련의 침공이 간헐적이면서 시간의 경과와 더불어 빈도를 높여, 그리고 때로는 무력을 동반하며, 거듭되기에 이르렀다. 1806-1807년에는 러시아 해군이 홋카이도·사할린·에토로후(쿠릴 열도에서 가장 큰 섬) 등 일본인 입식지에 파괴적인 공격을 가했다.

1년 뒤에는 영국도 이권획득경쟁에 가세했다. 1808년 영국 군함 페이턴 호가 나가사키에 입항해 네덜란드의 출장소인 네덜란드 상관을 공격하겠다고 위협했다.(네덜란드는 나폴레옹 전쟁 때 영국의 적국이었다.) 1818년에는 한 척의 영국 선박이 에도 근처의 우라가(浦賀) 만에 들어와 무역허가를 요구했지만, 막부는 그것을 일언지하에 거부했다. 이런 외국선의 내항에 대응하기 위해서 막부는 1825년에 '쇄국'정책에 대한 유례없는 극단적인 해석을 내놓았다. 즉 연안지대의 다이묘들에게 일본 연해에 접근하는 모든 외국선박을 무력으로 쫓아낼 것을 명했다. 그 결과 미국 상선 모리슨 호는 1837년에 마찬가지로 무역허가를 요구하며 우라가에 기항했을 때 피해는 없었지만, 대포 포격이라는 그때까지와는 다른 난폭한 환영을 받았다. 그로부터 몇 년 뒤인 1844년 네덜란드인이 오랫동안 교역의 거점으로 삼고 있던 나가사키에서 건의를 했다. 즉 네덜란드는 국왕 빌렘 2세의 정중한 탄원서를 막부에 제출했는데, 그 속에서 세계가 이미 변했고, 일본도 이제 서양열강이 지구 전역으로 확대하고 있는 통상망과 외교질서에 관련되지 않은 채 무사태평으로 있는 것은 불가능하다고 설명했다.

네덜란드의 제언은 중국에서 막 끝난 아편전쟁이 얼마나 충격적인 결과를 초래했는가 하는 증거를 근거로 한 것이었다. 1839년 중국의 청조가 사회에 궤멸적인 영향을 초래한 아편무역을 금지하려는 것에 대해 영국은 '자유무역'을 수호하기 위해 무력을 행사했다. 1842년에 전쟁은 영국이 포함의 힘으로 청조를 굴복시켜 자신들의 요구를 밀어붙이는 식으로 끝났다. 일본의 장래를 내다보게 하는 난징(南京)조약에 의해 영국은 무역을 위해 새롭게 복수(複數)의 항구를 개항시키고 중국측에 영국이 설정한 관세율을 받아들일 것을 강제했을 뿐만 아니라, 영국 국민이 관련된 사건에 관해서는 중국 내에서도 영국의 법률을 적용하고 영국의 당국자가 그 시행을 맡는다는 치외법권을 획득했다.

아편전쟁의 결말에 대해 알고 있던 일본인은 크게 걱정했다. 막부의 수석 로주(老中)였던 미즈노 다다쿠니(水野忠邦)는 "이것은 다른 나라에서 일어난 일이긴 하지만, 우리나라에 대한 경고도 포함되어 있다고 생각한다"고 말했다.[1] 도쿠카와 막부는 미래의 전쟁을 피하기 위해서는 시급히 서구 각국과 통상조약을 (물론 네덜란드와 가장 먼저) 체결하여 개국해야 한다는 네덜란드의 권고를 정중하게 거부했다. 그래도 막부는 조금씩 정책을 바꾸어 나갔다. 1842년에 막부는 외국선박에 대해서는 물어볼 것도 없이 포격을 가해야 한다는 1825년의 외국선박추방령을 완화하고, 일본 해역에 표류해온 서구의 배에는 물과 식량을 제공하고 분란 없이 돌려보내는 것으로 방침을 바꾸었다. 거기에 더해 막부는 미토 학파 학자들을 비롯한 원초적 내셔널리즘을 부르짖는 개혁가들의 제언도 부분적으로 받아들였다. 1845년에 수석 로주가 된 아베 마사히로(阿部正弘)는 취임 즉시 막부의 심장부인 에도 부근의 연안방위체제의 단계적 구축에 박차를 가했을 뿐만 아니라, 다이묘들에게도 같은 조치를 강구하는 것을 인정했다.

외압과 그에 대한 막부의 대응이라는 두 요인은 서로 맞물려서 궁극적으로 막부를 약체화시키는 작용을 했다. 그와 동시에 이 두 요인은 마침 점점 그 수가 늘고 있던 정치운동가들이 품기 시작한 국가의식을 고

취시키는 작용도 했다. 서양의 야만인이란 정복과 이익획득을 노리는 탐욕스러운 약탈자라고 생각하던 모든 사람들에게, 아편전쟁은 우려하던 최악의 시나리오가 결코 기우가 아님을 새삼 확인시켜주었다. 이는 쇄국이라는 기본방침에 유례없는 강력한 정당화의 근거를 부여하는 것이었다. 하지만 현실의 대응이 효과적이기 위해서는 막부와 각 번의 방위체제가 정비되기까지는 어떻게든 교전을 피하는 것이 필요했다. 이를 위해서는 최소한 강경한 쇄국방침에서 한발 물러나, 근본적으로 서양을 위협적인 존재로 만들어준 서양기술의 일부를 수입하는 것이 필요했다. 막부는 원치 않는 선택을 재촉당하는 곤경에 빠졌다. 하지만 방위력을 증강하는 동안 약한 모습을 드러내지 않는 것은 불가능했다.

　그 당시 수많은 일본인이 표명한 외국인에 대한 공포와 혐오에 대해서는 자칫하면 그것이 부질없고 불합리한 것이라고 정리해버리고 싶은 유혹에 사로잡힌다. 분명 적어도 아시아에서는 서양열강은 영토의 정복을 유일한 실행 가능한 선택지라고 생각한 것은 아니다. 서양열강은 영토보다는 무역을 강력히 원했다. 그러나 피해망상적인 견해가 분명한 근거에 바탕을 둔 경우도 적지 않다. 자유무역을 표방하는 서구의 이데올로기는, 강렬한 정의감과, 거부할 수 없는 광범위한 영향력에 의해 뒷받침되고 있었는데, 자유무역의 이데올로기는 분명히 식민화의 가능성도 배제하지 않았다. 서양에서 온 야만인과 접촉해 봐야 아무것도 얻을 것이 없다고 믿고 있던 도쿠가와 말기의 일본인들이 위협을 느낀 것은 당연했다. 사람들의 생활양식은 물질적인 측면에서부터 정치적인 측면에 이르기까지 돌이킬 수 없을 정도로 바뀌려 하고 있었다.

　1853년 미국의 매슈 페리 제독이 일본 연안에 내항했다. 평화적으로 교역에 응하든지, 교역을 거부하고 그 결과로 전쟁을 감수하든지 양자택일하라는, 간단명료한 메시지를 갖고 일본에 온 페리는 과거 내항자들에게서 볼 수 없었던 강경한 태도로 선택을 강요했다. 페리의 일본 내항은 미국의 서진정책의 새로운 한 획을 긋는 것이었다. 대서양에서 고래가 거의 씨가 마른 이후 미국의 포경선은 위험을 무릅쓰고 먼 태평양의 반대측인 일본 근해까지 출어하게 되었다. 1848년에 멕시코로부터 캘리포니아를 할양받은 미국은 새롭게 태평양에서 상업적·군사적 야심을 품게 되었다. 게다가 미국은 영국과 경쟁하는 것도 원하고 있었다. 가장 우선시한 과제로서 페리는 일본에게 미 해군선박의 연료를 공급하게 하고, 포경선이 연료·물·식량 보급을 위해 기항하는 것을 인정하게 하는 것이었다.

　1853년 에도 만(도쿄 만)의 페리 함대 출현과 이듬해의 재등장은 곤혹과 흥분으로 가득 찬 교류를 가져왔다. 페리가 1854년에 다시 내항했을 때, 일본측은 스모를 보여주며 침입자들에게 겁을 주려 했지만, 효과는 없었다. 미국측의 한 수행원은 일기에 "얼핏 보아 아무 목적도 없이 밀어붙이고 고함치고 끌어당기고 끌려가고 악쓰고 비틀고 뛰며 돌아다니는" 시합에 대해 쓰고 다음과 같이 결론지었다. "힘겨루기로는 정말 불충분한 것이었다. 하나인가 둘의 폴(Fall, 상대의 양어깨를 3초 동안 동시에 매트에 닿게 하는 일)은 있었지만, 어쨌거나 내가 지금까지 보아왔던, 덩치가 그들의 반밖에 안되는 레슬러들도 그들을 웃음거리로만 생각할 게 뻔하다."[2] 한편 미국측은 최신기술 몇 가지를 가지고 나왔다. 하나는 실물의 4분의 1 크기로 축소한 증기기관차와 약 110m 길이의 환형(環形)선로였다. "증기가 뿜어져 나오며 기적이 울었다. 기관사가 탄수차(炭水車)에 탔다. 〔막부의〕응접관 한 명이 객차에 올라가 앉았다. 기차가 움직이기 시작해 시속 약 29km로 선로를 빙빙 돌았다."[3] 하오리(일본옷 위에 입는 짧은 겉옷)를 펄럭이며 시승한 관리는 대단히 즐거워했다고 전한다.

　이런 에피소드가 몇 가지 있었다고 해도 페리는 콧대가 높고 유머를 모르는 남자였다. 1853년 6월에 페리가 다시 오겠다는 약속을 하며 떠날 때, 그는 다음과 같은 엄중한 메시지를 남겼다. "본 서명인은 호의를 나타내기 위해 비교적 소규모 군함 네 척만 끌고 왔지만, 만일 필요하다고 생각되면 내년 봄에는 더 많은 전력을 대동하고 에도에 돌아올 것이다."[4] 이 에피소드는 에도와 인근 지역의 주민들을 큰 혼란에 빠뜨렸다. 그것은 또한 막부에게 극히 이례적이라기보다 전대미문의 조치를 강구하게 만들었다. 막부는 한 발짝 양보하여 전쟁을 회피하려는 자신들의 방침을 지지하는 폭넓은 여론을 끌어모을 수 있을 것으로 기대하며, 다이묘들에게 미국에 대처하기 위한 최선의 방책에 대해 제언하는 문서를 제출하도록 요구했던 것이다.

페리는 약속대로 1854년 초에 증기기관을 갖춘 프리깃 함(소형 쾌속정) 세 척을 포함한 아홉 척의 대규모 함대를 이끌고 일본에 다시 내항했다. 막부는 비교적 멀고 외딴곳에 있는 시모다(下田)와 하코다테(函館)를 미국 선박에 개항하는 데 동의했다. 미국측은 시모다에 영사를 두는 권리도 얻었다. 이 가나가와(神奈川) 조약(미일화친조약)의 내용은 잇달아 유럽의 열강 프랑스·영국·네덜란드·러시아와의 사이에서 맺은 조약에도 적용되었다. 막부의 이런 양보는 즉각적인 통상을 위해서 개국한 것은 아니었지만, 서양열강은 획득한 권리행사에 즉시 나섰다. 초대 미국 총영사 타운센드 해리스는 1856년 이즈(伊豆) 반도 남단에 있는 시모다에 영사관을 열고 주거를 마련했다. 해리스는 영국이 더 심한 요구를 할 것이라며 진실성을 띤 협박을 하며 미국과의 수호통상조약 체결을 채근했다. 우선 미국과 포괄적인 통상조약을 체결하면, 그것이 분명히 다른 열강과의 통상조약의 본보기가 되는 것은 확실하다고 설득했다.

1858년 6월, 막부는 중국처럼 대포 한번 쏴보지도 못하고, 중국이 아편전쟁 후 영국과 맺었던 난징조약과 별로 다를 게 없는 미일수호통상조약을 체결했다. 막부의 수뇌는 국내의 반대파가 이 조약체결을 막부

비판의 재료로 이용할 거라는 것을 충분히 인식하고 있었다. 그러나 이것 외의 더 나은 선택지는 생각할 수 없었다. 전쟁을 일으키는 것은 무익하고, 다른 열강이 훨씬 더 강경한 요구를 해올 수 있다는 것도 잘 알고 있었다.

이 통상조약에 따라 8개 항구가 개항되어 무역이 인정되었다. 특히 주목할 만한 일은 일본이 관세자주권과 그 조약에 명시된 항구에 대한 법적 관할권을 양도했다는 것이다. 일본에 유입되거나 일본에서 유출되는 재화에 대한 관세는 조약에 설정되어, 일본 정부에게는 그 관세를 자주적으로 변경할 권한이 없었다. 일본 국내에서 범죄를 저질러 고소당한 외국인에 대해서는, 외국의 법 아래에서 외국인 재판관이 주재하는 영사재판소가 판결하는, 이른바 치외법권이 적용되게 되었다. 곧이어 막부는 다른 서양열강과의 사이에서도 거의 같은 조약을 체결했다.

이런 일련의 '불평등조약'은 표면상으로나 실제상으로나 굴욕적인 것이었다. 다만 미국측이 아편무역은 금지되어야 한다는 일본의 주장을 받아들인 것과, 영국도 이에 이의를 제기하지 않은 것은 분명한 사실이고, 특기할 만한 가치가 있다. 만약 아편이 일본 국내에 자유롭게 수입되었다고 하면, 그후 일본이 걸어간 역사는 상당히 달랐을 것이다. 그럼에도 불구하고 이들 조약이 일본에 반(半)식민지적 지위를 밀어붙인 것 또한 사실이다. 정치면에서도 경제면에서도 일본은 외국정부에 법적으로 종속되었다. 그후 수십 년에 걸쳐 자잘한 모욕이 산처럼 쌓여 갔다. 무수한 비열한 범죄는 가령 처벌된다고 해도 가벼운 벌을 받았다. 1870년대부터 1880년대에 걸쳐 강간이 처벌되지 않고 넘어간다든가 강제외설이 용서된 부당한 조치는 당시 잇달아 막 간행된 전국지의 일면에 보도되는 중요한 문제가 되었다. 그런 부당한 조치가 되풀이될 때마다 일본의 자존심이 또 상처받는, 일본의 주권이 또 침해되는 사례로 받아들여졌다.

하지만 불평등조약이 그 전부터 이미 존재하고 있던 나라의 자존심이나 주권을 짓밟았다고 단순히 결론짓는 것은 맞지 않을 것이다. 오히려 19세기 초부터 1860년대에 이르는 기간에 뻔뻔스러운 야만인들에 대처한 과정 그 자체를 통해 근대일본의 내셔널리즘이 형성되었다고 보아야 할 것이다. 막부 관료들 사이에서, 각 번의 성 내에서, 또 정치에 관심이 있는 무사들이 역사와 정치에 대해서 토론하던 사숙(私塾)에서, '일본'을 하나의 국가로 보고, 하나의 통일체로서 방위되고 통치되어야 한다는 새로운 사고가 뿌리내리고 있었다. 그것과 더불어 도쿠가와 막부야말로 일본의 정당한 수호자라는 주장은 쇠퇴하기 시작했다.

도쿠가와 지배의 붕괴

조약항(條約港)에서 새롭게 시작된 무역은 개시하자마자 상당한 경제적 파급효과를 가져왔다. 일본에서는 세계의 금은교환비율의 약 3분의 1의 은으로 금을 손에 넣을 수 있다는 사실을 알게 된 외국무역상들은 환희했다. 무역개시 후 1년 동안 그들은 막대한 양의 금을 사들여서, 그것을 중국에서 매입가격의 3배를 받고 팔았다. 1860년에 막부는 금의 유출을 막기 위해서 금화의 질을 떨어뜨려 금의 국제가격에 맞추었다. 그 결과 통화공급이 늘어나 심각한 인플레이션이 발생했다. 더욱이 생사(生絲)의 수출과 수요가 급증한 결과, 1860년대 초에는 생사가격이 국내용이든 수출용이든 모두 종래의 3배로 급등했다. 동시에 관세가 낮은 염가의 외국제품, 특히 면직물의 수입이 증가했다. 이로 말미암아 소비자들은 이득을 보았지만, 많은 국내생산자가 폐업의 위기에 몰렸다.

이런 경제정세의 격변에 대해서 소비자도 생산자도 격렬하게 저항했다. 도시에 사는 사람들은 쌀값 폭등에 격앙했다. 1866년에 인플레이션이 절정에 달하자 에도와 오사카에서 대규모 식량폭동이 발생했고, 미곡상 수백 군데가 파괴되었다. 각 도시의 인근에 있는 소규모 마치(町)와 마을에서도 같은 항의행동이 일어났다. 또한 1866년에는 생사 생산자에 의한 폭동도 발생했다. 에도 서부의 부슈(武州)의 덴료(天領) 지방에서는 수천의 농민과 생사생산자들이 일주일 동안 격렬한 항의행동을 전개했다. 그들은 마을에서 마을로 행진해가면서 세를 불렸고, 자신들의 채권자들인 촌장·지주·대금업자 등 마을의 상층계층의 가옥을 파괴했다.[5] 결국에는 막부의 군대가 출동하여 가까스로 시위를 진압했다.

폭동 참가자들은 대개 자신들을 착취하는 다른 일본인을 공격대상으로 삼는 게 일반적이었다. 특히 도시의 미곡상과 농촌의 대금업자들에게 비난이 집중되었다. 그러나 1860년대가 되면서 수요의 증가와 그에 따른 가격폭등으로 많은 이득을 보았을 수도 있는 생사생산자를 포함해서 많은 사람들이 외국의 무역상, 그리고 더 나아가 애초 무역의 개시에 동의한 일본정부야말로 서민을 괴롭히는 원흉이라고 생각하게 되었다. 히라타 아쓰타네의 국학파를 추종하던 농촌의 문하생들은 분노하는 감정을 시의 형식으로 표현했다. 예를 들면 일본 중부 산속 깊은 이나(伊那) 계곡에서 태어나 자라서 양잠농가나 생사상인의 실정을 잘 알고, 또 국학사상을 공부하고 나이 오십이 넘어서 교토에 나가 근왕파 지사들과 친교를 맺으며 '근왕의 어머니'로 불렸던 마쓰오 다세코(松尾多勢子)는 다음과 같이 읊었다.

요즘 세상에서 생사를 둘러싼 혼란은 무섭다.
다른 나라의 배가 아름다운 구슬을 낳는 누에고치를 구하러
천황이 통치하는 황국에 찾아오고 나서부터는
사람들의 마음은 갈기갈기 찢기고 분노에 불타고 있다[6]

이런 시나 각종 폭동에서 표출된 사람들의 분노가 곧바로 도쿠가와 막부를 붕괴시킨 것은 아니다. 그러나 그 분노가, 사람들을 곤궁하게 만들고 천황을 업신여기던 막부를 규탄하는 토막파(討幕派) 지사들에게 힘을 불어넣어 준 것은 분명하다.

압력에 굴복하여 조약항을 개항한 것은 보다 직접적인 정치적 영향을 미쳤다. 다시 말해 외국인의 접근을 막기 위한 방침을 유지하려고 막부가 다이묘들뿐 아니라 전국에서 계속 늘고 있던 지사들에게 대처하기 위해 취했던 태도 자체가, 막부의 정당성을 약화시키고 붕괴를 재촉했던 것이다.

1853년에 막부의 수석 로주 아베 마사히로는 페리의 첫 내항에 어떻게 대응할 것인지 다이묘들에게 의견을 구했다. 아베는 다이묘들의 협의를 통해 어려운 의사결정에 대한 합의형성을 기대했다. 그러나 그것은 서양에 대한 '개국'에 필적하는 국내적인 '개국'이었고, 막부의 약점을 드러내는 의도하지 않은 결과를 초래했다. 그것은 또 오랜 세월에 걸쳐 정치적 야망을 봉인해왔던 웅번(雄藩, 강대한 번)의 번주들이 권력을 향한 꿈을 꾸게 만들었다. 이들 웅번이란, 1600년에 도쿠가와가가 권력을 장악할 때 대립각을 세웠던 사쓰마, 조슈(長州), 도사(土佐)를 비롯한 여러 번이다. 이들 번의 다이묘와 가신들은 200년이 지났음에도 여전히 반(反)도쿠가와 의식의 불꽃을 꺼뜨리지 않은 채 품고 있었다. 에도의 가장 가까운 곳에서는 도쿠가와 분가의 하나로서 강대한 미토 번이 에치젠(越前)과 아이즈(會津) 등 다른 도쿠가와 일문의 친번과 함께 정책의 변경과 막부·다이묘·궁정 사이의 역학관계 변경을 강력히 요구했다. 미토 번은 강경한 양이론자인 번주 도쿠가와 나리아키(德川齊昭)가 다스리고 있었고, 마찬가지로 강경한 양이론과 존왕론을 주창했던 (겉으로는 도쿠가와 막부를 지지했지만) 아이자와 세이시사이 같은 미토 학파의 본거지이기도 했다.

막부의 약체화를 보여주는 또 하나의 극적인 징조는, 1857-1858년의 쇼군 후계문제와 대미(對美) 통상조약의 조인 절차문제를 둘러싼 논쟁에서 발단이 되어 복잡하게 뒤얽힌 대혼란의 형태로 나타났다. 쇼군 도쿠가와 이에사다(德川家定)는 젊었지만 병약하고 후사가 없었다. 그래서 이에사다를 보좌하던 수석 로주가 막부 내에서 가장 큰 발언권을 갖고 있었다. 아베 마사히로는 페리의 요구를 잘못 처리했다는 다이묘들의 비판을 받고, 이미 1855년에 수석 로주 자리에서 물러났다. 아베의 뒤를 이은 홋타 마사요시(堀田正睦)는 두 가지 긴급한 문제에 직면했다. 하나는 병약한 이에사다의 임종이 가까워지면서, 후계 쇼군 선정을 주도해야 하는 과제였다. 또 하나는 시모다에서 타운센드 해리스가 통상조약 체결을 집요하게 요구하는 가운데, 개국에 비판적인 다이묘들의 반발을 사지 않고 미국 및 다른 열강과의 조약을 체결해야 하는 과제였다. 마사요시가, 그리고 중신의 지위를 독점하고 있던 주요 후다이다이묘들이 다음 쇼군으로 선택한 인물은 고산케 중 하나인 기슈(紀州)의 번주이고, 나이가 12세로 어려서 곁에서 통제하기 쉬운 이에모치(家茂)였다. 이 후계자 선정과 조약 체결에 반대입장을 취한 것은, 강경하게 개혁의 필요성과 양이론을 주장하던 미토와 사쓰마를 비롯한 몇명 웅번의 다이묘들이었다. 이들은 미토 번주 도쿠가와 나리아키의 아들로 고산케의 하나인 히토쓰바시(一橋)가의 양자가 되어 있던 젊고 영명하다고 칭찬이 자자한 요시노부(慶喜)를 후계 쇼군으로 추대해서 마사요시와 대립했다.

양진영이 대립하던 시점에서 홋타 마사요시는 외교정책과 쇼군 후계문제를 둘러싼 대립에서 자신의 입장을 강화하기 위해서 해리스와의 조약 체결에 천황의 재가를 얻어내려고 했다. 천황과 공경들에게 줄 많은 선물을 가득 싣고서 오랜 관례를 깨고 교토를 방문한 홋타는, 조약체결을 인정하는 칙허를 얻기 위해 힘들여 공작을 했다. 이에 대해 고메이

(孝明) 천황측도 외교와 내정의 정책결정에 대한 개입이라는, 홋타 못지않은 파격적인 행보를 보이며 막부에 대한 지지를 거부했다. 양이를 주장하는 천황의 입장은 공경들과 개혁파 다이묘들, 특히 도쿠가와 나리아키한테 지지를 받고 있었다. 천황은 홋타에게 조약체결을 인정하지 않는다는 뜻을 전했으며, 또 나리아키의 아들이 차기 쇼군이 되는 것을 지지한다는 의향도 내비쳤다.

칙허도 받지 못하고 쇼군 후계문제에서도 천황의 지지를 얻지 못해 큰 굴욕을 맛본 홋타에게는 로주 자리에서 물러나는 것 외에 다른 선택지는 없었다. 도쿠가와 막부로서는 더 이상 조정의 지지에 의지할 수 없었고, 막부의 위신은 땅에 떨어졌다. 이 조정공작의 실패를 계기로 그후 10년에 걸쳐 지속되는 세 그룹의 복잡하게 얽힌 삼각정치댄스가 시작되었다. 제1그룹은 막부 내의 완고한 보수주의자들, 특히 비교적 소규모 후다이번의 번주들로 로주를 맡고 있는 자들이었다. 이 그룹은 막부 독자적인 방침으로 외교정책과 군사·재정개혁을 실행함으로써 예전 같은 도쿠가와의 권위를 높이 세우고 싶어했다. 제2그룹은 제1그룹에 대립한 엘리트들, 즉 도자마 및 친번의 유력 다이묘들과 조정의 공경들이었다. 권력을 노리는 이들 엘리트는 양이와 존왕의 주장을 내걸고, 정치적 권위의 중심을 자신들 쪽으로 끌어당기려 했다. 이런 댄스에 가세한 제3의 그룹은 더 낮은 신분 출신으로, 이른바 근왕파의 무사 또는 '지사'(志士)로 불리는 자들이었다. 그들은 국내의 적대자나 외국인 적을 겨냥한 정치적 테러를 가하는 방법으로 사태를 전진시켰다.

이 근왕파의 대부분은 중층에서 하층의 무사계급 출신의 성난 젊은 이들이었고, 여기에 농촌과 도시의 엘리트층 내에서 국사(國事)를 걱정하며 활동하고 있던 소수의 여성도 포함된 재야의 사람들이 가세했다. 이들은 변혁기 일본의 사상사 및 정치행동의 역사에서 결정적으로 중요한 지위를 점했던 사람들이다. 근왕파 무사들은 태어나면서부터도, 또 수행을 통해서도 자신들이 주군을 섬기는 것과 동시에 천황에 의해 상징되는 보다 큰, 그러나 막연하게 정의되고 있는 것에 불과했던 일본이라는 나라를 섬기는 종이라는 인식을 하고 있을 만큼 자긍심이 대단했다. 도쿠가와 시대 무사·관료의 전통에 따라 문무를 모두 열심히 갈고 닦은 그들은 검술훈련과 병행해서 유학의 고전을 배웠다. 이런 문무 양면의 수업을 반영하여, 그들은 생각하고 또 이기는 행동을 한다는 이중의 책임, 즉 당대의 현안에 대한 해결책을 제안함과 더불어 무사무욕(無私無欲)으로 그 실현을 목표로 한다는 두 가지 책임감을 느끼고 있었다.

그런 심정이 발로가 된 선구적인 예는 오시오 헤이하치로(大鹽平八郎)의 행동이다. 1830년대에 오사카 마치부교쇼(大阪町奉行所)에 근무하던 하층 무사였던 오시오는 유학의 일파인, 옳다고 아는 것을 스스로 실천하는 일의 중요성을 강조하는 양명학(陽明學)을 배웠다. 1837년 덴포 기근 때 곤궁한 서민의 구제를 호소하는 자신의 건언(建言)에 대해 부교쇼의 상층부가 귀를 기울이지 않았던 데 격분한 오시오는, 문하생을 비롯해 오사카 주민들을 이끌고 격렬한 무장봉기를 일으켰다. 반란군은 막부군에게 진압될 때까지 마치의 4분의 1을 태워버렸다.

1850년대가 되자 같은 현상에 분노해 행동을 앞세우는 반체제분자가 전국 각지의 번에서 집단을 형성했다. 다이묘와 번의 상층부가 자신들의 주장에 호의적인 반응을 보인 몇 개의 번, 특히 사쓰마, 조슈, 도사, 히젠(備前)에서는 이들 근왕파 무사들의 영향력이 특히 거셌다. 근왕파 집단으로 가장 유명한 것은 조슈 번의 카리스마 넘치는 사상가 겸 무사 요시다 쇼인(吉田松陰)의 문하생들이었다. 요시다 자신은 1859년에 막부가 반대파를 대거 숙청할 때 처형당했다. 하지만 요시다의 제자들은 그의 뜻을 이어받아 도쿠가와 막부 타도와 메이지 신체제 수립에 지도적인 역할을 다하게 된다. 보스턴이나 필라델피아 같은 미국의 도시에서는 오늘날에도 건국시대의 역사를 더듬어보는 '프리덤 트레일'

(자유의 길)이라는 것이 있는데, 이런 막말의 활동가들이 비밀회합장소로 사용했던 각지의 조카마치(城下町)와 교토의 여관과 사원을 묶어 그것과 유사한 '혁명의 길'의 발자취를 더듬어볼 수 있다.

근왕파는 사상적으로 이상주의와 실천적 개혁주의를 조합한 절충주의적 사상에 공명하고 있었다. 그들은 직접적이고 폭력적인 행동을 지지하고, 기존 체제 아래서는 자신들 같은 '유능한 인재'가 당연히 받아야 할 존경과 당연히 가져야 할 권한을 인정받지 못한다고 믿었다. 천황을 찬양하고, 무력으로 일본에 파고든 외국세력을 증오한 그들은 국내의 정적들뿐 아니라 외국인도 암살하는 등 증오심을 행동으로 옮겼다. 그들에게 암살된 희생자 중에는 타운센드 해리스의 네덜란드어 통역관과 유명한 영국인 무역상도 포함되어 있었다. 하지만 이 점이 아주 중요한데, 근왕파는 정치활동에 팔 걷고 나선 애초에는 면도날처럼 예리한 일본도를 손에 들고 외국포함에 맞서서 야만인들을 당장 몰아내겠다는 엉성하고 승산도 없는 신념을 갖고 있었다. 하지만 그들의 대부분은 머지않아 실천적 경험을 통해 자신들의 극단적인 발상을 억제했다.

특히 깜짝 놀랄 만한 진상을 이야기해줄 정도로 오래 산 사람들은 서양으로부터 배워야 할 필요성을, 더욱이 서양과 공존해야 할 필요성마저도 인식하기에 이르렀다. 전형적인 사례는 도사 번의 근왕파 지사 사카모토 료마(坂本龍馬)의 경우이다. 오늘날에 이르기까지 역사드라마에서 즐겨 상연되는 것은, 1862년의 어느 날 사카모토가 한 막부 관리의 집에 쳐들어간 장면이다. 칼을 뽑아든 료마는 막부의 해군을 서양식으로 근대화하는 작업을 진행하고 있던 그 남자를 베어버릴 작정으로 떡버티고 서 있었다. 공격의 표적인 가쓰 가이슈(勝海舟)는 사카모토에게 일단 자신의 말을 먼저 들어보라고 설득했다. 그날 오후에 가이슈는 자신의 목숨을 건졌을 뿐만 아니라, 사카모토에게 근대화를 위한 개혁의 불가피성을 납득시켰다. 시간이 지남에 따라 사카모토 같은 이들이 장차 일본에 깊이 뿌리내리게 될 서구의 사상·제도·기술에 대해 더 깊이 이해하게 된다.

공포와 유화의 정치

이렇게 도쿠가와 막부는 외국의 열강, 반항적인 다이묘, 혈기왕성한 무사들로부터 삼중의 위협에 직면했다. 이런 새로운 상황에서 막부는 일관성 없는 정책들로 대응했다. 막부 수뇌부의 방침은 유화에서 강경으로 급변했는가 하고 생각하면, 이번에는 역방향으로 크게 요동쳤다. 그러는 사이 그들은 일관되게 막부를 강화하고, 권력의 공유를 극력 피하려고 했다. 홋타의 뒤를 이어 다이로(大老)라는 막부의 가장 중요한 지위에 오른 이이 나오스케(井伊直弼)는 합의형성의 방침을 일소하고, 전통적인 도쿠가와 독재체제를 재생시키려 했다. 이이는 1857년 5월에 조정의 칙허도 없이 해리스와의 통상조약체결을 단행했다. 뒤이어 쇼군의 후계후보로서 이름이 거론되고 있던 사람 중에서 어리고 유약한 이에모치(家茂)를 쇼군에 취임시켰다. 또 조정과 도자마다이묘들에게 외교정책과 쇼군의 후계문제를 포함해서 막부의 전권사항에 대한 개입을 삼가라고 명령했다. 그리고 1858년, 이이는 안세이(安政, 당시의 연호)의 대옥(大獄)이라 불리는 극적인 숙청을 단행해 수명의 개혁파 다이묘를 은퇴시키고, 도쿠가와 나리아키를 가택연금에 처했을 뿐만 아니라, 69명의 반막부파 무사활동가들을 처형하거나 투옥시켰다.

이 탄압은 일단 풀려난 반(反)막부파의 요괴를 다시 마법의 병에 가두기 위한 방책으로는 너무 역부족이었고 너무나도 뒤늦은 것이었다. 1860년 3월, 미토 번의 근왕파 로시들이 에도 성으로 통하는 사쿠라다

(櫻田) 문 밖에서 이이 나오스케를 암살했다. 습격자들은 이이를 자신들의 동지를 살해하고 천황을 배신한 가증스러운 폭군으로 간주했다. 이이의 암살에 당황한 막부의 관료들은 유화정책으로 돌아갔다. 전략적 양보를 하는 대신 조정과 웅번들로부터 지지를 회복하고 과격한 무사들을 탄압하는 것이 그들의 노림수였다. 천황이 거주하는 수도 교토는 권력을 쟁취하려는 모든 세력에게는 실질적인 의미에서도 상징적인 의미에서도 전장(戰場)이 되었다.

도쿠가와 막부의 새 지도부가 내놓은 합의형성노선은 조정과 막부의 제휴, 즉 '공무합체'(公武合體)를 지향하는 것이었다. 다양한 세력이 이 슬로건을 저마다 다른 의미로 해석했다. 막부에게 공무합체란 천황의 여동생과 새로 취임한 젊은 쇼군의 혼인을 중매하는 식으로 협조하는 자세를 보이는 것을 의미했다. 사쓰마·조슈·도사라는 웅번의 다이묘들과 미토와 아이즈 같은 친번 다이묘들에게 공무합체란 교토에 근거를 둔 제후회의로 의사결정권을 대폭 옮기는 것을 의미했다. 이러한 제도가 현실화된다면, 쇼군은 조정의 충실한 일개 신하로서의 지위, 수많은 동등한 신하들을 대표하는 지위로 격하되는 것이었다.

막부는 개혁을 바라는 이런 강한 요구를 부분적으로 받아들이지 않을 수 없다고 결론지었다. 1862년에 막부는 각 번의 경비삭감을 가능케 해줄 경제조치로서 참근교대제를 완화하는 데 동의했다. 말할 것도 없이 다이묘들의 정치활동에 대한 막부의 규제력은 점점 불안정의 도를 높여갔는데, 그것은 참근교대제의 완화로 말미암아 더욱 약해졌다. 막부는 또 다이묘들에게 참근교대의 완화로 생긴 자금을 자번(自藩)의 육군·해군력 증강에 의한 '국방' 강화에 사용해도 된다고 인정했는데, 이 시책도 다이묘들이 반막부의 자세를 강화하는 결과를 가져오게 되었다. 또한 막부는 세 명의 유력 다이묘를 쇼군 특별고문으로 임명하는 데 동의했다.

막부는 이런 조치가 급진적 무사들과 각 번의 번주와 상층부 사이를 갈라놓아 전자에 대한 탄압을 가능하게 해주리라 기대했다. 하지만 일은 기대대로 되지 않았다. 그렇기는커녕 1862년부터 1863년에 걸쳐서 전국의 존왕파 무사들이 교토에 모여들었다. 교토의 마치(町)는 조정의 정신들과 여러 번에서 찾아온 존왕양이 지사들에 의한 정치활동의 온상이 되었다. 이들 헌신적인 청년들이 품은 순수해 보이는 동기와 그들의 음모와 행동이 뒤섞여 펼쳐지는 굉장한 드라마는 강렬한 유산으로 남아, 후대의 사람들이 그것으로부터 정치적 영감을 얻게 된다. 존왕파의 활동은 또 막부에게 지배권 탈환을 위해 다시 몇 가지 의논의 여지가 있는 조치를 강구하게 만들었다.

1863년, 존왕파의 활약에 답하여 고메이 천황은 쇼군에게 양이(攘夷)를 즉각 실행하라고 공식적으로 요청했다. 이에 대해 막부는 쇼군 이에모치가 조정과 협의하기 위해 상경한다는 형태로 대응했다.(쇼군의 상경은 1634년 3대 쇼군 이에미쓰가 대군을 이끌고 상경한 이래 처음 있는 일이었다.) 이에모치의 상경은 지정학적인 역관계가 극적으로 옮겨갔다는 것을 확실히 보여주었다. 막부는 공무합체운동에서 막부와 새로운 '동맹'관계를 맺은 다이묘들이 천황을 설득해 양이 요청을 철회하는 데 도와줄 것으로 기대했다. 웅번의 다이묘들, 특히 사쓰마 번주는 즉각적으로 양이를 실시하는 것은 불가능하다는 사실을 이해하고 있었다. 그러나 이들은 침묵했다. 사실 사쓰마 번주는 교섭이 막바지에 이르렀을 때 슬그머니 교토를 떠나버렸다. 양이론이 조정 내에서 대세를 점하는 가운데, 쇼군은 1863년 5월 10일을 양이 실시의 기한으로 하는 데 동의하고 에도에 돌아오는 수밖에 없었다.

막부 관리들은 막부의 전력(戰力)으로는 이 명령을 실행하는 게 불가능하다는 것을 십분 인식하고 있었다. 양이기간은 에도에서는 조용히 지나갔다. 그러나 혼슈 서단의 조슈에서는 번의 군사조직 내의 존왕파 무사들이 미국 선박에 포격을 가했다. 미국과 프랑스의 함정이 즉시 응수했다. 미국과 프랑스군은 시모노세키(下關)에 상륙해, 해안에 설치된 포대 여러 기를 파괴했지만, 조슈 번의 공격은 그후에도 몇 주에 걸쳐 계속되었다. 조약국들이 더 센 보복을 고려하게 되자, 막부와 사쓰마의 군사는 결국 손을 잡고 조슈 번의 존왕파와 반막부의 정신(廷臣)들을 교토에서 쫓아냈다.

막부는 지배를 강화하기 위해 움직이기 시작했다. 교토에서 벌어지는 각종 정치활동을 철저히 단속하기 위해 교토수호직 아이즈 번주의 배하에 로시 부대(浪士隊)를 조직했다. 막부는 '즉각' 양이 명령을 실행에 옮기기 위해 먼저 가까운 장래에 요코하마(橫浜) 항을 폐쇄하겠다고 서약했다. 가장 급진적인 세력을 빼앗긴 조정은 그 서약을 받아들였다. 그러나 일촉즉발의 위기는 그후 1년 동안 계속되었다. 1864년에 전국 각지에서 모여든 존왕파 무사들이 모두 조슈로 퇴거했는데, 번의 지도부는 이들이 번 내에 머물면서 모의하는 것을 허락했다. 조슈의 번병(藩兵)과 로시들은 조슈에서 새로운 공격을 개시했다. 그들은 천황의 신병을 확보하여 도쿠가와의 지배로부터 해방한다는 쿠데타 계획을 품고서 교토로 진군했다. 그러나 그들은 막부측의 사쓰마-아이즈 연합군과 교전해 궤멸적인 패배를 맛보았다.

막부는 이 호기를 놓치지 않고 조슈 정벌에 나섰다. 조슈 번의 존속을 허락하는 대가로, 막부는 조슈 번주에게 교토 공격의 주모자들을 처벌하라고 요구했으며, 번주는 이 요구에 응했다. 막부군은 이것으로 조슈는 온건파의 지배 아래 놓이게 되었다고 확신하고 저마다 고향으로 돌아갔다. 공무합체운동이라는 온건한 노선을 주장하는 자들이 다시 주도권을 잡은 것처럼 보였다.

막부의 부활, 사쓰마-조슈 반란, 국내의 정세불안

사태가 막부의 승리로 끝나는 듯이 보였지만, 실은 그렇지 않았다는 것은 돌이켜보면 쉽게 알 수 있다. 그러나 당시에는 이 일이 아직 분명하지 않았다. 조슈 번은 명예에 상처를 입었다. 다시 기세가 오른 지도부가 막부를 이끌게 되었다. 다만 한 가지 분명한 것은 그때까지 수년 동안의 혼란과 소동으로 지휘권을 잡은 자가 누구든지 간에 일본에 일정 정도의 변용을 재촉하는 일련의 사태가 이미 벌어지고 있었다는 점이다. 막부 내에서, 또 몇몇 웅번에서, 특히 조슈 번에서 광범위한 사회·정치 개혁이 실시되었다. 이 개혁은 출신계급에 구애받지 않고 재능 있는 자를 한층 적극적으로 군사와 행정 부문에 등용하는 것과 방대한 정치구조를 간소화하는 데 역점을 두고 있었다.

막부 내에서는 재정부교(勘定奉行)로 이후 군함부교도 겸임하게 된 오구리 다다마사(小栗忠順)가 1865년부터 군대를 서양식으로 개조하는 사업에 착수했다. 오구리는 심지어 번을 완전히 철폐해 중앙정부를 설립하고, 그 아래 권력을 집중하는 것도 구상했다. 그리고 에도 주재 프랑스 공사 레옹 로슈한테서 군사 개조사업을 위한 귀중한 조언과 재정적 원조를 받았다. 그러나 오구리는 세습적 특권을 지키는 데 열심인 보수파 막부관료와 도쿠가와 가신들의 반대에 부딪혔다. 그가 추진한 행정개혁 및 군사개혁은 일부 번이 실시한 개혁수준에는 미치지 못했다. 1866년 여름에 도쿠가와 요시노부(德川慶喜)가 새로운 쇼군이 되고 나서는 요시노부가 오구리를 꽤 강력하게 지원했다. 요시노부는 1857-1858년의 정쟁 때 개혁파 다이묘들에 의해 쇼군 후보로 추대되었던 인물이다. 드디어 막부의 최고권력자가 된 요시노부는 오구리 및 로슈와 함께 막부를 서양식 중앙정부로 재편하려고 마음먹었다. 막부 내

메이지 천황에게 충성을 다하겠다는 명목으로 도쿠가와 쇼군에 대한 반란을 이끌고, 성공리에 끝낸 직후의 사쓰마 번과 조슈 번의 젊은 무사들. 1869년 도쿄에서 촬영. 맨 왼쪽이 조슈의 이토 히로부미(伊藤博文)이고, 맨 오른쪽이 사쓰마의 오쿠보 도시미치(大久保利通)라는 설이 있지만 정확하지 않다. 중앙에 있는 비교적 젊은 두 청년은 사쓰마 번주의 아들들. 이시구로 다카아키(石黑高明) 제공.

의 보수파들로부터는 변혁에 대한 뿌리 깊은 저항이 계속되었다. 그런데 그들이 목표로 했던 개혁은 수년 후에 메이지 신정부가 실시한 것과 아주 비슷했다. 가령 막부가 붕괴되지 않고 좀더 생존했다고 가정해보면 필시 막부는 막번체제를 대체한 것과 그다지 다르지 않은 정치체제로 스스로 탈바꿈해 오래 살아남을 수 있었을 것이다.

그러나 사태는 서로 연관된 두 가지 이유 때문에 그렇게는 추진되지 않았다. 하나는 권력의 맛을 한번 본 도자마 번들, 특히 사쓰마와 조슈의 지도자들은 다시 도쿠가와 지배하의 종속적 지위로 돌아갈 마음이 없었다. 두 번째로, 무엇보다 중요한 것은, 그들의 번 내의 무사들—때로는 번주의 명령을 거역하기까지 했던—이 극적인 개혁을 단행한 것이다. 그들은 막부군에 도전해서 그것을 타파할 수 있을 정도의 강력한 군사력을 키워놓고 있었다.

조슈 번의 존왕파는 1864년의 패배로 힘을 잃었으나, 막부가 이들 세력을 완전히 뿌리 뽑은 것은 아니었다. 살아남은 세력은 서양식 무기와 병법을 채용해 기병대(奇兵隊)라는 비정규군의 편성·강화에 진력했다. 서양식 부대를 편성하는 임무를 맡은 다카스기 신사쿠(高杉晋作) 등은 농민에게도 입대를 허용하는(경우에 따라서는 강제적으로 입대시키는), 종래의 사회적 관습을 깨는 참신한 방침을 세웠다. 그것은 무기를 휴대한다든지 병사로서 훈련을 받는다든지 하는 것을 250년 동안 엄격히 금지되어왔던 농민들에게 전투에 참가할 기회를 열어주는 것이었다. 농민 병사들이 전투 참가를 개인적인 영예를 얻을 기회로 생각했는지, 대의를 위해 공헌할 기회로 여겼는지는 알 수 없지만, 농민과 무사의 혼성부대는 사기도 높고 전투력도 우수했다. 1865년에 다카스기가 이끄는 부대들은 조슈 번 내에서 벌어진 내전에서 보수파를 무너뜨리고 번 정부의 지배권을 탈환했다. 사쓰마 번과 마찬가지로 조슈 번의 재정은 수십년 전에 시작한 재정개혁 덕분에 자금이 넉넉했다. 조슈 번은 넉넉한 자금으로 영국인 무역상들로부터 무기와 함정을 사들여 강력한 군비(軍備)를 구축했다.

번 내부의 내전이라는 드라마는 없었지만, 사쓰마 번도 이전부터 군비의 근대화를 도모하고 있었다. 무역을 장려하고 무역에 과세한다는 중상주의적 정책과 설탕을 비롯한 환금작물의 생산 덕분에 번 재정은 탄탄했다. 더구나 사쓰마 번은 번의 인구구성에서 서민에 대한 무사의 비율이 굉장히 높았고, 도쿠가와가에 대한 적대의식이 전통적으로 강했으며, 에도에서 멀리 떨어져 있었기 때문에 막부의 엄중한 감시의 눈이 닿기 어려웠다는 점에서도 조슈 번과 비슷했다. 어디에서 보아도 두 번은 자연스럽게 동맹관계를 맺어도 좋을 것 같았지만, 사실 양자가 손을 잡기까지는 외부인에 의한 상당한 설득공작이 필요했다.

사쓰마·조슈 양번의 가교역할을 한 가장 중요한 인물은, 막부 관료 가쓰 가이슈와의 조우를 계기로 양이파의 자객에서 개국을 주창하는 개혁가로 변신한 도사 번 출신의 무사 사카모토 료마였다. 사카모토는 1866년에 사쓰마와 조슈의 밀약체결을 중개했다. 그것은 어느 한 번이 막부로부터 공격을 받을 경우, 두 번이 서로 도울 것을 맹세한 것이었다. 밀약이 상정한 사태가 발생하기까지 오랜 시간은 걸리지 않았다. 막부로서는 조슈 번에서 존왕파가 복권한 것을 묵과할 수 없었기 때문이다. 1866년 여름, 막부군은 조슈 번을 응징하기 위해 혼슈의 서남쪽을 향해 두 번째 원정에 나섰다. 막부는 각 번에 정벌군에 동참해 달라고 요구했으나, 조슈와 밀약을 맺은 사쓰마 번과 다른 몇몇 번은 부대 파견을 거부했다. 제2차 조슈정벌은 전투의욕이 부족했던 막부군의 참패로 끝났다.

막부측의 대군이 패배를 당하고 혼슈를 가로질러 퇴각하는 굴욕을 당함으로써 도쿠가와 체제의 붕괴는 마침내 현실화되었고, 사람들 사이에 변혁에 대한 기대감, 나아가 묵시록적 구제에 대한 기대감이 일거에 광범위하게 확산되었다. 농민들은 막부 붕괴가 임박했음을 눈치채고 폭동을 일으켜, 연공 징수에 저항하고 마을 상류층의 권위에 도전하는 행동에 나서는 경우도 적지않았다. 이런 사례들은 막부 통치의 마지막 2년 동안 많이 보였는데, 특히 1866년에는 적어도 35회의 도시폭동과 106회의 농민반란이 일어났다. 하지만 이런 반란의 발생은 막부의 제2차 조슈 정벌이 실패로 끝난 직후의 수개월 동안에 집중했다.

이것보다도 이례적이면서 흥미를 불러일으키는 것은 1867년 말에 오사카에서 에도에 이르는 중앙지대에 춤추고 노래하는 축제소동이 확산된 일이다. 오사카·교토·나고야, 그 밖의 많은 도시에서 웬일인지 작은 부적이 하늘에서 쏟아져 내리기 시작했다. 사람들이 지붕 위에서 부적을 흩뿌려, 이른바 부적 인공비를 내리게 하고 있는 현장을 관리가 덮쳐 붙잡은 적도 있었다. 부적이 떨어져 내려온 지역에서는 사람들이 길

거리로 뛰쳐나와 며칠 동안 취해서 춤추며 야단법석을 떨었다. 사람들은 그만라는 명령을 공공연하게 무시했다. 당시의 목격자들이 기록해 두었던, 사람들이 불렀던 노래는 정치투쟁이 진행 중이며 도쿠가와 막부가 패배해 종결될 것을 누구나 확실히 인식하고 있음을 시사하고 있다. 어떤 영국인은 1867년 오사카에서 목격했던 광경을 다음과 같이 묘사했다.

> 나들이옷으로 차려입고 "왜 이리 좋노, 왜 이리 좋노" 하고 노래하며 춤추는 군중, 온갖 색깔의 떡, 귤, 작은 주머니, 밀짚, 꽃으로 장식한 집들. 입은 옷 대부분은 주로 오글오글 하게 짠 붉은 비단이었으며, 푸른색과 자주색 옷도 간혹 보인다. 춤추는 사람 대부분은 머리에 붉은 제등을 매달고 있다. 이런 축제소동이 벌어지게 된 계기는, 이세 신궁의 두 신의 이름이 적혀 있는 종이쪽지들이었는데, 이것들은 최근에 눈보라처럼 쏟아져 내렸다고 한다.[7]

이처럼 민중의 이상한 에너지가 엄청나게 분출되는 가운데, 막부와 웅번의 핵심인사들은 도대체 도쿠가와 시대를 구체적으로 어떻게 종결시킬 것인가를 둘러싸고 싸움을 벌였다. 최대의 쟁점이 된 것은 누가 발언권을 잡느냐 하는 문제였다. 막부는 다이묘 협의체 같은 포괄적인 '대의제' 형태의 정부로 대체되어야 할 것인가? 아니면 한정된 범위의 반체제집단이 새로운 정권에서 권력을 독점할 수 있을 것인가? 이 문제는 그 자리에서는 결착이 나지 않았고, 그후 수십 년에 걸쳐 일본정치의 심장부에 계속 머물게 된다.

또다시 사카모토 료마와 고토 쇼지로(後藤象二郎)의 조언을 받아서 중개자로서 결정적으로 중요한 역할을 맡은 사람은 도사 번주였다. 도사 번의 목표는 막부 지배를 대체해 영국식 정치체제, 즉 제후회의와 하층무사 및 서민들을 대표하는 제2의 협의체에 의한 이원제를 설치하는 것이었다. 1867년 10월까지 15대 쇼군 도쿠가와 요시노부는 설득에 응해서 그 계획을 받아들여야 한다는 것을 잘 알고 있었다. 예정대로는 요시노부가 쇼군의 지위에서 물러나고, 최고권력과 주권을 천황에게 '봉환'(奉還)하는 것이었다. 그러나 도쿠가와가는 상당히 넓은 직할지(直轄地)를 계속 보유할 예정이었다. 요시노부는 상원으로서 제후회의에서 도쿠가와가가 중요한 역할을 계속 맡을 것이라고 기대했다.

이런 타협안은 도쿠가와의 권력을 대폭 축소시키는 것이었지만, 사쓰마와 조슈의 반란세력과 조정 내의 동맹자들을 만족시키는 것은 아니었다. 1867년 11월에 사쓰마 번과 조슈 번의 군대가 교토로 출동해 황거를 지배하에 두었다. 1867년 12월 초 반란세력은 1867년에 사망한 고메이 천황의 뒤를 이은 천황에 막 즉위한 메이지 천황에게 '왕정복고'를 선언하게 했다. 이에 의해 막부를 폐절(廢絶)할 것, 막부를 대신해서 천황 밑에 공가와 다이묘에 의한 신정권을 설치할 것, 신정권 내에 도쿠가와가가 설 자리는 없을 것이 선언되었다. 요시노부는 저항했으나, 그의 군대는 교토 외곽에서 벌어진 전투에서 간단히 참패했다. 요시노부는 에도로 퇴각했고, 1868년 4월 막부군 사령관 가쓰 가이슈가 토막파와의 전투 없이 에도 성을 넘기는 무혈개성(無血開城)이 이루어졌다. 가쓰는 이길 공산이 없는 싸움에서 최후까지 싸우기보다 새로운 정치질서를 평화적으로 구축하는 것이 바람직하다고 확신했다.

도쿠가와 막부의 지지자들 모두가 천황을 중심으로 하는 보다 큰 전국적 정치질서 정립에 가쓰처럼 헌신적이었던 것은 아니다. 특히 일본 북부에 위치한 몇몇 번의 무사들은 토막파를 신용하지 않았다. 사쓰마와 조슈 출신의 새 지배자들이 신체제에서 자신들을 소외시킬까 봐 우려한 이들은 무기를 들고 거세게 저항했다. 최후까지 저항을 계속 했던 막부와 막부측 동맹 번들의 군사가 진압된 것은 1867년 12월 천황이

‘왕정복고’를 공식 선포한 지 18개월이나 지난 뒤였다. 마지막까지 저항했던 아이즈 번을 표적으로 한 맹렬한 공격에서는 3천 명의 병사가 목숨을 잃었다.

구체제는 이렇게 붕괴되었다. 붕괴과정에서는 다소 사회적 혼란과 유혈사태를 동반하면서 장대한 정치드라마가 펼쳐졌다. 몇 년씩이나 걸쳐서 전개된 양이와 토막운동의 과정에서, 이 드라마의 참가자들은 어떤 입장에서 참가했든 바람직한 정치적·사회적 질서에 대한 각자의 비전을 크게 수정했다. 1860년대 초에 번과 막부에서 파견되어 유럽이나 미국을 방문했던 자들이 있었다. 그 대부분은 지금 바로 ‘양이’(攘夷)라는 조잡한 방침을 버리고, 서양의 기술과 나아가 서양의 정치제도가 내포하고 있는 가능성에 대해 상당한 식견을 갖춘 생각을 하게 되었다.

그중에는 1868년까지 앞으로 한 걸음 더 나아간 사람들도 있었다. 이들은 10년 또는 20년 내에 서양 야만인들을 따라잡아 쫓아버리기 위해서는 일단 먼저 야만인한테서 배워야 한다는 전략적 양보노선조차도 방기하고, 그 대신에 일본은 국민국가들로 구성된 글로벌한 질서의 일각을 점해야 한다고 판단하기에 이르렀다. 이들 활동가는 적어도 자기 동료 사이에서는 하나의 국민이라는 의식을 만들어내기 시작했다. 그들의 틀 바깥에 있던 일반대중—다수의 무사가 생각하고 있었던 만큼 결코 어리석지도 무지하지도 않았던 대중—은 변혁에로의, 필시 해방에로의 열렬한 기대를 품고 있었다. 막부의 붕괴를 한탄하는 자는 별로 없었다. 하지만 새로운 질서에 찬동하는 자도 거의 없었다. 누가 신체제를 이끌 것인가, 신체제의 구성은 어떻게 될 것인가? 1868년에 메이지(明治)라는 새로운 연호가 제정되었지만, 그 시점에서는 이런 질문이나 많은 기본적인 질문에 대한 답은 하늘에서 쏟아져 내려왔던 부적들과 함께 문자 그대로 허공에 흩날리고 있는 것처럼 보였다.

2부

근대혁명, 1868-1905년

5장
무사들의 혁명

1867-1868년 약년의 메이지 천황을 옹립해 실현된 '왕정복고' 자체는 쿠데타에 지나지 않았다. 이미 도쿠가와 막부는 비교적 소규모 반체제 세력에 의해 전복되고 있었다. 토막파(討幕派)는 천황에 의한 직접통치의 부활을 목표로 내걸었지만, 그것이 실현될 전망은 별로 없었다. 그때까지 일본역사를 통해 강한 천황이 직접 권력을 행사한 적은 거의 없었다. 당시 삿초(薩長, 사쓰마 번과 조슈 번의 줄임말) 연합과 경합관계에 있던 세력들은 권력기반이 협소한 두 번(藩) 출신의 토막파가 새로운 막부를 수립해 천황의 이름과 더불어 통치를 하려는 게 아닌지 염려하고 있었다. 결국 교토와 에도에서 일어난 정치의 대변동을 제외하면 사태변화는 거의 없었다. 일본열도는 여전히 200곳 가까이 되는 비교적 자립적인 번들로 나뉜 상태였다. 각 번은 독자의 재정과 군대를 유지하고 있었다. 무사들은 여전히 가록(家祿)을 받았고, 이를 세습에 의해 이어받는 생득적 권리로 생각하고 있었다. 농촌에서도 도시에서도 일상생활은 다소 혼란에 휩쓸렸지만, 산발적으로 발생한 농민봉기는 어떤 것도 단명으로 끝났다.

그러나 1868년의 이런 상황을 그로부터 고작 10년 후의 상황과 비교해보면, 그동안에 일어난 변화는 정치·경제·사회·문화 어느 측면에서

보더라도 숨 넘어갈 정도로 엄청난 것이고, 참으로 혁명이라 부르기에
부족함이 없는 것이었다. 물론 어떤 사회도 과거로부터 완전히 자유로
워질 수는 없고, 일본도 예외는 아니었다. 다만 변혁의 폭과 깊이의 심
대함은 당시의 관찰자들도 경탄할 정도였고, 150년이 지난 지금 돌이켜
보아도 경이적이었다. 당시의 관찰자 중에서도 가장 깊은 통찰력을 갖
추고 있던 한 사람은 영국인 학자 배즐 홀 체임벌린이었다. 1873년부터
30년 이상이나 일본에 거주했던 체임벌린은 1891년에 다음과 같이 기
록했다.

> 현대일본의 과도기를 지내온 사람은 불가사의할 정도로 나이를 먹었다
> 는 기분이 들 것이다. 그렇게 말하는 것은 지금 이 현대에 살고 있고,
> 자전거라든가 세균이라든가 '세력범위'라든가 하는 이야기를 주위에서
> 한창 거론하고 있기 때문이다. 그와 동시에 그 자신은 중세시대의 일을
> 또렷이 상기하는 것이 가능하기 때문이다. 이 필자를 처음으로 일본어
> 의 신비로운 세계로 이끌어준 친애하는 노(老) 사무라이는 상투머리에
> 칼 두 자루를 차고 있었다. 이 봉건시대의 유물은 지금은 열반의 세계
> 에 잠자고 있다. 그의 현대의 후계자는 영어도 꽤 유창하고 실용적인
> 아래위 맞춤의 양복을 입고 있다. 눈초리가 올라가고 턱수염이 좀 적다
> 는 점을 제외하면 거의 유럽인이라고 말해도 괜찮을 정도다. 옛것들은
> 하룻밤 사이에 사라져가 버린다.[1]

여기서 체임벌린은 '전환기'의 다양한 사건들이 얼마나 이상할 정도로
급격히 전개되었는지를 강조하고 있지만, 그의 글은 동시에 일본의 전
환이 보다 광범위한 글로벌한 변화와 궤를 같이하고 있다는 점도 시사
하고 있다. 사실 1860년대에 시작된 혁명은 근대혁명이라는 글로벌한
주제의 일본판이었다. 19세기부터 20세기에 전세계 곳곳에서 발생했던

변화가 일본에서도 전개된 것이다.

사회의 근대화가 엮어내는 글로벌한 역사와 많은 것을 공유해왔어도, 일본의 혁명은 18세기 말부터 19세기에 걸쳐 유럽에서 일어난 수많은 혁명과는 사뭇 다른 과정을 거쳐 전개되었다. 유럽에서는 새로 힘을 얻은 계급의 구성원들, 특히 도시 부르주아지가 오랜 세월 강고한 지위를 확보해 왔던 귀족계급의 특권에 이의를 제기했고 때로는 그 특권을 무너뜨렸다. 이와 대조적으로 메이지 시대 일본에서는 구질서를 공격하는 데 앞장선 사람은 구체제하에서 엘리트층의 구성원이었던 사무라이들이었다. 무사계급이 이런 역할을 담당한 것 때문에 많은 역사가는 19세기 일본에서 일어난 사태를 '위로부터의 혁명'이라든가 '귀족적인 혁명'이라고 부르기에 이르렀다.[2]

20세기에 엘리트 집단이 정치질서의 재편을 도모하면서 스스로 확고한 지위를 서서히 약화시키는 과정을 거쳐 근대화혁명이 진행된 사례는 이외에도 몇 군데에서 볼 수 있었다. 그런 의미에서 일본형의 근대혁명은 결코 독특한 것은 아니었다. 오히려 일본형의 근대혁명은 선행한 서양 여러 나라의 혁명과는 대조적이었지만, 그 이후에 일어난 몇몇 혁명과는 유사하다. 일본에서 이런 엘리트 주도형 혁명이 일어난 것은 무사계급의 특징을 이루는 약점과 강점 때문이었다. 무사계급의 약점 면에서 보면, 무사는 신분상 안정된 엘리트가 아니었다는 것이 변혁을 가능케 했다. 무사는 본질적으로 주군으로부터 봉급을 받기로 하고 고용된 종업원이었다. 이들의 신분은 세습에 의해 대대로 이어진다고 해도 봉토를 지배했던 유럽의 봉건영주, 영역지배를 인정받았던 중국의 귀족, 전답을 지급받았던 조선의 양반과 비교하면 토지와 이어진 끈이 약했다. 일본의 무사계급은 다른 사회의 엘리트층에 비해 잃을 게 별로 없었다. 세습적인 정부종업원으로서 자신들이 누려왔던 특권이 새롭게 권력을 잡은 지배자에 의해 무효가 될 때도, 그들은 그 특권을 지키려고 전혀 나서지 않았다. 분명히 그들 중에는 과거 같은 무사 동료였던 새 지배자들이 취한 행동에 대해 적의를 드러내며 항의를 한 사람도 있었지만, 대부분은 저항할 능력도 그럴 의지도 없었다. 강점 면에서 보면, 왕정복고 운동에 가담했던 활동가 대부분이 개개의 번이라는 협소한 틀을 넘는 하나의 나라에 봉사하고, 하나의 나라를 건설하는 데 이미 열렬히 헌신하고 있었던 점을 지적할 수 있다. 형성과정에 있던 이런 국민의식은, 많은 무사에게 광범위하고 원대한 변혁이 내건 프로그램을 당연하게 수용하도록 촉구하는 저항하기 어려운 근거가 되었다.

메이지 혁명의 프로그램

1868년 메이지 신정부의 지도자들은 자신들이 간단하고 신속하게 도쿠가와 막부를 제압하여 이겼다는 사실에 흥분하고 있었다 하지만, 외세가 불평등하고 강압적인 영향력을 행사하고 있는 굴욕적인 상황은 계속되고 있었고, 외세에 의한 침략의 공포가 사라지지 않은 것도 걱정거리였다. 아울러 국내의 반대파가 저항할 우려도 있었다. 어쨌든 각 번의 군대는 건재했고, 그 중에는 서양의 무기를 대량 보유하고 있는 부대도 있었다.

메이지 혁명가들에게 이들 도전에 수반되는 공포는 활동의 원동력이 되었다. 게다가 도쿠가와 막번체제가 안고 있던 정치적인 문제, 즉 군사적·경제적 취약성, 정치적으로 세분화되어 있는 것, 사회적 위계가 유능한 인재 등용을 막고 있는 것 등의 문제에 대한 자신들의 인식도 그들을 움직이도록 밀어붙였다. 이런 공포심과 구체제에 대한 불만에 자극되어, 메이지 혁명가들은 시행착오 끝에 종래 없었던 전국 규모의 권력을 수립하겠다는 야심만만한 행동계획을 내놓았다.

정치적 통일과 중앙집권적 관료제

그들이 맨 처음으로 취한 획기적인 조치는 모든 다이묘의 번을 폐지하고 260년이나 지속되어왔던 정치질서를 해체하는 것이었다. 1868년에 왕정복고 쿠데타가 발생한 직후, 조슈 출신의 기도 다카요시(木戸孝允)와 사쓰마 출신의 사이고 다카모리(西鄕隆盛) 같은 새로 수립된 잠정정부의 최고 지도자들은 막번제(幕藩制)라는 정치적으로 세분화된 제도를 재편할 필요가 있다고 판단했다. 그들은 빈틈없는 전술을 구사·실행하여 단 3년 만에 목적을 달성했다. 이 변혁을 비롯한 이런저런 변혁에 경탄 해마지 않은 어느 영국인은 1872년 다음과 같이 기록했다. "4년 전, 우리는 아직 중세에 살고 있었다. 거기에서 우리는 뛰어올라 19세기로 돌입해버렸다. 시(詩)의 세계에서 평이하고 사용하기 쉬운 산문의 세계로 돌입해버렸다."[3]

전국 규모의 통일된 정치조직체, 즉 국체(國體)의 형성을 위한 움직임은 1869년 1월에 시작되었다. 신정부는 명성과 힘을 갖춘 주요 다이묘들, 특히 사쓰마·조슈·도사·히젠의 번주들을 설득하여 각각의 번령(藩領)을 자발적으로 천황에게 반환하도록 했다. 이 다이묘들은 쿠데타 계획자들을 지지한 후원자로서 존경 어린 대우를 받아 본인이 원할 경우 새로운 체제 안에서 위세와 발언권을 보장받았다. 실제로 다이묘 네 명 전원이 얼마 지나지 않아 지번사(知藩事)에 임명되어 고액의 봉급을 받았다. 그렇더라도 '판적봉환'(版籍奉還)은 모든 토지와 인민은 천황의 지배에 복종해야 한다는 원칙의 확립을 가져왔다. 1870년 초까지 모든 다이묘가 판적을 봉환하고 각 번의 지번사에 임명되었지만, 이들 제후(諸侯)는 그때까지와 마찬가지로 상당한 자율권을 확보하고 있었다.

메이지 개혁가들은 다이묘가 지배하는 번의 완전한 폐지를 준비하는 과정에서 번 정부가 개혁찬성파의 손에 넘어가도록 획책했다. 구체적으로는 유능한 인재, 많은 경우 지위도 그다지 높지 않은 인재를 중요한 행정직에 임명하도록 다이묘들에게 압력을 가했다. 그것은 유능한데도 묻혀 있던 이런 인재들이야말로 개혁을 열렬히 환영할 것이라는 가정에서 나온 조치였다. 기도 다카요시와 그 외 메이지 정부의 수뇌들은 많은 번의 다이묘와 가신을 포함한 유력자에게 새로 구성될 중앙정부 내의 자리를 약속함으로써 그들의 지지를 끌어내는 조치도 취했다. 정부 수뇌들은 이런 설득을 하기에 앞서 사쓰마와 조슈의 무사를 중심으로 황군을 조직해 무력행사의 가능성을 흘리면서 협박했다. 무력을 실제로 행사한 적은 없었지만, 황군은 어느 번의 단독군대보다도, 또 생각할 수 있는 여러 번의 연합군보다도 훨씬 강했다.

잠재적으로 반대파의 지도자가 될 가능성이 있는 자들을 이런 조치로 매수하고 주요 번 내에 지지기반을 다진 신정부는, 마침내 1871년 7월 천황에게 즉각적으로 모든 번을 폐지하고 현(縣)으로 한다는 선언을 하게 했다. 각각의 '현'(縣)을 다스리는 현지사는 중앙정부에 의해 임명받게 되었다. 이는 번에서 현으로 단순히 명칭만 바꾼 것이 아니라 엄청난 변혁이고, 직접 눈으로 볼 수 있는 형태로 다양한 변화를 가져왔다. 예컨대 그 이후는 중앙정부가 번의 영토로부터 직접 세금을 징수하게 되었다. 다이묘들은 도쿄로 이주할 것을 명령받았고, 많은 성이 해체되었다. 고작 3개월 만에 정치·행정 단위의 수는 280개의 번에서 72개의 부현(府縣)으로 대폭 감소했다. 현지사라는 신설된 직에 임명된 사람 대부분은 옛날의 다이묘가 아니라 바야흐로 정부를 지배하게 된 과거 토막파 번 출신의 중층(中層) 무사들이었다.

이 폐번치현(廢藩置縣)의 포고와 함께 이루어진 것은 다이묘들 개인에 대한 거액의 보상금 지급이었다. 각 다이묘는 과거 자신들이 다스리던 번에서 나오던 연간 징수액의 약 10%에 상당하는 가록을 매년 지급받는 동시에, 그때까지 통치를 위해 필요했던 비용지출의 부담으로부터도 해방되었다. 대부분의 다이묘는 이런 호조건으로 일찍 물러나는 데

아주 만족해했다. 이렇게 해서 250년 이상 존속해오던 정치질서가 3년
이라는 짧은 기간에 일거에 소멸되고 말았다. 한편으로는 도쿠가와 막
부가, 다른 한편으로는 200개 이상의 반(半)자치적인 번이 이제 존재하
지 않게 되었다.

　물론 이와 동시에 메이지 지도자들은 번을 대신한 현을 통치하기 위
한 국(國)으로서의 새로운 정치구조를 수립해야 했다. 이를 위한 모색
이 행해진 수년 동안 혼란스러울 정도로 다양한 정치형태가 실험적으로
채택되었다. 최초로 몇 개인가의 정부기관이 설치되면서 새로운 지도자
들은 그 명칭으로 헤이안 시대(794-1192) 일본의 조정이 사용했던 적
이 있는 고대중국의 관청명을 채택함으로써 자신들이 왕정복고파임을
강조했다. 1868년 초에 삿초의 반란자들과 정신(廷臣)들은 임시정부의
정점에 서서 천황의 이름으로 통치를 했다. 같은 해 봄에 그들은 최고행
정기구로서 태정관(太政官)을 설치하고 그 최상층부의 지위를 독점했
다. 태정관의 조직형태는 1869년에, 이어서 1871년에 개편되었다. 더
나아가 1871년 후반에는 태정관 아래 최고정책결정기관으로 정원(正
院), 입법자문기관으로 좌원(左院), 행정기관으로 우원(右院)이라는 세
기관이 설치되고, 우원 밑에는 대장(大藏)·외무(外務)·공부(工部)·민
부(民部) 등 기능별 각 성(省)을 두었다.

　태정관제라 불리는 이 제도는 비교적 잘 기능했고, 이후 1885년에 유
럽의 제도를 그대로 본뜬 내각제도가 발족하기까지 존속했다. 내각제는
정부의 장으로서 총리가 통괄하는 내각이 일본국가의 관료기관인 몇 개
의 성(省)을 운영하는 제도였다. 이 기구는 이 장의 뒷부분에서 자세히
논하는 1889년에 제정된 메이지 헌법에 따라 성문화되었다. 메이지 헌
법은 심의기관으로서 국회의 설치를 규정했지만, 내각을 구성하는 개개
의 국무대신이 책임을 져야 하는 대상은 국회가 아니라, 천황이라고 규
정했다.

　메이지 시대 초기에 각 성의 관리들은 주로 인맥을 통해 삿초 출신의 무사층과 그 동맹관계에 있던 자들 중에서 채용되었다. 그러나 정부는 비교적 빠른 시기에 개인적 관계에 그다지 좌우되지 않는, 보다 실력 본위의 모집방법을 도입하게 되었다. 1887년에 문관 임용시험제도가 도입되었다. 이때부터 문관시험에서 보다 좋은 성적을 거두는 것이 일본 제국정부의 각 성의 고급관료가 되기 위한 가장 중요한 요건이 되었다.

　이런 관료국가의 건설은 일본근대사에서 매우 중요한 한 획을 그었다. 메이지의 지배자들은 행정관으로서 문민화된 무사들에 의한 관료지배라는 도쿠가와 시대의 유산을 물려받았다. 그들은 번을 폐지함으로써 그 관료지배가 미치는 범위를 확대했다. 권한이 명확하지 않아서 중복되는 등 비효율적이었던 도쿠가와 막부의 행정기구를 대신해, 책임과 기능분담이 명확하게 규정된 성을 설치해 관료의 지배력을 한층 강화해 나갔다. 도쿠가와 체제가 내걸었던 능력주의 이념을 실행에 옮김으로써 관료지배의 정당성을 강화했다. 마지막으로 그들은 천황을 섬기는 것이야말로 관료의 사명이라고 규정함으로써 관료지배의 위신을 치켜세웠다. 메이지 지배자들은 국가에 그 어느 때보다도 확고한 정당성과 막강한 권력을 부여했던 것이다.

신분제의 폐지

　메이지 초기에 일어난 두 번째 대혁명은 첫 번째 것보다 훨씬 괄목할 만한 것이었다. 그 실현에 따른 대가도 컸다. 대정봉환의 정변이 일어난 지 10년도 채 안된 1876년까지, 무사계급의 경제적 특권은 완전히 사라졌다. 정변의 지도자들은 자신들의 출신모체였던 반(半)귀족적 엘리트집단, 즉 무사계급이라는 사회계층 전체를 해체하여 없애버렸던 것이다. 그들은 다소 완강하고 격렬한 저항에 부딪혔지만, 이를 간신히 눌러 잠재웠다. 이 놀라운 변혁은 하나의 사회혁명과 다름없었다.

정부가 사족(士族)신분의 폐지에 나선 최대 이유는 재정부담 때문이었다. 정부는 폐번치현 때 사족의 가록(家祿)을 삭감했지만, 1870년대 중반까지도 사족에 대한 지급액은 국가 세입의 반 정도로 큰 액수였다. 새 정부의 지배자들에게 이 정도 금액의 용도는 그 밖에 얼마든지 있었다. 그들은 무사를 양성하기 위해 큰 비용을 들이고 있었는데, 무사로부터는 그만큼의 대가가 거의 없다고 생각했다. 무사 중에는 재능을 가지고 있으면서도 아무 일도 하지 않고 어슬렁거리는 자가 다수였다. 검술과 궁술 중심으로 하는 무사의 전통적 무술은 이제 쓸모가 없어져 버렸다. 따라서 무사의 가록은 본질적으로는 상류계급을 위한 생활보장이나 다름없어졌다.

사족신분을 폐지하는 것은 정부수뇌들이 왕정복고 때부터 힘껏 주장해온 사안이었다. 하지만 이것을 실제로 실행하는 것은 만만한 일이 아니었다. 그 실현에는 거의 10년이나 걸렸으며, 많은 구사족의 노여움을 샀다. 특히 왕정복고 운동을 지지한 뒤 1868년 이후에는 출신지의 번에 머무르고 있던 옛 지사들 대부분은 메이지 정부를 움직이고 있는 옛 동지들에게 심한 배신감을 느꼈다. 신정부의 수뇌들은 폐번치현을 실행에 옮길 때와 마찬가지로 처음에는 신중하게 점진적으로 움직였다. 1869년 정부는 다양한 무사의 계급을 상층 무사인 사족(士族)과 하층 무사인 졸족(卒族)의 두 종류로 줄였다. 이어서 1872년에는 졸족의 다수에 대해 가록은 당분간 온존시킨 상태에서 신분을 평민(平民)으로 바꾸는 조처를 했다.

1873년에 정부는 가록에 대해 세금을 부과하게 되었다. 이듬해인 1874년에는 가록봉환자에 대해서 가록교환공채증서를 발행하는 제도가 시행되었다. 이것은 가록을 받는 권리를 봉환하면, 그 대신 가록의 5년분 내지 14년분에 상당하는 액면가의 이자부 공채를 교부한다는 것이었다.(일반적으로 가록이 적은 자일수록 연수의 배율이 높게 설정되었다.) 공채 이자율은 5-7%였으며, 공채의 액면가가 적을수록 이자율은 높게 설정되었다. 그러나 가장 수지맞는 공채를 제외하고 태반의 공채에서 얻을 수 있는 연간소득은 과거의 연간가록보다 훨씬 적었다. 이 제도의 적용을 신청한 사족(士族)은 거의 없었다.

1876년, 정부는 이 제도를 강제적·전면적으로 실시했다. 화족(華族)·사족의 질록이 모두 폐지되고 금록공채(金祿公債)가 교부되었다. 판적봉환 때 가록을 두둑이 보장받았던 다이묘들과 달리 대다수의 사족은 큰 손실을 보았다. 이들의 연간수입은 10%에서 75%까지나 줄어들었다. 게다가 칼을 차고 다닐 권리를 빼앗겨 무사로서의 자부심과 위신도 잃었다. 칼을 차고 다닐 권리는 병사와 경찰관 외에는 인정되지 않게 되었던 것이다.

사족의 특권 폐지는 신정부에게 자금과 인재를 이전과 다른 새로운 용도에 쓰는 것을 가능케 하는 동시에 고정적인 신분제에서 좀더 유동적인 실력 위주의 사회질서로 변해간다는 보다 광범위한 사회적 변용의 일환이기도 했다. 사족의 특권 폐지의 또 하나의 측면은, 사족 이외의 국민을 대상으로 한 제도적 제한이 철폐되었다는 거였다. 적어도 표면상으로는 이것은 사회적 해방이었다. 1870년, 사족 이외의 모든 사람들은 법적으로는 평민이라 불리게 되었다. 성차에 바탕을 둔 몇 가지 중요한 제한을 예외로 하고 여행·의복·머리형태의 양식에 관한 도쿠가와 시대의 제한은 철폐되었다. 직업에 관한 제한도 폐지되었다. 정부는 에타(穢多)와 히닌(非人) 같은 도쿠가와 시대에 대대로 천민으로 살면서 사회적으로 배제됐던 사람들의 법적 차별에도 마침표를 찍었다. 이들의 명칭 자체가 차별적이었는데, 여기에 더하여 '신평민' '특수부라쿠' 등의 새로운 차별용어도 등장했기 때문에 사회적으로 배제되어왔던 천민의 자손들은 이후에도 여전히 편견과 차별에 노출되었다.

평민 중에는 일이 순조롭게 풀리는 사람들도 있었다. 의외의 일은 아니지만, 평민 중에서 교육을 받고 돈이 있는 사람들, 특히 농촌사회의 상층부를 구성하던 지주·대금업자·소규모 제조업자들은 메이지 시대가 되어 훨씬 개방된 사회질서에서 훨씬 잘살게 되었다. 한편 평민 중에는, 특히 경작권을 제대로 보장받지 못한 소작인들을 비롯해서 극빈 상태에 처한 사람들도 있었다. 이들은 병에 걸리거나 흉년이 들거나 농산물가격이 하락한 경우에는 크게 기대할 것이 못되는 지주의 온정에 의지하는 것 말고는 달리 곤경을 헤쳐 나갈 방도가 없었다. 가록과 사회적 특권을 잃긴 했어도 옛 사무라이들은 교육도 받았고 야심도 있었다. 많은 구사족들은 두 발로 제대로 서서 역경을 헤쳐나갔다. 그중에는 금록공채를 새로운 사업에 투자했다가 쫄딱 망한 자도 있었고, 무기를 들고 신정부에 맞선 사람도 있었으며, 또 국회의 개설과 헌법 제정을 목표로 정치운동에 가담한 자도 있었다.

　메이지 시대의 문학작품은 이 변혁기의 흥분과 다양한 기회, 그리고 위험을 살짝 엿보게 해준다. 그 한 예는 1901년에 도쿠토미 로카(德富蘆花)가 쓴 1880년대를 무대로 한 생동감 넘치는 인기소설『회상기』(思出の記) 중에 주인공의 은사인 자유민권운동가가 주인공에게 이야기하는 대사이다.

　　오늘날 소위 번벌(藩閥)을 걱정하지 않을 수 없고, 연장자들에게 물어봐도 그들의 앞길은 알 수 있네. 동시에 걱정해야 할 것은 적인 그들에게 있는 것이 아니고 도리어 우리 편에 있어. 자네도 목격해 알고 있겠지만, 지금의 민간당(民間黨), 지사(志士)라고 하는 자 중, 말이 통하는 자가 얼마나 있는가. 대부분 학식과 무술이 없지 않으면, 덕(德)도 견식도 갖추지 않은 사람들이야. 그들이 국가의 계승자라고 말하면 실로 마음이 불안하지 않은가. 아니, 기쿠치(菊地) 군, 앞으로의 일본은 결코 종래의 허술한 방법으로는 안될 것이야. 모든 것이 실력에 의해 결

정될 게야. 정치계에서도 가장 큰 곤란은 1890년(국회개설의 해) 이후
에 일어날 거로 생각하네. 정치뿐 아니라 모든 부분에서 일본이 세계의
무대로 나가면 나갈수록 국가의 실력을 시험하는 기회는 많아질 걸세.
지사 스스로 좋아서 많이 수양 근면해야 할 때가 아닌가. 내가 소위 지
사라 함은 정치가뿐만 아니라, 모든 방면에서 국가에 공헌하려는 뜻이
있는 사람을 말하는 걸세.[4]

징집병의 군대

사족신분의 폐지가 완전히 시행되기 전부터 메이지 지도
자들은 군제를 철저히 개혁해야 한다고 생각했다. 조슈 번 출신의 주요
지도자들은 왕정복고 전투에서 자신들이 이끌었던 농민과 무사로 혼성
된 민병조직의 탁월한 전투력에 깊이 감명받았다. 이런 지도자들 ─ 기
도 다카요시, 오무라 마스지로(大村益次郎), 야마가타 아리토모(山縣有
朋) ─ 은 모든 남자국민 중에서 징병한 병사로 군대를 편성해야 한다고
역설했다. 그들의 제안은 조심스러웠지만 큰 물의를 빚었다. 1869년
9월, 교토에서 징병 제안에 격분한 무사의 일단이 오무라를 습격해 중
상을 입히고, 오무라가 이 부상으로 말미암아 11월에 사망하는 사건이
발생했다. 그리고 정부의 수뇌 중에서도 사쓰마 출신자들은 조슈 출신
의 리더들과는 생각을 달리했다. 주민의 약 4분의 1이 무사였던 사쓰마
번 출신자들은 무지하고 잠재적으로 반항적인 평민에게 무기를 들게 하
는 것은 위험하다고 생각했다. 그들은 메이지 신질서에서 구사족에게
주요한 역할을 보장하고 싶어했다. 가장 앞장서서 이런 입장을 주장한
인물은 메이지 시대 첫 10년 동안 강력한 권한을 휘두른 두 지도자 중
한 사람으로 기도 다카요시와 어깨를 나란히 한 오쿠보 도시미치였다.
처음에는 메이지 정부에서 공가 출신으로 가장 중요한 지도자였던 이와
쿠라 도모미(岩倉具視)의 지지도 있고 해서 오쿠보의 말이 통했다.

1871년 2월, 정부는 왕정복고파의 번들에서 모은 1만 명이 조금 못 되는 무사들로 친병(親兵)을 편성했다.

수구파의 군지도부가 지배권을 잡을 것처럼 보였으나, 이들의 우세는 오래가지 못했다. 유럽여행에서 귀국한 야마가타 아리토모는 시찰에 의해 국민개병(皆兵)이야말로 군사력 구축뿐만 아니라 충성스러운 국민을 단련시키는 열쇠라고 확신했다. 1873년에 이르러 그의 의견이 우세해졌다. 그해 정부는 국민의 병역의무를 규정한 징병령을 공포했다. 징병령은 20세가 된 모든 남성에 대해 3년간의 병역과 4년간의 예비군 편입을 의무화했다.

징병제도에 대한 평판은 좋지 않았다. 1873년의 징병령은 가장(家長), 범죄자, 신체적 부적격자, 지정받은 학교의 교사와 학생, 관공서의 근무자에 대해서 병역의무 면제를 인정하고 있다. 또 일반노동자의 연간수입을 웃도는 270엔이라는 거금의 대인료(代人料)를 납부한 자도 병역의무를 면제받았다. 많은 병역대상자가 병역의무를 면제받으려고 하거나 대인료를 모으려고 했다. 육군은 정부가 유럽의 용어를 모방해 '혈세'(血稅)*라 불렀던 징집 인원을 채우는 데 어려움을 겪었다. 1873- 1874년에 성난 군중이 각지에서 징병센터를 습격해 파괴하는 폭동이 16건이나 발생했고, 체포되어 처벌받은 자는 10만 명에 달했다.

이런 저항에서 분명히 알 수 있듯이, 그로부터 수십 년 후에 일본의 병사들이 보여준 철저한 규율과 열광적인 충성심은 결코 일본인 고유의 '국민성'을 형성하는, 시대를 초월한 전통적인 요소가 아니었다. 이 같은 징병제에 대한 저항은 유럽에서도 미국에서도 나타났다. 미국의 경우에는 남북전쟁 중에 대규모 징병반대폭동이 몇 건 있었다. 일본에서도 다른 나라와 마찬가지로 근대 내셔널리즘의 주요한 요소인 애국심,

---

* 여기서 혈세란 가혹한 조세 또는 소중한 국민의 세금이라는 뜻이 아니라, 글자 그대로 피로 바치는 세금, 곧 목숨을 바쳐 조국에 대한 빚을 갚는 국민의 의무를 뜻한다.

즉 기쁘게 병역에 임하도록 사람들을 몰아간 애국심이라는 것은 수십 년 동안 인민 대중의 머리에 철저히 주입시킨 것이었다. 일본의 군대는 1877년에 대규모 사족의 반란(세이난[西南] 전쟁)을 진압함으로써 최초의 큰 시련을 이겨내고 그 역량을 증명해보였다. 1882년에 육해군 병사들 앞으로 천황이 내린 군인칙유(軍人勅諭)는 젊은 병사들에게 충절과 무용(武勇), 신의를 갖고 천황을 섬길 것을 명령했다. 새로운 공립학교 제도 아래서 교사들과 교과서에도 이 메시지는 파급되었다. 1880년대와 1890년대에는 해군 증강이 이루어졌다. 1880년대 중반에 이르면 일본의 군대는 국내 치안유지 임무를 다하는 데 머무르지 않고 해외에서 일본의 의사를 밀어붙일 수 있을 정도로 막강해졌다. 병역이라는 것은 대부분의 신병들과 그 가족들에게 일본 남성의 애국적인 의무로 여겨지게 되었다.

의무교육

메이지 정부는 군제개혁과 병행하여 새로운 교육제도의 확립에도 가속도를 붙였다. 1872년에 정부는 "마을에 불학(不學)의 가구가 없고, 가정에 불학의 사람이 없기를 기대한다"라는 고매한 이상을 내걸고 남녀를 불문하고 모든 어린이에게 4년간의 초등교육을 의무화한다는 학제를 공포했다. 이 중요한 조치에는 서구의 힘의 근원이 어디에 있는지에 대한 새로운 지도자들의 이해가 반영되어 있다. 기도 다카요시 같은 지도자들은 서구사회를 시찰하고 와서 국민개병과 마찬가지로 국민교육이야말로 서구의 경제력과 군사력의 근원 중 하나라고 확신했다. 그들이 최초로 내놓은 교육제도는 주로 미국과 프랑스의 교육제도를 본뜬 것이었으며, 1872년의 학제공포에 의해 소학교(초등학교)·중학교, 거기에 복수의 대학교로 이루어진 제도가 만들어졌다. 정부는 애초 이들 학교에서는 실제로 소용되는 학문의 학습과 자립적인 사고를 촉진할 것이라고 발표했다. 교육을 통해 평민은 어떻게 해서 국가에 공헌해야 하는가를 스스로 찾게 될 것이라고 간주되었다.

모든 국민을 대상으로 한 의무교육을 실시한다는 것은, 정부에게는 대담한 조치이자 모험이었다. 아이자와 세이시사이 같은 도쿠가와 시대의 학자들은 민심을 어지럽히는 그리스도교 선교사들에게 간단히 속아넘어가 막부를 배신하고 나아가서는 천황까지도 배신하는 "어리석은 평민"에 대해 끊임없이 불만을 토로했다. 이런 관점에 섰다면 메이지의 지도자들은 명령에 순종하기를 기대하던 황민(皇民)에게 읽고 쓰는 능력을 갖추게 한다든가, 잠재적으로 반체제로 몰아갈지 모르는 '계발'(啓發)을 베푸는 것을 단념했을지도 모른다. 그러나 메이지 지도자들은 이런 위험을 무릅썼다. 국민을 무지한 상태로 그냥 두는 쪽이 정치경제력을 구축하려는 자신들의 사업에 더 큰 위험이 될 것으로 판단했기 때문이다. 한편 교육을 받는 것의 의미에 대해서 여아의 경우와 남아의 경우로 꽤 다른 가치관을 내세웠다. 여아에게는 장래 아내로서 어머니로서 가정 내에서 해야 할 역할과 천황의 충성스런 신민으로서 필요한 기능을 익히는 것이 기대되었던 것과 달리, 남아에게는 배운 지식을 나라 만들기를 위해서, 보다 넓은 공적·사회적 활동영역에서 살리는 것이 기대되었다.

의무교육에 대한 반응은 찬반이 반반이었다. 당시의 문학작품은 많은 젊은 남자들이 자신을 단련해 국가를 위해, 가능하면 새로운 수도가 된 도쿄에서 공헌할 기회가 열린 것에 흥분하는 모습을 전해주고 있다. 앞에서도 인용한 도쿠토미 로카도 『회상기』에서 1880년대 초 청년들이 교육에 대해 열광하는 모습을 다음과 같이 회고하고 있다.

8월 말경이었다고 생각한다. 마쓰무라(松村)로부터 편지가 왔는데, 중대한 사건을 알려주었다. 그 무렵 우리에게 '중대한 사건'이라고 해봤

자 뻔한 거였다. 마쓰무라는 다음 달 도쿄로 유학 간다고 전했다. 득의양양한 편지는 난필로 판독하기도 어려운 종도횡말(縱塗橫抹)의 편지지에 흘러넘쳐, 그렇지 않아도 안정감 나쁜 그의 글씨는 정말 날아 춤추는 것의 극치였다.[5]

하지만 학교에 다닐 의무와 졸업의 기회를 모두가 기쁘게 받아들인 것은 아니었다. 소학교를 운영하는 경비는 국세인 재산세에 10%의 지방세를 가산징수하는 것에 의해 꾸려졌다. 1870년대에는 성난 납세자들이 과거 징병에 반발할 때와 마찬가지로 폭동을 일으켜 의무교육에 반발했다. 폭도는 적어도 학교 2천 곳을 주로 불을 질러 파괴했다. 이 수는 전체 학교수의 10분의 1에 상당했다. 그저 자녀를 학교에 다니지 못하게 하는 소극적인 저항은 때려 부수는 것보다 훨씬 널리 퍼져 있었다. 학제가 시행되고 나서 최초 10년간의 학령기 남녀아동의 취학률은 25-50% 정도였다.

그러나 이윽고 징병의 경우와 마찬가지로 학교에 다니는 것은 천황의 신민이 다해야 할 의무로 널리 받아들여지게 되었다. 19세기 말에 이르면 소학교 취학률은 90% 이상에 달했다. 1905년에는 학령기 남아의 98%와 여아의 93%가 법에서 정한 대로 취학했다. 의무교육이 뿌리를 내리면서 사람의, 적어도 젊은 남자의 인생진로는 출발점에서는 열려 있어야 하고 개인의 재능과 노력을 반영해야 한다는 사고는, 일본에서 가장 기본적이고 널리 공유된 사회적 가치관의 하나가 되었다. 도쿠가와 시대의 일본에서는 유능한 자가 관직에 임용되어야 한다는 능력주의 이념과 세습적인 신분제도 사이에 적잖은 긴장이 있었지만, 메이지의 사회혁명은 이 이데올로기적 긴장을 확실히 능력주의에 유리한 형태로 해결했다.

정치질서와 천황

　　마지막으로 메이지 초두의 혁명기에 내세운 신기축 중에서 가장 큰 의미를 갖게 된 하나는 천황을 정치질서의 중심에 두기로 한 결정이었다. 존왕파의 활동가들은 천황의 이름으로 정변을 단행했다. 그러나 실제로 권력을 잡긴 했지만, 그들 사이에 천황을 어떻게 대우할지에 관한 의견통일은 없었다. 국민들 사이에는 정치적 상징으로서 천황을 받들어야 한다는 강한 의식이 별로 없었다. 또 애송이 천황이 의관속대를 몸에 걸치고 있든 서양식 군복을 입든 그다지 경외심을 불러일으킬 존재는 아니었다.

　1868년, 교토에서 에도까지 천황이 승리의 행차를 한 뒤에도, 초기 메이지 정부는 수도를 어디로 정해야 할지 고심했다. 정부의 수뇌들은 수도를 항구적으로 에도('동쪽의 수도'라는 의미의 東京[도쿄])로 옮겨야 한다는 의견, 천황과 수도를 교토로 돌려보내야 한다는 의견, 또 교토와 도쿄 두 곳을 수도로 해야 한다는 의견을 놓고 설전을 벌였다. 도쿄를 항구적인 수도로 한다는 결정이 내려진 것은 1889년의 일이었다. 그때까지 가어소(假御所)라 불리던 천황의 도쿄 주거지가 드디어 정식으로 '황거'(皇居)로 개명되었다.[6]

　수도의 기능이 도쿄로 이전된 것과 더불어 이 20년 동안 군주의 이미지도 바뀌었다. 정부는 천황과 황후에게 시간이 갈수록 더 큰 상징적 중요성을 부여했다. 1880년대에는 일본의 군주제가 근대적인 제도라는 이미지를 부각시키려는 노력의 일환으로서 황후와 수행 여관(女官)들은 서양식 양장을 착용했다. 천황도 근대군주국가의 상징으로 놀라운 변모를 이루었다. 그의 극적인 변신은 1870년대 초기에 찍힌 사진과 1888년에 이탈리아인 화가가 그린 유명한 초상화를 비교해보면 역력하다. 초상화는 사진으로 복제되어 전국의 학교에서 진영으로 모셔져, 그 이후 메이지 천황의 이미지로서 정착되었다.

궁정예복인 의관속대를 갖추고 일본식 의자에 앉아 있는 메이지 천황의 사진(1872). 젊은 천황은 꽤 불편해 보인다. (출전: 須藤光暉, 『明治天皇御傳』(東京: 金尾文淵堂, 1912).

1873년에 촬영된 메이지 천황의 사진. 서양식으로 헤어 스타일을 바꾸고 콧수염과 턱수염을 기르고 서양식 군복을 입고 서양식 의자에 앉아 있다. 이 초상은 근대적이고 서구화된 새 천황과 새 국가라는 이미지를 부각시키려는 정부의 열망을 반영하고 있다. 천황의 포즈에서는 그런 새로운 역할과 이미지에 아직 익숙해지지 않아 거북해하는 것을 느낄 수 있다. (출전: 須藤光暉, 『明治天皇御傳』(東京: 金尾文淵堂, 1912).

성인이 된 메이지 천황을 그린 1888년의 초상화를 복제한 사진. 전국의 공립학교에 진영(眞影)으로 모셔졌다. 유명한 이탈리아인 화가 에두아르도 키오소네의 작품으로 새롭고 근대적인 일본 군주의 공적 이미지를 제시하는데, 위풍당당한 모습은 왠지 어설펐던 15년 전 젊은 천황의 이미지와 극명하게 달라졌다. 이런 차이는 천황 자신이 성숙해졌다는 사실뿐 아니라 정부에 의한 천황의 이미지 이용방법이 종래에 없던 확신과 권위를 갖게 되었음을 시사한다. (출전: 渡邊銀太郎, 『明治天皇御大葬御寫眞帖』, 前卷(東京: 新橋堂書店, 1912).

이와 동시에 헌법이 천황의 법적·문화적 권위를 대폭 격상시켰다. 1880년대부터 1930년대까지 초월적인 주권자인 천황과 그 일족으로 이루어진 황실은 매우 강력한 통합력을 발휘했다. 그것은 개인과 사회와 민족의 정체성을 규정하는 규범으로 기능했다. 그리고 개개인을 가족·직장·지역사회라는 가까운 공동체에 하나로 묶고, 나아가 그것을 초월하여 민족과 제국이라는 상상의 공동체와도 결부시키는 통합의 기능을 담당했다.

풍요로운 나라 만들기를 향하여

메이지 정부의 지도자들, 특히 외국을 견문했던 사람들은 산업자본주의가 내뿜는 뜨거운 에너지에 깊은 감명을 받았다. 그들의 눈에는 제조업과 무역은 군함 및 대포와 함께 유럽 제국(諸國)의 국력을 뒷받침하는 중요한 원천으로 보였다. 실제로 경제력이야말로 유럽 제국의 군사력이라는 상부구조를 지탱하는 기반으로 보였다. 신정부 지도자들의 전형적인 예는 기도 다카요시이다. 1872년에 미국과 유럽을 여행할 때 쓴 기도의 일기에는 서양의 건축·교육·산업의 "놀랄 만한" "미증유의" "장대한" "절묘한" "참으로 훌륭한" 성과에 대한 경탄의 형용사가 자주 나온다.[7]

서양의 학문과 산업에 대해 이런 외경심을 느낀 정부 지도자들은 메이지 시대 일본의 가장 중요한 슬로건이었던 '부국강병'(富國强兵)을 실현하기 위해 각종 방책을 강구했다. 그 방책 중에는 산업경제의 인프라를 구축하는 간접적인 조치도 있었는가 하면, 관영 프로젝트로 광산과 공장을 건설하고 운영하는 직접적인 조치도 있었다.

1870년대에 실시된 가장 중요한 경제개혁은 새로운 세제(稅制)의 도입이었다. 메이지 신정권은 출발 당시 곤궁했다. 도쿠가와가의 직할령이라는 협애한 기반에서 나오는 세입이 고작이었으므로, 정부는 오사카의 몇몇 호상(豪商)으로부터 자금을 빌려야 했다. 1871년에 자립적인 번 대신 중앙 직할의 현을 설치하는 폐번치현을 단행함으로써, 정부는 사족(士族)에 대한 가록과 다이묘에 대한 상전록(賞典祿)이라는 엄청난 지급의무를 떠안았지만, 옛 번에서의 징세권을 모두 손에 쥐게 되었다. 1873년에 정부는 오쿠보 도시미치가 발안한 지조개정(地租改正) 조례를 공포했다. 지조개정은 국가의 세입을 과거 막부와 번의 징세액 합계와 비슷한 수준으로 안정시키려는 것이었다.

새로운 세제의 의의는 재원의 안정적 확보 이상의 중요성을 갖는 것이었다. 새로운 세제는 개별 토지소유자와 국가 사이의 경제관계 및 토지소유자간의 관계를 변모시켰다. 도쿠가와 시대의 토지제도에서는 토지소유는 마을의 관례에 따라 결정되었다. 연공은 개개의 마을사람으로부터가 아니라 마을을 단위로 일괄 징수되었다. 국가가 관리하는 권리증서나 토지등기제도도 없었고, 토지매매를 위한 공인된 시장도 없었다. 게다가 연공은 토지의 사정(査定)가격이 아니라 사정 소출에 근거해 통상은 현물(쌀)로 징수되었다. 이는 납세자가 아니라 정부가 쌀값 변동에 따라 손해(또는 이득)를 보는, 즉 쌀값이 하락하면, 정부의 세입도 감소하는 것을 의미했다.

1873년의 지조개정은 이런 사태를 모두 바꿨다. 지조개정조례가 규정한 토지측량이 1870년대 중반에 실시되어, 토지 1필(筆)마다 소유자가 정해져 권리증이 발행되었다. 동시에 모든 토지에 대해서 시장가격의 사정도 이루어졌다. 그리고 지가의 3%를 지조(地租)로 부과했다. 이 새로운 제도를 통해 정부는 연간 세입을 예측할 수 있게 되었을 뿐만 아니라, 개별 (남성) 세대주와 직접적인 경제관계를 맺게 되었다. 지조개정은 쌀값 변동에 따른 위험과 기회를 정부에서 납세자인 농민에게 전가했다. 쌀값이 하락하면 농민은 납세를 위해 자신의 수확량의 더 많은 부분을 팔아야 했지만, 반대로 쌀값이 상승하면 윤택해졌다. 새로운 사태에 직면한 사람들은 자신과 국가 사이의 경제적·정치적 관계에 대해서 그때까지와는 비교되지 않을 정도로 강하게 의식하게 되었다. 따라서 세금과 국가 예산이 메이지 시대에 가장 많이 논의의 표적이 된 주요 쟁점 중 두 가지가 되었던 것도 당연한 일이었다.

그후 몇 년 간에 걸쳐 신정부는 세수 일부를 자본주의 산업경제의 인프라 정비를 위한 공공사업과 제도 만들기에 사용했다. 신정부는 항만을 준설하고 등대를 설치하는 등 연안운송을 위한 항로를 정비했다. 1869년부터 전신용 회선을 부설하기 시작했으며, 1871년에는 영국의 우편제도를 본떠 우편제도도 발족했다. 민간 투자가들에게 주식회사 설립을 장려했다. 1880년대 중반에는 유럽 방식을 본떠 중앙은행인 니혼(日本)은행을 유일한 발권은행으로 하고, 엔(円)을 전국 공통의 통화로 하는 통화제도도 제정되었다.

그중에서도 가장 중요한 의미가 있는 것은 정부가 철도망 건설을 주도했다는 사실이다. 도쿄와 요코하마를 연결하는 일본 최초의 철도는 1872년에 개통되었으며, 이 선은 1889년에 고베(神戸)까지 연장되었다. 정부는 민간 투자에 의한 철도건설도 장려했다. 많은 구 다이묘와 상급 사족이 금록공채를 공동출자해 부유한 평민들과 함께 1880년대의 철도 투자붐에 가세했는데, 이 철도 투자붐은 근대적인 주식시장의 등장을 재촉하는 하나의 원인이 되었다. 1890년이 되면 일본의 철도는 총 연장 약 2,250km에 달하게 되었다. 그중 관영(官營)철도가 약 40%를 차지하고 나머지가 민영이었다.

다른 나라에서와 마찬가지로 '철마'(鐵馬)는 엄청난 경제적·문화적 파급효과를 가져왔다. 철도는 시간, 거리, 사회적 행동에 대한 사람들의 감각을 바꾸어놓았다. 수십 년 전의 서양과 마찬가지로, 1870년대와

1880년대의 일본의 관찰자들은 "화살보다 빠른" 탄환이라는 둥 "세계를 좁히는" 운송수단이라는 둥 오늘날에는 진부해진 은유를 써가면서 형용했다. 그들은 또 시각표대로 움직이는 열차가 시간을 엄수하는 습관을 보급시켰다는 것도 간파했다. 하지만 이런 변화가 급격히 일어난 것은 아니다. 철도운행이 "대충대충, 엉성해서" 믿을 수 없다는 불만은 20세기 초가 되어서도 다반사였다. 그렇다고 해도 철도 이용자들로부터 그런 불만이 있었다는 사실 자체가 사람들의 태도가 이전과 달라졌음을 보여준다고 할 수 있다. 철도의 출현은 일본역사상 처음으로 시간을 30분 단위로 생각하지 않고 1분씩 셈하는 것이 중요해졌음을 의미했다. 이것과 더불어 시계의 이용이 급격히 늘어났고, 시간을 재는 데 정확성을 기하는 것이 중요하다는 인식이 국민 사이에 서서히 퍼져나갔다.[8]

인프라 정비 프로젝트 외에도, 메이지 정부는 광공업의 다양한 사업체를 설립·운영하는 데도 아주 중요한 역할을 했다. 정부의 수뇌들은 민간투자자들에게는 근대적인 공장을 경영하려는 기업가정신도 지식도 결여되어 있다고 확신했다. 또 외국의 투자를 받는 것은 위험하다는 확신도 있었다. 일찍이 서양서적을 통해 영국과 프랑스가 중동을 식민지화하기 위한 돌파구로서 현지의 통치자들에게 차관을 제공했다는 것을 알고 나서, 그들은 이 점을 깊이 명심하고 있었던 것이다. 외국자본은 즉각 배제되지는 않았으나, 분명 환영받지는 못했다.

그 결과 일본에서 최초로 설립된 다양한 근대적인 공장설립자금의 대부분은 국내자금, 특히 정부자금에 의해 조달되었다. 정부는 1870년대에는 조선소, 탄광 및 구리광산, 포병공장, 군수공장, 방적공장, 제사(製絲)공장, 유리공장, 제당공장, 맥주공장에 이르기까지 모두 20여 개 이상의 대규모적인 이른바 관영모범공장을 설립해 직영했다. 정부는 이들 모범공장의 설립·운영 프로젝트를 위해 외국자금을 도입하는 데는 소극적이었으나, 일정기간 컨설턴트 및 지도자로 외국인을 초청하는 데

는 열심이었다. 1870년대에 상당한 비용을 투자해서 20여 개국에서 수천 명의 '고용외국인'(お雇い外國人)을 데려와 썼다. 이 '고용외국인'이라는 말에는 외국의 전문가들로부터는 상세한 기술적 지식 이외에는 배울 만한 가치 있는 것은 아무것도 없다는 경멸적인 뉘앙스가 담겨 있었다. 이들 외국인 기술자와 전문가들은 광범위한 경제·사회 분야에서 귀중한 조언을 해주었다. 보수 면에서 그들은 대단히 우대받아 대부분은 일본정부의 고위관료에 필적하는 급여를 받았다.

메이지 정부가 일본의 경제발전을 이끌어내는 데 얼마나 중요한 역할을 했는지에 대한 경제사가들 사이의 평가는 엇갈린다. 일부 경제사가는 국영사업에 대한 투자총액이 군사비 지출보다 훨씬 적었다는 점을 강조한다. 정부가 한 일이라곤 20개 남짓한 공장 설립과 몇 군데 광산 개설, 전신시스템의 구축, 몇몇 철도의 부설이 전부이며, 그나마 이들 직영사업 중 어느 하나도 이윤을 내지 못했다는 것이다. 사실 '모범공장'의 대부분은 적자였다. 1880년대 초에 정부는 직영사업체 중 적자상태인 사업체들을 민간투자가들에게 파격적인 싼값에 넘겼다. 탄광 및 구리 광산처럼 그나마 성공적인 몇몇 사업체는 1880년대 후반에 시장가격과 비슷한 값에 매각했다. 그러나 이런 직영사업의 의의를 인정하지 않는 것은 너무 편협한 시각이다. 이들 사업은 첫 세대라 할 경영자들과 기술자들을 육성하고, 소규모이지만 공업부문의 임금노동자를 창출하는 기능을 했다. 이들 직영사업은 장래 더 큰 성장을 위한 소중한 도약대였다.

사실 정부는 애초 새로운 산업분야에 대한 민간투자를 장려하려 했으나, 에도 시대 이래의 상인이나 지주 등에게 투자를 권하는 것도, 강제하는 것도 할 수 없었다. 이러한 사정을 파악한 오쿠보 도시미치는 1874년에 쓴 「식산흥업에 관한 건의서」 첫머리에서 다음과 같이 지적했다. 본시 한 나라의 강하고 약함은 인민의 빈부에 의해 결정되고, 인민의 빈부는 생산물의 많고 적음에 의해 결정된다. 그리고 "제조되는 산물의 많고 적고는 인민이 어느 정도 근면하게 공업을 열심히 한가에 따라 어느 정도 좌우되지만, 보다 근원적인 요인을 찾아보면 정부나 정부관리의 지도·장려의 힘이 가장 중요한 열쇠가 아니었던 적은 지금까지 한 번도 없었다." 그로부터 10년 후 모범공장들의 매각이 종료된 시점에서도 정부관계자에게 아직 사태는 낙관할 수 있는 게 아니었다. 예컨대 식산흥업정책에 관한 방대한 기획서 「흥업의견」을 편찬한 농상무성의 고관 마에다 마사나(前田正名)는 1884년에 다음과 같이 기록했다. "해외의 기계를 취급하는 데 익숙하지 않은 것은 일본인에게 일반적인 일로, 본래 기계학에 너무 무지해서 통상의 서양식 자물쇠조차 여는 것이 불가능하다. 조금 더 복잡한 기계가 되면 그것을 다루게 하는 것은 도저히 무리다"고 기록했다.[9] 메이지 초기의 일본인이 무지했다든가 기계를 다루는 데 서툴렀다고 단정 짓기보다는, 그들에게는 경험이 부족했고 당시의 근대공장이 안고 있던 리스크를 생각하면, 그것에 합당한 신중을 기했을 거로 생각하는 편이 분명히 공평할 것이다. 어쨌든 민간의 개인 또는 단체에 맡겨두었다면 분명히 '모범공장'이 그렇게 신속하게 설립되지는 못했을 것이다.

국가에 의한 이런 활동은 또 다른 의미에서도 중요했다. 직영사업은 경제발전을 견인하는 잠재적인 동력으로서 국가 역할의 가능성과 중요성에 대한 확신을 정부 안팎에 양성했던 것이다. 국가가 심판이나 조정자로서 제3자적인 초연한 역할만 한 게 아니라, 경제를 발전시키기 위해 직접 진두지휘해야 한다는 생각도 이 시기에 뿌리내렸다. 이런 생각은 20세기 내내 영향을 주고 있었다. 도쿠가와 시대에 사쓰마와 조슈에서 번의 독점사업을 운영한 경험이 신정부의 경제정책에 자극을 주었을 가능성도 생각해볼 수 있다. 그러나 정부가 경제발전을 위해 주도적인 역할을 맡아야 한다는 생각은, 일본의 전통적인 경제사상을 계승한 것

이라기보다는 오히려 메이지 지도자들이 장고 끝에 결정한 새로운 선택
이었다. 그들은 세계라고 하는 것을 서로 경쟁하는 국민경제라는 단위
들로 세분되어 있다고 보는 세계관을 키워가고 있었다. 그들은 일본을
후발국이라 인식하고 어떻게 해서든 선진국을 따라잡아 반(半)식민지
적 종속상태에서 벗어나기를 바랐다. 이 목표를 달성하기 위해 애덤 스
미스의 영국식 자유방임주의보다는 독일식의 국가 주도에 의한 발전이
라는 사고, 특히 프리드리히 리스트*의 경제사상에서 지침을 구했던 것
이다. 다른 아시아 국가의 정치 엘리트들도 일본 지도자들의 선례를 따
랐는데, 국가 주도형 개발정책의 시비를 둘러싼 논쟁은 오늘날까지도
계속되고 있다.

세계에 대한 일본의 태도

1870년대 메이지 유신의 혁명적 방침은 서양의 과학기술
과 사상에 대한 강렬한 호기심으로부터 영감을 얻었다. 서양에 대한 이
런 개방적인 태도는, 신정부의 지도부 가운데 적지않은 사람들이 1850-
1860년대에 양이론을 힘껏 주장하며 실천하려 했던 것을 생각해보면
주목할 만하다. 그들이 태도를 바꾸기 시작한 것은 전형적으로는 야만인
을 격퇴하는 데는 저들의 수법을 배울 필요가 있다고 판단하고 외국의
기술과 영향력을 임시방편으로 받아들인 것이 계기였다. 그러나 한 걸음
더 나아가 메이지 지도자 대부분은 서양의 문물과 사상을 단지 방편으로
서 받아들이는 데 그치지 않고 그들이 가진 영속적인 힘에 대한 인식이
깊어지고 있었다.

---

* 독일 역사학파의 이론적 토대를 구축한 경제학자로 국내산업 보호를 위한 관세를 부과해야 한
  다고 주장했다.

구미 여행은 메이지 정부의 젊은 지도자들에게 가장 중요한 교육적인 경험이었다. 1860년대에 사쓰마와 조슈 두 번은 막부와 마찬가지로 유럽으로 유학생을 파견했다. 이런 유학경험은 나중에 정부의 지도자가 된 조슈 번의 이토 히로부미, 이노우에 가오루(井上馨), 사쓰마 번의 오쿠보 도시미치 등이나 재계 리더가 된 시부사와 에이이치(澁澤榮一)에게 구미를 직접 체험하는 귀중한 기회가 되었다. 그러나 가장 중요한 해외체험은 1871-1873년의 이와쿠라(岩倉) 사절단이었다. 신정부 내의 가장 중요한 인사들—이와쿠라 도모미, 오쿠보 도시미치, 기도 다카요시, 이토 히로부미—을 비롯한 수십 명의 일행이 18개월 동안 미국과 유럽 각지를 두루 여행했다. 사절단은 학교와 공장에서부터 의회에 이르기까지 모든 기관·제도·관행을 시찰했다. 근대산업의 경제력과 국민국가들의 교양 있는 신민의 사회적 힘이 사절단에게 깊은 감명을 주었다. 이런 체험에 크게 자극받아서 이후 중앙은행·대학에서부터 우체국·경찰에 이르는 서양식 공공기관이나 시설이 잇달아 도입되었다.

서양사상의 가치와 힘에 대해 새롭게 싹튼 경외심은 일본과 서양열강 사이의 불평등한 정치적 관계에 대해 늘 느끼는 분노와 공존했다. 본시 이와쿠라 사절단을 파견한 최대의 목적은 1858년에 구미제국과 체결한 일련의 불평등조약의 내용을 개정하는 데 있었다. 그러나 사절단이 조약개정의 기대를 내비칠 때마다 미국인과 유럽의 당국자들은 쌀쌀맞게 피해 버렸다. 먼저 일본이 법률과 정치제도를 유럽 수준으로 끌어올리는 것이 먼저이고, 그러기까지는 조약개정에 대해 전혀 고려할 의사가 없다는 게 서양 여러 나라의 태도였다.

그러한 맥락에서 일본에게 구미는 기회의 원천인 동시에 위험의 원천으로 간주되었다. 위험을 초래하는 것은 외국의 육해군만이 아니었다. 메이지 지도자들은 민주적인 정치사상에도 강한 경계심을 품었다. 의회라는 것은 통일과 힘의 원천이 아니라 불화와 분열을 야기하는 기관이 될 수도 있다고 판단해서 그들은 이른 시일 내에 어떻게 하면 위험한 정치적 도전이나 대중의 반란을 초래하지 않으면서 국민의 지지를 얻어낼 수 있을지 고심했다.

구미는 정치적 소란을 야기하는 원천일 뿐만 아니라 사회질서를 어지럽힐 수 있는 잠재적인 원천으로도 간주되었다. 이 우려는 무분별한 남녀관계와 함께 끌어내 표명되었다. 막부 말기와 메이지 초기에 구미를 여행하고 온 일본인의 일기는 남녀가 서로 격의 없이 친한 것처럼 처신하는 일이나, 여성이 불쾌할 정도로 대담한 데 넌더리나는 기분을 담은 기술로 가득 차 있다. 이 관찰자들은 서양에서는 여성의 지위가 일본에서보다 높다고 믿기에 이르렀다(분명히 잘못된 것으로 여겼겠지만). 메이지 시대의 일부 남성들은 여성들이 결혼이나 사회생활 전반에 걸쳐 평등을 요구하지 않을까 염려했다.

메이지 지도자들과 저명한 지식인들은 아시아에 대해서도 서구에 대한 것과 마찬가지로 상반된 태도를 가졌다. 한편으로는 서양열강의 침략적인 제국주의에 대항하는 전아시아 규모의(또는 '범아시아적인') 연대를 부르짖으면서도, 다른 한편으로 1870년대에는 일본을 아시아의 인접국들보다 우수하다고 여기는, 아시아국가 멸시의 태도로 뒷받침된 고압적인 대아시아외교의 명백한 첫 징후도 나타났다. 그것은 일본을 당연한 아시아의 맹주라고 보고, 맹주인 일본은 미개한 이웃나라들을, 이들 국가가 바라든 바라지 않든 상관없이 근대화를 향해 구미와 평등해지도록 이끌어야 한다는 시각이었다.

이러한 태도는 이와쿠라 사절단이 해외에 나가 있던 1873년에 강렬한 형태로 표면화되었다. 사쓰마 번 출신의 열광적 애국주의자 사이고 다카모리는 유수(留守)정부*를 몰아붙여 조선침략을 계획하게 했다.

* 이와쿠라 사절단에서 빠진 보수적인 인물들로 구성된 잠정적인 정부.

1870년대 초에 일본의 무역상들은 조선정부에 개국(開國)을 독촉했다. 조선이 이 요구를 단호히 거절하자 사이고는 조선개국을 강제하기 위한 침략을 제안했다. 국가로서의 자부심을 지킨다는 고려 외에도 사이고와 옛 도사 번 사족 출신 이타가키 다이스케(板垣退助)를 비롯한 정부 내 사이고 지지자들은 사족으로 편성한 침략군에게 메이지 신체제에서 명예로운 역할을 맡기고 싶어했다.

정한론(征韓論)을 주장한 측도, 이것에 반대한 측도 자신들의 행동이 1850년대에 일본에 개국을 독촉한 서양 여러 나라의 공격적 자세를 모방했을 뿐이라면서 별 신경 쓰지 않는 듯했다. 오히려 이와쿠라 사절단의 구성원들은 전략적 이유에서 정한론에 강력히 반대했다. 그들은 시찰여행 중에 일본은 국외를 향해 힘을 과시하기 전에, 먼저 국내에서 대규모 개혁을 실시할 필요가 있다는 점을 날이 갈수록 강하게 확신하게 되었다. 조선침략이 당장에라도 벌어질 것 같다는 소식에 놀란 기도와 오쿠보는 여행일정을 중단하고 도쿄로 돌아와 사이고의 계획을 가까스로 저지했다. 하지만 그들은 일본이 인접국에 대해서 자국의 의사를 무력으로 밀어붙일 수 있다는 발상 자체를 부정한 것은 아니었다.

그뿐 아니라 그들은 이듬해(1874)에 타이완 섬에 대해서 그것보다도 소규모적인 군사행동을 벌이는 데 동의했다. 타이완 출병의 구실이 된 것은 1871년에 일어난, 난파되어 타이완에 표류한 류큐 제도 선원 수십 명이 타이완 토착민에 의해 살해된 사건이었다. 류큐 제도를 일본 영토에 편입시키려 일을 꾸미고 있던 일본 신정부는 배상을 요구했으나, 류큐 제도의 영유권을 주장하는 청조(淸朝)는 배상을 거부했다. 1874년 오쿠보 도시미치를 수반으로 한 일본정부는 3,000명 이상의 원정군을 타이완에 출병시켰다. 일본군은 말라리아로 병사자 500명 이상을 내고, 이렇다 할 전과도 올리지 못했다. 그러나 일본정부는 청나라로부터 약간의 배상금을 받아내는 데는 성공했다.

타이완 출병이 그 구실이 된 류큐도민살해사건이 발생한 지 3년이나 지난 뒤에 일어났다는 사실은, 이 출병이 1873년에 정한론을 주장하던 정부 내 강경파가 품고 있는 격한 감정을 달래기 위한 전략적 양보였음을 시사한다. 하지만 그 밖에도 일본의 신정부는 애초 타이완의 토착민을 '문명화'한다는 장기적 목표를 가지고, 타이완에 복수의 군사적 식민지역을 설치하는 데 타이완 출병을 이용하려고 했다. 일본 지도자들의 이런 발상은 토착민을 문명화한다는 사명을 내걸고 식민지화를 정당화하던 당시의 서양 여러 나라가 내세웠던 외교방침으로부터 영향을 받은 것이었다. 식민지역 설치계획은 극비에 부쳐졌으며, 실제로 출병이 이루어진다면 청나라와 전쟁을 벌여야 할지도 모른다는 두려움 때문에 계획은 철회되었다.[10] 그러나 타이완 출병의 계획책정과 실행을 통해 일본의 지배층은 새로운 지평으로 발을 들여놓은 것이다. 그 과정에서 그들은 포함외교(砲艦外交)의 선례를 확립했을 뿐 아니라, 일본 이외의 아시아의 '문명화'를 담당하는 것이 일본의 사명이라는 생각을 자신들 사이에서 잘 다듬어서 완성했던 것이다.

지배자들은 또한 부국(富國) 건설에 나선 첫 10년 동안 일본의 영토를 종래보다 넓게 설정했다. 일본열도의 가장 북쪽에 위치한, 도쿠가와 시대 지배자들이 에조라 불렀던 아이누족의 본거지인 섬은 1869년에 메이지 국가에 정식으로 편입되어 홋카이도가 되었다. 그후 몇 년에 걸쳐서 메이지 정부는 새로운 영토로 편입된 북방의 섬을 개척하기 위해 구사족과 죄수노동자들을 포함한 다양한 사람들을 이주시켰다. 그로부터 10년이 지난 1879년에는 일본은 류큐 왕국의 왕을 강제로 퇴위시키고, 류큐 제도를 오키나와(沖繩) 현으로 일본에 합병했다. 그러나 이들 새로 편입된 영토의 주민을 일본의 국민으로 통합하는 문제는 단순히 새로운 국경선을 확정한 것만으로 해결되지는 않았다. 정부에서 누가 '일본인'인가를 판정하는 기초로서 1872년에 제정한 새로운 호적제도는 홋카이도에 사는 아이누족에게도 적용되었다. 그러나 아이누족은 호적부에 '구토착민'(舊土人)이라고 기재되어 다른 일본국민과 구별되었을 뿐만 아니라, 1890년대가 되기까지 징병대상에서도 제외되었다.[11] 오키나와 주민을 일본에 통합하는 일은 만약 전면적인 '일본화' 조치를 취한다면 청나라와 분쟁이 발생할 우려가 있다는 이유에서 서서히 진행되었다. 징병제도와 개정된 지조가 오키나와에 적용된 것은 각각 1890년대 후반과 20세기 초가 되어서였다. 이렇게 새로 일본 영토에 편입된 변경지방의 주민들은 메이지 시대 초기부터 일본의 신민으로 간주되었음에도 불구하고, 그들을 국민으로 통합하기 위한 정책은 양면적이었으며, 신속하게 책정되지는 않았다.

* * *

한 세기 이상이나 역사가들은 메이지 시대 초반 10년간에 일어난 수많은 대변화를 어떻게 묘사할 것인지를 놓고 논쟁을 벌여왔다. 초기의 역사가들이 취한 전형적인 접근방법은 18세기 말 이후 일어난 프랑스와 다른 유럽 국가들의 혁명을 모델로 삼고, 이런 혁명과의 비교를 통해 메이지 유신에 의해 실시된 몇 개의 변혁을 불완전혁명 내지 일그러진 혁명이라고 규정한다는 것이었다. 가령 1790년대의 프랑스가 진정한 혁명의 패러다임을 제시했다는 가정을 받아들인다면, 일본에서 일어난 일련의 변화는 확실히 '불완전한' 것이 된다. 또 자본주의적 부르주아지가 귀족 지배하에 있던 구체제를 공격해 무너뜨림으로써 모든 속박으로부터 자유롭게 되어 우월한 입장에 선 것을 근대적 혁명의 본질이라고 본다면, 일본에서 일어난 일련의 변화는 확실히 '일그러져' 보인다. 결국 메이지기의 변화를 가져온 것은 신흥 부르주아 자본가 계급이 아니라 사무라이 '귀족계급'의 일부였던 것이다.

최근에도 일본 안팎의 많은 역사가는 명시적이든 암묵적이든 메이지 시대와 20세기 초기의 역사를 이런 비교론적 시각에서 이해해왔다. 그러나 그런 분석은 그다지 유용하지 않다. 이 비교론적 접근은 유럽 중심 적인 모델을 자의적으로 세계사에 적용시키고, 유럽 이외 지역의 역사 를 각각의 고유한 조건에 맞춰 이해하려는 노력을 충분히 하려고 하지 않기 때문이다.

메이지 시대에 일어난 대변화는, 구체제의 세습적인 엘리트였던 사 족계급의 구성원이 주도했다는 이유에서 일종의 '위로부터의 혁명'으로 간주할 수 있다. 그러나 1868년까지 혁명을 주도했던 지도자들의 상당 수는 사족계급 중에서도 중층부터 하층에 위치하고, 불만과 불안 그리 고 야심을 품고 있던 자들이었다. 대중에 비하면 많은 특권을 누렸다고 는 해도, 이들 중·하층 무사를 위로부터의 혁명을 주도한 귀족적 혁명 가로만 규정해버리는 것은 오해를 초래하기 쉽다. 이런 식의 규정이 연 상시키는 것은, 혜택받은 환경에서 자랐으면서 결국에는 그 특권을 방 기해버린 남자들이라는 이미지이기 때문이다. 그렇지 않고 그들의 사회 적 지위가 높지도 낮지도 않았다는 것, 급여생활자로서 신분이 불안정 했다는 것, 그리고 그들이 자신들에게는 나라를 통치할 역량이 있는데 야심을 실현하지 못하는 데 불만을 품고 있었다는 것 등의 요인을 종합 적으로 생각하기 시작할 때, 메이지 유신을 주도한 반역자들의 혁명적 에너지와 그들이 내세운 광범위한 개혁정책에 대한 설명이 가능해질 것 이다. 즉 메이지 유신은 불만을 품은 하층 엘리트에 의한 혁명이었던 것 이다.[12]

유럽을 기준으로 하는 비교의 시각에서부터 벗어나는 것 외에도, 메 이지 혁명이 세계 각지의 근대적 혁명과 마찬가지로 지속적인 격동의 과정이었다는 점을 인식하는 것도 중요하다. 공립학교, 새로운 조세제 도, 징병제도는 이들에게 종종 반항적으로 반응해온 국민에게 위로부터 강제되었다. 불평등조약은 매우 격렬한 논쟁을 불러일으켰다. 메이지 신체제의 발족 때부터, 이 체제에 누가 어떤 조건으로 참가할 것인가는 급속히 국민의식에 눈뜨게 된, 자신들도 당연히 국가운영에 참가해야 한다는 생각이 점점 강해진 많은 사람에게 가장 중요한 문제였다. 메이지 혁명은 많은 변화를 가져왔지만, 매듭지어진 문제는 아주 조금밖에 안되었다.

6장
참여와 이의신청

도쿠가와 시대의 일본에서는 서민이 정치에서 제대로 된 역할을 수행할 수 있다는 발상이 성립될 여지는 없었다. 서민은 직접 정치행위를 담당하는 주체가 아니라 어디까지나 정치행위의 대상으로 간주되었다. 서민을 죽이지 않고 빠듯한 상태로 살려두는 것이 좋은 군주의 조건으로 여겨졌다. 도쿠가와 이에야스가 말했다는 에도 시대의 엄격한 응징의 격언에는, "농민은 죽여서도 안되고 살려서도 안된다," 또 농민을 참기름을 짜기 위한 참깨에 비유해서 "참깨의 기름과 농민은 쥐어짜면 짤수록 나온다"고 했다.[1] 교양 있는 무사들 사이의 논쟁에서 '우민'(愚民)문제는 자주 논의의 초점이 되었다. 아이자와 세이시사이는 1825년에 다음과 같이 말했다.

대체로 천하의 인민 중에 압도적으로 많은 것은 우민이며 유식자는 심히 적다. 그 우민의 마음이 일단 그것에 기울어버리면 더 이상 천하를 다스리는 것은 불가능하다. ……옛날 그리스도교가 서일본에 들어왔을 때 도처에서 우민을 홀려서 만연하고, 100년도 채 안되는 동안 광신자가 되어 처형된 자는 28만 명에 달한다. 사교가 민심에 파고들어가는 것이 얼마나 빠른지 알 수 있다.[2]

서양 야만인들이 들고온 골칫거리가 어리석은 서민들의 마음을 사로잡지 못하게 하려면 어떻게 하면 좋을까? 19세기 초에 아이자와가 내놓은 해결책은 서민을 적극적으로 정치에 참가시켜 그들의 충성심을 획득한다는 것은 분명히 아니었다. 아이자와는 천황의 장엄한 본질과 천황에 충성을 다할 필요성에 대해서 종래보다 더 철저히 서민들에게 인식시키고 싶다고 생각했다.

메이지의 정치 엘리트들은 아이자와의 논리를 중요한 형태로 몇 가지 더 전개했다. 그들은 군주인 천황이 절대적인 주권을 갖고 황실이 초월적인 존재인 것을 새로운 정치질서의 근저로 삼았다. 그런데 이것을 이루기 위해 그들은 천황을 정치로부터 떼어내 그 위에 두려고 했다. 이 계획은 여러 모순과 특정한 위험을 포함하는 것이었다. 천황이 국체의 중심에 위치한다는 논리는 다양한 부류의 행위자들에게 자신들이야말로 천황의 의사를 체현하고 있다고 주장할 가능성을 열었기 때문이다.

정부가 국민을 둘러싸 가둬놓고 세뇌시키려 했음에도 불구하고(그리고 어떤 의미에서는 그런 노력이 이루어졌기 때문에), 일본의 정치무대는 아이자와는 말할 것도 없고 메이지 초기 지도자들이 상상도 못했을 정도로 많은 우민들에게 급속히 개방되었다. 일찍이 1880년대 초에는 헌법을 공포하는 중대한 결정에 민중운동이 적지 않은 영향을 미쳤다. 1880년대 후반에 이르면 자유민권파의 활동가들이 정부의 불평등조약 개정방침을 비판하는 운동을 도쿄 거리에서 벌임으로써 조약개정교섭이 차질을 빚었다. 1890년에는 국회가 개설되고, 선출된 의원들은 즉각 중요한 역할을 수행하기 시작했다. 메이지 시대 첫 20년 동안 일어난 여러 정치적 논쟁과 실천이 이런 예기치 않은 결과로 이어지는 길을 열었던 것이다.

정치적 담론과 논쟁

　　도쿠가와 시대 말기에 이미 합법적인 정치참여의 문은 표면상으로나 실제상으로 몇 개의 큰 균열이 생길 정도로 억지로 계속 열려 있었다. 1853년의 페리 내항 때 번의 크고 작고를 불문하고 전국의 다이묘들은 어떻게 페리의 흑선(黑船)과 코쟁이 선원들을 대처해야 할지에 대해 막부로부터 자문(諮問)을 받았다. 더욱 광범위하게 국민에게도 정치에 관여할 권리가 있다는 사고도 엘리트인 다이묘의 테두리를 넘어 퍼져 나갔다. 1850-1860년대에는 다양한 신분의 무사들과 도시 및 농촌의 서민 중에서도 일부 부유한 자들이 각지에서 회합을 열고 시국에 대해 토론을 벌였다. 이런 그룹의 활동은 다종다양했다. 그중에서도 학교, 연구회, 시가(詩歌) 동아리 등 문화활동을 벌이는 모임이 도쿠가와 말기의 농촌에서 사람들의 정치의식을 일깨우는 데 특히 중요한 기능을 했다. 특권계급의 구성원이나 권력자만이 아니라 많은 사람이 커다란 변화가 임박했음을 강하게 느끼고 있었다. 이들은 걱정만 하고 있었던 게 아니라, 뭔가를 하지 않으면 안된다는 충동에 사로잡힌 사례조차 있었다.

　　특히 막부의 붕괴가 임박해진 1866-1867년에는, 직업과 계급의 차이를 초월해 그 누구도 예상할 수 없는 뭔가 거대한 변화가 일어날 것 같다고 믿게 되었다. 도쿠가와 지배가 끝날 것 같던 마지막 몇 달 동안 보였던, 하늘에서 돌연 신사의 부적이 쏟아져 내리고 거리에서 즉흥적인 축제소동이 벌어진 것 같은 현상은 세상이 변할 것 같은 막연한 기대감의 표시였다. 더욱 선명한 목적의식을 갖고, 사태의 움직임과 밀접히 연관된 대응으로서는 몇몇 번에서 의회를 설립해야 한다는 제안이 간추려진 것을 들 수 있다. 이들 제안에서는 새로운 통합기구가 어떤 것으로 되든, 그 통합기구 안에서 의회는 중요한 역할을 할 것으로 구상되었다. 그중에서도 가장 중요한 것은 사카모토 료마가 제기하고, 도사 번주와 에치젠 번주가 지지한 이원제의 '의정국'(議政局)을 설립한다는 구상이었다. 그것은 상원을 궁정의 정신(廷臣)과 다이묘로 구성하고, 하원을 무사의 대표와 서민의 대표로 구성한다는 발상이었다.

신정부가 자체의 권력 강화를 절실히 바라고 있던 1868년 초, 정부의 수뇌들은 동맹자들뿐만 아니라 잠재적인 반대파 사이에서도 이런 제안에 대한 지지와 참가하려는 열망이 아주 강하다는 것을 확실히 인식하고 있었다. 그들은 이 에너지를 활용하는 동시에 통제하고 싶다는 마음이 강했다. 이런 전략을 간결하게 표명한 정말 중요한 문서가 신정부 내의 격론 끝에 천황의 이름으로 1868년 3월에 발표되었다. 그것은 다음과 같은 내용의 「5개조의 서약서」(별명 國事五箇條)이다.

1. 널리 회의를 열어 만사를 공론으로 정할 것.
2. 상하가 합심하여 널리 경륜(經綸)을 행할 것.
3. 관리와 무사에서부터 일반서민에 이르기까지 각자 뜻한 바를 이루도록 노력을 게을리하지 않을 것.
4. 구래의 누습(陋習)을 타파하고 천지의 공도(公道)를 따를 것.
5. 지식을 전세계에서 구하여 크게 황국의 기반을 굳건히 다질 것.

이 주목할 만한 문서는, 특히 3-5조에서 향후 10년간에 신정부가 실시하게 될 혁명적인 변혁들이 어떤 개혁정신에 의해 인도될 것인가를 명백히 밝혔다. 제1조도 '공론'에 많은 사람을 참가시킬 가능성을 약속하고 있기 때문에 마찬가지로 중요한 의미가 있다. 공공의 의론은 '회의'에 의해 이루어진다고 되어 있지만, 그 권한에 대해서는 규정되지 않았다. 이들 여러 가지 애매한 약속은 그후 수십 년 동안 정치논쟁의 대부분에서 자기의 주장을 정당화한다든가 상대를 비판하기 위해 끌어대는 인용 기준이 되었다. 즉 정부 안팎의 정치활동가들은 이들 조문에 각자의 이익과 비전을 합치시켜 구체적인 의미를 부여하려고 경합했던 것이다.

정부측에서는 「5개조의 서약서」의 문구를 구체화하기 위해 1868년 하반기에 이원제의 '공의소'(公議所)를 설립했다. 이원(二院)에 의한 구성은 2년 전에 제출된 도사 번의 건의에 따른 것이다. 공의인(公議人)의 선정은 선거가 아니라 임명에 따라 이루어졌지만, 공의소는 입법권을 가졌다. 신정부의 지배자들은 그후 20년에 걸쳐 통치기구를 여러 차례 수정했는데, 공의소는 일찍이 1869년 7월에 폐지되고, 두 번째 심의기관인 집의원(集議院)으로 개조되었다. 그로부터 약 1년 뒤에는 집의원역시 폐지되었다. 그러나 초기 메이지 정부는 이들 입법기관을 설립함으로써 적어도 '널리 회의를 여는' 방향으로 나아가는 태도를 보였다.

동시에 정부 밖에서 활동하던 이들도 「서약서」의 약속을 실현하는 데 큰 기대를 품었다. 헌법에 따른 체제·질서를 세워야 하는가 아닌가 하는 문제는 메이지 초기에 점점 많은 사람을 끌어들이면서 전개되고 있는 논쟁의 중심적인 쟁점의 하나였다. 최대 관심사는 입헌체제 안에서 의회와 민중의 대표가 어떤 위치를 점해야 하느냐는 문제였다. 이들 문제를 둘러싼 논쟁은, 1870년대의 '문명개화'기 일본에서 새로운 의견표명의 장으로 융성하고 있던 정론잡지나 정론신문에서 전개되었다.

1870년대에는 정력적으로 당파적인 주장을 하는 신문이 잇달아 등장했다. 일본 최초의 일간지 『요코하마 마이니치 신문』(橫浜每日新聞)은 1871년에 창간되었다. 이듬해에는 도쿄에서도 오늘날 『마이니치 신문』(每日新聞)의 전신 중 하나가 된 일간지 『도쿄 니치니치 신문』(東京日日新聞)이 창간되었다. 이들 신문은 순식간에 메이지 정부가 나아가야 할 방향을 둘러싼 사회적인 논쟁의 중심이 되어, 국회 설립을 요구하는 논조를 펼쳤다. 이들 신문보다 정치색이 약하고, 보다 상업적 지향이 강한 신문들도 1870년대 말경에 창간되었다. 그 하나는 1879년 오사카에서 창간된 『아사히 신문』(朝日新聞)이다. 이들 신문은 단기간에 발행부수를 늘렸다. 그에 따라 경쟁이 격화된 결과 다수의 소규모 신문이 흡수합병되었다. 1870년대 말이 되면 소수의 거대 신문이 도쿄와 오사카에 본거를 두었을 뿐만 아니라, 대부분의 현(縣)에서 지방지가 발행되는 체제가 만들어졌다.

서양서적의 번역과 출판도 이렇게 급속한 팽창 일로에 있던 활자문화·출판문화의 중요한 일단을 담당했다. 1870년대 말에 이미 호기심 왕성한 독자는 존 스튜어트 밀과 장 자크 루소의 저작을 일본어 번역본으로 뜨덤뜨덤 읽게 되었다. 보수적인 독일 국가주의의 작품, 허버트 스펜서의 사회진화론의 번역도 출판되었고, 때마침 교육수준이 점점 높아가던 사회에서 열렬한 독자층을 획득했다.

1870년대의 문명개화기에 간행된 출판물 중에서도 가장 중요한 것을 하나 든다면, 아마도 그것은 『메이로쿠 잡지』(明六雜誌)일 것이다. 후쿠자와 유키치(福澤諭吉)는 이 잡지를 대표할 뿐만 아니라, 메이지 시대를 대표하는 지식인 중에서 가장 중요한 인물이었다. 『메이로쿠 잡지』의 이름은 창간연도인 메이지 6년(1873)에서 딴 것이고, 후쿠자와도 그 창립회원인 계몽사상가 단체 메이로쿠샤(明六社)에서 발행되었다. 후쿠자와와 그 밖의 메이로쿠샤 구성원들은 구미사상을 일본에 소개하고 보급하는 데 대단히 중요한 역할을 했다. 후쿠자와의 많은 저서는 1860년대부터 1890년대까지 수백만 부가 팔린 것으로 추정된다. 서양의 제도·관습·물질문화를 소개하는 후쿠자와의 저서 『서양사정』(西洋事情)은 1868년부터 1870년까지 3부작으로 간행되어 베스트셀러가 되었다. 1870년대의 주요 저서인 『학문을 권함』(學問のすすめ)과 『문명론의 개략』(文明論之槪略)에서 후쿠자와는 실학(實學)을 중시하고 인습에 얽매이지 않으며 사물을 자유롭게 깊이 생각하는 탐구정신과 국민 상호

간의 자립과 기회균등을 중시하는 정신을 특징으로 하는 신생 일본의 미래상을 그렸다.

후쿠자와를 비롯해 니시 아마네(西周, 존 스튜어트 밀의 공리주의 사상을 일본에 소개한 인물)와 나카무라 마사나오(中村正直) 등 메이로쿠샤의 구성원들의 저작의 근저에 깔려 있었던 것은 '문명화'와 '개화'를 향해 '진보'하는 것이 불가피하고 가치 있다는 신념이었다. 그들은 당시 서양의 국민국가야말로 세계문명의 제일선에 위치해 있다고 생각했다. 그들은 일본 국내에서 개개인이 열심히 노력하는 것을 중시했는데, 그것은 그런 노력을 통해 사람들이 개인적인 행복을 증진시킬 수 있다는 이유보다도, 나라를 진보시켜 국력을 증진시키는 데 공헌하게 된다는 이유 때문이었다.

자유민권운동

1870년대부터 1880년대에 걸쳐 이런 사고방식과 그 이전부터 높아지고 있던 참가의 확대나 사회의 쇄신에 대한 기대가 뒤섞여 다양하고 뜨거운 정치적 논의가 불타올랐다. 정치적 동력 중에서 가장 중요했던 것은 '자유민권운동'이었다. 이 운동은 메이지 신정권에 강력한 도전장을 내밀던 다양한 민중의 이니셔티브에 의해 만들어지는, 이른바 천의 얼굴을 한 야수 같은 것이었다. 민권운동을 지지하던, 정치의식에 눈뜬 남성들과 일부 여성들에게 두 가지 기본적인 문제가 최대의 관심사였다. 하나는, 어떤 새로운 정치기구가 채용되어야 하느냐는 문제였고, 다른 하나는, 누가 참가할 것인가라는 문제였다. 얼마 지나지 않아 논의의 초점은 이들 기본문제에 답하기 위한 기본문서, 즉 헌법을 기초(起草)할 필요가 있다는 데 맞추어졌다.

1870년대 초까지, 정부 안팎을 불문하고 거의 모든 정치적 논의가 하나의 단순한 논리의 틀 속에서 이루어졌다. 그것은 "세계 최강의 국가는 유럽제국이고, 이들 나라는 모두 헌법을 가지고 있다. 일본국민도 강력한 국가의 형성을 원하기 때문에 일본에도 헌법이 필요하다"는 삼단논법이었다. 이 삼단논법은 국력을 가장 중요시하는 것을 전제로 했다. 그 때문에 신정부 내의 지도자들도, 또 신정부의 지지기반이 너무 좁다고 비판하던 자들 대다수도 헌법을 개인의 자유와 행복 또는 안녕을 보장하기 위한 것이라고는 생각하지 않았다. 헌법을 기본적으로는 국민의 에너지를 억제하면서 부국강병을 향한 위대한 국가적 사명을 위해서 동원한다는 원칙, 그런 원칙에 대해 규정한 문서라고 보았다.

어떤 식으로든 헌법을 채택해야 한다는 합의가 1872-1873년에 정부 내에서 형성되었다. 거의 같은 시기에, 민선의원 설립을 요구하는 구체적인 청원과 함께 헌법제정을 요구하는 목소리가 결사(結社)라 불리는 다양한 비정부·반정부 조직의 공통적인 슬로건이 되었다. 이 결사들은 전국 각지에 결성되어 있었지만, 점차 서로 활동을 조정하는 등 협력관계를 돈독히 해 자유민권운동의 핵이 되는 전국적 네트워크를 형성해 나갔다. 메이지 신정권의 지도자들이 서서히 사쓰마와 조슈 출신의 구사족들로 구성된 소수집단에 정치권력을 집중시키자, '삿초'(薩長)에 의한 새로운 유사 전제(專制)가 과거의 도쿠가와 전제지배를 대체했다고 하는 민권운동가들의 정부규탄 목소리는 설득력을 얻고 있었다.

국민적 운동으로서 자유민권운동의 시발점이 된 최초의 민권결사는 1874년 초에 구 도사 번 출신의 이타가키 다이스케(板垣退助)가 중심이 되어 결성한 애국공당(愛國公黨)이다. 결사의 명칭에서부터 국가를 위한 애국적 행동이라는 생각이 중시되었음을 잘 알 수 있다. 이타가키는 몇 달 전까지는 정부 내에 있었지만, 정한(征韓)논쟁에서 패한 것에 분노해 하야했다. 마찬가지로 정한론을 주창하다 패하여 하야한 뒤 그 분노를 세이난 전쟁이라는 무력반란으로 표출했던 사이고 다카모리와 대조적으로, 이타가키를 비롯한 애국공당에 가세한 구성원들은 정부에게 민선의원 설립을 건의했다. 이타가키가 1874년 1월에 정부에 제출한 유명한 「민선의원 설립 건백서」(民撰議院設立建白書)는 강력한 국가를 건설하기 위해서는 자유로운 토론과 대의제 정체가 불가결하다며 다음과 같이 주장했다.

> 따라서 우리나라 정부가 오늘날 추구해야 할 목표는 민선의원을 설립함으로써, 국민에게 감히 모든 것에 적극적으로 맞붙어 보려는 마음을 갖게 하고, 국가의 부담을 분담하는 의무를 인식시키며, 국가방침의 결정에 참가시키는 데 있다. 즉 이것으로 국민의 마음을 하나로 모으는 데 있다.[3]

이 건백서는 광범위한 주목을 받았다. 이타가키 자신은 의회제 입헌정치를 맨 처음 주장한 사람으로 명성을 얻었다. 하지만 그 명성은 부분적으로 타당했을 뿐이다. 이렇게 말하는 것은 이타가키는 한 번만이 아니고 여러 번 동지들을 버리고 정부 내의 요직에 돌아가는 기회주의적 행동을 취했기 때문이다. 초기 그들의 조직화활동을 떠받친 지지기반은 구사족이 중심으로 비교적 협소했다. 이타가키는 정치개혁의 필요성을 호소함과 더불어, 옛날에 긍지가 높았는데 지금은 곤궁에 처한 옛 사무라이들을 구제해야 할 필요성을 역설했다. 또 자유민권운동이 자유로운 토론을 요구했음에도 불구하고, 운동을 지지한 구사족 중에는 동기만 순수하다면 정치적 테러 같은 극적인 행위도 정당화된다고 주장하던 막부 말기 '지사들'의 폭력적인 정신을 계승한 사람도 있었다.

이타가키가 결성한 최초의 몇몇 결사는 결성 후 얼마 안되어 해산했다. 그러나 1870년대 말에 이르자 헌법제정과 의회개설에 대한 사회 민

기모노 앞면에 '自由'라는 글씨가 크게 수놓아져 있는 자유민권운동의 조루리 인형. 이런 인형은 도쿠가와 시대에 도시에서 선풍적인 인기를 끌었던 분라쿠(文樂) 연극에서도 사용되었다. 새롭게 디자인된 인형의상은 인권과 자유에 대한 요구가 어떻게 민중문화에 녹아들어가, 지식인층에 국한되지 않고 널리 확산되었는지를 보여준다. 세누마 도루(瀨沼亨) 제공.

초(民草)들의 급속한 관심의 고조가 민중의 정치참여를 요구하는 운동에 새로운 활기를 불어넣고 그것을 지탱해주었다. 특히 1879년부터 1881년에 걸쳐 각지의 도시와 농촌의 민권운동가들에 의해 거의 200개에 달하는 정치결사가 결성되었다. 그 회원들은 주로 농민과 구사족이었다. 이들은 유례없는 규모로 민중동원에 나섰으며, 그 세력은 점차 두 개의 전국 규모의 국민정당으로 발전해갔다. 이들 정당은 국정(國政)선거에서 싸울 기회를 아직 얻지 않았다는 점을 제외하곤, 정당으로서의 모든 요건을 갖추고 있었다. 회비를 내는 회원을 전국 각지에 두고 있었고, 전국대회에 대표를 보내 강령이나 행동계획의 책정에 참가하는 것을 지방지부에 인정하는 것 등을 정한 당규약을 정비하고 있었다. 더욱이 이들 정당은 집회를 열고 기관지를 발행했다. 지도적인 멤버들은 전국 각지에서 지방유세를 벌였고, 지역의 후원자들과 자금모집을 위한 간담회에 출석했다. 민권 정당은 또 헌법제정과 국회개설을 요구하는 수백 종의 건백서에 수만 명의 서명을 받아 정부에 제출했다.

게다가 자유민권운동은 다양한 전통적인 상징을 도입하여 운동의 목적을 알림으로써 힘을 키워나갔다. 예컨대 운동의 지지자들은 도쿠가와 시대로부터 계승해온 분라쿠 인형조루리에 '自由'라는 글자를 크게 박은 의상을 걸친 인형을 등장시켜 연기하게 했다. 자유민권의 요구를 담은 새로운 동요도 만들어졌다. 그리고 많은 민권운동가들은 지배자들에게는 자비심 많은 통치를 행할 의무가 있다는 유교적인 관념과, 정치문제에서 천부인권론을 강조하는 서양적인 이념을 융합시킨 생각을 품고 있었다.

당시 일본의 정치상황에 관해서 특별히 주목해야 하는 것은 사회의 풀뿌리 수준에서 수많은 사람들이 자연발생적으로 활동하고 있었다는 것이다. 사람들은 임시로 개최되는 연구회에 참가해서 진정서나 성명서를 읽는다든가 토론한다든가 기초(起草)한다든가, 심지어 헌법초고(草

稿)를 다듬는 일까지 했다. 그런 회합 중에서는 도쿄의 근사한 저택에서 열리는 회합도 있는가 하면, 농촌의 허름한 오두막에서 열리는 회합도 있었다. 이런 민초그룹이 기울인 노력이 낳은 성과의 일부는 100년 가까이 창고에 묻혀 있다가, 남아 있는 사료들을 조사해서 그 속에서 서민들의 정치적 창조력의 발굴을 목표로 하는 이른바 민중사가들에 의해 최근에야 발견되었다.

민권운동가들의 활동의 장도 다양했다. 농촌에서는 새로운 농법, 협동조합적인 농사시험장, 혹독한 세(稅) 부담 같은 문제들에 대해 논의하는 '공업결사'(工業結社)라 불리던 그룹이 형성되었다. 통상 주선했던 사람은 지주와 지역의 명망가들이었다. 구성원으로는 촌장·교사·지역상인·신주(神主)·의사 등이 참가하는 경우가 많았다. 정부는 1881년에 농상무성(農商務省)을 설치하기로 했는데, 그 목적은 이런 지방의 에너지를 흡수·관리하기 위해서였다.

도시에서 형성된 사숙(私塾)이나 연구회·학습회도 민중의 정치교육과 정치활동의 거점이 되었다. 이런 그룹의 주요 구성원은 메이지 시대 도시의 지식계층을 형성하고 있던 구사족 출신의 저널리스트와 교육가들이었다. 연구회 중에서 가장 유명한 몇몇은 후쿠자와 유키치의 그룹이 훗날 게이오 의숙(慶應義塾) 대학이 된다든가, 오쿠마 시게노부(大隈重信)의 조직이 와세다(早稻田) 대학 설립의 핵이 된 것처럼 오늘날 일본의 대표적인 사립대학의 전신이 되었다.

이런 도시의 아카데미적인 집단과 유사한 것이 지방에서도 문화와 정치에 대해서 배우고 토론하는 다수의 그룹이 형성되었다. 자유민권을 요구해서 정치적인 흥분의 도가니를 만들어낸 여러 집단 중에서 가장 많은 수를 차지한 것은 이들 그룹이었다. 농촌의 '공업결사'와 달리 이런 연구회는 구사족을 중심으로 형성되는 경향이 강했다. 연구회의 회원들은 정치철학서뿐 아니라 경제 및 농업 서적을 읽고 토론했다. 가끔 그들

1880년대 민권파의 집회에서 연사의 연설을 중지시키려던 경찰대와 그 횡포에 격노한 청중. 국회개설운동의 고양에 대응하여 정부는 집회조례 등 검열에 대한 법규를 강화하고 모든 정치집회의 연단에 경관을 배치해 감독하게 했다. 연사가 심하게 정부비판 발언을 해서 그 표현방법이 허용범위를 넘어서면 1회째는 경고를 받고 2회째에는 연설을 중지시켰다. 청중에게는 이런 소동을 구경한다든가 소동 자체에 끼일 기회를 잡을 수 있는 것도 집회참가를 매력적으로 보이게 한 요인이었다. 도쿄 대학 법학부, 메이지 신문잡지문고(明治新聞雜誌文庫) 제공.

의 토론은 행동으로 이어지기도 했는데, 그 행동의 전형적인 형태가 메이지 정부에 헌법제정과 민선의원 설립을 요구하는 건백서를 제출하는 것이었다.

이런 그룹에 속하는 구성원의 총수는 일본의 전체인구에 비하면 소수였다. 하지만 막 지나간 도쿠가와 시대를 기준으로 생각할 때, 1870년대와 1880년대의 정치활동을 재는 계량컵은 반쯤 비어 있었다고 생각하기보다는, 반쯤이나 차 있었다고 생각하는 쪽이 적절할 것 같다. 많은 사람들이 근대사회로 일본이 변함에 따라 굵직굵직한 수많은 정치적 쟁점에 관심을 갖고 직접적으로 관여하려고 했는데, 그 수는 국민 총수에 대한 비율로서는 아주 많은 것이었다.

다양한 문제가 격론을 불러일으켰는데, 그중에서도 가장 중요한 쟁점이 된 것은 천황의 위상에 관한 문제, 즉 관료·의회·국민과의 관계 속에서 천황의 권력과 역할은 무엇인가라는 것이었다. 프랑스의 공화정체와 인권선언에 지대한 영향을 받은 지식인들을 제외하면, 메이지 시대 일본에서는 고전적인 의미의 '공화주의자'는 거의 없었다. 다시 말해 정치논쟁에 가담했던 모든 진영이 천황을 원수로서 정치질서의 중심에 두기를 원했다. 그러나 그러한 질서를 어떻게 구성할 것인가를 둘러싼 논의는 매우 활발하게 이루어졌다. 사실, 후대 천황에 대한 모든 논의를 아주 무겁게 압박하게 되는 터부나 경외심이, 당시의 논의를 제약한 흔적은 거의 눈에 띄지 않는다. 지방의 그룹 중에서는 천황의 권한을 엄격하게 제한하는 것에 대해 자유롭게 논의한 그룹도 있었다. 1967년 도쿄 근교 이쓰카이치(五日市) 외곽에 있는 농가의 창고에서 가장 유명한 헌법초안 중 하나인 이쓰카이치 헌법초안이 발견되었는데, 거기에 "행정관이 제출한 안건을 토론하고, 천황의 안건을 개찬할 권한을"[4] 민선의원에 부여한다는 것을 정한 조문이 포함되어 있었다.

공론에서 두 번째로 중심적인 쟁점이 되었던 것은 첫 번째 쟁점과 밀접하게 관련되어 있었는데 다름 아닌 국민의 권리와 권한을 어느 정도로 하는 것이 적절한가라는 문제였다. 민간에서 기초된 사의헌법(私擬憲法) 초안에서 전형적으로 보이는 것은, 국고에 대한 감독권한에 더해, 외국과 조약을 체결하고, 법안을 작성하고, 행정부를 통제하는 등의 일정한 권한을 민선의원에 부여한다는 방침이었다. 예컨대 과거 수십 년 동안 발굴된 헌법초안 중에서 비교적 온건한 편에 속했던 이쓰카이치(五日市) 헌법초안은 다음과 같이 규정하고 있다.

> 국회는, 만약 정부가 제민 평등의 존중, 재산소유의 권리 내지 원칙을 위배한다든가 혹은 우리나라의 방위를 해칠 것 같은 일이 있으면, 힘껏 거기에 반대의견을 제기하고, 문제의 근원으로 돌아가 그런(명령의) 공포(公布)를 거부할 권한을 가져야 한다.[5]

이 규정은 법률의 규정으로서는 그다지 실용적이라고 할 수는 없다. 예컨대 정부가 "헌법의 원리를 위반"했는지 여부를 누가 어떻게 판단할 것인가에 대해서는 규정되어 있지 않다. 그럼에도 불구하고 이 조문은 국가의 권한을 제한하는 것에 대해서 풀뿌리 레벨에서 사람들이 관심을 가지고 있었다는 것을 확실히 예증하고 있다.

자유민권운동은 1880년부터 1881년에 걸쳐 절정에 달했다. 전국 각지에 산재한 결사와 그룹이 100건 이상의 청원서에 적어도 25만 명 이상의 서명을 모아 도쿄의 중앙정부에 제출했다. 수백 개나 되는 지방조직이 전국 규모의 연합체인 '국회기성동맹'(國會期成同盟)에 결집하여 세 차례에 걸쳐 전국대회를 개최했다. 제3회 대회는 1881년 10월에 열렸다. 전국 각지에서 참가한 대표들은 그 자리에서 새로운 정당 자유당(自由黨) 결성을 정하고, 바로 신생 정당의 제1회 전국대회를 개최했다. 자유당의 강령은 주권재민과 헌법제정회의의 개최를 요구했다.

그 몇 달 뒤인 1882년 초에는 제2의 그룹이 오쿠마 시게노부를 중심으로 결집하여 입헌개진당(立憲改進黨)을 결성했다. 사가(佐賀) 번 출신의 구사족으로 토막(討幕)운동에 관련되어 있던 오쿠마는 그 직전까지 정부 내에서 참의(參議)의 지위에 있었지만, 영국식의 강력한 의회의 설치를 주장하는 헌법제정을 주장한 것도 이유의 하나가 되어, 그 지위에서 막 파면을 당한 상태였다. 오쿠마가 이끈 이 당은, 대두하고 있던 재계 엘리트들의 강력한 지지를 받았고, 내건 요구도 자유당과 비교하면 온건했다.

이렇게 정치동원이 질적으로도 양적으로도 정점에 달했던 1881년 10월에 메이지 정부가 1890년까지 헌법을 기초해서 발효시킨다는 취지의 칙유를 천황에게 발표시킨 것은 결코 우연이 아니었다. 정부 수뇌들은 극도의 위기감을 느꼈기 때문에 이 조처를 했던 것이다. 1879년에 야마가타 아리토모는 이토 히로부미에게 보낸 편지에 다음과 같이 적고 있다. "하루하루 팔짱 끼고 기다리면 (자유민권 논의의) 해(害)와 독(毒)은 점점 전국 각지로 퍼져 나가, 젊은이들의 마음에 침투할 것이고, 헤아릴 수 없는 해악을 초래하는 것은 필연이다."[6] 그로부터 2년 뒤인 1881년, 이토의 심복이었던 이노우에 고와시(井上毅)도 같은 마음에서, 정부는 서둘러 국가 중심의 보수적인 헌법을 기초해야 한다고 이토에게 다음과 같이 진언했다.

> 만일 우리가 이 기회를 놓치고 머뭇거리게 된다면, 2-3년 안에는 사람들은 성공을 확신하기에 이를 것이고, ……우리가 어떤 웅변을 늘어놓아도…… 여론은 정부가 제안하는 헌법초고를 치워버리고, 결국 민간의 사의헌법이 승리하게 될 것입니다.[7]

민권운동이 정부에 의한 헌법채택의 시기와 방향에 영향을 미친 중요한 요소였던 것은 확실하다. 그렇다고 정부지도자들이 반대파의 압력에 간단히 굴복한 것은 아니었다. 그들은 일본이 국제적인 존경을 얻기 위해서도, 그리고 '부국강병'이라는 국가프로젝트를 위해 국민의 에너지를 동원하기 위해서도 입헌정체의 확립이 불가결하다는 판단을 이미 하고 있었다. 정부는 1878년에 민선에 의해 선출되었지만 조언 기능만 갖고 있던 부현회(府縣會)를 전국에 일제히 개설하고, 그 방향으로 나아가기 위한 첫걸음을 내디뎠다. 부현회 의원선거의 선거권은 고액의 지조납세자에게만 한정되어 있었기 때문에, 정부는 부현회를 개설함으로써 농촌의 자산가 엘리트들의 지지를 획득할 수 있으리라 기대했다. 그러나 실제로는 부현회 회의장은 종종 민권운동의 온상이 되었다.

　민권파에 의한 미증유의 청원이나 연설캠페인은 헌법채택의 결정에 두 가지의 얄궂은 형태로 영향을 미쳤다. 그 하나로 민권운동 캠페인은 정부를 일련의 억압적 검열법규의 채택이라는 방향으로 움직이게 했다. 먼저 1875년에 참방률(讒謗律), 신문지조례(新聞紙條例), 개정출판조례라는 최초의 일련의 탄압입법이 발포되었다. 이듬해에 이들 조례의 단속조항이 강화되었고, 1887년에는 한층 강화되었다. 둘째로, 민권운동 캠페인은 정부수뇌들에게 무슨 일이 있어도 프로이센의 1854년 헌법을 본뜬 보수적 헌법을 기초해야겠다는 정부요인들의 결의를 확고하게 했다. 프로이센 헌법은 국왕과 그 배하의 대신들에게 막강한 권한을 주는 한편, 국민의 권리를 제한하고 있었다. 메이지 지배자들에게 인권을 제한하고 국민의 정치참여도 좁게 한정하는 자신들의 구상에 합치하는 헌법을 기초하는 것은 별달리 어려운 일이 아니었다. 오히려 얼마 안되어 밝혀진 것처럼 실제로는 그런 구상을 통과시키기 위해서 헌법을 이용하는 일이 훨씬 어려웠다.

사족반란, 농민봉기, 신흥종교

이 시기에 그 밖에도 신정부의 권위에 대한 도전이 여러 차례 발생했다. 변혁의 속도를 늦추라고 요구한다든가, 시계를 거꾸로 돌리라고 요구하는 등의 격렬한 반동적인 요구가 1870년대에 폭발했다. 징병제에 반대하는 서민이 징병사무를 보는 구장(區長)·호장(戶長) 사무소를 습격해 때려 부쉈다. 의무교육제의 도입과 학교를 유지하기 위한 지방세 도입에 분노한 사람들이 막 신설된 수천 개의 학교를 파괴했다. 게다가 1870년대 중반에는 질록 처분으로 곤궁해진 구사족들에 의한 반란이 몇 차례 발생했다.

사족반란과 그 정도로까지 격렬하지는 않았던 자유민권운동 사이에는 동기와 목표 면에서 일부 겹치는 점이 있었다. 의사결정 과정에서 배제된 데 대한 분노는 양자에게 공통적이었다. 실의에 빠진 구사족들은 1870년대에 신정부에 영향력을 행사할 두 가지 방법을 찾아냈다. 어떤 자들은 참가에 대한 새로운 규칙을 기초하는 길을 선택했다. 다른 이들은 칼과 총을 들고 자신들의 주장을 관철하는 길을 선택했다. 게다가 민권운동가로서의 길을 선택한 구사족과 반란에 나선 구사족은 둘 다 외교정책에 대해 매우 호전적인 태도를 보였다는 점에서도 공통적이었다. 사실 양자 모두 정부관계자보다도 더 심한 대외강경자세를 취했다. 그랬기 때문에 1873년에 정한논쟁을 둘러싸고 정부가 분열되었을 때, 이타가키 다이스케와 사이고 다카모리는 참의(參議)직을 사임했던 것이다. 이타가키가 자유민권운동을 시작한 데 반해, 사이고는 사족의 무장반란을 이끌게 되었다.

사이고가 주도한 세이난(西南) 전쟁이라 불리는 무장봉기는 몇몇 사족반란 중에서 가장 규모가 컸다. 1874년에는 정한논쟁 후에 하야한 강경파의 한 사람인 에토 신페이(江藤新平)가 1만 2천 명의 구사족을 이끌고 규슈의 사가(佐賀) 현청을 공격한 사가의 난을 일으켰다. 반란군의 목적은 옛 번주의 복위와 자신들 무사의 질록을 부활시키는 것이었다. 1876년에는 역시 규슈의 구마모토(熊本) 현과 후쿠오카(福岡) 현에서도 비슷한, 하지만 참가한 구사족의 수로 보면 수백 명 정도로, 규모가 작은 무장봉기가 일어났다. 이 모든 반란은 신정부의 군대에 의해 신속하게 진압되었고, 주모자들은 처형되었다.

사이고 자신은 1873년 정한논쟁에서 패해 참의직을 사임하고, 고향인 규슈의 가고시마(鹿兒島, 구 사쓰마 번)로 돌아가, 군사에 대해 가르치는 사립학교를 세웠다. 지역주민들의 사이고에 대한 지지가 대단했기 때문에, 가고시마 현은 1876년까지 중앙정부와의 관계를 사실상 끊고 있었다. 구체적으로 현은 징수한 세금을 도쿄에 보내는 일을 중단했고, 메이지 정부가 내린 여러 사회개혁명령도 무시했다. 1877년 겨울에 사이고는 1만 5,000명의 병사를 이끌고 가고시마를 출발해 도쿄를 향해 진격했다. 그의 목표는 정부를 타도하고 사족의 특권을 회복하는 것이었다. 극도로 반정부 성향이 강한 가고시마 현내를 거쳐서 이웃한 구마모토 현으로 들어가는 사이에 반란군의 군세는 순식간에 4만 명으로 불어났다. 사이고군은 구마모토 성에 주둔해 있던 정부군을 공격했다. 그러나 6만 명이 넘는 정부군이 도착해서 현지의 주둔군을 보강했기 때문에 이 공격은 실패했다. 3주에 걸친 피비린내 나는 전투는 반란군측의 참패로 끝났다. 반란군 사망자는 2만 명에 달했고, 정부군측의 사망자는 6,000명 이상, 부상자는 9,500명에 달했다. 사이고는 체포되어 처형당하기보다는 자결을 택했다. 오늘날까지 사이고는 대중적 영웅으로서 순수한 동기에서 대의를 위해 목숨을 바친 모범적인 인물로서 추앙받고 있다. 그러나 그의 패배는 이제 옛 사회질서로 돌아가는 것은 불가능하다는 사실을 명백히 보여주었다. 농민 출신의 징역병들은 구사족의 군대를 상대로 해서 자신들의 진가를 발휘했다. 신정부에 대해 무력으로 저항해봐야 무리라는 것이 널리 인식되기에 이르렀다.

그렇다고 해도 그 후 수년간 빈곤으로 고통받던 일부 농민들이 무기를 들고 일어나 압도적으로 우세한 군대를 적으로 맞아 싸우는 사태가 여러 차례 일어났다. 이런 농민봉기는 특히 소작농과 소규모 양잠농가들을 괴롭히던 많은 빚이 원인이 되어 발생했다. 1880년대 초에 정부가 채택한 경제정책은 심각한 디플레이션을 초래했다. 1884년에 이르자 쌀과 생사의 가격은 1880년의 절반 수준으로 떨어졌다. 물가의 전체 하락폭은 4분의 1 정도에 불과했기 때문에, 쌀과 견제품 판매에 의존도가 높았던 농민은 다른 사람들보다도 훨씬 심각한 타격을 받았다. 기회가 많은 신시대에 좀더 많은 수입을 올리고 싶다는 꿈을 꾸던 의욕적인 소규모 토지소유자들은 언덕배기의 밭을 양잠용 뽕밭으로 바꾸느라 이미 많은 빚을 지고 있었다. 그런데 돌연 지조의 부담이 덮쳐왔기 때문에 이 농민들은 물가가 하락해도 줄어들지 않는 세금을 내기 위해 또 돈을 빌려야 하는 상황에 부닥쳤다. 많은 농민들은 채무불이행상태에 빠졌고, 고리대금업자인 지주들에게 토지를 빼앗기고 말았다.

양잠지대를 품고 있던 간토(關東)지방을 중심으로 한 여러 현에서 곤궁한 농민들은 '차금당'(借金黨)이라든가 '곤민당'(困民黨) 같은 이름의 집단을 결성했다. 이들 집단은 주로 지역 지주들과 중복되는 채권자들에게 빚을 삭감 또는 탕감해주든지, 상환기한을 연장해 달라고 요구했다. 농민봉기 중에서 최대의 봉기는 도쿄에서 서쪽으로 약 80km 떨어진 지치부(秩父) 지방에서 일어났다. 1884년 11월 초순에 6천 명의 농민이 오합지졸로 반란을 일으켰다. 농민들은 정부의 지방사무소를 습격해서 채무증서를 불태워버렸다. 마을에서 마을로 행진하며 새로운 지지자들을 끌어들였고 고리대금업자의 집을 때려 부쉈다. 지역경찰은 수와 힘 면에서 압도당했다. 이윽고 정부가 군대에 출동명령을 내렸고, 그로부터 약 열흘 뒤에는 정부군이 비교적 손쉽게 봉기를 진압했다. 나중에 다섯 명의 주동자가 체포되어 처형되었다. 그 지역의 자유당 당원 다수도 이들 봉기에 가담했으며, 반란농민 중에는 '자유당군 병사'임을 자칭하는 자도 있었다. 자유당의 전국본부의 지도자들은 이 봉기에 가담하지 않았으나, 그럼에도 불구하고 그들은 농민봉기를 지지했다고 비난당할 위험을 피하기 위해서 당을 해체했다.

사족 반란군과 빈농의 소요 외에 몇몇 강력한 신흥종교가 신정부에 대해 제3의 이의제기 집단을 형성했다. 이런 종교집단 중에서 덴리교(天理敎)와 곤코교(金光敎) 등 몇 개는 도쿠가와 시대 후기에 이미 설립되어 있었다. 이들 외에 마루야마교(丸山敎)와 오모토교(大本敎)처럼 메이지 시대 초기에 성립된 것도 있었다. 1870년대 말에 마루야마교와 덴리교의 신자수는 각각 수십만에 달했다. 이들 신흥종교 성립의 사정을 보면, 대개 여성인 창립자가 신령을 받아 종파의 신성한 경전을 직접 기술하거나 구술 필기시키는 것으로부터 시작하는 것이 전형적이었다. 또 이들 종교의 가르침은 내세의 구원을 기대하며 현세의 자제(自制)를 설득하는 내용이 많았다. 그러나 도쿠가와 시대의 신흥종교도 그랬듯이 메이지 시대의 신흥종교 중에서도 부의 분배의 평등화를 즉각적으로 실현하는 '요나오시'(世直し, 세상 바로잡기)라는 형태로 현세에서 구제에 대한 계시를 설파하는 것도 있었다. 신흥종교의 신자들은 '차금당'이나 '곤민당'의 지지자들과 불평등한 사회·경제제도에 대한 분노를 공유하고 있었다. 이것이 때로는 양자의 격렬한 행동에 유사성을 띠게 한다든가, 양자 사이에는 뭔가 연계가 있다는 소문도 나돌게 했다. 이를테면 1884년에 지치부 곤민당의 봉기가 발생한 지 일주일 만에 시즈오카(靜岡) 현의 마루야마교 신도들이 즉각적인 부의 평등한 분배를 요구하며 정부의 사무소를 습격해 때려 부수는 사건이 발생했다.

신정권에 대한 이러한 도전의 배경에는 착종된 사회적·지역적인 요인이 있었다. 무장봉기나 신흥종교의 중심적인 지지자들은 구사족과 빚에 시달리는 곤궁한 농민들이었지만, 구사족·부농층·빈농층 3자는 자유민권운동을 지지하는 세 집단이었다. 공교롭게도 자유민권운동의 형태로 표현되었든 반란이라는 형태로 분출되었든 구사족의 저항은 1868년의 유신에 대한 지지가 가장 강했던 지역에서 가장 격렬했다. 이런 구 무사층, 특히 규슈와 도사의 무사층은 자신들이 성립시킨 정권 내에서 어떤 형태로든 역할을 맡을 수 있을 것으로 기대하고 있었다. 그들은 일단 신정부의 방침에 환멸을 느낀다든지 신정부로부터 배제되었다고 느끼면 다른 사람들도 부추겨 행동에 나설 공산이 컸다. 한편 농민의 항의행동이 가장 격렬했던 지역은, 특히 생사산지를 비롯해서 농업의 상업화가 진행되고 있던 지역, 즉 농민이 국내·국제 시장의 변동에 가장 취약했던 지역이었다.

여성의 참여

메이지 혁명의 어수선한 사회적 반응에는 성역할과 이데올로기에 대한 광범위한 논의도 포함되어 있었다. 일찍이 공무로 구미를 여행했던 일본 여행자들의 일부가 쓴 글에는 구미에서 남녀가 무질서하게 교류하는 모습에 대한 혐오감이 생생하게 그려져 있다. 예컨대 1860년에 무라가키 노리마사(村垣範正)는 막부가 미국에 파견한 사절단을 대접하기 위해 미국 국무부에서 열린 무도회의 광경을 다음과 같이 기록하고 있다.

한 조씩 짝을 이룬 남녀가 발끝으로 서서 음악에 맞춰 차례차례 마치 흰 생쥐가 뱅뱅 돌듯이 빙글빙글 돌았다. ……아무리 예절이 없는 나

라라고 해도 일국의 재상이 외국사절을 이따위 행사에 초대하다니 참
으로 가관이다! 무례를 트집 잡으려 들면 끝이 없다. 예절도 의례도 없
지만, 그저 친밀한 표현이라 여기고 용서하기로 했다.[8]

무라카키는 공식 만찬회 자리에서 한 젊은 미국 여성으로부터 일본의
정치관습·사회관습에 대해 천진난만한 질문공세를 받은 것에 대해서도
역시 몹시 놀랐다.

이런 견해가 있었음에도 불구하고 신정부는 소수의 선택된 여성들에
게 정부의 시책을 지지하고 적극적인 역할을 해줄 것을 신중하게 장려
했다. 구체적으로 정부는 이와쿠라 사절단과 함께 파견하는 일군의 유
학생에 8세에서 16세까지의 젊은 여성 5명을 포함시켰다. 이 여성들은
미국식 교육을 받고 신생 일본의 건설에 이바지할 모범적인 여성이 되
기 위해 미국에 머물렀는데, 사절단과 동행했던 젊은 남자들에 비하면
여학생에 대한 관심과 지원은 부족했다. 다섯 명 중 한 명은 현지도착해
서 얼마 안되어 귀국했고, 또 한 명은 미국에서 사망했다. 다른 두 명은
귀국 후 지배층 엘리트와 결혼해 무엇 하나 부족할 것 없는 가정생활에
들어가, 개인으로서의 눈에 띄는 경력을 남기지 않았다. 그렇지만 여자
유학생 중 제일 어렸던 쓰다 우메코(津田梅子, 일본을 떠날 당시 8세)는
여성의 사회적 지위 향상에 큰 역할을 했다. 귀국 후 쓰다는 오늘날의
쓰다주쿠(津田塾) 대학의 전신인 여영학숙(女英學塾)을 설립했으며, 여
성교육의 선구적인 지도자가 되었다.

비슷한 시기에, 여성과 남성의 적절한 역할과 권리는 어떠해야 하는
가를 둘러싸고 활발한 논쟁이 정부 밖에서 벌어졌다. 적어도 현재까지
발굴된 사료를 보면, 이 논쟁은 여성들을 어떻게 대우해야 할 것인가라
는 문제를 놓고 남성들 사이의 논의로 시작되었다. 논쟁의 장으로서 가
장 많이 알려진 것은 『메이로쿠 잡지』였다. 후쿠자와 유키치와 훗날 문

부대신이 된 모리 아리노리(森有礼) 등을 비롯한 당대 유수의 지식인들이 남녀간 평등의 의미라든가, 여성을 위한 교육의 가치라든가, 첩을 법적으로 인정하고 그 자녀에게 상속권을 부여하는 일의 단점이라는 테마에 대해 집필했다.[9] 이런 테마에 관한 의견은 다종다양했다. 그러나 19세기 말 구미의 경우와 마찬가지로, 개혁주의적인 의견의 주류는 확실히 신중한 태도를 보였다. 『메이로쿠 잡지』의 논자들은 그들이 통상 장려해온 것, 즉 남녀 각각 별개의 영역에서 남녀를 평등하게 존경하는 것과 그들이 전혀 지지하지 않는 것과, 사회 전반에 있어서 정치적·사회적 권리의 평등을 존중하는 것을 주의 깊게 구별했다. 이들은 남녀간의 정치적·사회적 권리의 평등을 인정하면 양성간 대립과 불화를 초래해 사회적 조화를 해치지 않을까 우려했다. 일례로 사카타니 시로시(阪谷素)는 1875년에 기고한 평론에서 다음과 같이 지적했다..

> 따라서 〔남녀〕 동권(同權)이라는 개념은 침실에서는 평등을 성립시킬 수 있을지 모르지만, 생활 전반에서는 성립시켜서는 안된다. 만약 오늘날 우리나라에서 사람들의 생활의 모든 면에서 이런 동권을 확립하고자 한다면, 남성은 여성을 짓누르려 하고 여성은 남성을 압박하려 하는 상황에 이르는 것은 필연이다. ……요컨대 '권리'라는 말은 폐해를 동반하는 것이다.[10]

일부 여성은 애초는 남성만을 대상으로 해서 추진된 문명개화라는 개념에 스스로 의미를 부여하기 위해 독자적으로 행동을 개시했다. 일례를 들면 메이지 초기의 정부는 1871년에 무사의 개인적인 외모를 크게 바꾸게 하려고 상투를 자르고 서양식 헤어스타일로 바꾸는 것을 '장려하는' 명령을 발포했다. 천황이 단발하자, 대부분의 옛 사무라이도 천황을 따라 했다. 다음으로 도쿄의 일부 여성들도 마찬가지로 자신들의 외모를 바꾸어야겠다고 판단했다. 이 여성들은 더 짧게, 행동거지에도 여러 가지로 편리한 헤어스타일이 보급되도록 호소하는 단체를 조직하고, 스스로 단발머리를 해서 모범을 보였다. 그런데 1872년, 정부는 여성의 단발을 금하는 명령을 발포해서, 이런 운동에 대응했다. 정부가 발포한 이 명령에는 건강상의 이유로 머리를 짧게 해야 할 필요가 있는 고령의 여성의 경우에도 머리를 자르러 미장원에 가려면 특별허가증이 필요했다.

한편 변혁요구를 자유민권운동의 토론장에 들고 들어온 여성도 있었다. 1870년대 말부터 1880년대 초에 이르는 짧은 기간에 민권파의 집회에서 연사로서도, 또 수적으로는 이쪽이 훨씬 많긴 했지만, 청중으로서도 여성이 중요한 역할을 담당했다. 그중에서도 기시다 도시코(岸田俊子)와 후쿠다 히데코(福田英子) 등 이름을 알린 활동가를 비롯한 소수의 열성적인 여성민권가는 정치적·법적 권리를 남녀간에 평등하게 해야 한다고 호소하기 시작했는데, 여성이 연설하는 집회는 성황을 이루었다. 기시다는 '남존여비'의 사고를 경멸하고 '진보'라든가 '문명화'라는 것은 여성이 남성과 대등한 정치적·경제적 권리를 갖는 상황을 가리킨다고 주장했다. 기시다는 여성이 교육을 받는 것과 가족 내 남녀평등의 중요성을 역설했다. 또 첩을 합법화하려는 움직임에 대해서는 남편의 자산에 대한 부인과 자식의 청구권을 첩의 청구권과 동등하게 취급하는 것이라는 이유로 규탄했다.

훗날 후쿠다는 자서전에서 기시다 도시코한테 받은 영향을 다음과 같이 회상하고 있다.

〔기시다 도시코〕 여사가 유창한 말재주로 막힘 없이 여권확장의 대의를 설명했는데, 나도 의분을 억눌러 둘 수 없어서, 기시다 여사가 머무르는 동안 민권운동가의 부인이나 딸들과 상담해서 여성간담회를 조직해서, 타지방에 솔선해 여성의 단결을 도모하고, 종종 지사 논객을 초청

해서 천부인권과 자유평등의 강연을 듣고, 여성에 관한 고래의 누습을 타파하려고 노력했는데, 시대의 변화에 발맞추어 입회하는 사람이 끊이지 않았으며, 간친회는 점점 발전해갔다.[11]

자유민권운동에 참여하고 있던 남성들에게 기시다 같은 연사는 위협인 동시에 행운을 부르는 여신이기도 했다. 그녀의 활동으로 말미암아 정부가 자유민권운동을 탄압할 가능성을 높였지만, 한편 그녀는 열광적이고 호기심에 가득 찬 청중을 강연장 또는 야외집회에 끌어모으는 훌륭한 인기연사였기 때문이다.

한편 메이지 정부의 지배자들은 1880년대에 이미 자신들의 아내는 세계에 일본을 대표하는 모범으로서 준(準)공적인 역할을 할 거라는 결론에 달했다. 1860년대의 무라카미처럼 미국인이 춤추는 것을 보고 충격을 받는 태도 따위는 구식이 되었다. 엘리트층 남녀는 사교댄스를 즐기게 되고, 도쿄의 중심에서 성대한 무도회를 개최하여 외국인을 초대하기에 이르렀다. 이런 연회는 1883년에 도쿄의 심장부에 세워진 우아한 서양식 건물인 로쿠메이칸(鹿鳴館)에서 열렸다. 로쿠메이칸 건립을 추진한 외무경(外務卿, 1885년부터는 외무대신) 이노우에 가오루는 외국인에게 일본이 서양문명을 빠르게 수용하고 있다는 인상을 심어줌으로써 불평등조약 개정을 위한 지지여론을 국제적으로 조성하려 했다. 이른바 '로쿠메이칸 시대'(鹿鳴館時代)*에도 모든 사람이 여성에게 서양문명이 신속하게 보급되는 현실에 찬성했던 것은 아니다. 일찍이 미국에서 교육받은 일본인 가운데 한 명으로, 1905년에 미국 대통령 시어도어 루스벨트를 비롯한 영어권 독자들에게 '무사도'(武士道)를 소개하여 국제적인 명성을 얻었던 니토베 이나조(新渡戸稲造)는 1891년에 출판된

* 로쿠메이칸을 중심으로 일본의 위정자들이나 귀족이 외교사절과 함께 연회나 무도회를 열고, 구화주의(歐化主義)를 널리 알리려 했던 메이지 10년대 후반(1883-1888)을 말한다.

자신의 첫 번째 책에서 서양식 댄스를 "정신 나간 남녀들이 재주를 부리
듯 폴짝폴짝 뛰는 것"이라고 비하했고, 가장무도회를 "혐오스러움 그 자
체"라고 비난했다.[12]

남성의 동반자인 여성의 적절한 공적 역할이 무엇인가에 대한 논쟁
과 더불어, (주로 남성들 사이에서) 여성의 정치참여 범위에 대한 공개토
론도 활발해졌고, 여성이 정치적 역할을 수행함으로써 국가에 공헌할
수 있다는 의견이 일정한 지지를 얻게 되었다. 정부 고관들도 언론인들
도 천황가의 피를 물려받은 아이는 남녀 상관없이 황위 계승을 할 수 있
도록 하는 것이 적절한 게 아닌지에 대한 토론을 벌였다. 1880년대 중
반에는 일부 정부 고위 수뇌도 그 의견에 동조했다.

자유민권운동을 이끌던 두 주요 정당 자유당과 입헌개진당은 둘 다
내부의 파벌투쟁, 농민봉기에 연루되었다는 의심, 정부의 탄압 등으로
말미암아 1884년에 붕괴되었다. 양당 지도자들은 얼마 지나지 않아 민
권파의 재결집을 도모했다. 그러나 헌법이 공포되고 나서도 이전 같은
남성 정당정치인과 여성활동가들 사이의 밀접한 협조관계가 회복되지
않았다. 정치활동과 사회활동에 관심이 있는 여성들은 교사나 작가로서
의 활동에서 활로를 찾거나, 도쿄 부인교풍회(婦人矯風會) 같은 이름상
으로는 비정치적 단체를 조직한다든가 했다.

여성의 정치활동 후퇴를 초래한 책임 대부분은 정부에 있었다. 정부
는 황위 계승권을 남성 황족에게만 한정했다. 1889년의 헌법 발포 직전
에 정부는 여성이 정치단체에 가입하거나 정치집회에서 발언하거나 그
런 집회에 출석하거나, 심지어 국회 방청석에서 의사(議事)를 방청하는
것조차 금지하는 일련의 법률을 제정했다. 이런 조치에 대해 시미즈 도
요코(淸水豊子)와 야지마 가지코(矢島楫子) 같은 여성교육의 지도자와
사회개혁자들로부터 요란한 비난의 광풍이 터져 나왔다. 이들은 특히
국회방청을 금지한 조치를 조롱하면서, 이 금지령을 내린 이유는 일본

남성엘리트들이 자신들의 행동이 방청객들에게 해로운 본보기가 될 것
으로 예상했기 때문이지 않을까 하고 꼬집었다. 많은 남성 정치인과 언
론인도 똑같이 정부를 비난했다. 정부는 부득이 국회방청금지령을 철회
하고, 여성의 국회방청을 허용했다. 그러나 자유민권운동 내의 남성 대
부분은 여성의 정치적 권리를 확대하는 데 소극적이었으며, 이런 의미
에서 그들의 입장은 과거 함께 활동했던 여성동지들보다도 정부 내 남
성들의 입장에 가까웠다. 그 결과, 그 외의, 더욱 본질적인 중요한 금지
령은 철회되지 않고 남게 되었다.

일본의 지배층은 변혁을 추진함에서 변혁을 관리하고 제어하는 데 신
경을 썼다. 그들은 여성이 마땅히 가져야 할 입장과 정해져 있는 행동의
좁은 범주를 넘어서는 것을 허락하고 인정하는 데 강한 공포심을 가져왔
다. 지배층이 내세운 개량주의 노선의 우유부단하고 애매모호함은 여성
에게 바람직한 역할이라는 것을 헤어스타일 같은 개인적 영역과 관련해
서 정의하거나 공공집회에서의 발언이라는 정치적인 영역과의 관련성을
정의할 때 특히 두드러졌다.

조약개정과 국내정치

자유민권운동의 선두에 섰던 두 정당은 1884년에 해산되
어버렸지만, 민중 수준에서 나타난 행동의 활기는 1880년대 내내 수그
러들지 않았다. 오히려 어느 쪽이었는가 하면 자유당과 입헌개진당이
해산되었음에도 불구하고, 1880년대 말이 되면 많은 사람의 의향을 거
스르면서까지 생각한 바를 관철하려는 정부의 역량은 이전보다 약해졌
다. 이 점은 서양열강과의 불평등조약을 좀더 평등하게 개정하려는 고
난에 찬 노력에서 잘 드러난다. 1880년대 중반부터 말까지 정부는 이들

조약의 부분적인 개정을 목표로 했지만, 정부의 계획에 반대하는 목소리와 세계 속에서 일본의 위상을 둘러싼 감정적인 논의가 들끓었다. 게다가 1870년대에 논쟁의 타깃이 되었던 헌법을 둘러싼 논쟁과 마찬가지로, 1880년대의 조약개정문제는 국민의 의사를 존중하는 정치질서를 형성해야 한다는 강력한 요구의 목소리가 높아지는 계기가 되었다.

이와쿠라 사절단은 1873년에 '불평등조약'의 개정을 교섭해보려 했으나 그 노력은 실패로 끝났다. 그 후 1870년대 내내 정부는 보다 유연하게 설정된 목표를 향해 노력을 집중했다. 서양열강에 대해 관세자주권을 부분적으로 일본에 반환해준다면, 그 대신 더 많은 무역항을 개항해도 좋다고 제안한 것이다. 영국이 조금의 양보도 거부하는 바람에 그 노력은 수포로 돌아갔다. 1880년대 초에 외무대신이 된 이노우에 가오루가 주장한, 도쿄에서 열강 공동의 조약개정회의를 개최하자는 제안은 이전의 계획보다도 순조롭게 진행되었다. 최종적으로 1886년 5월, 모든 조약 상대국의 대표가 도쿄에 모였다. 이듬해 1887년 4월까지 각국의 대표단은 일본이 관세자주권과 개항장(開港場)에 대한 전면적인 주권을 회복하는 대신, 일본의 영토를 외국인의 거주와 상거래를 위해 전면적으로 개방한다는 협정안의 기초작업을 마무리했다.

신조약안에는 두 가지 결정적인 제약이 붙어 있었다. 하나는, 일본정부에 대해 당시 기초(起草) 중이었던 새로운 법규의 내용을 신조약의 발효 전에 관계된 열강에 제출해, 그 나라들이 열람하게 하는 것을 의무화한다는 조건이었다. 둘째는 일본정부에 대해 외국인 재판관을 임용하여 외국인이 연루된 재판을 담당하게 하는 것을 의무화한다는 조건이었다. 이 조약안에 대해 반대여론이 들끓었다. 사람들은 그런 조건들을 받아들이는 것은 일본의 주권에 대한 계속적인 침해를 인정하는 것이고, 그것은 도저히 인정할 수 없다고 비판했다. 고위관료인 농상무대신(農商務大臣) 다니 다테키(谷干城)는 신조약에 이런 조건이 포함된 것에 격노하여 사직했다. 다니는 제안된 조약개정은 기존 조약보다 훨씬 나쁘다고 통렬하게 비판하고, 의도하지 않게 민중의 영웅으로 떠올랐다. 구자유당과 구개진당의 활동가들은 전국적인 재결집에 착수했다. 제안된 것 같은 조건으로 조약을 개정하는 것에 반대하는 건백서가 전국의 구 민권파들로부터 정부에 쇄도했다. 주요 신문들도 사설에서 격렬하게 개정을 비판했다. 제안된 조약개정에 반대하기 위해 약 2천 명의 청년이 도쿄에 집결해 시위행진을 벌인다든가 대거 정부관청에 몰려갔다. 사법대신 야마다 아키요시(山田顕義)조차도 "민심의 격동은 극에 달했고, 결국 내각의 붕괴를 초래할"[13] 우려가 있다고 반대했다. 이런 항의에 직면해서 정부는 사실상 조약개정안 파기에 내몰렸고, 이노우에 외무대신은 사임할 수밖에 없었다.

후임자 오쿠마 시게노부의 상황 역시 전임자 이노우에보다 나을 게 없었다. 오쿠마는 1889년에 열강과의 교섭에서 이노우에 안보다 일본에 조금 유리한 조약개정안을 도출해내는 데는 성공했으나, 이 역시 정부 내의 엇갈린 평가와 정부 밖의 강력한 반대에 직면했다. 재차 완전히 평등한 조약을 촉구하는 건백서가 전국에서 정부에 쇄도했다. 1889년 10월, 초국가주의단체 현양사(玄洋社)의 직원 한 명이 오쿠마에게 폭탄을 투척하고서 할복자살하는 사건이 일어났다. 오쿠마는 이 습격으로 한쪽 다리를 잃었지만, 목숨은 건졌다. 정부는 개정안을 파기하고, 내각은 총사퇴했다.

조약개정을 둘러싼 격렬한 정치공방에 참가했던 자들은 막말 '지사'들처럼 공격적이고 과격한 행동양식과, 사설집필·건백서제출·로비활동이라는 서양식 행동양식을 병용했다. 조약개정반대운동에 참가한 활동가는 사정에 정통한 민권파 민족주의자에서부터 폭력을 휘두를 기회를 노리고 있던 3류 폭력건달에 이르기까지 다양했다. 그들은 도쿠가와 시대 말기부터 시작된 뿌리 깊은 배외의식과 천황을 향한 충성심을 증폭시켰다. 이런 오랜 사고방식에, 국민에게 자유와 정치권리를 보장하는 정치체제만이 국력을 강화하고 국제적 존경을 얻을 수 있다는 새로운 신념을 결합시켰다.

메이지 헌법

정부가 헌법 최종초고의 퇴고작업을 하고 있던 중에 이같은 반대운동이 발생했고, 그 결과 각료가 두 명이나 퇴진하게 되는 사태에 직면하여, 메이지 지배층은 민중을 정치에 참여시키는 것이 얼마나 번거롭고 위험천만한지를 절감했다. 이것을 고려하면, 1889년에 장대한 의식을 통해 정식으로 발포된 일본헌법이 국가권력을 최대화하고 민권을 최소화하는 식으로 기초되어 제시되었다는 것은 그리 놀랄 일도 아니다.

헌법은 1886년부터 1887년에 걸쳐 이토 히로부미와 이노우에 고와시가 이끌던 유능한 집단에 의해 비밀리에 기초되었다. 이토는 이미 유럽을 방문해서 유럽 국가들의 헌법에 대한 조사를 마쳤다. 그는 저명한 독일의 법학교수 헤르만 뢰슬러를 비롯해서 일급의 외국인 법률고문들을 데리고 귀국했다. 헌법초안은 1888년, 헌법심의를 위한 기관으로 새로 만들어진 추밀원에서 정부 최고수뇌들의 심의에 붙여졌다. 이 위원회는 헌법이 발포되고 나서도 천황의 자문에 응하는 초헌법적인 자문기관으로서 계속 기능을 했다. 메이지 지도자들에게 추밀원은 정치체제를 관리하는 데 유용한 곳이 되었다. 이 작은 집단의 멤버는 1892년에 신문이 이름 붙인 이래 '겐로'(元老)로 불리게 되었다. 당초의 겐로들은 이토 히로부미나 야마가타 아리토모처럼 1880년대의 내각과 관료기구를 좌지우지했던 중심인물들이었다. 겐로는 헌법에 전혀 규정되어 있지 않다는 의미에서 비공식적인 존재였다. 하지만 비공식적이라고 해서 애매한 존재이거나 불명확한 존재는 아니었다. 누가 겐로인가는 널리 알려져 있었다.[14] 겐로들은 그후에도 배후에서 계속 일본 정치를 조종했지만, 고령이 되면서 정치투쟁의 최전선에서 물러나 추밀고문 같은 자리를 맡았다.

1889년 2월 11일, 헌법은 문자 그대로 천황으로부터 그의 신하인 총리와 국민에게 선물로서 하사되었다. 헌법은 먼저 서두에 붙여진 천황의 상유(上諭)에서 천황이 주권자임을 다음과 같이 명백히 선언했다. "국가통치의 대권은 짐(朕)이 조종(祖宗)에게서 이어받아서, 그것을 자손에게 전하는 것이다." 내각의 각료들은 의회에 대해서가 아니라 천황에 대해서 보필할 책임을 지지만, 천황이 직접적으로 전제정치를 실시할 가능성은 상유에서 일반적인 방식으로 부정되었다. 즉 앞의 인용에 이어서 상유는 다음과 같이 규정했다. "짐과 짐의 자손은 장래 이 헌법의 각 장에 따라 [대권]을 행사하는 데 실수하지 않아야 한다." 헌법 본문에서는 모든 법률, 칙령, 그외 국무에 관한 조칙에는 국무대신의 부서(副署)가 불가결이라고 하는 규정, 즉 천황과 관련해서 관료기구의 권한을 강화하는 규정이 마련되었다. 또 "천황은 육해군을 통수한다"고 한 제11조 이른바 군통수권의 독립에 관한 규정은, 육해군을 행정부에서 분리해 천황에 직속시켜, 천황에게 직접적으로 책임을 지게 함으로써 육군의 참모본부와 해군의 군령부를 행정부로부터 독립된 특별한 존재로 다루었다. 헌법은 국민에게 다양한 권리를 부여하지만, 그것은 모두 "법률의 범위 내에서"만 인정된다는 조건이 붙은 권리였다.

의회는 공선된 의원에 의해 조직된 중의원과 칙임된 의원에 의한 귀족원의 양원으로 구성되었다. 귀족원을 발족시키기 위한 준비로서 정부는 1885년에 유럽식 귀족제도를 모방해서 화족(華族)제도를 확립했다. 이 제도에 의해 공경, 정부의 수뇌, 군부지도자들 약 500명이 공작·후

작·백작·자작·남작의 작위를 받았다. 귀족원의 멤버는 이들 작위를 가진 자 중 일부와, 공훈자 중에서 칙임받은 자, 소수의 고액납세자 등으로 구성되었다. 귀족원의 목적은 국민 참여에 대한 또 하나의 제약으로서 기능을 하는 데 있었다.

그럼에도 불구하고 헌법은 선거민에게 자신들의 의견을 주장할 수 있는 중요한 여지를 남겨 놓았다. 선거민의 범위가 법률로 정해졌을 뿐만 아니라, 의회는 법률을 기초해 채택하는 권한을 가졌다. 의회는 또 매년 국가예산안을 승인하거나 각하한다는 아주 중요한 권한을 가지게 되었다. 정부는 의회가 신년도 예산안을 승인하지 않는 경우에는 전년도 예산이 자동적으로 유효하도록 한 규정을 마련함으로써 빠져나갈 구멍을 만들어놓았다. 그러나 정부의 세출규모가 매년 점점 늘어나면서 그 도피구는 별 도움이 되지 않았다. 헌법이 일단 시행되자, 메이지 겐로들은 자신들이 이전에 예상하거나 기대한 것 이상으로 의원들의 의사에 유의하지 않을 수 없게 된 것이다.

*　　*　　*

헌법이 발포되고 공선(公選)의 의회가 소집된다는 것은, 일본이 국가에 대한 의무와 자신의 정치적 권리를 가진 신민에 의해 구성된 국가임을 의미했다. 의무에는 남성의 병역의무, 국민 모두의 취학의무, 개인의 납세의무가 포함되었다. 권리에는 소수에게 부여된 투표권과 국가 예산의 결정에 대한 발언권이 포함되었다. 이러한 권리가 상당한 재산을 보유한 남성에게만 한정되었다는 사실은 중요하다. 최초의 선거법 아래에서 선거권을 인정받는 데 충분할 정도로 납세한 사람은 국민총수의 약 1%에 불과했다. 분명 헌법기초자들은 헌법이 국민을 가둬두는 기능을 해주기를 기대하고 있었다. 하지만 메이지 헌법이 민권을 제약한 것만을 너무 강조하면, 헌법이 그후 변혁을 이끌어낸 원천으로서 갖는 역사적 의의를 간과하는 것이다. 부정할 수 없는 사실은 헌법에 규정된 공선에

의한 그리고 조언의 권한을 갖는 것에만 그치지 않은 국회라는 것이 바
야흐로 존재하게 되었다는 점이다. 이것은 적극적으로 정치에 관여하려
는, 하지만 잠재적으로 확대될 가능성을 숨긴 신민 내지 시민으로 이루
어진 정치적 통일체가 확실히 존재하고 있다는 것도 분명히 의미하고
있었다. 사실 겐로들이 헌법을 제정하기로 했을 때, 그들은 그런 정치적
통일체로서의 국민이 형성되고 있고 정치질서에 대해 독자의 구상을 갈
고 닦고 있다는 것을 통절히 느끼고 있었던 것이다.

18
60년대부터 1890년대까지 불과 30년간에 일본
은 아시아 제일의 경제력을 자랑하게 되었다.
그 당시 일본에 붙여진 '아시아의 공장'이라는 별명은 20세기에 들어가
고 나서도 오랫동안 불리었다. 1890년대까지 국내시장을 지배하기에
이르렀던 섬유산업은, 중국과 인도에서 영국기업들과 당당히 겨루게 되
었다. 일본의 해운회사는 섬유제품을 유럽까지 수송하는 일을 놓고도
유럽의 상선들과 경쟁하게 되었다.

장기적인 관점에서 볼 때, 메이지 시대 일본의 경제적인 이륙은 경탄
할 만한 업적이었다. 일본을 다른 나라들과 비교해 보아도, 1860년대
일본 국내의 생활수준을 몇십 년 뒤의 생활수준과 비교해 보아도 그 점
에는 변함이 없다. 그러나 산업혁명이 가져온 직접적인 충격은 국내의
많은 일본인에게 비참한 것이었다. 특히 가장 큰 충격을 받은 것은 가족
경영의 소농과 젊은 여성노동자라는 서로 겹치는 두 대규모 그룹이었
다. 많은 농민이 돈을 빌리기 위해 저당잡혔던 토지를 대금업자에게 빼
앗겼으며, 수십만에 이르는 십대 소녀들이 제사공장·방적공장·성냥공
장에서 그리고 신생 일본에서 증가하고 있던 유곽에서 고통스러운 체험
을 겪었다.

메이지 유신 이후 30년간의 문화적 변용에 대해서도 마찬가지로 평가가 엇갈린다. 일본의 작가와 예술가들이 소설에서 유화에 이르는 새로운 양식을 받아들인 한편, 시가(詩歌)나 인형 조루리에서 유래한 기다유부시(義太夫節), 도키와즈시(常磐津節), 기요모토부시(淸元節), 신나이부시(新內節) 같은 옛날부터 전해내려온 전통예능도 계속 융성했다. 그러나 다른 한편, 1880년대부터 1890년대에는 서양 일변도의 근대화를 정신없이 추구하는 중에 중요한 뭔가를 잃어버리고 있는 것은 아닌가라는 가슴 속 깊은 걱정이 점차 강하게 고개를 들기 시작했다. 이런 불안에 떠밀려 움직이게 된 지식인들은 일본적 '전통'을 대신하는 새로운 개념을 몇 개씩이나 급조해냈다. 이 불안감은 정부 고관들 사이에 팽배해 있던 사회적 소동이나 반정부운동에 대한 불안과도 연관되어 있었다. 정부 고관들은 개인의 사상과 행동에 압제적인 제약을 가한다는 형태로 이런 불안에 대처했다.

지주와 소작인

농촌사회는 메이지 시대 일본의 경제적 전환에 있어서 결정적으로 중요한 역할을 담당했다. 농촌사회는 산업혁명을 가능케 한 노동력·식량·세수·수출에 의한 외화수입의 귀중한 공급원이었다.

1880년에서 1900년에 이르는 기간에 약 3,500만이었던 일본의 인구는 4,500만으로 증가했다. 그러나 같은 시기에 농촌인구와 농업인구는 다소 줄어들었다. 수백만 명이 마을을 떠나 가까운 소도시로, 그리고 소도시에서 대도시로 이동했다. 일하는 곳도 농업에서 상공업으로 이동했다. 이런 인구의 대변동에 따른 식량위기를 피하기 위해서는 식량수입에 의존하거나 국내생산량을 늘리는 길밖에 없었는데, 1920년경까지 일본농민들은 식량을 증산하여 늘어나는 인구를 먹여 살렸다. 그 당시 두 가지 요인이 농업생산성을 향상시켰다. 하나는 종래는 선진지역에만 한정되어 있던 우수한 농경법이 더욱 광범위하게 보급된 것이다. 또 하나는 새로운 작물, 새로운 종자가 도입되었고, 더 많은 비료가 투입된 것이다. 토지생산성이 구체적으로 어느 정도 증가했는가에 대해서는 의견이 분분해 농업생산의 연간증가율에 대한 추정치는 1%에서 3%까지 들쭉날쭉이다.[1] 설령 이들 추정치 중 가장 낮은 것이 실태를 반영하고 있다고 가정한 경우에도, 생산성 향상은 괄목할 만한 것이며, 그 자체로 중요한 의미가 있다. 생산성 향상은 늘어나는 인구를 부양할 수 있게 해서 식량수입의 수요를 줄이는 동시에 공업기술과 군사기술을 수입하기 위한 귀중한 외화를 확보하는 것도 가능하게 했다.

사실 농업부문은 다양한 근대화 프로젝트의 자금을 조달하는 아주 중요한 국가 세원(稅源)의 하나였다. 1870년대부터 1880년대 초까지 지조(地租)는 정부수입의 약 80%를 차지했다. 1890년대 초 간장이나 소금 같은 생필품과 설탕과 술 같은 준생필품을 비롯한 소비재에 대한 과세가 새로 이루어진 결과 지조의 비율은 60% 전후로 떨어졌지만, 농지에 대한 과세는 여전히 정부 세수의 반 이상을 차지했다.

이와 동시에 농민들은 차(茶)와 견제품을 수출함으로써 귀중한 외화를 벌어들였다. 1868년에 유럽의 양잠지역에 미립자병이라는 누에의 역병이 만연해서 유럽의 누에고치 생산이 타격을 받자 일본 농가의 작은 헛간에서 생산한 누에고치의 수출이 비약적으로 증가했다. 유럽에서 누에의 역병이 사라지자, 이번에는 누에고치 생산 대신 생사수출에 역점을 두었다. 1868년부터 1893년까지 사반세기 동안 일본의 생사 생산은 1,050톤에서 4,600톤으로 다섯 배 가까이 증가했다. 생산된 생사 대부분은 수출되었다. 같은 기간 동안 생사수출은 일본 총수출액의 42%를 차지했다.

농촌은 또한 해외에 이민을 내보냄으로써 간접적으로 경제에 공헌하는 기능도 해냈다. 19세기 말부터 20세기 초에 걸쳐 일본외화수입원으로서 차와 비단에 이어 세 번째로 중요했던 것은 하와이·캘리포니아·라틴아메리카에 이민한 농민 출신의 노동자들이 고향의 부모형제에게 송금한 외화였다.

누에고치에서 실을 뽑거나 견직물을 짜는 작업의 대부분은 농촌지대의 소규모 공장에서 이루어졌다. 그런 공장의 소유자와 경영자는 기업가정신이 투철한 농촌 엘리트였다. 농촌사회 상층부를 형성한 이들은 일본에 자본주의 경제를 구축하는 데 중요한 역할을 했다. 그들은 농촌 공장에 투자하고 직접 경영했으며 많은 세금을 납부하고 자식들에게 고등교육을 시켰다. 특히 교육받은 아들들은 재계·정계·관계의 주도적인 지위로 올랐다. 농촌엘리트들은 또 가난한 이웃에게 토지를 담보로 잡고 높은 이자에 돈을 빌려주고, 빌린 돈을 갚지 못하는 농민들의 토지를 뺏는다든가, 농민의 딸들을 고용하여 제사공장이나 방직공장에서 하루 14시간씩이나 일하게 했다. 이런 지주들은 경제정책과 그 사회적 영향을 둘러싼 보다 광범위한 이야기 중 하나의 역할을 다했던 것이다.

부국강병을 목표로 하는, 거액의 비용이 드는 각종 프로젝트를 위한 지출에 더하여, 구 사쓰마·조슈 사족의 반란을 진압하는 데도 엄청난 비용이 든 결과, 메이지 정부는 1878년에 심각한 재정적자에 빠졌다. 정부는 먼저 화폐 발행을 늘려 대응했으나, 이 조치는 물가 급등만 초래했을 뿐이다. 지조 산정의 근거가 된 지가는 인플레와 연동해 자동적으로 상승하는 것은 아니었기 때문에 재정적자는 인플레에 의해 더욱 심각해졌다. 지조의 실질가치는 하락했고, 농민들은 잠시 번영을 누렸다.

1881년, 사쓰마 번 출신 지사로서 메이지 유신에서 활약한 이래 메이지 정부의 핵심인물 중 하나였던 마쓰카타 마사요시(松方正義)가 대장경(大藏卿)이 되어 엄격한 재정 및 금융 긴축정책을 폈다. 인플레이션의 억제를 목표로 마쓰카타는 국가의 세출을 대폭 삭감했다. 정부는 이미 1880년 시점까지 1870년대에 고용했던 외국인 고문 대부분을 해고했다. 또한 이들 외국인 고문의 협력으로 설립된 관영사업 중 채산이 맞지 않는 사업들을 불하했다. 마쓰카타는 또 1870년대에 난발되었던 대량의 불환지폐 정리와 은본위제의 복귀를 시행해 통화공급의 수축(收縮)을 단행했다.

마쓰카타의 재정·금융 정책은, 1880년대 초 이른바 마쓰카타 디플레이션이라 불리게 된 사태를 야기했다. 농산물가격은 1884년까지 무려 50%나 폭락했다. 소규모 자작농들은 생존을 위해 고리대금업자이기도 한 지주한테 또 돈을 빌렸는데, 그런 고리대의 대부분은 근린의 부유한 지주가 겸하고 있었다. 수천수만의 농민이 채무불이행에 빠져 그들의 전답이 부유한 이웃의 손에 넘어갔다. 마쓰카타 디플레이션이 초래한 이런 심각한 사태에 직면하여 일어난 반응의 하나가 지치부(秩父) 지방을 비롯한 각지에서 농민들이 차금당(借金黨)이나 곤민당(困民黨)을 결성해 일으킨 일련의 반란이었다.

심각한 디플레이션이 초래한 사태들과 관련된 또 하나의 결과는 토지소유권의 대규모 이동이 일어난 것이다. 앞에서 언급한 농업생산성의 상승과 마찬가지로 소작농의 수가 정확히 얼마나 증가했는지는 여전히 논쟁거리이다. 적게 잡은 추정에 따르더라도 모든 경지에서 소작지가 차지하는 비율은 1870년대 후반에 30%였지만, 1880년대 말에는 40%로 늘어났다. 이 추정치를 따른다고 해도, 일본의 모든 경작 가능지 가운데 불과 10년 만에 소유권이 바뀐 농지는 적어도 10%에 달한다. 마쓰카타가 실시한 충격요법적인 과감한 재정·금융정책에 의해 일본경제는 1880년대 말에는 안정화되었다. 하지만 그것은 동시에 수백만 명에게는 파멸적인 타격을 안겨주었다.

산업혁명

    메이지 국가는 이미 1880년대 초에 자본주의적인 공업화를 위한 인프라 구축에 착수했다. 정부는 그 후 20년 동안이나 철도노선의 확장, 상법 제정, 기업체에 장기융자를 전문적으로 담당하는 은행의 설립 등 경제기반의 건설·정비에 박차를 가했다. 그러나 1880년대의 남은 기간에 많은 노력을 쏟아부어 공업제품을 생산해 이익을 올리며 어느 정도 성공을 거둔 투자가의 수는 한정되어 있었다. 그러다가 세기의 갈림길인 1890년대부터 1910년대에 이르는 20년 동안 일본경제는 공업화를 향해 이륙했다. 이 20년 사이에 공업생산은 해마다 5%씩 증가했다. 이는 같은 기간의 전세계 연평균성장률 3.5%를 크게 웃도는 성장률이었다. 일본 공업생산의 성장률은 그 당시 똑같이 산업의 발흥기에 있던 미국마저도 앞질렀다. 미국의 공업생산이 1895-1915년에 두 배로 성장한 데 비해, 일본은 같은 기간에 2.5배나 늘어났다.

    공업화를 주도한 것은 섬유산업이었다. 1890년대에서 1913년까지 생사의 생산량은 네 배나 증가했다. 제1차 세계대전 직전 무렵에는 종래처럼 손틀켜기 대신에 기계제사가 생사생산의 4분의 3을 차지하게 되었다. 게다가 매년 생산된 생사의 약 4분의 3은 수출용이었다. 면사 생산도 마찬가지로 급증했다. 생사의 경우와 같은 속도로 기계방적이 수동식 물레를 대신했다. 그리고 생산된 면사의 절반 정도가 주로 중국과 조선에 수출되었다.

    일본의 초기 공업화를 주도한 제2의 기간산업은 석탄과 광물을 채굴하는 광업이었다. 1876년부터 1896년까지 일본의 광업생산은 700% 늘었다. 탄광과 광산은 섬유공장 다음으로 임금노동자의 큰 일자리였다. 규슈와 홋카이도의 탄광에서 채취한 석탄의 절반가량은 일본 국내의 각종 공장에서 동력원으로 사용되었다. 나머지는 대부분 일본 각지의 항구에 기항하는 기선의 연료가 되었다. 게다가 20세기 초가 되면 아시오(足尾) 구리광산과 제련소가 세계 유수의 구리생산시설로서 대두했다.

교통혁명은 이런 새로운 산업을 뒷받침했다. 1880년대 말까지 일본 철도의 총연장은 1,600km 이상에 달했다. 1900년에는 5,400km를 넘어섰다. 일본처럼 산이 많은 나라에서 이 정도의 철도망을 건설한 것은 기술적으로 봐서 경탄할 만한 위업이었다. 그리고 철도망의 정비는 원료를 공장까지 운송하는 비용을 줄이고 완제품을 국내시장이나 수출항으로 내보내는 수송비용을 절감해줌으로써, 다른 분야, 특히 섬유산업과 탄광의 기업활동을 촉진시켰다.

급속한 공업화는 사회·경제 조직에도 많은 중요한 혁신을 가져왔다. 1880년대 말 민영 철도에 대한 투자붐은 더욱 광범위한 '기업 발흥'(기업설립 붐)을 일으켰다. 1886년부터 1892년에 이르는 시기에 민간투자가들이 신설한 철도회사는 14개사를 헤아렸다. 민영철도의 총연장은 관영 철도의 두 배 이상에 달했다. 철도에 대한 투자 붐은 방적과 탄광을 비롯한 여러 분야로 확대되었다. '기업 발흥' 열풍은 그것이 절정에 달함과 동시에 일본에서 최초의 근대적인 금융공황이 된 1890년의 공황을 불러일으키고 종식되었지만, 투자가에 따라서는 이 경험이 주식회사의 설립방법이나 주식시장의 거래방법을 배우는 비싼 수업료가 된 경우도 적지 않았다. 주가는 폭락하고, 주먹구구식으로 설립된 수많은 투기적인 기업은 파산했다. 하지만 한편으로 이런 붐이 두고두고 영속적인 영향을 미친 것도 사실이다. 새로 설립된 철도회사는 대부분 기업으로서 건전했다. 이들 철도회사와 다른 분야의 신설기업은 1890년의 공황을 극복하고, 일본경제의 민간부문 경제를 주도하게 되었다.

형성과정에 있던 일본자본주의 시스템의 최대 특징이 된 것은 훗날 재벌(財閥)이라 불리게 되는 몇몇 독점적 기업체가 중심적인 역할을 맡았다는 것이다. 특히 미쓰이(三井)와 스미토모(住友)를 비롯한 몇몇 재벌은 도쿠가와 시대의 환전상에서 기원했다. 한편 유명한 미쓰비시(三菱) 재벌을 비롯한 일부 재벌은 메이지 시대 이후에 창업자가 제로에서부터 일으켜 세운 것이었다. 어느 경우든 이들 다각적 기업체가 근대적인 조직형태를 취하기 시작한 것은, 1870년대부터 1880년대에 걸쳐서였다. 각 재벌기업의 창업자들은 오랜 세월에 걸쳐 정부와의 강한 유대와 주요 산업 간의 강한 상호연관성을 살려서 저마다 자신들의 기업제국을 건설했다. 예컨대 미쓰이가(家)는 본래 1670년대부터 교토와 에도에서 포목상을 운영했으며, 막부시대가 끝날 때까지 환전상으로서 막부에 융자를 해주고 있었다. 1860년대에 미쓰이가의 우두머리는 토막파의 관계도 돈독히 해나갔다. 1868년 이래 이 같은 유대관계를 발판으로 신정부와의 거래를 개시했던 미쓰이가는 신정부의 징세활동 일부를 담당하게 되고, 이 경험을 토대로 1876년에 미쓰이 은행을 설립했다. 또 같은 해에 미쓰이 물산도 세웠다. 미쓰이 물산이 설립되기 조금 전에 당시 공부경(工部卿)이던 이토 히로부미는 미쓰이와 정부 직영의 미이케(三池) 광산에서 채굴된 석탄의 독점판매 계약을 맺으면서 다음과 같이 말했다. "당신들은 미쓰이 물산회사를 설립해서 외국무역에 종사하려 하기 때문에, 미이케 탄광의 석탄을 취급하는 것은 당신네에게 안성맞춤일 것이다. 만약 당신들이 그럴 마음이 있다면 우리는 까다롭게 굴지 않을 것이다. 당신들은 석탄을 실비로 손에 넣을 수 있고, 곧장 장사를 시작할 수 있을 것이다."[2] 미쓰이는 이 계약으로 막대한 이익을 올렸다. 1888년에 미쓰이 재벌은 정부에 후한 값을 지급하고 조업 중인 탄광을 아예 사버렸다. 또 미쓰이 물산은 미쓰이 탄광에서 채굴한 석탄의 상당량을 영국 기선에 팔았으며, 이 인연은 미쓰이 물산이 상하이·홍콩, 멀리 런던에 지점을 개설할 때 도움이 되었다. 이런 금융·광산경영·통상

(通商)을 기둥으로 하는 역동적인 3원체제는 1880년대에 궤도를 타기 시작했다. 그 후 10년 동안 미쓰이는 이 세 기둥을 기반으로 자금력을 동원해 시바우라(芝浦) 기계제조, 가네가후치(鐘ヶ淵) 방적, 오지(王子) 제지를 비롯한 여러 회사를 사들이거나 새로 설립했다.

다른 재벌들도 예컨대, 미쓰비시 재벌이 애초는 해운을 중시하다가 조선·철도로 역점사업을 옮겨간 것처럼 재벌에 따라 역점사업은 다소 달랐지만, 1880년대부터 1890년대에 걸쳐 비슷한 방식으로 등장했다. 어떤 재벌이나 창업자 일족이 자금 면에서 지배권을 갖고 있었지만, 처음부터 동족등용의 폐해를 경계했다. 재벌의 오너들은 동족의 테두리 밖에서 유능한 젊은 인재들을 채용하여 중요한 경영책임을 그들에게 맡겼다. 이런 방식에 의해서 일본기업에서의 소유와 경영은 근대적 산업발전의 비교적 초기 단계부터 확실하게 분리되었다.

이처럼 극도로 집중화된 재벌이 그 정도로까지 현저한 존재가 된 이유는 무엇일까? 그 답의 일단은 집중화의 경향을 만들어내는 것은 모든 자본주의경제에 공통된 특징이라는 점이다. 미국의 밴더빌트·카네기·록펠러·듀크·모건 같은 철도, 철강, 석유, 담배, 금융 같은 분야의 거대 기업제국을 보면, 강대한 힘을 가진 독점기업체의 형성이 일본만의 특유한 현상은 아니라는 것은 분명하다. 그러나 일본의 재벌은 많은 분야에 다각적으로 걸쳐 있다는 점에서는 분명히 이례적이다. 재벌은 특정 산업에 머무르지 않았을 뿐만 아니라, 더욱 금융이나 제조업 같은 특정 부문에서도 머물러 있지 않았다. 개별 재벌의 활동영역은 무역과 해운에서부터 금융, 광업, 각종 공업생산에 이르는 기업활동의 모든 분야에 걸쳐 있었다. 따라서 이런 재벌들의 등장을 단지 모든 자본주의국가에 공통되는 요인만 가지고 설명하는 것은 불가능하다.

하나의 설득력 있는 해석은 일본의 재벌이나 19세기 말 독일의 은행을 중심으로 한 독점체, 러시아의 국영기업 같은 사업체가 점하는 압도

적인 위상을 일본·독일·러시아의 경제발전의 상대적 '후진성'과 결부
시켜보는 관점이다. 이 시각에서 보면, 후발국이 선진국에 따라붙어 국
제적으로 경쟁력을 갖추기 위해서는 자본·숙련노동력·기술이라는 희
소한 자원을 공업화를 향한 새로운 노력에 신속하게 동원하는 수밖에
없다는 것이다. 그 일을 해낼 수 있는 것은 이런 거대한 조직뿐이다. 후
발국 중에서는, 국가가 이런 자원을 동원하는 구실을 할 경우도 있을 것
이고, 일본처럼 정부의 관영 프로젝트와 거대한 민간독점기업체가 공동
으로 주도하는 때도 있을 것이다.[3]

후발적 발전에 관한 이 논리에 의해 재벌이 왜 등장했는지는 어느 정
도 설명이 되지만. 메이지 시대의 일본자본주의가 왜 서구 이외에서는
전례가 없는 눈부신 발전을 이루는 것이 가능했는지는 충분히 설명이
되지 않는다. 그도 그럴 것이 도쿠가와 시대로부터 계승한 경제적·인구
학적 유산이 하나의 중요한 요인이었기 때문이다. 메이지 시대의 다양
한 개혁이 시행되기 오래전부터, 근대공업에 응용 가능한 경영·제조의
기능과 재능을 비롯해서 상업금융과 연안수송의 정교하고 복잡한 네트
워크가 존재해 있었다. 더구나 인구증가가 완만했던 것도, 농업부문의
수입을 새로운 분야에 전용할 수 있게 했다.

이런 기반 위에 사업을 전개하는 데 있어서 일본의 제조업자가 비교
적 값싼 노동력시장에서 인력을 충원할 수 있었다는 점도 대단히 중요
한 요인이었다. 19세기 말부터 20세기 첫머리에 걸쳐 일본의 산업에서
는 착실히 기계화가 진행되었다. 그럼에도 노동생산성(평균적인 노동자
1명이 생산하는 재화나 서비스의 가치)은 서구 선진제국의 노동생산성에
비해 한참 뒤져 있었다. 이처럼 생산성이 상대적으로 낮은 노동자를 써
서 일본경제가 국제적으로 경쟁하려면 노동자의 임금을 상대적으로 낮
게 억제하는 방법밖에 없었으며, 실제로 노동자들은 낮은 임금을 받았
다. 선진제국에 비해 생산성 낮은 노동자를 비교적 적은 임금으로 일을

시킬 수 있었던 것이 그 시대에 일본의 제조업의 경쟁력을 뒷받침한 결정적으로 중요한 요인이었다.

정부가 혁신적인 역할을 맡았던 것도 중요한 요인이었다. 국가는 경제 인프라를 구축했고, 그것이 1870-1880년대에 요람기에 있던 재벌이 발전하는 기반이 되었다. 그 이후에도 국가는 자본집약적이고 기술적으로도 수준 높은 산업을 촉진했고 또 그것이 가능했기 때문에 선두에 서서 진력했다. 그런 산업분야의 경우, 당시의 일본은 아직 노동비용 면에서 비교우위를 결여하고 있었다. 예를 들어 1890년대에 일본의 철도회사는 구미로부터 기관차와 선로를 수입했다. 아직 일본에는 제철회사나 기계제조회사가 존재하지 않았으며, 있다 하더라도 수입품에 대항할 수 있는 제품을 만들어낼 정도의 역량이 없었다. 20세기 초에 정부는 경제적 수요·공급 양면의 상황을 크게 바꾸게 되는 중요한 조치들을 강구했다. 먼저 공급 면에서는, 정부는 1896년에 정부자금을 투자해 야하타(八幡) 제철소를 설립했다. 또 해운업계, 민간의 기계제조회사, 공학기술회사, 조선회사에 대한 보조금 지급도 정부자금으로 충당했다. 수요 면에서는, 정부는 1906년에 주요 도시 사이를 연결하는 거의 모든 철도를 국유화했다. 철도를 지배하에 둠으로써 정부는 기관차와 선로의 조달거래처를 국내기업으로 바꾸었다. 또 그와 동시에 국산품과 경합하는 수입품에 대해서 관세를 부과했다.[4] 이런 몇몇 조치가 들어맞은 결과 본래라면 그 시점에서 실현이 불가능했을 테지만, 또는 실현했다고 해도 그 정도 규모는 되지 못했을 민간중공업부문의 육성이 가능해졌던 것이다.

끝으로 이상과 같은 국가에 의한 적극적인 개입과 상호보완적인 것으로서 민간부문에 있어서 경쟁과 경영의욕이 예사롭지 않았다는 것을 들 수 있다. 큰 부자가 되고 싶다는 꿈에 부푼 청년들이 유럽이나 미국의 방적공장·제사공장·기계공장 등에서 연수를 받기 위해서, 지원해줄 후원자를 찾아내 지원을 받아 해외로 나갔다. 귀국 후에 그들은 공장의 관리책임자나 확대일로에 있던 재벌기업에서 간부가 되었다. 여러 기계 제조·조선회사가 국유철도나 해군용 물자조달의 수주를 따내기 위해 경쟁했다. 관영 야하타 제철소로부터 독립해 나온 민간경영 철강회사들이 야하타제철소와의 경쟁상대가 되었다. 설립 당초의 이런 기업들에게 20세기 초두에는 관세가 수입품과의 경쟁압력을 차단해 보호해준 면도 분명히 있었지만, 이들 기업에 생산성과 품질 향상을 재촉한 것은 국내 라이벌과의 경쟁이었다.

이와 같이 일본의 경제성장은, 정부의 주도와 민간기업의 진취성이 역동적으로 상호 상승작용을 한 결과였다. 이와 더불어 재계 엘리트들이 품은 이념에는 개인적인 축재의 욕구와 나라와 국민에 봉사한다는 이상이 하나로 결합되어 있었다. 국가관료들도 그랬지만, 일본의 자본가들은 시장의 창조성을 손 놓고 예찬하지도 않았으며, 궁극적으로는 사회적 이익으로 연결된다는 이익추구의 자유를 찬미하지도 않았다. 그들은 유교의 개념을 원용해서 '사심 없는' 이익추구라 부를 만한 철학을 표방했다.

메이지 시대에 가장 중요한 은행가이자 실업가였던 시부사와 에이이치는 이 점을 특히 강조했다. 정력적인 기업가로서 시부사와는 일본에 주식회사의 개념을 도입했고, 일본에서 성공한 개척적인 대규모 섬유공장·제지공장·민영은행을 세웠다. 시부사와는 자조(自助)의 가치를 설파했지만, 동시에 "자기본위라든가 개인주의로 해내는 방식이 국가사회에 신속한 진보를 가져올 수 있다"는 관점을 강력히 물리치고 다음과 같이 주장했다. 그는 "나는 그런 설에 같은 편이 될 수 없다.…… 사회가 있고, 국가가 성립해 있기 때문이야말로 부귀영달도 바랄 수 있는 것인데, 만약 그것이 완전히 자기 본위만이라면, 사회의 질서와 국가의 안녕은 교란되고 사람들은 치고 박고 싸우지 않을 수 없게 된다." 모리무라이치자에몬(森村市左衛門)은 근대세라믹산업을 구축한 메이지 시대 실업가로서 알려져 있는데, 그도 똑같이 무욕(無慾)의 중요성을 강조해 다음과 같이 주장했다. "자신을 희생해서라도 국가의 장래를 위해, 사회 인류를 위해서 일하겠다는 각오는, 사업에서 성공하는 비결 같은 것이라고 나는 단언한다."[5]

노동인구와 노동조건

사회적으로 토론된 이런 이상론은 필시 많은 재계 지도자들이 품고 있던 진지한 신조를 반영했는지도 모른다. 하지만 국가 전체를 위해 생산을 늘리고 산업을 일으킨다(殖産興業)는 목표의 추구가 노동자에 대한 관대한 처우로 연결된 적은 사실상 거의 없었다. 여성노동자—그 많은 수가 마쓰카타 디플레이션의 타격을 받은 농가 출신의 십대 소녀들이었다—들이 졌던 부담은 특히 무거웠다.

정부의 통계에 의하면, 1911년까지 종업원 10인 이상의 공장이나 광산에서 일하는 노동자는 약 80만에 달했다. 그들 중 면이나 비단 등을 방적하는 섬유공장에서 일하는 사람은 약 47만 5,000명에 이르렀고, 섬유노동자 5명 중 4명 이상이 여성이었다. 섬유공장에서 일하는 여공들은 주로 회사 기숙사에서 생활했는데, 야간에는 기숙사가 외부에서 자물쇠로 채워지는 경우가 대부분이었다. 어쩌다가 불이라도 나면 여공들은 그야말로 죽은 목숨이었다. 당시 상층계급 사이에서는 여성을 연약한 존재라고 간주하는 시각이 널리 받아들여지고 있었지만, 이런 시각이 섬유공장에서 일하는 여공들의 처우에 어떤 영향을 끼친 적은 없었다. 기계 제조 등의 산업에서 일하는 남성의 하루 평균노동시간이 하루에 12시간이었던 데 비해 여공들의 노동시간은 하루에 12-14시간이나 그 이상에 달했다. 섬유공장 여공들의 임금은 동종 업계에서 일하는 남성노동자 임금의 50-70%였고, 중공업에서 일하는 남성노동자 평균임금의 30-50%에 불과했다. 여공들은 생산량과 품질 양면에서 상호경쟁을 벌여 그 성적에 기초해서 임금이 결정되었다. 그들은 엄격한 규율 아래 처해 있었고, 그 규율이 자의적으로 적용된 것도 적지않았다. 남성 감독자들에 의한 성희롱 건수를 정확히 알 순 없지만, 이것은 여공들이 부르던 노래에 자주 등장하는 주제의 하나였다.

더욱이 환기상태가 나쁜 공장 내부는 많은 질병의 배양장치나 매한가지였는데, 병 중에서 특히 무서웠던 것은 일단 걸리면 쇠약해지는데 치료방법이 없고, 치사율이 높다는 점에서 오늘날의 에이즈에 필적할 만한 위치를 차지하고 있었던 결핵이었다. 결핵은 도쿠가와 시대에도 만성적으로 발생했으나, 큰 문제가 되지는 않았다. 결핵이 심각한 전염병으로 등장한 것은 19세기 말에서 20세기 초에 걸쳐서였다. 이 병이 전염되는 구조를 이해하지 못했기 때문에 공장에서 일하는 동안 결핵에

표 7.1   **20세기 초의 노동자수**

	1902			1911		
	남성	여성	합계	남성	여성	합계
섬유	32,699	236,457	269,156	67,128	408,257	475,385
기기 제작	33,379	983	34,362	67,271	3,817	71,088
화학엔지니어링	38,615	43,683	82,298	47,159	22,414	69,573
식품·음료	16,837	13,316	30,153	34,202	12,922	47,124
그외 제조업	20,729	11,579	32,308	37,831	20,123	57,954
전력·가스 공급	475	21	496	4,476	40	4,516
광업 및 제련업	42,888	7,230	50,118	59,321	8,924	68,245
전 산업 합계	185,622	313,269	498,891	317,388	476,497	793,885

출전: 勞働運動史料委員會 編, 『日本勞働運動史料. 第十卷 統計篇』(東京: 中央公論事業出版, 1959), pp. 104, 106.

걸린 여공은 고향으로 보내져, 시름시름 앓다가 결국 죽음을 맞았다. 결핵에 걸린 여공이 이렇게 보내진 결과 고향의 마을에도 병이 번졌다.

섬유공장에서 일하는 것 대신 남은 선택지도 안일한 생활과는 거리가 멀었다. 농촌의 가족 곁에 지내던 여성들은 공장에서 일하는 것과 비슷하거나 더 힘든 농사일을 거들어야 했다. 많은 섬유공장 여공이 회고담에서 내린 평가는 명암이 상반되어 있다. 그녀들은 엄격한 규율과 징벌적인 능률급에 대해서는 어둡고 비참한 기억을 하고 있는 반면, 동료와 우정을 나누고 농촌에 있을 때보다 좋은 음식을 배불리 먹을 수 있게 된 점에 대해서는 좋은 추억을 하고 있다. 임금은 남성보다 낮았다고 해도, 그래도 농가에서의 농사일이나 제조업 중개상 밑에서 무급의 가내수공업 같은 여성용 일자리에 비해서는 나은 편이었다.

젊은 여성이 상대적으로 높은 수입을 올릴 수 있는 돈벌이의 하나는 매춘이었다. 매춘산업은 19세기 말에 여성의 취업자리로서는 섬유산업 다음의 규모를 자랑했다. 매춘은 법률로 인정되고 있었으며, 유곽은 무허가인 것도 많았지만, 국가의 인가를 받고 국가의 규제 아래 놓여 있었다. 19세기부터 20세기 전환기에 허가를 받은 공창(公娼)은 전국적으로 약 5만 명에 달했다. 이 수치는 제사여공의 수보다는 훨씬 적지만, 면방적공장에서 일하던 여공의 수인 6만 명에는 조금 못 미쳤다. 하지만 벌이가 비교적 좋은 대신에, 건강을 해치고 인간으로서의 존엄을 잃고 자유를 잃는 등 치러야 하는 대가도 만만치 않았다. 10대 소녀를 유곽에 '팔'면서 가족들이 상당액의 돈을 급여의 가불로 받는 경우가 많았는데, 팔린 소녀는 그 가불을 갚기까지 통상 3-5년이 걸렸고, 그때까지는 그만두고 싶어도 그만둘 수 없었다.

공업화 초기에 여성노동자가 자신이 처한 상황을 어떻게 생각했는지 파악하기란 쉽지 않다. 기껏해야 초등교육밖에 받지 않았던 그녀들이 많은 회상록을 남겼을 리도 없다. 수십 년 전까지만 해도 그녀들은 역사

메이지 후기 나가노(長野) 현의 한 제사공장에서 일하고 있는 젊은 여공들. 아마도 공장생활에 관한 공식적인 노래나 '음성적'인 노래를 불렀을 것으로 생각된다. 사진은 여공들이 앞에 놓인 물동이의 뜨거운 물에 담긴 누에고치에서 생사를 뽑아내는 작업을 하고 있는 상황. 전원이 화장을 하고 머리를 단정하게 올린 것으로 보건대, 이 사진은 직장의 좋은 이미지를 보여주기 위한 목적으로 연출·촬영된, 경영자의 승인도 받은 선전용 사진인 것 같다. 오카야 잠사박물관(岡谷蠶絲博物館) 제공.

연구의 중요한 주제로서 다루어지지도 않았다. 그러나 여성노동자가 자신이 놓인 상황을 어떻게 보고 있었는지를 살펴볼 수 있는 약간의 힌트가 사회개혁가·언론인·정부조사관들이 기록한 보고나 기술 속에 남아 있다. 놀랄 일도 아니지만, 공장노동자에 관한 통계조사에 의하면, 많은 여성노동자가 열악한 노동조건에 대처한 방법은 다니던 직장을 그만두는 것이었다. 연간 이직률이 100%를 초과하는 것은 다반사였다. 농상무성은 전국의 각 공업공장에 대해서 이루어진 실태조사 중에서 공장노동 사정에 관한 부분의 조사결과를 1903년에 간행했다. 이 보고서가 유

명한『직공사정』(職工事情)인데, 거기에 나오는 당시 일본 최대 규모의
방적공장이었던 가네가후치 방적공장에 관한 자료도 이직률이 마찬가
지로 매우 높다는 것을 숫자로 증명하고 있다. 1900년 초에 가네가후치
방적회사는 4,500명의 여성노동자를 고용하고 있었다. 같은 해 말까지
이 회사는 여자종업원을 약 3,500명으로 줄이지 않을 수 없었음에도 불
구하고, 자연감원이 워낙 많았기 때문에 그해 동안에 4,762명을 신규로
채용해야만 했다. 여성노동자 중에 '도망제명'(逃亡除名)된 자가 총
4,846명에 달한 것 외에도, 해고된 자가 692명, 질병에 의한 퇴직자가
255명, 사망자도 (연말 시점의 종업원수의 거의 1%에 육박하는) 31명에
달했다.[6]

때로는 여성노동자들이 단결해서 항의행동을 벌인 적도 있었다.
1897년부터 1907년까지의 기간에 크고 작은 방적·방직공장에서 일하
는 섬유노동자가 임금인상이나 노동조건 개선을 요구하며 일으킨 파업
은 32차례를 헤아렸다. 대부분의 항의행동은 길어도 하루에서 이틀, 짧
은 경우는 몇 시간 만에 끝났으며, 성공한 사례는 거의 없었다. 여성노
동자들이 엄중한 감시를 받는 회사기숙사에서 생활하고 있었기 때문에
항의행동을 조직한다거나 공장 외부의 사회활동가들과 연대·제휴하기
는 어려웠다. 설령 항의행동에 나섰다고 해도 많은 경우 여공들에게는
해고되어 고향집으로 돌아가는 수밖에 다른 선택지는 없었다.

섬유노동자들이 즉흥적으로 만들어 불렀던 여러 노래가 그녀들이 놓
인 상황을 관찰했던 사람들에 의해 기록되어 남아 있다. 그런 노래는 높
은 이직률과 파업의 배후에 깔린 노동자의 생각이 반영되어 있다. 거기
에는 노동자들의 분노와 절망감뿐 아니라, 더 나은 생활을 하고 싶다는
바람과 일본의 국민소득과 국력의 증진에 자신들도 공헌하고 있다는 자
긍심도 담겨 있다. 이 자긍심은 섬유공장의 감독자와 모집인들이 날마
다 여성노동자에게 불어넣던 메시지였다. 감독자와 모집인들은 새로운

제사여공으로 모집한 아가씨들을 인솔해 고개를 넘어 공장을 향해 걸어
가면서 그녀들에게 다음과 같은 공식적인 메시지를 담고 있는 노래를
가르쳤다.

> 뽑아라 뽑아라 뽑아 생사를,
> 생사는 제국의 보배여!
> 1억여 엔의 수출품
> 생사 외에 무엇이 있겠느냐?
> 우리들은 평화의 군인이오
> 여자의 근면은 명예이자
> 제국을 위함이자 너를 위함이니
> 힘들고 고생스러워도 그게 무슨 대수겠는가?

여공들 사이에서는 이것과 전혀 다른 많은 노래가 즉흥적으로 만들어졌
고, 계속 불렀다.

> 사무실 여직원이 버드나무라면, 여류시인은 제비꽃
> 여교사는 난초, 여공은 수세미꽃이네
> 제사여공이 인간이라면, 잠자리와 나비도 새
> 히다(飛驒)의 다카야마 고지키 출장소, 딸은 제사공장에서 피눈물

또 다른 예를 들어보자.

> 기숙사는 떠내려가고 공장은 불타고
> 수위가 콜레라에 걸려 죽었으면 좋겠네
> 이런 회사에 오는 게 아니었는데

꼬리 없는 여우[여공모집원]에게 속아서

아침 6시에는 염라대왕처럼 험상궂은 얼굴

저녁 6시에는 에비스처럼 벙글거리는 얼굴

가엾은지고 누에고치는

실을 빼앗겨 마치 벌거벗은 듯하네

여기를 벗어날 날개가 있다면

하다못해 건너편 육지에라도 갈 텐데[7]

여성공장노동자보다 그 수는 적지만, 남성 숙련공장노동자집단도 산업
혁명기 일본에 등장했다. 1902년에 조선·기계·공작기계산업과 철도회
사에서 일하는 남성노동자는 3만 3천 명을 헤아렸다. 그 밖에 남자보다
적다고는 해도 꽤 많은 수에 달하는 여자탄광노동자와 함께 광산과 제
련소에서 일하던 남성노동자가 4만 명 정도, 그 밖에 이런저런 산업분
야에 남성취업자 10만 명이 있었다.

　남성노동자는 자신들의 대우에 대한 굴욕감과 자기혐오감을 느끼기
도 했으나 강한 자부심과 자기주장, 자립심도 가지고 있었다. 그들은 한
직장을 고집하지 않고 이곳저곳 옮겨다니는 경우가 많았다. 제2차 세계
대전 이후 수십 년간 정착된 그 유명한 '종신고용'의 관행과 달리 산업혁
명기 일본의 남성노동자는 어엿한 숙련공이 되기 위해서는, 많은 공장
에서 경험을 쌓고, 다양한 기능을 배워 몸에 배게 하는 방법밖에는 없다
고 믿었다. 일을 그만두는 민첩함에 관한 한 남성노동자는 섬유공장 여
공들에 뒤지지 않았다. 그러나 젊은 여공들의 경우는 여공생활로부터
발을 빼기 위해서 공장에서 도망쳐 나오는 경우도 많았던 데 비해 '떠돌
이 직인'이라 불리던 남성노동자의 경우에는, 전직(轉職)은 장래 생활설
계의 일환을 이루고 있었다. 많은 '떠돌이 직인들'에게 돈을 조금씩 모
아 작더라도 좋으니까 자기 공장을 갖는 것이 꿈이었다. 그 꿈을 이룬

1896년, 시바우라 제작소의 선반공장에서 일하는 남성노동자들. 그림 중앙의, 서양식 모자를 쓰고 제대로 된 갖춘 복장을 하고 있는 감독자는 직장서열의 정점에 위치해 있고, 감독자와 일반 노동자의 관계는 전반적으로 긴장상태에 있었다. 전통적인 직인적 숙련이 필요한 직종에서 일하는 노동자는 좌측 하단의 작업원처럼 옛 직인의 복장[法被]으로 일하는 경우가 많았다. 도시바(東芝)사 제공.

사람도 더러 있었다.

남성노동자는 또한 수많은 파업을 조직했고, 1890년대에는 단명으로 끝나버리긴 했지만, 노조를 결성하려는 움직임도 여럿 있었다. 1897년에 일본 최초의 근대적 노동조합으로서 결성된 철공(鐵工)조합은 최전성기에는 5,400여 명의 조합원을 거느렸다. 그러나 조합원의 탈퇴율도 높았고, 1899년에는 지지를 잃기 시작했다. 1900년에 정부가 치안경찰법을 제정한 결과 노동운동과 사회운동의 조직화가 어려워지고, 철공노조도 해산으로 내몰렸다. 파업과 노동조합 결성은 임금인상을 바라는 마음뿐만 아니라 인간으로서의 존엄을 부정당한 데 대한 분노를 반영하고 있었다. 이 시기에 일어난 파업 중에서도 가장 확실히 조직되었던 것은, 1898년에 일본철도회사의 동북본선(本線)을 정지시킨 기관사들이 일으킨 파업이었다. 기관사들은 "기관방(機關方)의 일은 열등한 것이 아니라 고상하고, 비천하지도 않고 존귀"하다고 주장했다. 파업의 중심적인 요구의 하나는, 자신들처럼 기능이 요구되지도 않고 맡은 책임도 가벼운 사무직원이나 역장들과 비교해서 자신들이 열등한 것 같은 인상을 심어주는 기관방이라는 직명을 바꿔달라는 것이었다.[8]

경영자나 관리직 사이에는 숙련공은 믿을 수 없다는 평판이 퍼져 있었다. 1908년에 미국 시찰에서 돌아온 어떤 대기업 기계제조회사의 주임은 청소년 잡지에 불만을 토로했다. 그는 좀 배웠네 하는 젊은 직공들이 자기 분수도 모르고 시건방지다며 투덜거렸다. 또 좀 나이가 든 직공들은 완고해서 경험에만 의존하려고 한다. 사물의 인과관계의 중요성을 설명해도 "쇠귀에 경 읽기로 아무것도 이해하지 못한다"고 탄식했다. 미국의 직공들은 배움도 있는데다 순종적이라 "한 번의 명령으로 일이 잘 되기" 때문에 "감독자가 정말로 편하다." 이와 달리 일본에서는 명령을 한 번 해서 맡겨두어서는 괜찮을 리가 없어서 감독관의 고심이 이만저만이 아니다."[9]

노동자에 대한 이런 부정적인 견해는 액면 그대로 받아들이지 않도록 주의할 필요가 있다. 이런 견해와 전혀 다른 노동자의 많은 증언이 있기 때문이다. 노동자들은 배우고 기능을 연마해 언젠가는 자신의 작은 공장을 열겠다는 결의에 대해 말하고 있다. 노동자가 완고해서 명령에 따르려고 하지 않는다는 경영자측의 시각은 노동자가 실제로 재능과 소질이 없고, 뭔가 해볼 맘이 부족하다는 사실을 반영한 것이 아니라, 신용하기 어렵다는 듯한 태도로 자신들을 대하는 보스들을 위해 몸 상해가면서 일할 마음이 없다는 노동자의 태도를 반영한 것이었다.

교육의 보급

1880년대와 1890년대에 접어들면서 의무교육에 대한 반대운동이 사그라지고 취학률이 높아지면서 정부는 교육내용의 변경을 시행했다. 서민이 신문을 읽는다든가 정부를 비판하는 이런저런 청원서와 탄원서에 서명하는 식으로 교육의 성과를 활용하는 것이 명백해지자, 이런 사태에 대처하기 위해서 문부성은 국가주의적·도덕주의적 교과과정을 중시하는 방침을 세웠다. 1870년대 공교육의 특징이었던 더욱 자유로운 실학적 정신으로부터 국가 중심의 교육으로 방향 전환을 주도한 인물은, 옛 사쓰마 번 사무라이 출신으로 1886년에서 1889년까지 초대 문부대신을 지낸 모리 아리노리였다. 모리의 리더십 아래 문부성은 교과서의 검정제를 도입하는 등 교과서에 대한 국가의 통제를 강화했다. 모리는 또 정부 직할의 사범학교에 교련을 시작해 군대식 훈련을 받아들여 정형화된 교사를 양성하는 시스템을 도입했다. 정부는 학교에서 충효, 순종, 우애 같은 유교이념을 중시했다. 또한 충군애국을 강조하는 도덕교육 중심의 교과과정을 채택하면서 독일인 고문들의 도움도 받았다.

1890년 10월 30일 천황의 이름으로 발포된 「교육칙어」는 이런 보수적인 교육개혁이 지향하는 정점을 보여주고 있다. 「교육칙어」는 사회와 국가에 진력하는 법을 배우는 것이야말로 교육의 목표라는 정부 고위관료들과 그들을 보좌하는 고문들의 신조를 반영한 것이었다. 정부의 고관들은 개인의 자발성을 너무 중시한 메이지 초기의 교육제도 아래서는 이 목표가 다소 등한시되었다고 생각했다. 하지만 국가주의적인 교육의 목적을 규정하는 문서를 주로 유교주의의 수사에 의거해 기초하는 데 대한 옳고 그름에 관해서는 지도층 내부에서도 서로 의견이 갈렸다. 메이지 천황의 측근으로 가정교사의 역할을 한 모토다 나가자네(元田永孚)를 비롯한 유학자들은 충군애국이 사회적 가치관의 근간이어야 한다고 생각했다. 이에 대해 이토 히로부미 같은 실용주의자들은 교육칙어를 전통적인 도덕이나 설명하는 우물 안 개구리로 만들면 천황을 정쟁에 휘말리게 할 우려가 있다고 반대했다.

이런 의견대립의 결과, 정신분열증적인 문서가 작성되었다. 즉 「교육칙어」에는 한편에서는 인간관계에 관한 유교의 핵심 덕목을 열거하는 다음과 같은 표현이 포함되었다.

> 신민이여, 부모에게 효도하고 형제를 우애로 대하라. 부부는 화목하고 친구끼리는 서로 믿어라. 스스로 절제하고 공손하며, 만인을 널리 사랑하라.

다른 한편에서, 19세기 구미 정치체제가 표방한 내셔널리즘과도 상통하는 국가에 대한 충성을 호소하는 다음과 같은 표현도 담겼다.

> 나아가서는 널리 공익을 도모하고, 훌륭히 의무를 다하고, 언제나 국가의 헌법을 존중하고, 국가의 법률을 준수하고, 만약 위급한 경우가 있으면, 의용(義勇)의 정신으로 윗사람을 위해 몸을 바쳐라.

이런 서로 다른 두 종류의 도덕적인 지령과 충군애국을 하나로 묶어준 것은, 이들 가치관을 천황과 그 선조들에게 직접 연결시키는 문구였다. 즉 서두에서,

20세기 초 학교의 의례에서 「교육칙어」가 봉독되는 광경을 묘사한 그림. 교장이 「교육칙어」를 들고 읽고 있다. 중앙의 좌우로 접어올린 휘장 안쪽에 천황[과 황후]의 초상화 사진이 보인다. 이 의례는 천황이 총리와 국민에게 헌법을 '하사'했던 1889년의 헌법발포식을 본뜬 것이다. 도쿄 유시마(湯島) 소학교.

우리 선조 아마테라스(天照大神)가 처음 일본국을 세우게 된 것은 정
말로 오래된 일로, 그 이래 역대 천자(天子)가 제대로 덕을 심어 내려
주신 것은 참으로 심후하다.

라고 주장하는 「교육칙어」는 결론부분에서는 이것을 받아들여 다음같
이 지령(指令)하여 신민을 고무시킨다.

이상에서 말한 대도(大道)는 실로 우리 선조대대의 천황이 남긴 가르
침이자 그들의 자손과 신민이 더불어 따르고 지켜야 할 것이고, 이 대
도는 옛날이나 지금이나 변함이 없으며, 일본 국내뿐만 아니라 외국에
서 실행해도 결코 도리에 반하는 일은 없다.

「교육칙어」는 발포된 후 얼마 지나지 않아 신성(神聖)하고 범접하기 어
려운 문서로서 놀라울 정도의 아우라를 띠기에 이르렀다. 「교육칙어」
사본은 전국의 모든 학교에 배포되어 천황의 진영과 함께 모셔져, 의례
가 있는 날에는 교장 등이 한자리에 모인 학생들 앞에서 봉독했다. 학교
에 불이 났을 때, 「교육칙어」나 천황의 진영을 꺼내오기 위해 용감하게
목숨을 걸고 불타는 건물 안으로 뛰어들었다는, 또는 그로 말미암아 목
숨을 잃었다는 교장들의 미담이 인구에 회자하였다. 학생들은 난해한
고어투 한자투성이의 칙어를 제대로 이해하기가 어려웠지만, 그래도 일
본은 천황을 받드는 특별한 나라이고, 천황의 신민인 자는 아래로는 부
모로부터 위로는 천황에 이르기까지 모든 권위 있는 높은 분들에게 복
종해야 한다는 기본적인 메시지는 이해할 수 있었다.

고등교육의 정신과 제도는 「교육칙어」와 소학교 교육의 그것과 꽤 달
랐다. 1905년까지 같은 세대의 인구 거의 10%에 상당하는 약 10만 4천
명이 각종 중학교에 진학했다. 이들 학교 중에 사범학교는 교사 지망의

젊은 남학생과 일부 여학생의 교육기관이었다. 그 밖에 전문기술자·사무원·엔지니어 등을 육성하기 위한 중등 레벨의 다양한 전문학교도 있었다. 중등교육을 받은 자 중 극히 일부가 한 단계 더 위인 사립 및 공립 고등학교에 진학했다. 이들 학교 중에는 젊은 여학생을 교육하기 위한 학교도 있었다. 1899년에 정부는 각 부현마다 여자를 위한 상급학교를 적어도 하나를 세우도록 의무화했으며, 구미의 그리스도교 포교단체들도 여자를 위한 고등학교를 열었다. 이들 다양한 고등학교 중에서도 가장 격이 높았던 것은, 남학생을 위한 7개의 국립고등학교였다. 국립고등학교는 1886년에 제일고등학교가 도쿄에 설립된 것을 필두로 1901년까지 잇달아 설립되어, 이 7개 학교는 해마다 5,300명의 남학생을 선발했다.

이 레벨보다 훨씬 위의, 교육제도의 정점에 섰던 최고학부로서 위치해 있던 것은, 남자 전용의 7개 제국대학이었다. 그중에서도 관계(官界)나 재계의 최상층부로 올라가는 데 가장 확실한 티켓을 제공한 것은 도쿄제국대학이었고, 그중에서도 특히 법학부였다.

의무교육은 소학교까지이며 그 이상 교육을 받을지 여부는 개개인의 자유였다. 진학은 학생이 입학시험에 합격할 정도의 실력이 있고, 그 부모도 수업료를 감당할 수 있고 자녀에게 일을 시키지 않아도 가계를 유지할 수 있는 여유가 있는 사람들에게만 한정되었다. 역설적이지만 학생들은 교육제도의 위계에서 위로 올라가면 갈수록 보다 자유로운 사고를 하도록 장려되었다. 특히 고등학교와 대학교는 학생들에게 상당한 자치권을 인정해주었다. 학생들은 자신들끼리 자유롭게 과외활동을 조직했으며, 교실에서는 서양의 철학과 정치사상에 대해서 폭넓게 읽는 것이 장려되었다. 엘리트 양성을 위한 최상층 교육기관의 이런 관용성은 문부대신으로서 고등학교 설립을 지휘했던 모리 아리노리의 생각을 반영한 것이었다. 모리의 목표는 장래 국가를 다스릴 애국적인 엘리트

지도자층 육성이었다. 지도자가 되기 위해서는 진취성을 발휘하고 책임을 질 수 있도록 하는 것이 불가결하고, 그러기 위해서는 엘리트 학생들이 성장해가는 과정에서는 무슨 일이 있어도 그들에게 자치(自治)를 인정해주어야 한다는 것이 모리의 생각이었다.

　문학은 당시 학생들의 사회적·심리적 세계의 일면을 보여준다. 메이지 시대부터 다이쇼 시대에 걸쳐 활약했던 문호(文豪) 나쓰메 소세키(夏目漱石)는 1914년에 집필한 대표작 중 하나인 『마음』(こころ)을 대학교육을 받은 두 세대에 걸친 등장인물의 체험을 축으로 구성했다. 죽음과 자살을 다룬 이야기에서, 소세키는 소외된 근대인의 존재를 어둡고 섬뜩하지만 설득력 있는 필치로 묘사했다. 소세키가 이 소설을 발표하기 10여 년 전에, 후지무라 미사오(藤村操)라는 불행한 도쿄 일고(一高)의 학생이 닛코(日光)의 게곤(華嚴) 폭포에서 투신자살한 사건이 실제로 일어났다. 후지무라가 남긴, 『마음』의 등장인물이 쓴 게 아닐까 생각되는 유서에는 다음과 같이 적혀 있다.

　　광대한 시간과 공간 속에 존재하는 나는, 5척의 작은 몸으로 이 우주의 거대함을 헤아려보려고 노력해왔다. 그러나 호레이쇼의 철학*에 무슨 권위를 부여할 수 있단 말인가? 만약 진리를 표현하는 단 한마디가 있다면, 그것은 '불가해'(不可解)이다. 이 문제로 번민하던 나는 마침내 죽음을 택하기로 결심했다. 그런데 폭포 앞에 서 있는 지금, 내 가슴속에는 전혀 불안감이 없다. 나는 처음으로 비관과 낙관이 일치한다는 사실을 깨달았다.

---

* 셰익스피어의 『햄릿』 1막 5장에 나오는 대사에서 따온 표현이다. "호레이쇼여, 이 천지간에는 자네의 철학으로 헤아릴 수 없는 것이 너무 많다네." 여기서 호레이쇼의 철학이란 서양에서 플라톤 이후 축적된 논리와 지식의 체계를 말하는데, 이것만으로는 광대한 우주의 원리를 파악하는 데 한계가 있다는 것이다.

이 자살은 언론에 대대적으로 보도되고, 일대 이벤트화되었다. 이 사건 뒤에 엽서·화보·기념품이 쏟아져 나왔고, 후지무라를 모방해 자살하는 사람들이 나타났다. 어떤 역사가는 그 후 80년 동안 같은 폭포에서 몸을 던져 자살한 사람이 200여 명에 달한다고 말한다.[10]

이런 에피소드는 메이지 후기 일본문화의 일면을 전하는 데 불과하다. 다른 회상록이나 소설─소세키의 『마음』보다 조금 밝은 필치로 쓰인 같은 작가의 『산시로』(三四郎)를 비롯해서─에서는 도쿄의 거리와 대학은 꿈과 모험과, 동경의 장소로 묘사되어 있다. 젊은 남학생, 그리고 여성교육을 위한 사립 고등교육기관에 다니는 젊은 여학생은 장래에 대한 포부와 열정을 품고 도쿄에 왔다. 학생들은 도시가 주는 익명성과 흥분을 사랑했으며, 도시가 주는 활동과 변화의 감각을 소중히 여겼다. 서양문학과 서양철학을 읽는 것은 당시의 고등교육을 구성하는 하나의 표준적인 요소였다. 이런 독서에 촉발되어 반항과 자기주장의식이 확 솟아오르는 불꽃처럼 타오를 때도 있었다. 메이지 시대 청년들은 특히 칸트·루소·밀 등을 애독했다. 19세기부터 20세기로 넘어가는 전환기는 초등교육 이상의 교육을 받아서 '새로운 일본'에서 자신들이 맡아야 할 역할에 대해 두루 생각해보는 것이 가능했던, 혜택받은 청년들에게는 흥분으로 가득 찬 시대였다.

문화와 종교

'문명개화'라는 슬로건 아래 근대국가 건설을 목표로 한 메이지 시대의 추진력은 일본의 경제 및 정치제도를 새로 만들어냈을 뿐만 아니라 문화적 지형도 변모시켰다. 1870년대 이래 정부관계자, 교육자, 예술가들은 빠짐없이 국민의 문화생활 모든 면을 '서양화'하는 것

에 대해서 구명(究明)하기 시작했다. 이 작업은 때때로 '한 세트' 방식의 근대화를 강제로 추진하는 형태로 시행된 적이 적지않았다. 예컨대 일본군대의 조직편성을 맡고 있던 사람들은 1871년에 서양군대가 모두 군악대를 갖고 있는 이상, 그리고 일본이 서양식으로 군대의 재편을 도모하고 하는 이상, 일본군대도 서양처럼 군악대를 갖춰야 한다고 결정했다. 그리고 바로 그 이후 오랫동안 지속되는 서양군악의 전통이 새롭게 만들어졌다. 비슷한 맥락에서 1880년 메이지 정부는 '적절한' 근대음악교육을 신생 일본의 학교에 도입하기 위해서 보스턴의 한 교사를 고용했다. 이 미국인 음악교사의 협력 아래 1881년 소학교에서도 사용하기 위한 최초의 창가집(唱歌集)이 만들어졌다. 채택된 곡의 절반 정도는 서양의 멜로디에 일본 시인들이 새롭게 가사를 붙인 것이었다. 그 중 하나인 「올드랭사인」(Auld Lang Syne, 스코틀랜드 민요로, 영미에서는 전통적으로 매년 연말에 불린다)은 「반딧불이의 빛」(螢の光)이라는 애잔한 창가가 되었다. 나머지 반수의 노래들은 옛날부터 전해 내려온 일본의 멜로디에 서양의 하모니를 붙여서 편곡한 것이었다.[11]

부국강병에의 약속과 예술가로서의 천직을 결합시킨다는, 마찬가지로 실용적 정신에 입각해서, 정부의 지원 아래 유명 화가들이 1870년대에서 1880년대에 걸쳐 서양식 유화의 추진과 보급에 앞장섰다. 에도 시대에 일부 화가가 18세기 판화에 보이는 원근법을 채용하는 등 서양의 예술매체와 스타일을 도입했던 경험이 참고되었다. 메이지 정부는 서양의 기법을 보급하고 알리려고 미전(美展)을 개최한다든가 미술학교를 개설했다. 한편 문학분야에서도 1880년대 말 이래 후타바테이 시메이(二葉亭四迷), 모리 오가이(森鷗外), 약간 시간을 두고 나쓰메 소세키 같은 일본의 작가들이 서양의 소설과 비슷한 형식의 산문식 픽션을 발표하고, 많은 독자를 얻게 되었다.

연극분야에서는 전통적인 연극이 공격을 받고 있었지만, 새로운 형식의 연극은 그 발전속도가 다른 분야에 비해서 느렸다. 도쿠가와 시대에는 주요한 노가쿠시(能樂師)들은 쇼군가나 다이묘의 비호 아래 녹(祿)을 받고 살았다. 메이지 시대의 개혁에 의해 이 지원이 끊어지자, 노가쿠(能樂)는 잠시 고난을 맞보았다. 가부키는 노가쿠에 비하면 서민들 사이에서 열렬한 인기를 누리긴 했지만, 메이지 초기에는 힘겨운 난관에 봉착했다. 가부키는 (유곽을 무대로 하는 상연목록이 많다는 이유로) 서양 지향의 강경한 개혁가들로부터 '퇴폐적'이라든가 봉건적이라고 비판받았던 것이다. 이런 사정 탓에 1880년대부터 1890년대에 이르는 시기에는 가부키를 '개혁'할 필요성이 강조되었다. 각본가들은 근대적 생활에서 제재(題材)를 찾아 서양풍의 의상이나 스토리를 들고 나왔지만, 그런 신작품은 전혀 평가를 받지 못했다.

일본문화를 서양화하려는 광범위한 노력이 이루어지는 한편으로, 오래된 문화형태도 대부분 정부의 지원 없이도 살아남았고 성행하기까지 했다. 통계자료는 없지만, 샤미센(三味線)과 고토(琴) 연주에서부터 조루리에 사용되는 이야기에 이르는 전통음악의 애호가는 학교에서 서양식 음악이 도입되고 있는 와중에도 오히려 늘어났다고 한다. 비판을 받으며 곤경에 처해 있던 가부키는 위기를 잘 넘겼다. 주요 가부키 배우들이 고전작품의 보존을 호소했고, 도쿠가와 시대부터 이어져 온 레퍼토리가 가장 큰 인기를 누렸다.

1880년대 중반부터 이른바 일본 전통문화를 보존하고 부활시키려는 시도가 서양 지향적인 개혁가들과의 대결분위기 속에서 나타났다. 이런 문화적 운동을 주도했던 인물 중에는 일본인뿐 아니라 서양인도 끼어 있었다. 세계에 일본문화를 알리는 전도사 역할을 했던 사람 중에서 특히 유명했던 인물은 어니스트 페넬로사와 오카쿠라 덴신(岡倉天心)이다. 페넬로사는 하버드 대학을 졸업하고 나서 1878년에 철학을 가르치려고 초빙되어 일본에 왔다. 미술사에도 조예가 깊었던 페넬로사는 일본에 온 이후 일본의 예술과 문화에 평생 변치 않는 깊은 애착을 갖게 되었다. 오카쿠라는 본래 페넬로사한테 대학에서 가르침을 받던 제자였으나 나중에는 친밀한 동료가 되었다.

두 사람은 여러 해 동안 함께 활동했다. 일찍이 1700년대에 모토오리 노리나가(本居宣長)와 그 추종자들이 당시 융성하고 있던 중국사상에 대항한 것과 마찬가지로 두 사람은 동양이 다 그렇지만, 그중에서도 특히 일본이 찬란한 정신적·미적 감성의 훌륭한 보고라고 역설하고, 이 인식을 널리 퍼뜨리려고 진력했다. 두 사람은 일본과 동양의 문화는 서양의 물질주의와 극명하게 대조적이라고 생각했다. 그들보다도 더 반동적인 문화보수주의자들은 이런 차이를 강조하면서 일본에 미친 서양의 영향을 무조건 공격했다. 그러나 오카쿠라와 페넬로사는 시비조적인 보수주의자들과 달리 동양과 서양 사이의 '正'과 '反'의 상호작용 속에서 보다 우수한 글로벌한 문화로서의 '合'이 생겨나는 것이라는 헤겔 식의 변증법적인 관점에 서서 논쟁을 펼쳤다.[12]

메이지 중기부터 후기에 걸쳐 이런 일본 문화사의 전개과정에서는 의외의 방향으로 하나의 중요한 비틀림이 보인다. 서양으로부터 수입된 다양한 문화형태는 외부로부터의 압력에 대해 탄력적인 일련의 토착적 문화형태와 공존하고 뒤섞이며 때로는 충돌했다. 이런 만남과 상호작용을 통해 옛날부터 있어온 문화형태의 대부분은 극적으로 변모했다. 이후의 세대는 변용 후의 문화형태를 '전통적'이라든가, 또 '진짜 일본적인 것'으로 여기게 되었다. 그 과정에서 사람들은 '일본다운 것'이라는 새로운 개념을 빚어냈다. 예컨대 노가쿠(能樂)가 살아남을 수 있었던 요인의 하나는 서양의 오페라에 상당하는 것으로서 정부 수뇌가 노가쿠를 적극적으로 지원해준 덕분이었다. 일본정부는 1879년에 일본을 국빈 방문한 전(前) 미국대통령 율리시스 그랜트를 비롯한 외국의 귀빈을 접대할 때 종종 노가쿠를 상연했다. 그 과정에서 노의 기법은 이전에 없었던 의식적인 양상을 띠게 되었다. 유도 같은 근대적인 무술, 스모 같은 스포츠, 분재 같은 기예(技藝)도 실제로 내용 면에서 변모한 뒤에 처음으로 일본다운 것의 표상으로서의 상징적인 의미를 띠게 되었다.[13]

이런 문화적 전통뿐만 아니라 '영원한' '만세일계'(萬世一系)로 이어지는 천황의 지배 같은 정치적 전통을 발명하는 근대의 과정은 매우 인상적이다. 그러나 전통의 발명은 물론이고 물질적 근대화의 시대에 정신적 가치를 보존하려는 관심 역시 일본역사의 전유물은 아니다. 1911년에 청조(淸朝)를 무너뜨린 신해혁명의 주역들도 신정부의 수립을 「교육칙어」의 수사와 정신을 연상시키는 방식으로 찬양했다. 신정부의 지도자들은 고대와 근대를 연결시켜, 한족(漢族)에 뿌리를 둔 중국인이라는 개념을 발명했다. 그들은 한족이 전설상의 황제(黃帝)로부터 4천 년을 이어온 혈통과, 외래의 정복자들에게 끊임없이 저항해온 전통을 자랑한다고 주장했다.[14] 근대화과정의 유럽에서도 일본 못지않게 예술가와 시인들이 비인도적 또는 지나치게 물질적으로 보이는 근대화에 직면하여 자신들의 과거를 다시 바라봄으로써 정신적 전통을 발견하거나 새롭게 만들어냈다.

메이지 시대에는 종교도 비슷한 혼란과 변화의 물결에 휩싸였다. 도쿠가와 시대에는 토착적 기반을 가지고서 형식보다도 신앙을 중시하는 새로운 종교단체가 몇 개씩이나 설립되었는데, 그 종교단체는 메이지 시대에 들어서부터 비약적으로 세를 확장했다. 메이지 시대에 새롭게 활성화된 또 하나의 종교활동은 그리스도교 신앙이었다. 도쿠가와 시대에 그리스도 교도에 가해진 박해는 격렬한 양상을 띤 적도 적지 않았지만, 도쿠가와 막부가 붕괴된 시점에도 약 28만 명의 이른바 '숨은 기리시탄'이 신앙을 버리지 않고 계속 지켜오고 있었다. 1873년에 메이지 정부는 막부가 제정한 그리스도교 금지령을 철폐했지만, 그렇다고 종교활동에 대한 구체적인 보호를 시행한 것은 아니었다. 1889년에 제정된 헌법은 "일본 신민(臣民)은 안녕(安寧)질서를 방해하지 않고 신민인 자의 의무를 저버리지 않는 한 신앙의 자유를 갖는다"고 신앙의 자유를 조건부로 보장했다.

이런 불명료한 상황 속에 가톨릭, 러시아 정교, 프로테스탄트 등 여러 종파의 선교사들이 1870년대에 일본으로 돌아왔다. 이들의 선교활동은 양적으로는 눈에 띌 만한 성과를 거두지 못했다. 일본에서 그리스도 교도는 인구의 1%에도 미치지 못하는 수준이었다. 그러나 그리스도교로 개종한 사람들은 남성이건 여성이건 그 수에 비해 일본의 문화와 정치에서 큰 역할을 담당했다. 19세기 말부터 20세기 초에 걸쳐 그리스도 교도 활동가들은 사회주의와 노동운동을 비롯한 다양한 사회개혁운동의 지도자가 되었다. 그들은 원칙상으로는 설령 국가의 명령에 위배될지라도, 그 이상으로 중요한 개인으로서의 양심의 명령에 따를 것을 맹세했다. 정부가 모든 국민이 천황의 신민으로서 전면적인 충성을 다할 것을 의무화한 상황에서 그것은 대단히 용기 있는 태도였다. 하지만 그런 입장을 관철시키지 못한 경우도 적지 않았다. 많은 그리스도 교도는 자신들의 신앙은 정치와 전혀 관계없다고 주장함으로써 이러한 사태에 대응했다.[15]

메이지 국가는 상호모순되는 정책을 추구하긴 했지만, 정당성(正當性)을 확립하려는 노력의 일환으로 모든 종교를 통제하는 일에 대해서는 일관되게 적극적인 역할을 담당했다. 신도(神道)의 경우, 중요한 이세 신궁과 천황가(家)와의 사이에는 이전부터 오랜 세월에 걸쳐 결속이 있었다고는 해도, 1868년 이전에는 이른바 신도의 실천은 국가와 밀접한 관계를 맺은 것이 아니라, 저마다의 마을을 지켜달라고 빌기 위한, 여기저기 흩어져 있는 지방 레벨의 신사를 중심으로 행해지고 있었다. 메이지 시대 초기에 정부는 신도를 관장하는 관청조직을 일본 역사상 처음으로 설치했다. 1868년에는 신기관(神祇官)을 설치했고, 이어서

1870년에는 대교(大敎)선포에 관한 칙서를 발포해 '신도'(神道)를 나라를 이끄는 국교로 한다는 취지를 선언했다. 다음 해 1871년에는 신사(神社)를 모든 '국사'(國事)를 거행하는 국가기관, '국가의 종사(宗祀)'로 한다고 선언했다.

또한 신정부는 신도를 일본의 전사자들과 연결시키는 두 가지 조처를 했는데, 이 조치는 오늘날까지 반향을 불러일으키고 있다. 1869년에 정부는 도쿠가와 막부를 토벌한 일련의 전투*에서 천황을 위해 싸우다 전사한 7,700명을 제사 지내는 신사를 설립했다. 비교적 규모가 작은 이 신사는 도쿄 쇼콘샤(東京招魂社)라고 명명되었다. 1879년에 이 신사는 야스쿠니(靖國) 신사로 개명되었다. 1877년의 사쓰마 반란을 진압하다가 사망한 정부군 약 7,000명의 영혼도 이곳에 안치되었다.

국가와 신사가 이렇게 밀접하게 엮여 있는 것이 옳은지 그른지에 대해서, 많은 정부지도자와 종교인들이 의문을 제기했다. 그후 수십 년에 걸쳐 국가는 신도를 직접 관리했는데, 국가기구 안에서 신도의 위치는 1871년부터 1877년에 이르는 시기에 먼저 신기관이 격하되고 이후 폐지되는 형태를 취하며 낮아졌다. 1877년에 신기관이 폐지된 후 내무성 내에 사사국(社寺局)이 설치되고, 이어서 1900년에는 사사국이 종교국(宗敎局)으로 개편되었다. 이같이 신도를 관장하는 행정기관의 격하에도 불구하고, 국가는 신관의 임명제도를 계속 유지했을 뿐만 아니라, 신도와 새롭게 중요성을 갖게 된 천황가와의 밀접한 관계를 강조했다.

러일전쟁 직후에는 정부는 신사에 대해 국가행사를 거행하는 장소로서 종래보다도 높은 위상을 부여했다. 도쿄의 야스쿠니 신사는 원래는 유신정부 성립 직후에 반정부군의 토벌전쟁에서 전사한 사람들을 기리기 위해 설립되었다. 얼마 후 청일전쟁, 그다음에는 러일전쟁에서 전사

---

* 1868년의 보신 전쟁(戊辰戰爭)을 말한다.

한 병사도 안치하게 되면서 야스쿠니 신사의 중요성은 커졌다. 게다가 일본의 여러 식민지에도 신사가 세워졌고, 경우에 따라서는 식민지 주민들에게도 이런 신사에서 행해지는 국가행사에 대한 참가를 강제했다. 따라서 신도야말로 모든 일본인을 통합하는 옛날부터 이어져 온 종교라고 하는 인식은, 그 인식을 보급시키기 위한 여러 제도와 함께, 메이지 시대에 근대국가를 건설한 사람들에 의해 우여곡절을 겪으면서 새롭게 만들어진 것이다.[16]

한편 신도와 국가의 관계가 점점 강고해질수록, 불교승려와 불교도는 비판에 내몰리고 박해를 당하게 되었다. 정부는 1868년에 일련의 신불분리령(神佛分離令)을 공포해서, 도쿠가와 시대에 불교사원이 부여받았던 준(準)공적인 지위에 종지부를 찍었다. 이로써 불교승려가 동시에 신도 신사의 신관(神官)을 역임하는 것은 금지되었다. 또 그때까지 모든 사람에게 고장의 사원(寺院)에 등록할 것을 의무화했던 도쿠가와 시대의 데라우케(寺請) 제도가 폐지되고, 그 대신 지역 신사에 등록하는 것이 의무화되었다. 이 일련의 조치에 의해 일반인들은 신도와 불교의 신앙이나 의식이 실제로 다르다는 것을 확실히 인식하게 된다. 또 이 조치는 전국 각지에서 불교사원을 파괴하도록 사람들을 부추겼다. 불교에 대한 파괴가 절정에 달했던 1871년에는 수많은 사원·불상·유적이 파괴되었다.

불교도 중에는 준비된 공격에 대해서 똑같이 강경하게 반격을 가한 사람들도 있었다. 이들은 불교도로서 독자적인 시위를 벌인다든지 소요를 일으켜서, 불교의 가르침을 설파할 자유를 요구했다. 불교도가 그리스도교 추방을 요구한 적도 있었다. 1870년대부터 1890년대 말에 이르는 시기에 불교를 지키려고, 또 불교도와 정부의 지지를 회복하려 애쓰던 불교승려와 불교사상가들은 몇 가지 상충하는 노선을 택하게 된다. 한편으로는 국가는 종교의 자유를 존중해야 한다고 강력히 주장하는 사람도 있었다. 다른 쪽에는, 그리스도교와 물질주의적 서양은 아시아의 숭고한 정신을 파괴했다고 비판하는 반동적 내셔널리즘의 시류에 편승하여 불교의 정통성을 확보하려는 사람들도 있었다. 또 그것과 정반대의 접근방법으로, 근대의 합리적 정신에 반한다는 이유를 들어 그리스도교 비판을 전개한 불교사상가들도 있었다. 이 세 번째 그룹 중에서도 가장 유명한 사람은 불교철학자이자 교육자 이노우에 엔료(井上円了)이다. 1885년에 (도요[東洋]대학의 전신이 되었던) 불교철학 연구기관인 사립 철학관을 창립한 이노우에는, 성스러운 유일신을 믿는 그리스도교는, 실은 어느 쪽인가 하면 비유신론적이라 할 수 있는 불교사상보다도 합리적이지도 근대적이지도 않다고 주장했다.

일본인으로서의 정체성

메이지 시대의 일본에서 눈부실 정도로 빠르게 진행된 변혁은 다양한 반응을 불러일으켰다. 급격한 변화를 해방이자 개인적인 기회로 받아들인 사람들이 있는가 하면, 집단적인, 나라 전체로서의 번영을 실현할 기회로 받아들인 사람들도 있었다. 또 다른 이들(혹은 같은 사람이라도 시기에 따라서는)은 이런 변화를 위험, 타락, 도덕적 퇴폐라고 보았다. 변화에 대한 이런 공포심은 토론과 정치에 관련된 적어도 세 영역에서, 즉 정치질서가 혼란해질 것에 대한 공포, 성역할(gender) 질서가 혼란해질 것에 대한 공포, '우리 일본인은 누구인가' 하는 질문에 대한 답을 구하는 문화적 관심이라는 세 영역에서 표면화되었다.

불안해하는 국민들 때문에 자신들이 정치지배가 위협받을지 모른다고 우려하던 정부지도자들은, 프로이센의 헌법을 본떠 보수적인 헌법을 제정하기로 결정했다. 정치질서가 혼란해질 거라는 공포는 학교에 군사교련 강화를 초래했고, 교육칙어에서 국가를 위한 희생정신을 강조하게 하였다. 근대화를 향해 전속력으로 전진하면서 성역할 질서가 혼란해질 거라는 공포는 1872년에 여성의 서양풍 단발을 금지한 조처가 내려졌을 때 이미 나타나고 있었다. 이 공포는 1890년에 정부가 여성의 정치활동을 대폭 제한하는 결정을 내렸을 때 다시 한번 표면화되었다.

　메이지 시대의 대변화가 초래한 제3의 공포는, 페리의 흑선이 내항하기 전부터 '양이'(攘夷)라는 말에 집약적으로 표현되었다. 이 말은 바다 건너편에서 찾아온 야만인들은 일본인의 혼을 독으로 오염시키고, 사람들을 그리스도교로 개종시켜 일본인 본래의 정체성을 파괴할 것이라는 관념을 드러내고 있다. 메이지 시대 초기에는 이런 공포심의 대부분은 표면에 드러나지 않고 수면 아래에 머물러 있었다. 정부지도자들과 그 밖의 많은 사람도 한결같이 근대화를 향해 일제히 돌진했던 1870년대 초부터 1880년대 초까지 대세를 이루고 있던 것은 변화를 받아들이는 것이야말로 애국적인 일본인으로서 갖추어야 할 불가결한 요건이라고 여기는 시각이었다. 국가에 충실해지려는 국민은 서양을 본받아서 군사력 증강과 나라만들기 사업에 협력하는 것이 요청되었다.

　그러나 이러한 개혁을 지향하는 다양한 프로젝트 배후에 숨어 있던 것은, 혹은 산발적으로 발생한 반란의 형태로 종종 표면화되었던 것은 일본 국내의 주민과 국외의 사람들을 분리하고 격리시키려는 논리였다. 그 논리로부터 일련의 질문이 파생했다. 우리가 이런 변혁을 일으키는 궁극의 목적은 도대체 무엇인가? 우리는 철도를 건설한다든가 유럽식 헌법을 채택하고 있는데, 과연 일본인은 고유한 정체성을 갖고 있는가? 갖고 있다면, 그것은 도대체 무엇인가?

　수많은 사람이, 특히 1880년대 중반 이래 이런 질문을 던졌다. 그중에서도 1888년에 세이쿄샤(政敎社)를 결성해서 『니혼진』(日本人)이라는 잡지발행을 시작했던 일군의 청년들은 이른 시기에 이런 질문에 대해

가장 예리하고 그리고 가장 사려 깊은 해답을 찾으려 시도했던 사람들로
서 주목할 만하다. 세이쿄샤 창립자들은 일본이 이른바 문명으로의 길
을 감에 따라 서양화(西洋化)가 "우리 일본의 국민성을 잃어버리게 하
여 일본 재래(在來)의 모든 요소가 파괴되"는 것은 아닐까 염려했다. 또
창립자의 한 사람인 다나하시 이치로(棚橋一郎)는 국교(國敎)를 정할
필요가 있다면서 다음과 같이 말했다. "아아, 오늘날의 일본은 어떤 일
본이냐. 옛날 일본은 이미 망했고 새 일본은 아직 생겨나지 않았으며,
우리는 지금 어떤 종교를 신봉하고 어떤 도덕주의를 가진 사람인지, 또
는 어떤 주의(主義)의 교화를 받는 사람인지 생각하다 보면 아득해져서
오리무중을 방황하여 아직도 귀착할 곳을 모르겠도다."[17]

정치적 혼란, 성역할 질서의 혼란, 문화적 혼(魂)의 상실에 대한 공포
는 세기가 바뀔 즈음 완전하게는 아니지만, 어느 정도 해소되었다. 이
무렵에 이르면 이토 히로부미를 비롯한 정치지도자는 물론이고 영향력
있는 언론인과 학자들에 의해 정치·사회·문화에 관한 정통적인 시각이
명확한 형태로 표명된다.

무엇보다도 중요한 것은 천황에게서 정치적·문화적 구심점을 찾는
것으로 이런 공포나 불안에 대한 대처가 이루어진 것이다. 메이지 공신
들은 일본 헌법 발포의 칙령에 있는 것처럼 "짐이 조종(祖宗)에게서 이
어받은 대권(大權)"에 의거해서 "현재 및 장래의 신민에 대해서⋯⋯불
마(不磨)의 대전(大典)"인 헌법을 선포한 천황을 정치질서의 궁극적 근
거로서 확실히 자리매김했다.

이 제도를 상징으로서 운영하는 것은 위험을 수반하는 작업이었다.
한편으로 겐로들은 과거 자신들이 1860년대에 천황을 내세워서 정부에
적대(敵對)하게 했던 것과 같은 사태를 반대파가 일으키지 못하도록 하
기 위해서 반드시 천황을 정치로부터 초월한 위치에 머물게 하기를 원
했다. 하지만 동시에 겐로들은 교육칙어의 예에서 볼 수 있었던 것처럼

정치질서를 안정시키기 위해서 천황의 이미지와 발언을 이용한다는 방침도 확고히 했다. 그리고 정부 내의 일부 지도자들이 우려하던 대로,「교육칙어」가 공포되고 나서 몇 달 뒤에 일어난 작은 사건이 엄청난 논쟁을 불러일으켰다. 1891년 1월에 도쿄 제일고등학교에서 천황이 직필로 서명한「교육칙어」의 '하부'(下付) 의식이 열렸다. 교장은 정렬한 전원에게 칙어의 신서(宸署)를 향해 경례하도록 명했는데, 그리스도 교도인 영어교사 우치무라 간조(內村鑑三)는 헌법 아래 모든 신민에게는 '양심의 자유'가 보증되어 있다는 이유로 명령에 따르지 않았다. 우치무라는 신서에 대한 경례는 '우상숭배'에 해당하고 자신의 신앙에 반하는 행동이라고 생각했던 것이다.

며칠 사이 그의 불경을 규탄하는 폭풍이 신문지상에 휘몰아쳤다. 우치무라는 곧바로 자신의 행위가 부적절했음을 인정하고, 그후에는 공적인 장소에서는 한결같이 칙어에 대한 경례를 했다. 그래도 격렬한 항의의 목소리가 그치지 않자 결국 우치무라는 파면되었다. 이 사건을 계기로 일본에서 저명한 철학자와 교육자 몇 명이 교육칙어에 대한 경례의 강요를 합법적이라고 옹호하는 의견을 전개했다. 그들은 교육칙어의 도덕적인 본질은 공적인 것이라고 주장했다. 다시 말해 국가와 천황에 대한 순종은 세속적인 의무 중에서 가장 중요한 일이고, 사적인 도덕원리나 신앙을 초월하는 것이라고 했다.

천황의 궁극적인 권위를 높이고 강화하려는 노력과 함께, 정부는 성역할 질서가 혼란해지지 않을까 하는 우려에 대처하기 위해서, 그리고 모든 국민을 남녀 구별 없이 충성심 깊은 신민으로 양성하고 싶다는 정부의 목적을 추진하기 위해서, 여성의 새로운 이상형으로 '현모양처'라는 개념을 내놓았다. 이 슬로건을 처음으로 제기한 사람은 메이로쿠샤의 멤버였던 나카무라 마사나오였다. 두말할 나위 없이 이 개념은 아이를 낳아 키우는 일이야말로 여성의 천직이라든가, 여성의 역할은 가정

이 중심이어야 한다고 규정하는 제한적·제약적인 의미를 지니고 있었
다. 여성은 정치로부터도, 유산상속으로부터도, 민법상 독립된 개인으
로서의 모든 법적 권리로부터도 배제되었다.

그러나 현모(賢母)와 양처(良妻)라는 두 역할을 해내는 것이 여성의
기본적인 임무라는 발상 자체가 반드시 완전히 반동적이거나 억압적인
것만은 아니었다. 어떤 의미에서는 이 발상은 새로운 시대에 발맞춰서
여성의 역할을 바꾸어보려는 혁신적인 노력의 표시였다. 도쿠가와 시대
의 일본에서는 여성, 특히 무사계급의 여성은 타인으로부터 세상사를
배우기에도 역부족일뿐더러 정규교육이 그다지 필요하지 않은 존재로
여겨졌다. 여성이 사회적으로 중요한 역할을 담당한 적도 없었다. 메이
지 시대의 새로운 환경 속에서 현명한 여성으로 살아가려면 학교교육이
필요해졌다. 새로운 시대에 대응해서 제대로 아이들을 키우려면 어머니
에게도 읽고 쓰는 능력이 꼭 필요해졌다. 가정 밖의 세계에 대해서도 어
느 정도 지식을 갖는 것이 필요해졌다. 자식들이 장래 군대에 입대해 나
라에 이바지하기 위해서는, 가정은 미래의 병사를 육성하는 준(準) 공
적인 역할을 해낼 필요가 있었다. 메이지 정부의 수뇌들이 세기의 전환
기에 열심히 창도하기 시작했던 '현모양처'라는 사고는, 여성이 교육을
받을 필요가 있다고 한 점에서 참신했다. 또 여성이 가정에서 하는 가사
노동이나 공장에서 하는 임노동이나 어느 쪽이든 나라를 위해 온 힘을
다하는 것이라고 평가한 점도 참신했다.

여성과 남성의 역할을 새로 규정하는 작업에서는 황실(皇室)도 한몫
했다. 천황은 헤어스타일을 서양식으로 바꿔 세간의 남자들에게 모범을
보였다. 황후는 신구(新舊)스타일을 절충하여 몸치장했다. 한편으로는
황후의 전통적인 헤어스타일은 여성들도 머리를 길게 길러 말아 올려야
한다는 메시지를 전하고 있었다. 다른 한편으로는 서양식으로 화장하여
여성들이 눈썹을 밀거나 치아를 검게 물들이는 것도 그만두도록 조장했

다. 머리를 부풀게 말아 올리고 이를 검게 물들이는 것은, 도쿠가와 시대 이전부터 상류사회의 문화에서는 미인의 조건으로 여겨졌으나, 이런 습관은 서양식 문화와 서양으로부터의 비판에 직면하고 황실의 영향을 받아 점점 시들해졌다.

19세기 말과 20세기 초에 오카쿠라나 페넬로사 같은 인물과 잡지 『니혼진』 주변 지식인들은 정치나 성역할을 뛰어넘는 '일본문화' 자체를 일본인의 정체성으로 규정하기 시작했다. '현모양처'의 이데올로기의 경우에도 그랬지만, 그 움직임에는 반동적인 지향이라고 일축해버릴 수만은 없는 면이 있었다. 세이쿄샤의 구성원들은 일본의 경제력과 군사력을 구축하기 위해서 일본정부는 서양의 기술을 이용할 필요가 있음을 인정했다. 그러나 그들은 부국강병으로 나아가는 과정은 동시에 특수한 '일본적' 가치관을 함양하는 과정이어야 한다고 주장했다. 필시 가장 강력한 가치관은 예술과 자연환경에 바탕을 둔 미의식, 즉 미(美)라는 것에 대한 일본 고유의 개념이라고 생각했다. 특별한 미적·도덕적인 감각은 대변혁의 시대에는 사람들을 지탱해주는 문화적 구심점이 될 수 있다. 하지만 이 지식인들이 일본의 전통문화를 아름다움이나 우아함 같은 여성의 미를 묘사하기 위한 개념을 사용해 규정했기 때문에 '일본다움'을 수호하려는 지향은, 여성의 미덕에 대한 편견을 조장하는 측면도 있었다. 19세기 후반부터 오늘날에 이르기까지 일본다움의 본질을 밝히고 싶다는 이런 열망은 일본의 지적생활·문화생활과 떼려야 뗄 수 없었고, 때로는 강박관념이 되어버린 적도 있었다.

한편 정부가 주도한 정통적인 관행도 평안하게 전혀 도전을 받지 않은 것은 아니다. 충군애국의 중요성을 강조하는 「교육칙어」가 발포되고 그 해석과 이용법에서도 엄격한 제한을 두었음에도 불구하고, 발포 후의 수십 년 동안 많은 사람이 이의를 신청한 것도 사실이었다. 이의신청을 한 사람들은 페미니스트에서부터 사회주의자나 공산주의자에 이르기까지 다양했다. 이들은 천황을 지고(至高)한 존재로 보는 정설(正說)에 이의를 제기하고 수천 명의 지지자를 획득했다. 그러나 메이지 말기의 정치적·문화적 반동화 경향이 이런 조류를 억제한 것은 틀림없다. 근대일본의 상황의 일환인 끊임없는 변화가 어떤 의미가 있는지 사람들이 이해하려고 노력할 때, 이런 반동화의 움직임은 사람들이 토론에 사용할 사회적·정치적·문화적 언어와 개념을 규정하고 제한했다.

메이지 시대에 일어난 다양한 변화는 오늘날에도 일본의 역사 속에서 가장 의견이 분분한 주제이다. 1968년, 메이지 100년제(明治百年祭)는 과연 메이지 유신을 경축해야 할 것인지 아닌지를 둘러싼 격렬한 논쟁을 불러일으켰다. 제2차 세계대전의 그늘이 당시도 그 논쟁의 틀을 규정하고 있었으며, 지금도 어느 정도 그런 면이 있다. 100년제를 비판하는 측에서는 천황을 중심에 두는 독재적인 메이지의 정치·문화 시스템과 농민을 궁핍하게 만들고 국내시장의 성장을 저해한 경제질서가 결합함으로써 50년 뒤 비참한 전쟁의 길로 치닫게 되었다고 주장했다. 1960년대 이후에는 메이지 시대에 대해서 보다 긍정적으로 평가하는 견해가 일본 내외에서 확산되었다. 진보를 긍정적으로 보는 이 담론은 1889년에 일본이 비서구세계의 국가로서는 최초로 입헌정치제도를 채택하고, 거의 때를 같이하여 비서구세계에서는 최초로 자본주의공업경제를 구축한 점을 강조한다. 확실히 이런 정치적·경제적 성과는 상찬할 만한 것이었다. 그도 그럴 것이 당시 비서구세계의 대부분은 확대일변도의 서양국가들의 패권에 대한 경제적·정치적 종속을 점점 강요당하고 있었기 때문이다. 서양의 '선진국' 중에는 독재라는 점에서는 신생 메이지 체제에 뒤지지 않을 나라들도 소수 있었다. 그러나 모든 근대혁명에 공통적으로 말할 수 있는 것이지만, 메이지 시대에 일어난 여러 변화는 진보와 고통이 복잡하게 뒤섞인 유산을 남겼다.

8장
제국과 국내질서

메이지 혁명은 일본 국내의 공간을 확 바꿔놓았다. 철도망의 발달로 배후지의 시골은 도쿄·요코하마·오사카·고베 같은 임해의 대도시와 긴밀하게 연결되었다. 메이지 혁명은 또 일본과 세계의 관계도 크게 변화시켰다. 19세기 말까지는 주변적인 존재에 불과했던 일본은 아시아에서 으뜸가는 지위로 약진했다. 일본은 조선반도의 지배를 노리고 있었고, 이미 타이완에서는 식민지지배를 확립한 상태였다. 불평등조약의 개정을 실현함으로써 서양열강과 형식적으로 평등한 입장에 선 일본은 영국의 우방으로서 전략적인 지위를 확보했다. 또 한국〔1897년에 국호를 조선에서 한국으로 바꿈〕으로부터 곡물을 수입하고, 중국에 섬유를 수출했으며, 아시아 및 남북 아메리카 대륙에 유학생과 노동자를 보내고, 아시아 지역으로부터도 받아들인다고 할 정도로 국외와의 물건과 사람의 왕래도 늘었다. 일본인은 보다 광범위한 동아시아 지역의 시스템, 더 나아가 지구 규모의 시스템을 구성하는 불가결한 존재가 되어가고 있었다.

국내에서의 전환이 글로벌한 요인에 영향을 미쳐 글로벌한 결과를 가져오는 것과 마찬가지로, 제국건설을 향한 국외에서의 영위(營爲)는 국내에서 뿌리를 가짐과 동시에, 그 영향은 국내에도 파급되었다. 앞장들에서 서술해온 국가건설을 목표로 한 다양한 프로젝트는 일본의 일반 대중 사이에 새로운 애국심을 탄생시켰다. 그리고 이 애국심은 정부가 추진하는 강제적이고 독단적인 대외팽창책을 뒷받침해주었다. 국가건설의 다양한 프로젝트는 그 밖에도 참가와 개혁에 대한 요구를 촉발하는 작용도 했는데, 그 프로젝트의 담당자이기도 한 지배자들은 이런 요구를 위협적이고, 심지어 체제파괴적인 것으로 간주했다. 지배자들은 국내의 사회적·정치적 질서를 강화하는 조치를 마련해 그것에 대처했다. 그들은 또 제국을 일본국민의 정체성과 결속을 상징하는 강한 심벌로 만들었다.[1] 이런 식으로 제국주의는 일본 신민과 국가 사이의 관계 변화를 반영하는 동시에 그 변화를 촉진했던 것이다.

제국으로 가는 길

　　1870년대와 1880년대에 일본의 대외활동에서 가장 중요한 초점이 된 것은 한반도였다. 일본은 1876년에 포함(砲艦)외교로 조선에 이른바 강화도 조약(江華條約)을 체결하라고 밀어붙였다. 이 조약으로 일본은 조선에 일본과의 교역을 위해 항구 세 곳을 개항하도록 했고, 치외법권을 인정하게 하였다. 체결을 몰아붙인 방법도 그렇고, 그 내용도 그렇고, 이 불평등조약은 불과 20년 전에 내항했던 페리 제독한테 일본이 강요당했던 조약과 거의 다른 게 없었다. 이 개국(開國)은 일본의 무역상들에게 많은 경제적인 이득을 가져다주었다. 상인들은 주로 일본에 수입된 유럽산 공업제품을 재수출하는 방식으로 대(對)조선수출을 급격하게 늘려나갔다. 또한 조선으로부터 상당량의 쌀과 콩을 수입하기 시작했다. 1870년대에 조선의 대일수출은 수출총액의 약 90%를 차지했다.

조선은 몇 세기에 걸쳐 화이질서(華夷秩序) 속에서 종주국인 중국과 종속관계, 즉 조공관계를 유지해오고 있었는데, 1880년대에 일본정부는 이런 조중(朝中)관계를 대신할 밀접한 정치적 관계를 다지려고 했다. 일본의 목적은 조선 국내에 중국으로부터도 러시아로부터도 자립한, 동시에 일본에 대해서는 공손한 정권을 세우는 데 있었다. 메이지 지도자 중에서도 지정학적 전략가로서 가장 중요한 위치를 점하고 있던 야마가타 아리토모의 전략론적인 관점에 따르면, 조선은 [일본 본토인] '주권선'(主權線)을 보호하기 위한 [완충지대인] '이익선'(利益線)의 일환으로 위치지어졌다.

이익선의 확보를 향한 첫걸음으로서, 일본은 1881년에 당시 개혁 지향적이었던 국왕 고종(高宗)의 지휘하에 있던 조선 궁정 직속 군대의 근대화를 지원하기 위해 군사고문단을 파견했다. 고종과 그 측근들은 일본에서 진행되고 있던 근대화 프로젝트에 자극받아 국내개혁을 시도하려 했으나, 보수파·양이파의 강력한 반대에 부딪혔다. 이런 대립으로 정정 불안에 빠졌던 조선은 그로부터 몇 년에 걸쳐 외세의 압력에 휘둘리기 쉽게 되었다. 이 틈을 놓치지 않고 일본정부, 그리고 일본 내의 반정부세력, 또 정부의 비호를 받던 일본의 정상배와 모리배들이 너도나도 기회를 포착하려고 달려들었다. 1882년에는 외국배척을 주장하는 반국왕파는 일본인 군사고문단의 일부를 살해하고 권력을 장악하려는 쿠데타, 이른바 임오군란을 일으켰다. 이 난을 빌미로 일본은 신정권에게 배상금 지불과 일본인 외교관의 안전을 확보하기 위해 일본군을 서울에 주둔시키는 것을 받아들이게 했다.

일본정부와 민간인에 의한 조선 내의 개화 '독립'파에 대한 지원은 그 후로도 계속되었다. 조선의 개화파가 생각하고 있던 독립은, 일본측이 기대하고 있던 것과는 달랐다. 개화파는 청나라의 지배자들로부터뿐 아니라 일본을 비롯한 열강들로부터도 독립하기를 바라고 있었다. 그러나 개화파는 일본의 협력에 관심을 두고 있었고, 그들 중에는 일본에 유학한 경험이 있거나 일본에 자금원을 가진 사람도 있었다. 이런 개화·개혁파에 대한 지원으로 일본은 아직 청나라와의 긴밀한 관계를 유지하려던 보수적인 조선정부뿐만 아니라 청조와도 강하게 대립하게 되었다. 당시 청조는 오랜 세월 조공국의 후원자로 행세해왔던 역할을 넘어서 전에 없이 조선의 내정에 깊이 개입하려 했다.

1884년에 한양 주재 일본공사관으로부터 지원밀약을 맺은 김옥균 등의 개화파가 쿠데타(갑신정변)를 일으켰다. 김옥균은 몇 년 전에 도쿄에서 후쿠자와 유키치를 만나 그의 영향을 받았다. 그때 후쿠자와로부터 조선에서도 민족주의를 내걸고 일본처럼 근대화를 지향해야 한다는 조언을 받았다. 김옥균이 이끄는 반정부군은 수구파 중신들을 암살하고 고종의 신병을 구속했으나, 정부측에 서 있던 2,000명의 청나라 군대가 쿠데타 진압을 위해 개입했다. 일본이 봉기를 배후에서 조종했다는 데 분노한 조선인들도 반격에 가세했다. 그 결과 일본인 군사고문 10명과 조선에 머물고 있던 일본인 30여 명이 살해되었다.

이에 격노한 일본의 신문과 정당, 정치결사들로부터는 복수해야 한다는 강한 목소리가 터져 나왔다. 일본과 청나라의 관계는 전쟁발발 직전 상태로 악화되었다. 전(前) 자유당 활동가 중에는 심지어 조선의 독립지원을 위해 민병조직의 결성과 조선파견을 기도하는 자도 있었다. 그러나 정부 내에는 많은 인명을 앗아갔고 경제적으로도 막대한 손해를 초래했던 세이난(西南)전쟁의 기억이 생생히 남아 있는데다, 정부 자신도 대대적인 군비증강책에 막 착수한 상태였다. 메이지 정부의 수뇌들은 정부군을 해외에 파병하는 데는 아직 소극적이었는데, 그렇다고 해서 민간에 의한 무모한 행동을 방임할 마음도 없었다. 1885년에 발각된 오사카 사건에서는 민병조직을 조선에 파견하려는 비밀계획이 일본 경찰에 의해 사전에 저지되었다. 체포된 주요 공모자 중에는 민권활동가

오이 겐타로(大井憲太郞)와 여성민권가로 유명한 후쿠다 히데코(福田英子)도 포함되어 있었다. 일본정부는 같은 해인 1885년에 청나라와 타협적인 톈진(天津) 조약을 체결함으로써 국내 반대파의 반감을 샀다. 이토 히로부미와 청조의 조선문제 전권대사 리훙장(李鴻章)이 맺은 이 조약에서, 청일 양국은 조선에서 철군할 때와 조선에 다시 파병할 때에는 서로 사전에 통보하기로 약속했다.

1885년에는 한 신문에 실린 「탈아론」(脫亞論)이라는 익명의 기사*가 화제가 되었는데, 나중에 이 기사는 후쿠자와 유키치가 쓴 것으로 밝혀졌다. 1년 전 조선에서 김옥균과 박영효의 개혁이 실패로 돌아간 것에 실망한 후쿠자와는 조선과 중국이 '문명'에 도달할 능력을 결여하고 있다고 결론지었다. 그러므로 일본은 아시아의 다른 나라들과 관계를 끊고 서양의 문명국들과 운명을 함께해야 한다는 것이다. 후쿠자와가 훗날 자서전에서 회고하고 있듯이, 그는 "머나먼 동양에 새로운 문명국가를 이룩한다면, 동쪽에서는 일본, 서쪽에서는 영국이 서로 경쟁을 벌이며 상대에게 뒤지지 않으려 노력할 날도 있으리라고 생각하며 이것을"[1] 희망했다.

1881년부터 1885년까지 발생한 일련의 사건은 향후 25년 동안 일본이 아시아에서 식민지제국을 구축해가는 과정에서 여러 차례 반복되는 하나의 패턴을 만들어냈다. 그 25년 동안 일본의 매스컴과 반정부세력은 청나라로부터 조선의 독립이라든가, 아시아와 서양의 대등화라는 대의를 표방하면서 범아시아연대라는 미사여구를 늘어놓게 된다. 그리고 일본이 아시아 제국의 선두에 서서 다른 나라들을 가르쳐 이끌고, 군사적으로 통솔하여 아시아의 단결을 실현해야 한다는 비전을 표방하게 된다. 일본정부는 그런 목소리에 일정한 제동을 걸기는 했어도, 그 소리

---

* 『지지신보』(時事新報)에 실린 기사. 이 신문은 후쿠자와 유키치가 1882년에 창간했다.

자체를 부당한 것으로 금지하지는 않고, 단지 같은 방향으로 나아가면서 보다 조심스럽게 행동한다. 조선은 팽창 일로에 있던 일본의 해외지배를 떠받치는, 유일하지는 않지만 가장 중요한 해외거점으로서 계속 기능 하게 된다. 조선은 일본의 군부, 외교기관, '애국적' 민간인들에게 (한반도에서 일본과 경합관계에 있던) 청나라·러시아·영국뿐만 아니라 당연히 조선인민과도 적대적으로 만났던 곳이다. 조선인은 청나라에 의한 지배뿐만 아니라 일본과 러시아를 비롯한 모든 외세에 의한 지배를 반대하는 강력한 새로운 내셔널리즘의 조류를 만들어냈다.

일본이 왜 이런 시점에 한반도 침략을 단행했는가를 푸는 하나의 열쇠는 마침 그때 국내질서유지를 위한 군사력으로서의 기능과, 제국건설의 수단으로서의 기능을 다 갖춘 강력한 군대를 건설하는 프로젝트가 진행되고 있었다는 데 있다. 1880년대부터 1890년대 초에 걸쳐 정부는 많은 자금을 투입하여 육군뿐 아니라 해군의 대폭적인 증강에 착수했다. 게다가 야마가타는 군의 통수기구를 가능한 한 의회나 국민의 통제를 받기 어렵게 만들었다. 야마가타는 독일의 예를 본떠 육군사관학교 등 엘리트사관 육성을 위한 교육기관과 천황 직속의 참모막료를 설치했다. 이런 구성에 따라 실전에서 군부의 지휘권은 총리는 물론이고 육해군대신으로부터도 상당한 독립성을 보장받았다.

단기적으로는, 야마가타가 설치한 군사령부는 비교적 신중한 태도를 취한다는 방침을 갖고 있었다. 참모막료들은 막무가내로 더 적극적으로 과감한 행동을 취해야 한다고 주장하는 민간의 호전적 애국주의자들의 요구에 불응했다. 그리고 조건이 유리한 경우 이외에는 국외에서 무력행사를 삼갔다. 결국 장기적으로는, 외적인 제약이 없어지면서 군부 자체도 무모한 무력제패(武力制覇)에 나서게 된다.

1885년의 텐진 조약 타결 이후 10년 가까이 일본정부는 조선에서 저자세를 취하고 있었다. 청나라는 조선 궁정에 '고문단'을 파견해 조선의 군대와 통신네트워크의 근대화에 관여함으로써 지배권을 장악했다. 게다가 조선의 중신 중에는 청나라의 권한이 너무 커지지 않도록 하기 위한 억지력의 기능을 러시아 외교단에 기대하는 사람들도 있었기 때문에 조선 궁정 내에서 러시아 외교단의 영향력도 만만치 않았다. 러시아와 정면으로 대립하고 있던 영국은 여기에 반발해 전라남도 여수와 제주도 사이의 작은 섬인 거문도를 점령했다. 영국은 러시아에 대해 조선영토를 점령할 의도가 없음을 공개표명하라고 요구하고, 러시아가 이 요구에 응한 후 1887년에 거문도에서 철수했다. 한편 미국도 조선에 대한 영향력을 키우기 위해 열강들의 움직임에 가세했다. 1886년부터 1890년대까지 여러 명의 미국인이 조선국왕의 외교고문을 맡았다.

이렇게 사방팔방에서 거의 무방비상태로 외압을 받고 있던 조선의 지도자들은 행동의 자유와 독립을 얻기 위해 안간힘을 썼지만 무위로 돌아갔다. 1890년대 초에는 생활고와 외세에 대해서 오랫동안 끓어오르던 농민들의 분노가 마침내 동학난, 혹은 갑오농민전쟁으로 불리는 대규모 반란이 되어 폭발했다. 1894년, 이 농민반란이 직접적인 계기가 되어, 조선을 무대로 하는 청일전쟁이 발발했다.

동학(東學)은 민중적인 신흥종교운동이지만, 그것을 신봉하는 농민들은 자신들을 곤경에 빠지게 한 원흉으로 조선의 지배층과 외세를 비판의 도마 위에 올렸다. 외국세력 중에서는 일본에 대한 비판이 특히 강했지만, 청나라도 비판의 대상이었다. 1894년 봄까지 동학군이 꽤 넓은 영토를 지배했고, 주요 지방도시의 하나인 전주를 점령했는데, 조선 조정은 청나라에 반란군 진압을 위한 파병을 요청했다.

청나라의 출병은 일본정부가 노리고 있던 조선 진출의 기회이자 1894-1895년의 청일전쟁 발발의 계기가 되었다. 일본은 그때까지 군비증강계획을 추진해온 결과, 청나라와 대등할 정도의 해군력을 구축했다. 야마가타 아리토모와 수뇌부는 지금이야말로 조선에서 우세한 지위를 확보할 때가 왔다고 판단했다. 1894년 6월, '재류(在留) 일본인 보호'를 구실로 8천 명의 군대를 조선에 파병하여 청일이 동등한 입장에서 공동으로 조선의 내정개혁에 개입하겠다고 주장했다. 청나라가 이를 거부하자, 일본은 7월에 경복궁을 점거하고 조선군대를 해산시키고 친일정권을 세워, 그 정권에 청나라와의 종속관계의 파기를 선언하고, 청군의 철수를 요구하도록 종용했다. 게다가 신정권으로부터 청군이 물러나도록 도와달라는 요구를 받아, 청군과 교전을 개시했고, 그로부터 며칠 뒤에는 청나라에 선전포고를 했다.

이처럼 청일전쟁은 조선에 대한 지배권을 둘러싼 일본과 청나라의 싸움이었다. 주로 양국 함대(艦隊)의 교전으로 치러진 이 전쟁은 1895년 4월에 일본의 압도적인 승리로 끝났다. 일본의 항구 시모노세키에서 조인된 청일강화조약에서, 일본은 자국의 '이익선'을 한반도보다 더 멀리 확장한다는 야욕을 명확히 드러냈다. 이 조약에 의해 일본은 타이완과 근린 제도 및 랴오둥(遼東) 반도의 영유권을 획득하고 남만주철도(이하 만철) 부설권을 보장받았다. 타이완은 분명히 일본의 식민지가 되었지만, 그것은 조약체결에 의해 순식간에 실현된 것은 아니었다. 타이완 식민지화에 착수할 당시, 일본은 타이완 현지인의 격렬한 저항에 부딪혀, 그것을 진압하기 위해 6만의 병력을 투입해야 했다. 그 와중에 4,600명이 전사하거나 병사했다. 하지만 랴오둥 반도에 대해서는, 러시아가 프랑스·독일이 행한 1894년의 3국간섭으로 일본은 이 영유를 포기하고 청나라에 반환해야 했다.

청일전쟁의 결과는 국제적으로도 일본 국내적으로도 엄청난 파문을 불러일으켰다. 분명 청나라가 승리할 걸로 예상하고 있던 서양열강과 그 국민의 눈에 전승국 일본에 대한 평가는 비서구세계에서 근대화의 모델로서 일거에 높아졌다. 일본이 단기간에 글로벌 강국으로 부상한 것에 깜짝 놀란 전형적인 반응으로서는, 1895년 4월에 런던의 『더 타임스』에 실린 찰스 베리즈퍼드 경의 발언을 들 수 있다.

> 다양한 단계의 통치를 체험하는 데 영국은 800년, 로마는 약 600년이
> 필요했지만, 일본은 그것을 40년 만에 해치워버렸다. 나는 일본에 불
> 가능한 일이 있다고는 생각할 수 없다.[2]

일본 국내에서는 청일전쟁이 발발하면서 애국적인 자부심의 대대적인
표출이 있었다. 정부의 예산안은 종래 의회에서 물의를 빚고 있었는데,
개전 후에는 돌변해서 의회의 전폭적인 지지를 얻게 되었다. 신문과 잡
지는 선두에 서서 대합창으로 청나라 병사를 "여장하고 전장에서 도망
친 돼지꼬리나라(豚尾國)의 변발한 겁쟁이"라고 조롱하면서, 일본의 전
쟁행위를 '문명'을 위한 정당한 것이라고 상찬했다. 1894년 12월에 유
명한 저널리스트 도쿠토미 소호(德富蘇峰)는 "이제 우리는 세계 앞에서
일본인으로서 부끄러워할 필요가 없다. ……예전에는 우리도 우리 자
신을 몰랐고, 세계도 우리를 몰랐다. 그러나 이제 우리의 실력이 검증되
어, 우리도 우리 자신을 알게 되고, 세계도 우리를 알게 되었다. 무엇보
다 중요한 점은, 세계가 우리를 안다는 사실을 우리가 알게 되었다는 것
이다"라며 감격했다.[3] 영토확장정책이 국민을 일체화시키는 효과를 낳
은 것은 정말로 일본정부가 노리던 바였다. 애초에 일본정부가 개전을
결단한 이유 중 하나도 국내에서의 지지를 강화하려는 것이었다.

청일전쟁은 경제적으로도 정치적으로도 엄청난 성과를 가져왔다. 강
화조건의 하나로 일본은 청나라로부터 무려 3억 6,000만 엔의 배상금
을 받았다. 이 금액은 청일전쟁 발발 전년(1893년)의 일본 연간국가예
산의 약 4.5배에 상당했다. 이 돈의 대부분(3억 엔)은 군비에 할당되었
다. 극히 작은 일부는 규슈 섬에 설립된 국영 야하타(八幡)제철소의 건
설자금으로 쓰였다. 간접적인 이득도 상당했다. 군사력 증강을 위한 병

기의 조달은 군수산업을 비롯한 다양한 산업의 성장에 일조했다. 배상금 덕분에 군사비 이외의 예산에 여유가 생긴 결과, 일본정부는 해운업과 조선업에 거액을 보조할 수 있었다.

제국건설을 향한 1890년대의 작업이 이렇듯 순조롭게 추진된 것과 더불어, 일본정부는 오랜 염원이었던 불평등조약 개정을 이루어냈다. 1880년대에 협상했던 서양열강과의 조약개정 교섭이 실패로 끝났지만 (6장에서 본 것처럼), 1890년부터 1894년에 걸쳐 다시 조약개정 교섭이 열렸다. 청일전쟁 발발 불과 2주 전인 1894년 7월에 일본과 영국이 신조약에 조인했다. 새로운 영일조약은 비준 5년 뒤인 1899년에 치외법권을 완전히 철폐한다고 명시했다. 일본의 관세자주권 회복에 대해서는 신조약은 느긋한 일정을 잡았다. 즉 신조약 아래서 일본은 1911년까지 대부분의 수입품에 대해서 15%를 넘는 관세를 부과할 수 없다는 제약을 받아들였다. 하지만 1880년대의 개정조약안이 이행기간 설정을 명시하고, 그 기간에는 일본의 법정이 외국인을 재판할 때 외국인 판사가 배석한다고 명시하여 맹렬한 비난에 시달렸는데, 새 영일조약은 그런 이행기간을 설정하지 않고 즉시 효력을 발휘한다고 명시하고 있다. 다른 열강도 영국을 따라 얼마 지나지 않아 비슷한 신조약을 체결하는 데 응했다.

이미 헌법이 실행되고 있는 상황에서는 열강과 체결된 신조약이 국민의 지지를 받고 있는가 어떤가는 정부에게 종전 이상으로 중요한 사안이었다. 헌법은 천황에게 조약체결권을 부여했지만, 동시에 의회가 "법률이나 기타 안건에 대해 정부에 의견을 건의하는 것"도 인정하고 있었다. 그에 따라 가령 국민의 지지를 받지 못하는 조약이 체결된 경우에는, 의회의 심의가 하염없이 미루어진다든가, 그 밖의 법안이나 예산안의 통과가 방해받는 사태가 생길 가능성도 있었다.

청일전쟁을 배경으로 해서 사태가 전개되는 동안 신문과 잡지의 논조도, 정당의 의견도, 열강과의 신조약에 대해서 한 가지 두고 보아야 할 점을 제외하면 아주 호의적이었다. 그것은 '내지잡거'(內地雜居, 외국인의 거주와 상업활동이 허용된 지역)에 대한 우려였다. 구조약은 서양인에게 특권을 인정하는 대신, 그들의 거주와 행동을 조약에 의거해서 소수의 이른바 개항장이라는 거주지구 내에 제한하고 있었다. 구조약 아래서는 외국인은 일본 내의 개항장 이외의 지역에 살거나, 거기서 부동산을 소유하는 것을 인정받지 못했다. 그런데 치외법권을 폐지하는 대신에, 일본은 1899년에 이런 거주제한을 철폐해서 이른바 내지잡거를 받아들이는 데 동의했던 것이다. 내지잡거에 동의한 결과, 외국의 물질주의와 남녀평등사상이 무제한으로 확산된다든가, 그리스도교가 퍼져나가 "국가의 독충"[4]같은 불경한 무리가 늘어난다든가 하는 사태가 발생하지 않을까 하는 우려가 터져 나왔다.

이런 과잉반응은 곧 가라앉았고, 열강과의 신조약은 순조롭게 발효되어 내지잡거도 별 탈 없이 시행되었다. 자본주의와 페미니즘은 항구적인 영향을 가져왔다고 해도(자본주의 영향이 페미니즘 사상의 영향보다 더 강했다고 해도), 두려워하던 것 같은 '독충'의 대규모적인 발생은 일어나지 않았다. 메이지 시대 초기의 일본 국민과 정부의 의식에서는 국력을 강화하기 위해 서양의 제도와 기술을 도입하는 것이 불가피하다고 보았을 뿐 아니라, 서양과 서양인은 여전히 위협적인 존재라고 생각했는데, 세기가 바뀔 무렵에도 이런 시각에는 변함이 없었다. 오히려 1895년에 러시아·프랑스·독일의 간섭을 받아 어쩔 수 없이 랴오둥 반도를 청나라에 반환했던 일로 이 시각은 더욱 강화되었다. 저명한 저널리스트 도쿠토미 소호는 자서전 속에서 랴오둥 반도 반환에 대해 다음과 같이 회고했다. "이 랴오둥 반환이 내 일생의 운명을 거의 지배했다고 해도 지나치지 않다. 이 사건을 들은 이래 나는 정신적으로 거의 다른 사람이 되었다. 이것도 결국 우리가 힘이 부족했기 때문이다. 힘이 충분하지 않으면, 어떤 정의공도(正義公道)도 반푼의 가치조차 없다고 확신하기에 이르렀다. ……일본의 진보는……궁극적으로 군사력에 달려 있다."[5]

이런 견해가 있었던 한편, 세기의 전환기에는 무력 없이 좀더 평화로운 기반에 선 국력증진의 가능성을 시사하는 국제적인 경향도 보였다. 1880년과 1913년 사이에, 일본의 수입액과 수출액은 함께 8배나 증가했다. 10년마다 거의 곱절로 늘어난 증가율은 같은 시기 세계의 총무역액 증가율의 2배에 상당한다. 그 결과, 국민총생산에서 차지하는 수입액과 수출액의 비율은 1885년에 5%였던 것이, 제1차 세계대전 발발 전년에는 15%로 증가했다.[6] 원재료와 기술적으로 수준 높은 기계류를 수입하고, 섬유제품을 비롯한 공산품을 수출함으로써 일본은 경제성장을 달성할 수 있었다.

해외이민도 일본경제가 성장하는 데 기여한 또 하나의 중요한 국제적 요인이었다. 가난한 일본인에게 해외로 이민 가는 것은 자신의 생활수준을 향상시킬 뿐만 아니라, 번 돈을 본국에 송금해서 일본을 잘 살게 해주는 방법이 될 수 있을 거라는 발언이 일본 재계의 지도자, 저널리스트, 저술가들한테서 나오게 된 것은 1880년대에 들어서부터였다. 처음에는 해외이민자가 아주 적었다. 1890년 시점에도 하와이에 5,000명, 캘리포니아에 1,000명, 조선과 중국에 1,000명 정도의 일본인이 살고 있었다. 그런데 그후 20년 동안 정부의 강력한 권장으로 해외이민자는 급증했다. 1907년 시점에 하와이에 6만 5천 명, 미국 본토에는 6만 명의 일본인이 거주하게 되었다. 대부분 농업노동자로 일했지만, 그들이 임금에서 일본에 송금한 액수는 당시 일본의 총 외화수입의 약 3%를 차지했다.[7] 당시의 저명인 중에는 이렇게 평화롭게 이루어진 해외이민과 무역이 무력에 의한 식민지 지배를 대신할 수 있을 것으로 생각한 사람들도 있었다. 그러나 대다수의 언론인, 지식인, 정부지도자들은 경제발전과 해외이민을 강력한 군사력을 배경으로 한 제국의 식민영토 확대를 대신하는 것으로가 아니라 보완하는 것으로 인식했다.[8]

1895년부터 1900년대 초까지 이들에게 전략상 가장 중요한 관심사였던 것은 조선이었다. 1895년의 청일강화조약(시모노세키 조약)에 의해 청나라는 조선을 '독립국'으로 인정하는 데 동의했다. 이 규정에 따라 조선에 대한 중국의 개입을 막을 수 있을 것으로 기대했던 일본 지도층은 서울에 고문단을 상주시켜 조선에서도 메이지식 개혁을 시행하게 함으로써 조선정부를 일본 마음대로 조종하려고 했다. 그러나 일본에 지배되는 것에도 개혁의 방향에 대해서도 못마땅하게 생각한 조선의 지도자들은 러시아에 지원을 요청하여 외세끼리 적대하도록 한다는 책략을 취했다. 그후 10년 동안 러시아는 조선에서 일본의 지위에 도전하게 되었다. 러시아는 만주에서도 1898년에 청나라로부터 뤼순(旅順)과 다롄(大連)을 조차함으로써 일본에 대한 적대적 공세를 강화했다.

러시아의 이런 움직임에 대항하기 위해서 일본의 지도층은 조선에서 주도권을 되찾고 아시아의 제국주의 대국으로서의 일본의 지위를 확립하기 위해 몇 가지 조치를 강구했다. 1900년부터 1901년에 걸쳐 일본은 의화단의 난을 진압하기 위한 연합군으로 가세해서, 연합군 중에서 최대 규모인 1만 명의 군대를 중국에 파견했다. 이 반란은 베이징과 항구도시 톈진에서 몇 달 동안 외국인에게 폭력적인 공격을 가하는 형태로 전개되었다. 반란에 가담한 중국인은 의화권(義和拳)이라 불리는 전통적인 권법(그래서 의화단의 난의 영어명칭이 Boxer Rebellion)을 규칙대로 단련하면 구미인의 총탄에 맞아도 죽지 않는다는 교의를 내걸고 중국을 위협하는 열강에 대한 반격을 부추기는 비밀결사, 의화단의 멤버였다. 그러나 결국 반란군은 열강연합군의 공격에 버티지 못했다. 일본은 반란 진압 후 강화회의에 다른 열강과 대등한 입장으로 참가해, 베이징 교외에 '치안유지'부대를 주둔시킬 권리를 획득했다.

　　의화단의 난이 진압된 직후 일본은 영국과의 관계를 이전보다 더 친밀하게 만드는 한편, 러시아는 만주에 군대를 주둔시키면서 청나라로부터 더 많은 배타적인 양보를 끌어내기 전까지 군대를 철수하지 않는다는 태도를 보였다. 일본과 영국은 1902년에 영일동맹을 체결하고, 협력관계를 공식화했다. 이 동맹협약에 따라 영국은 일본이 한국에서 특별한 이익을 갖는 것을 인정했다. 양국은 어느 쪽이 러시아와 제4의 세력으로부터 공격을 받는 경우에 서로 도와주기로 서약했다. 러시아가 제4국과 공동으로 일본에 공격하는 사태는 실제로 벌어지지 않았지만, 타이완을 식민지로서 영유하고 베이징에 군대를 파견해 영국과 동맹관계를 맺음으로써 일본은 이미 아시아에서 제국주의 열강의 하나로서의 지위를 확보하고 있었다.

　　그후 수년 동안 일본정부의 최우선과제는 한국에서 지배권을 확립하는 것이었다. 몇 개의 선택지 중에서 특히 이토 히로부미가 마음에 들어했던 것은 '만한교환론'(滿韓交換論)에 입각해 외교교섭을 한다는, 즉 러시아가 한국에서 물러나는 조건으로 일본이 만주에서의 러시아의 지배적 지위를 인정한다는 노선이었다. 러일전쟁 개막 전야인 1903년까지 일본정부는 러시아와 교섭을 계속했지만, 진지하게 임하지는 않았다. 사실 일본측은 러시아에 대한 만주의 지배권을 완전히 인정하는 것에 난색을 보였고, 러시아측도 한국에서의 지위를 계속 유지할 것을 주장하며 양보하지 않았다. 게다가 정당, 언론인, 도쿄 제국대학의 저명한 교수들을 비롯한 주요 지식인들이 집회를 개최한다든가 건의서 공표를 통해 내놓은, 타협적인 대러시아 교섭을 배척하고 무력대결을 요구하는 주전론의 주장이 점점 힘을 얻었다. 이런 여론의 동향은 일본교섭단 내 강경파의 입장을 강화해주는 순풍이 되었다. 사회의 분위기와 주전론을 역설하던 신문의 논조는 1898년의 미국-스페인 전쟁 전야의 미국 내의 분위기와 흡사했다. 1904년 2월, 일본정부는 한국은 물론 만주에서의 권익을 지키기 위해 군사행동을 단행하기로 했다. 러시아에 선전포고를 하고, 일본에는 한국에 대한 지배권을 둘러싸고 10년 새 두 번째 대규모 군사대결이 된 러일전쟁이 시작되었다.

일본의 육해군 수뇌부는 처음부터 이 전쟁을 위험한 도박으로 보고 있었다. 이러한 우려를 증명해주듯 전황은 일본에게 유리한 면과 불리한 면이 반반이었다. 물론 일본은 한반도에서 만주로 북진하며 치른 지상전에서 연승을 거뒀다. 또 일본 육군은 랴오둥 반도 남단의 뤼순(旅順) 항에 대한 6개월에 걸친 포위공격에서도 승리했다. 1905년 5월 일본해군은 쓰시마 해협에서 러시아의 발트 함대를 격퇴했다. 그래도 아직 일본군은 러시아군을 완패시키지는 못했으며, 인적·물적 피해도 엄청나게 컸다. 일본의 군사력은 바닥이 나기 시작했으며, 자금도 부족했다. 러시아측에도 전쟁을 그만두고 싶은 동기가 있었다. 그 이상 전쟁이 계속된다면 러시아 국내에서 혁명을 유발할 우려가 있었던 것이다.

1905년 6월 1일, 일본정부 수뇌들은 극비리에 미국대통령 시어도어 루스벨트에게 러시아와의 강화중재를 의뢰했다. 강화회의는 미국 뉴햄프셔 주 포츠머스에서 열렸고, 1905년 9월 5일 양국은 강화조약에 조인했다. 합의된 강화조건은 불확실한 군사정세를 반영하고 있었다. 일본은 러시아로부터 동청철도(東淸鐵道) 남부와 만주 남부의 뤼순과 다롄에 대한 러시아의 조차권을 양도받았을 뿐만 아니라 한국에서는 일본이 배타적 특권을 갖는 것을 러시아가 인정하게 하였다. 그러나 실제로 무인도나 다름없던 사할린 남부 영토에 대한 영유권을 얻은 것 외에는, 일본은 현저한 영토적 확장도, 배상금도 획득하지 못했다. 청일전쟁의 전과와는 뚜렷이 대조되었다. 일본의 전쟁지속능력이 바닥난 것은 모른 채 연전연승의 보도만 접하고 있었던 일본국민은 크게 낙담했다.

그렇다고 해도 일본이 한국을 지배하에 두게 된 것은 분명했다. 일본 고문단이 사실상 한국정부를 움직이고 있었다. 일본육군은 통감부(統監

府)를 통해 한국의 국제관계를 좌지우지했다. 1907년 일본이 고종을 퇴위시키고 한국군을 해산함으로써 통감은 자신의 권한을 확대했다. 이어서 1910년에 일본은 한국을 완전히 식민지화했다. 그로부터 1945년에 이르기까지 천황의 임명을 받은 역대 총독이 군사·사법·입법·민정의 모든 권한을 장악했다.

러일전쟁 종결에서 한일병합에 이르기까지 일본의 국제관계는 혼란의 연속이었다. 한국인과 중국인은 일본에 의한 지배에 격렬한 반감을 품고 있었고, 종종 항거했다. 이미 1890년대에 미국은 태평양 일대의 해군 강국이 되어 있었다. 1900년대 초가 되면 미국은 일본인의 미국이민에 대해서 급격히 차가운 태도를 보이기 시작했다. 1907-1908년에 미국은 일본인의 미국이민을 이미 미국에 거주하고 있는 사람의 가까운 친척이나 친지만으로 제한하는 것을 명시한, 이른바 이민에 관한 미일 신사협약(紳士協約)을 일본에 받아들이도록 강요했다. 그 밖에도 미국은 이미 1899년에 중국의 모든 개항장에서 통상할 기회는 모든 나라에 균등하게 열려야 한다는 '문호개방'정책을 내세우고 있었다. 이것은 만주에서 배타적인 특권을 가지고 있다고 주장하는 일본의 입장과 대립하는 주장이었다.

그러나 적어도 타이완과 한국에서 일본의 입장은 국제적인 이의신청을 받는 일이 없을 만큼 공고했다. 일찍이 일본의 '이익선'으로 되어 있던 한국은 그것을 둘러싸고 있던 새로운 이익선이 확장되면서 이미 '주권선'의 일부에 편입되었다. 일본이 달성한 이상과 같은 성과는 광범위한 외국인이 불공평한 인종비교를 들먹이며 상찬하는 부분이 되었다. 영국의 유명한 사회주의자 비어트리스 웹은 1911년에 아시아 여행 중에 중국인은 '불쾌한 인종'(a horrid race)이라고 적고, 한국인에 대해서도 비슷하게 깔보는 평가를 표명했지만, 일본인에 대해서는 "우리의 관리능력을 무색게 하고, 우리의 창의성을 무색게 하고, 우리의 지도력을

무색게 한다"고 기술했다.[9)]

일본이 제국주의 세력으로 부상한 것에 대해, 아시아의 국가들은 격분에서 탄복까지 아주 다양한 반응을 보였다. 분노의 목소리는 한국에서 가장 컸다. 1909년에 한국의 독립운동가 안중근이 초대 통감 이토 히로부미를 암살했다. 네 번이나 총리대신을 지낸 메이지 헌법의 주요 기초자를 살해한 이 행위 덕분에, 안중근은 한국근대사에서 영광스러운 위치를 차지하게 되었고, 일본에서는 증오의 대상이 되었다. 그러나 한국에서도 약간 인민주의적이고 근대화를 추구하던 개혁가들은, 러일전쟁 기간과 이후에 일본의 지원을 얻으려고 일진회(一進會)라는 친일조직에서 중추적인 역할을 했다. 한국의 많은 역사가는 이 집단을 '친일부역자'로 간단히 결론지어버리지만, 이것은 너무나 단순한 시각이라 볼 수 있다. 일진회는 그저 일본인과 제휴만 한 것이 아니었다. 부패한 전통적인 유교정치도 비판하고, 양복 착용과 단발을 장려하기도 했다. 그리고 세율설정과 징세과정에 대한 인민의 더 많은 참여와 통제를 제도화하도록 요구했는데, 이는 한국의 기존 엘리트세력과 일본인 모두를 불쾌하게 만드는 주장이었다.[10)]

터키·이란·인도처럼 일본에서 멀리 떨어져 있는 나라의 근대화추진파와 반(反)제국주의들은, 일본이 러시아를 이긴 것은 자신들도 서양의 지배에서 벗어나 독립과 국가건설을 이룩할 가능성을 보여준 희망의 징조로 받아들였다. 200명 이상의 베트남 유학생이 도쿄를 거점으로 반(反)프랑스 독립운동을 조직화하려 했다. 1900-1901년에 의화단의 난으로 홍역을 치른 청조 정부는 학생들을 외국에 보내 근대화에 필요한 지식을 배워서 돌아오게 했다. 일본은 지리적으로 가까울뿐더러 한자를 사용하기 때문에 중국인 유학생은 당연히 일본을 선호했다. 1902년에 500명이던 중국인 유학생의 수는, 1906년에는 1만 3천 명 이상으로 급증했다. 신해혁명의 가장 중요한 지도자인 쑨원(孫文)도 1905년부터

1907년 초까지 요코하마에 살면서, 이런 유학생들의 에너지를 토대로
자신의 운동을 조직화했다. 중국인 유학생들은 나중에 일본의 팽창정책
을 가차없이 비판하게 되었지만, 일본에 머무는 동안에는 일본의 국민
국가 건설을 동경하고 일본인의 치열한 내셔널리즘을 흡수했다.

일본의 일부 유력 정치인은 이들 외국유학생 활동가들에게 동정심을
가졌고, 쑨원에게는 상당한 재정적 지원까지 해주었다. 그러나 일본정
부는 서양열강과의 우호적인 관계를 손상하면서까지 이런 청년들의 반
(反)제국주의 운동을 장려할 생각은 없었다. 프랑스 정부의 요청에 부
응하여, 일본은 1909년에 베트남 유학생 전원을 추방했다. 1907년에
쑨원의 반청(反淸)활동이 베이징 조정에 전해지자, 일본정부는 그를 중
국으로 송환하라는 청조의 압력에 시달렸다. 그후 제1차 세계대전 기간
에는 영국의 요구에 따라, 마지못해 인도의 유명한 내셔널리스트 라스
비하리 보스를 영국에 인도하려 했으나 결국 실패했다.[*11)]

일본은 이렇게 해서 국경 밖에서 경제적인 권리를 획득했다. 이 과정
에서 일본은 다른 민족의 정치적 독립을 침해했고, 이어서 부정했다. 일
본을 제국주의국이 되도록 몰아갔던 주역, 그리고 주요한 요인으로서
몇 가지 점을 지적할 수 있다. 첫째는, 중국을 국제관계의 중심에 두는
중화모델과 서유럽을 중심에 두는 서구모델 둘 다를 피하고, 국학 또는
미토 학파에 기반한 토착적인 지적 전통의 존재이다. 국학자와 미토 학
파의 유학자들은 "[신국(神國) 일본은] 본디 세계의 원수(元首)로서 만국

---

* 일본정부는 쑨원에게 거금을 주면서 일본을 떠날 것을 요청했을 뿐, 그를 본국으로 송환하지
는 않았다. 한편 보스가 1915년에 인도에서 혁명에 실패한 뒤 일본으로 망명하자, 영국과 동맹
을 맺고 있던 일본정부는 그에게 국외퇴거명령을 내렸지만, 아시아연대론자들의 강력한 반발에
부딪쳐 이 명령을 철회했다. 보스는 일본 내 동조자들의 도움을 받아 1915-1918년에 일본 각지
를 전전하며 영국 첩보원들의 추적을 따돌렸다. 그는 1918년에 일본여성과 결혼하고, 1923년
에 일본에 귀화한 후에도 인도 독립운동을 계속했다. 아울러 그는 장인인 소마 아이조(相馬愛
藏)에게 카레 요리법을 전수해 인도 카레를 일본에 처음 소개한 인물로도 유명하다. 소마 아이
조가 창업한 나카무라야(中村屋)라는 인도카레 전문점은 지금도 도쿄에서 성업 중이다.

을 통괄하는 존재이다"[12]라고 하며 일본이 이 세계에서 특별한 지위를 점해야 한다고 주장했다. 메이지 시대 일본의 지도자들도 아시아에서 일본의 지위를 확립하고, 국내질서를 지탱하는 대들보로서 천황을 떠받들며 이런 입장을 취했다. 호전적·배외주의적인 신문논조, 일반민중, 일본을 맹주로 하는 범아시아 통합을 추구하는 모험가나 책략가들을 부추긴 것도 이런 사고방식이었다.

둘째, 메이지 시대의 지배자들은 일본이 나아가야 할 길은 제국이 되든가 아니면 제국에 예속되든가 둘 중의 하나이며 중간의 길이란 있을 수 없다는 지정학적 논리를 받아들였다. 비서구세계가 서양열강의 식민지영토로 분할되어가는 것을 본 일본지배자들은, 일본이 사는 길은 제국주의 열강을 모방해서 독립을 확보하는 것 외에는 없다고 판단했다. 그래서 야마가타 아리토모는 주권선을 둘러싸듯이 이익선을 배치한다는 전략구상을 그려냈다. 이 원칙이 열강이 각축을 벌이는 현실세계에 실제로 적용되면, 이 원칙이 내포하고 있는 자동적인 단계적 확대의 논리가 작동하게 된다. 만일 일본의 지도자들이 그렇게 하려고 생각했다면 제국주의적인 이익선의 확대를 위해 내달리지 않고도 가까운 나라 및 먼 나라들과의 무역과 이민을 촉진함으로써 아시아에서 국가로서의 독립을 수호하고 번영을 누렸을 것이다. 하지만 이것이 가능하다고 믿은 지도자는 한 사람도 없었다. 다른 열강들의 행동양식도 어차피 일본지도자들에게 발상의 전환을 촉진하는 것은 아니었다.

셋째로, 영향력 있는 인사들도 해외에서, 특히 한국에서 엄청난 경제적 권익을 누리게 되었다. 한반도와의 교역은 1880년대부터 급증했다. 금융계의 거물들도 한국에서 큰 이익을 얻을 수 있게 되었다. 1878년에 메이지 시대의 대기업가 시부사와 에이이치가 이끄는 제일국립은행은 조선에 지점망을 개설하기 시작했다. 이 지점망은 관세, 통화발행, 융자, 무역업자를 위한 보험을 취급하는, 보통은행과 중앙은행의 기능을 겸비한, 일찍이 한국에는 없었던 대규모 금융기관이 되었다. 해운업자와 철도개발업자도 조선경제에서 중요한 위치를 점했다. 이들의 경제활동은 모두 합쳐도 일본경제 전체규모와 비교하면 대단치 않은 것이었지만, 한국에서 사업을 벌이고 있던 주요 일본인 사업가들은 일본의 국내정치에서도 큰 영향력을 가지고 있었다. 이들은 특히 러일전쟁 후 초대통감이 된 이토 히로부미와 밀접하게 연결되어 있었다. 이토는 1907년에 고종을 강제퇴위시킴으로써 한일병합의 길을 닦았던 인물로, 앞에서 언급했듯이 1909년 한국인 안중근에게 암살당했다.

군사적 지배와 경제적 지배는 표리일체(表裏一體)의 관계였다. 일본의 모든 엘리트와 일본이 뛰어나다는 관념에 강하게 빠진 일본의 민중은 한국을, 그리고 나아가 일반적으로 아시아를 일본한테는 힘과 명성을 확대해 나가기 위한 개척지로 여겼다. 그런 의미에서 제국으로의 매진은 '과잉결정'(過剩決定)되었던 것이다. 다시 말해 제국건설로의 움직임은 군사력, 지정학적인 경쟁, 무역과 투자의 확대, 나아가서는 일본의 우월성을 주장하는 토착사상이라는 상호연관된 여러 요인을 뒷받침하는 논리가 서로 얽힘으로써 추진된 것이다. 그리고 또 일본을 우월시하는 독단적 세계관은, 당시 서양에서 아주 뿌리 깊었던 인종차별적 사고와 접하면서 더욱 강화되었다.

제국·자본주의·국가건설의 배경

메이지 유신으로부터 1890년대까지, 문민관료와 군부는 주권자인 천황의 이름으로 나라를 통치하고 있었다. 메이지 헌법을 기초한 이토 히로부미와 그 동료는, 국민이 민선에 의한 중의원을 통해 일정한 정치적 발언권을 행사하는 것을 인정했다. 그러나 그들은 관료기구와 군의 상층부가 국민 전반에 대해서 일일이 설명하는 책임부담 없이 통치를 계속 해나갈 수 있기를 바랐다.

그런데 사태는 생각한 대로 전개되지 않았다. 1890년대부터 20세기 초에 걸쳐 민중의 참정권에 입각한 의회정치의 실현을 요구하는 거센 운동이 전개되었다. 이 운동의 지지자들은 천황의 주권과 아시아에서 제국주의 강국으로서 일본이 대두한 것에 대해서는 적극적으로 지지하면서도, 관료기구와 군부의 지도층에 대해서는 격렬하게 이의를 제기했다. 세기가 바뀔 무렵 일본의 지배자들이 설치한 안정화를 위한 장치는 그들이 노린 대로 국민을 완전히 결속시키는 효과를 발휘하지 못했다.

19세기 말부터 20세기 초에 걸쳐, 정치정세는 이렇게 예상치 못한 혼란을 보이고 있었지만, 그 혼란을 낳은 배경이 된 것은 일본의 근대화를 추진했던 엘리트들이 착수했던 상호연관된 세 가지 사업, 즉 제국건설을 향한 매진, 산업혁명, 국가건설정책이었다.

제국주의는 무엇보다 거액의 비용을 필요로 한다는 점에서 국내정치를 규정했다. 1896년 이래 아시아 내륙 진출의 거점을 구축하기 위한 비용을 마련할 목적으로, 정부는 계속해서 새로운 세원(稅源)을 찾게 되었다. 국민은 제국 확대가 가져오는 성과는 기쁘게 받아들였지만, 새로운 세금징수에는 불만을 표시했다. 제국주의 정책의 추진은, 정치에는 좀더 간접적인 영향도 초래했다. 청일전쟁과 러일전쟁을 지지하고 전과(戰果)를 축하하는 제등행렬과 깃발행렬이 빈번해진 결과, 특히 도시에서는 공연과 집회를 개최하는 데 새로운 정당성이 부여되었다. 다시 말해서 정부는 전쟁지지를 위해 국민을 동원함으로써 뜻밖에도 처음부터 제국을 확대할 수 있게 하기 위해서 헌신하고 희생한 국민의 소망이 정치과정에서 존중되어야 마땅하다는 주장을 조장한 것이다.

19세기 말 일본에서 산업자본주의의 발흥은 이것과 연관된 일련의 정치적으로 중요한 변화를 야기했다. 세기가 바뀌어 가던, 청일전쟁부터 러일전쟁까지 10년의 전간기에 중공업의 확충이 시작되었지만, 그것을 부분적으로 뒷받침했던 것은 군비증강을 위한 수요증가가 있었던 것, 그것을 위해서 청나라의 배상금 일부가 특히 제철과 조선의 보조금으로 충당된 것 등 제국확대사업의 성과였다. 한편 공업화는 남성숙련공과 여성 섬유노동자를 중심으로 하는 임금노동자의 증가를 가져왔다. 도쿄나 오사카를 비롯한 도시에 집중하는 경향이 강했던 이들 노동자는, 20세기 초의 정치운동에서 중요한 역할을 했다.

더욱이 산업과 상업의 확대와 더불어, 신흥산업과 옛날부터 이어져 온 산업 양방에서 소매점, 도매상, 소규모 공장의 수가 늘어났다. 서구의 이른바 프티부르주아지에 해당하는 소규모 사업의 경영자들은 각종 지방세와 국세의 납세의무를 지고 있었다. 하지만 의회가 개설되고 나서 30년 동안, 이런 경영자들이 납세액에 근거한 선거권을 부여받은 적은 거의 없었다. 세계 다른 나라의 역사에서도 흔히 발견되는 대표파견의 권리를 인정받지 못한 채 납세의 의무만 지는 이 상황에 대해 그들은 격분했다. 이들은 1890년대부터 1920년대에 걸쳐 여러 차례 납세반대운동을 정력적으로 전개했다.

국가건설을 위한 다양한 계획들도 정치에 큰 영향을 미쳤다. 사려 깊은 사람은 누구라도 헌법에 따라 선거에 근거한 국회가 개설되었다는 단순한 사실로부터, 일본은 의무만이 아니라 일정한 정치적 권리를 갖는 신민에 의해서 구성되는 나라인 것을 간파했다. 국가에 대한 의무로는 병역·취학·납세의 의무가 포함되었다. 남성의 권리에는 선거권과 국가 예산 결정에 관한 발언권이 포함되었다. 선거제도의 시행은 당파색을 선명하게 드러내서 활발한 논쟁을 벌이는 보도·언론기관이나 정당의 등장을 촉진하고, 나아가서는 연설회, 집회, 유세, 시위행진 등 민주적인 정치제도를 특징짓는 다양한 관행의 발전을 촉진했다. 1890년대에는 해마다 대도시에서 수백 건의 합법적인 정치집회가 공공연하게 개최되었다. 이는 일본역사가 시작된 이래 새롭게 생긴 현상이었다.

국회의원을 선출하는 권리가 가령 성인남성의 극히 일부에만 한정되었다 해도 인정되었다는 사실 자체는 정치주체의 범위를 더욱 확대할 가능성을 시사했다. 20세기 초 당시의 정치지도자 거의 전원과 태반의 지지자·추종자들은 부유하고 교육받은 남성, 즉 지주, 자본가, 그리고 도시를 중심으로 대두한, 언론인이나 변호사를 비롯한 일련의 새로운 지적인 직업인들이었다. 그러나 눈에 띄게 늘어나는 정치집회나 정치운동의 일반참가자들 가운데 점점 많은 부분을 차지한 것은, 그때까지 시야도 좁고, 정치에 별로 관심도 없고, 그리고 많은 경우 빈곤에 시달리고 있던 일본의 평민 남녀였다. 이들 역시 자신들은 나라의 구성원이고, 외교나 내정에 대해 발언할 권리를 인정받아야 한다는 인식을 높여가고 있었다.

격동의 의회정치

메이지 헌법에 따라 개설된 이원제 의회는 법률을 제정하고, 정부의 연간예산안을 승인하는 권한을 가지고 있었다. 1890년에 제1회 통상의회(通常議會)가 개최된 때부터 의회는 일본의 정치상황에서 일대 초점이 되었다.

1889년에 헌법과 동시에 공포된 선거법은 선거권이나 피선거권 어느 쪽이든 상당한 고액의 납세자인 남성밖에 인정하지 않았다. 중의원 의원은 257개 선거구에서 모두 300인이 선출되었다.(일부 큰 선거구에서는 의원을 두 명씩 뽑았다.) 제1회 총선거에서 선출된 의원은 주로 지주였고, 그 밖에 기업가와 전직 관료, 그리고 언론인, 신문·잡지의 경영자, 변호사 같은 도시의 신흥 지적 직업인도 섞여 있었다. 무사계급 출신은 의원 총수의 3분의 1을 차지했다.

이와 대조적으로 귀족원 의원은 선거에 의해 선출되는 것은 아니고, 1884년의 화족령(華族令)에 설치된 세습제의 화족(작위를 가진 사람과 그 가족), 남자 황족, 고액 납세자 등 여러 범주에서 칙선(勅選)이나 호선(互選)에 의해 뽑혔다. 또 소수이지만 국가공훈자나 학식자 중에서 칙선의원이 임명되었다. 전직 고급관료, 구 다이묘, 도쿠가와가의 일원, 일본에서 손꼽히는 갑부 등 특권적으로 아주 보수적인 사람들에 의해 구성된 귀족원의 목적은, 중의원으로부터 자유와 민권의 확대를 요구하는 목소리가 있을 경우, 그것을 억제하는 기능을 하는 데 있었다.

의회는 내각 혹은 의원이 제출한 법률안에 대해서 심의하고, 법률을 제정하는 권한을 가졌다. 의회는 또 예산심의권을 가진 것 외에, 각종 현안에 대해서도 논의했다. 논의를 부른 쟁점의 하나는 선거권의 확대였다. 1897년 말부터 일부 의원들이 언론기관에 의거하는 활동가들과 협력해서 보통선거운동을 추진하기 시작했다. 1900년에 정부는 종래 가구당 직접국세의 납세액 15엔이었던 선거권의 하한을 10엔으로 낮추었다. 이 조치로 인구의 1%였던 유권자수는 2%로 배로 늘어났다.

1890년대의 의회개설 애초부터 의회에서는 다양한 사회문제도 쟁점이 되었다. 의원들은 공장노동자의 건강상태와 노동조건을 검토하고, 노동자 보호를 위한 유럽식의 '공장법'(工場法)을 제정하는 의의에 대해서 논의했다. 정부관계자는 여성과 청소년의 야간노동을 제한하는 조치 등을 강구해야 한다고 주장했다. 섬유와 그 밖의 산업의 경영자들과 가까운 의원들은 그런 법안에 맹렬히 반대했다. 결국 1911년에 양자의 타협에 의해 비교적 규제력이 약한 공장법이 성립했다. 의원들은 외교정책에 대해서도 논쟁을 벌였다. 그들은 일본이 제국주의적 확장을 지향해서 수년에 걸쳐 전쟁을 일으켰을 때는 무조건 군사행동을 지지했지만, 평시에는 군사비가 너무 많은 것을 문제로 삼고, 군비확충안에 한결

청일전쟁에서 전사한 가장의 유품을 앞에 두고 슬퍼하는 아내와 아이들. 마쓰이 노보루(松井昇) 작「유품」(かたみ, 1898). 이런 그림은 전몰자 유족의 깊은 슬픔을 묘사하면서도, 국가를 위해 목숨을 희생한 것에 대한 존경을 시사하고, 의연하게 슬픔을 극복하려는 유족들의 태도를 칭송했다. 아이러니하게도 1960년대에 고등학교용 일본사 교과서의 저자 이에나가 사부로(家永三郎)가, 전쟁 전의 사회와 정치의 상황을 예시하기 위해 이 그림을 사용하려고 했을 때, 문부성의 교과서 검정에서 불합격이 되었다. 이에나가가 이 검정에 불복해 국가를 상대로 소송을 제기한 이래, 3차에 걸친 이른바 이에나가 교과서재판은 사회적으로 큰 반향을 불러일으켰다. 궁내청(宮內廳) 산노마루쇼조칸(三の丸尙藏館) 소장.

러일전쟁을 종결하는 러일강화조약의 내용에 불만을 가진 민중들의 폭동인 히비야 방화사건이 일어난 1905년 9월 5일에 도쿄 도심의 극장 발코니에 서서 연설하는 정치가와 연설을 듣고 있는 군중. 으레 이런 종류의 정치집회에는 폭동이 뒤따랐다. 1890년대부터 1900년대 초에 걸쳐 대도시에서는 해마다, 당연히 선거가 가까워질수록 특히 빈번하게 실내나 야외에서 이런 집회가 열렸다. 출처: 『東京騷擾畵報』(『戰時畵報』臨時增刊, 第66號, 1905年 5月)

같이 반대했다.

그러나 초기의 의회정치에서 최대 쟁점이 된 것은 국내문제였다. 그 중에서도 세금과 그 이용방법은 가장 격렬한 논의거리였다. 의회 내의 지주대표들이 정부에 대해서 세입의 압도적인 부분을 지조(地租)에만 의존하는 것을 그만두도록 압박한 결과, 의회는 1896년에 그때까지 지방세였던 '영업세'를 국세로 바꾸기로 했다. 이 세금은 종업원수, 건조물의 면적, 수익에 따라 영리사업자로부터 징수하는 것이었다. 시간이 경과함에 따라 정부세입에서 지조가 차지하는 비율은 대폭 줄어들었다. 놀랄 것도 없지만, 대기업 경영자들과 긴밀한 관계를 맺고 있던 의원들은 영업세 철폐를 요구하는 정력적인 캠페인을 벌였다.

이런 쟁점을 둘러싸고 서로 갑론을박을 하는 과정에서, 정부관료들과 선출된 의원들은 세수의 사용방법을 둘러싸고도 치열한 설전을 펼쳤다. 쟁점은 세수의 용도로서 육해군의 군비확충이 우선되어야 하는가, 항만 및 도로 건설 등의 지방 프로젝트를 우선해야 되지 않겠는가, 그렇다고 한다면 어느 지방을 우선해야 하는가 등이었다. 다른 국가들과 마찬가지로, 이런 논의는 근대일본의 의회정치에서 일상다반사였다.

1890년부터 1894년까지 최초 여섯 번의 의회가 열렸는데, 예외 없이 격렬한 논전이 벌어졌다. 한쪽의 진영을 형성한 것은 정부, 즉 천황에 의해 임명된 각료들이었다. 각료들은 막 도입된 문관고등시험에 합격해서 각 관청에 채용된 관료들을 감독하는 임무를 맡았다. 또 다른 진영을 형성한 것은 야당의원들이고, 그 대부분은 과거 자유민권운동의 활동가들이었다. 1890년 7월에 실시된 첫 중의원 총선거 결과, 300개 의석 중 171석을 입헌자유당과 입헌개진당이 차지했다. 번벌정부(藩閥政府)를 규합하는 것이 가능했던 친정부세력은 대성회(大成會)의 79석이 전부였다. 야당은 즉각 예산삭감을 주장했다. 강경자세로 유명했던 총리대신 야마가타 아리토모는 야당의 예산삭감요구를 폐기하고 의회를 해산할 생각까지 해보았으나, 첫 번째 의회가 무사히 막을 내리게 하기 위해 타협안을 받아들임으로써 가까스로 예산이 통과되었다.

그후 1894년까지 수차례의 의회에서 자유당 및 개진당 의원들과 겐로들 중 강경파 특히 야마가타 아리토모와 마쓰카타 마사요시(松方正義, 1891-1892년에 총리 재직)의 대립이 되풀이되었다. 야당측은 예산삭감을 주장했다. 겐로들에게 의회는 무용지물이었다. 겐로들은 천황이 사태를 우려하고 있다며 의원들에게 정부입장을 지지하라고 종용했는데, 이 방법은 일정한 성과를 거두었다. 선거를 관리하는 임무를 맡고 있던 내무성은, 자주 선거에 경찰을 폭력적으로 개입시키고 뇌물을 동원해 유권자에게 정부 쪽 후보자에게 투표하라고 압박했다.(역대 총리 명단은 부록A를 보라.)

1892년에 실시된 제2회 총선거의 폭력사태는 특히 심했다. 전국 각지의 투표소에서 경찰의 억지스러운 개입과 민당(民黨)과 이당(吏黨)의 충돌로 적어도 유권자 25명 이상이 사망하고 수백 명이 다쳤다. 이런 개입이 있었음에도 야당측이 과반수 의석을 유지했다. 제2회 총선거 후의 제3회 의회와 그것에 이어진 세 차례의 의회에서 정부는 협박과 뇌물 등을 동원하고, 천황에게 의회의 분열을 우려하는 이른바 '화협(和協)의 칙서' 발포에 의한 개입을 구하고, 의회를 해산시켜서라도 정부제출안을 관철시키려는 등 수단과 방법을 가리지 않았다. 이처럼 일본 의회정치의 출발은 파란만장했다.

가장 협조적인 타협정치로의 전환은 청일전쟁과 함께 시작되었다. 의원들은 열렬히 전쟁지지를 표명하고, 전시거국일치내각이 된 제2차 이토 내각 아래에서 정부와의 정치투쟁을 일시중지했다. 이토측에서도 협조적인 정치전략을 지지하게 되었다. 이토는 의원이 정부예산안을 지지해주는 대가로 의원들을 관직에 앉혀주고 예산배분에 관해서 일정한 발언권을 인정하겠다는 자세를 보였다.

청일전쟁이 끝나고 나서 수년 사이 이러한 협조분위기는 사그라졌다. 1896년부터 1897년 말까지 다시 내각을 이끌던 마쓰카타 마사요시는 분명 정당정치인 오쿠마 시게노부를 외무대신에 임명하는 조처를 했지만, 오쿠마가 이끄는 진보당(옛 개진당)이 기대한 만큼은 진보당의 요망에 응하려 하지 않았다. 마쓰카타는 내각불신임결의안이 제출되자 그것에 대항해서 의회를 해산했다. 겐로 중 한 사람, 야마가타 아리토모가 1898년 11월부터 1900년까지 이끈 제2차 야마가타 내각의 경우도 제휴한 헌정당으로부터의 입각요구와 고급관료직의 요구에 응하지 않았던 것이 실각의 계기가 되었다.

1900년에 이토 히로부미가 이끈 4차 내각이자 최후의 이토 내각이 출범했다. 20세기가 시작되면서 내각과 선출된 의원들 사이의 타협도 서서히 원만하게 이루어졌다. 이토는 각료와 의원 간의 타협과 제휴를 추진하는 쪽으로 전략을 구사했다. 1900년에 이토는 입헌정우회(立憲政友會, 약칭 정우회)라는 새로운 정당을 결성하고, 그 총재가 되었다. 정우회의 중핵이 된 것은 이타가키 다이스케가 이끌고 있던 구 자유당 당원들이었다. 이토가 1901년에 총리직에서 물러난 후 12년간 야마가타 아리토모의 심복으로 조슈 출신 군인이었던 가쓰라 다로(桂太郎)와 공가 출신으로 오랜 세월 이토의 심복으로 정우회를 이끌던 자유주의자 사이온지 긴모치(西園寺公望)가 번갈아가며 총리직을 맡았다. 가쓰라는 세 차례(1901-1906, 1908-1911, 1912-1913), 사이온지는 두 차례(1906-1908, 1911-1912) 총리를 역임했다. 두 사람 다 당시 중의원 내에서 점점 결속력을 강화해가고 있던 정우회와 제휴해서 국정을 운영했다. 사이온지가 정우회와 제휴한 까닭은 정당조직이 자산가에게 더욱 문턱을 낮추게 되면, 일본은 정치적으로도 사회적으로도 안정될 것이라는 자신의 신조에 따른 것이었다. 이에 비해 정당에 대해 오히려 회의적이었던 가쓰라는 편의상 혹은 필요에 의해 마지못해 제휴했다.

그 당시 활동했던 또 한 명의 중요한 정치가는 무사 집안에서 태어나 유복하게 자란 하라 다카시(原敬)이다. 하라는 1904년경부터 정우회의 실질적인 지도자 역할을 했다.[13] 하라의 풍부한 경력을 통해 알 수 있듯 이 그는 인맥 만들기에 뛰어난 사람이었다. 그는 사법성(司法省) 법학 교를 중퇴한 뒤, 언론계에 뛰어들어 편집자로서 두각을 나타냈다. 그후 1880년대 초에는 외무성에 입성해 요직을 역임했지만, 1890년대 말에 다시 언론계로 돌아갔다가, 1900년에 정우회 결성에 참여해 간사장(幹事長)이 되었다. 1902년에 중의원에 당선되어, 이후 1921년에 암살당 할 때까지 의원직을 유지했다.

하라는 무대 뒤에서 의원과 정당의 힘을 증대하기 위해서 이렇게 저 렇게 획책하는 술(術), 어떤 역사가가 말한 대로 '타협의 정치' 잘 구사 하는 정치기술의 달인이었다.[14] 하라는 자신의 당이 정부예산안에 찬성 하는 대신 두 가지 정치적 반대급부를 요구했다. 첫 번째는 당원을 위해 서 정부 내의 자리, 특히 각료직을 획득하는 것이었다. 이는 당원들의 출신지역에 도로·항만의 개수(改修), 학교건설, 철도부설을 위한 공공 지출을 확보한다는 두 번째 목표의 실현에 도움이 되었다. 하라는 이후 일본에서 오늘날까지 일소되지 않고 이어지고 있는, 선거구로의 '이익 유도 관행'을 완성시킨 원조가 되었다.

1904년 말에 하나의 중요한 정치거래가 부상했다. 하라는 정우회 총 재 사이온지가 차기 총리에 취임하는 것을 조건으로, 가쓰라 내각의 전 시예산을 지지하겠다고 제안했다. 가쓰라가 약속을 지킨 결과, 정우회 는 1912년까지 모든 내각에 각료를 입각시키는 것이 가능했다. 이러한 거래를 통해 정우회가 한층 결속력을 다지고, 관료적·관공서적 성격을 강화시키는 한편, 관료조직도 당파적 성격이 강해졌다. 하라 같은 정당 지도자가 내무대신이 된다면, 자기 당의 이익을 위해서 일하겠다고 맹 세하는 관료를 발탁해서, 지방정부나 경찰 내의 높은 지위로 승진시키는 일이 자주 나타났다. 역으로 발탁된 관료도 이에 대한 보은으로 국정 선거나 지방선거에서는 정우회에 유리하게 감시·감독체계를 관리함으로써 정우회가 많은 표를 얻는 데 공헌했다.

정우회는 1900년 결성 이래 1912년까지 국회 내에서 실효성을 가진 정당으로서는 유일한 존재였다. 그런데 1890년에 의회정치가 시작된 이래 최대의 정치적 대립이 1912년에 빚어졌다. 1912년 7월에 메이지 천황이 사망하고, 그 아들 다이쇼(大正) 천황의 치세가 시작된 지 불과 몇 달 후 가을에 '다이쇼 정변'이라는, 바로 딱 맞는 이름으로 불리게 된 정쟁이 시작되었다.

소설가 나쓰메 소세키는 1914년에 발표한 대표작의 하나인 『마음』에서 주요 등장인물 중 한 사람에게 다음과 같이 이야기함으로써, 메이지 천황의 죽음을, 한 시대의 종말을 고하는 상징으로서 좀처럼 뇌리에서 사라지기 어렵게 묘사했다. "한여름 가장 더울 때 메이지 천황이 붕어하셨습니다. 그때 나는 메이지의 정신이 천황에서 시작되어 천황에서 끝난 듯한 기분이 들었습니다."[15] 근대화를 향해서 매진해온 나라가 이제 전환기를 맞았다는 느낌을 수많은 사람이 공유했던 것이다. 그런 인상은 노기 마레스케(乃木希典) 장군이 메이지 천황의 대상일(大喪日)에 아내와 함께 순사(殉死)했기 때문에 한층 강렬해졌다. 노기는 일찍이 청일전쟁에서 공을 세워 군사영웅이 되었지만, 러일전쟁에서는 그가 지휘한 몇몇 주요 전투는 많은 사상자만 내고 별 성과를 거두지 못했다. 노기의 순사는 그런 실패에 대한 속죄행위로 비쳤다. 장군 부부가 그들에게는 궁극적인 지휘관인 천황에 대해서 취한 이 충격적인 충성행위에 대해서 신문은 대대적으로 보도했다.

다이쇼 천황의 치세가 시작되고 대규모 정쟁이 전개되자, 사람들은 새로운 시대가 시작되었다고, 자신들이 받은 인상이 틀리지 않았다고 더욱 강하게 확신했다. 다이쇼 정변이 시작된 것은 1912년 11월이었다.

사이온지 총리는 그 이전부터 최소한 2개 사단의 증설을 위한 예산책정을 요구하는 육군으로부터 강력한 압력을 받고 있었다. 이 사단 증설계획은 1906년에 정부도 이미 대략 승인한 군 확장계획의 일환으로서 제기되었던 것이다. 그러나 정부지출의 삭감을 지향한 사이온지는 사단 증설을 위한 예산책정을 거부했다. 그러자 육군대신이 사임했다. 육군은 후임 육군대신 추천을 거부했다.(법률에는, 육군대신과 해군대신은 현역 장군이어야 한다고 정해져 있었다.) 조각(組閣)을 할 수 없었던 사이온지는 사임했다.

당시 정우회는 의회의 과반수를 차지하고, 국민으로부터도 뜨거운 지지를 받고 있었다. 보도기관과 대표적인 지식인들은 군부가 하는 짓은 '헌정'(憲政) 모독이라고 판단했다. 그들이 말하는 헌정이란 선거에서 뽑힌 국회의원의 권력을 존중하는 제도·체제를 의미했다. 산업계 지도자들은 그들과 같은 이데올로기적으로 분명한 입장을 가진 것은 아니었지만, 정부의 세출을 삭감하려는 정우회의 방침을 지지했다. 가쓰라 다로가 사이온지를 대신해서 총리에 취임해 정우회와 타협을 딱 잘라 거부하자, 가쓰라를 반대하는 모든 사람이 세력을 결집하여 그 당시에는 보기 드물었던 활발한 헌정옹호운동을 촉발시켰다. 반(反)가쓰라 세력은 수십 차례에 걸쳐 실내·실외에서 집회를 개최했다. 이 운동은 1913년 2월에 절정에 달했다.

가쓰라는 의회 내에서 어느 정도의 지지기반이 필요하다는 것을 절감했다. 그는 국민당 혹은 정우회를 이탈할 가망이 있는 국수주의적 의원들의 지지를 획득할 수 있을 것으로 생각했다. 그러나 1913년 2월, 가쓰라의 신당인 입헌동지회(立憲同志會)가 발족을 선언했을 때, 결집한 의원은 고작 93명이었고, 정우회에서 온 의원은 한 명도 없었다. 가쓰라는 국회 밖에서는 헌법옹호와 벌족(閥族) 타파를 규탄하는 민중운동의 고양에 맞닥뜨렸고, 국회 내에서는 불신임안에 직면했다. 절박해진 가쓰라는 겐로들이 일찍이 그랬던 것처럼 천황의 권위에 매달렸다. 그리고 사이온지에게, 의회의 분규해결에 협력하도록 명하는 칙서를 내리도록 했다.

이 시점에서 아주 이례적인 사태가 벌어졌다. 국회 밖에서 시위가 계속되는 가운데, 정우회 회원들은 가쓰라의 허세를 꿰뚫어보고 공공연하게 비판한 것이다. 1913년 2월 5일, 아직 짧은 의회역사라고 해도, 가장 잊을 수 없는 연설의 하나로 평가되는 것 중 헌정옹호 주장으로 유명한 오자키 유키오(尾崎行雄)는 가쓰라와 그 일파를 다음과 같이 격렬하게 탄핵했다.

〔그들은〕 입만 열었다 하면 충애(忠愛)를 외치고, 마치 충군애국(忠君愛國)이 자신들의 전매특허인 양 외치고 있는데, 그 하는 꼴을 보자면, 항상 옥좌의 그늘에 숨어서 정적을 저격할 것 같은 짓거리를 하고 있다. 그들은 옥좌를 흉벽으로 삼아 탄환 대신 칙서를 가지고 정적을 무너뜨리려고 하는 것은 아닌가?[16]

당파적인 정쟁을 유리하게 전개하기 위해 천황을 이용하려고 했던 가쓰라의 시도는 실패로 끝났다. 어떤 목격자의 증언에 따르면, 가쓰라는 "얼굴색이 창백하게 변해서 죽은 사람 같은 색깔을 하고 있었다. 손발이 부들부들 떨리고 있음이 틀림없었다. ……살인범이 사형선고를 받았을 때의 얼굴표정이었다."[17]

그로부터 며칠 뒤 도쿄와 그 밖의 도시에서 대규모 폭동이 일어났다. 2월 10일에는 가쓰라가 예상대로 사임하는지 어떤지 직접 확인하고 싶어하는 사람들이 국회 주변에 모여들었다. 그날 의회가 정회(停會)하기로 결정 났다는 정보가 흘러나오자 그들은 난폭해졌다. 폭도들은 떼를 지어 도쿄 시내의 파출소 서른여덟 곳을 습격했고, 정부 쪽 신문사들을 덮쳤다. 여러 명이 죽었으며, 부상자와 검거된 자는 수백 명에 달했다. 하라(原)는 그날의 일기에 걱정하는 마음을 "이런 사태에 당면해서는 가쓰라 내각은 사직 외 다른 경우는 없는 것 같고, 만약 여전히 사직하지 않는다면 혁명적 소동이 일어나지 않을까 생각된다"[18]고 적었다.

사실 가쓰라는 사임에 내몰렸다. 당시 아직 생존해 있던 겐로들(야마가타, 마쓰카타, 사이온지)은 정우회 멤버를 입각시킨다는 양해 아래, 해군의 야마모토 곤노효에(山本權兵衛)에게 다음 내각의 조각을 의뢰했다. 하라는 이 제안을 받아들였고, 정우회 소속 정치가들에게 (자신이 내무대신에 취임하는 것도 포함해서) 모두 각료 세 자리를 획득했다. 그밖에 입각 후 새로 정우회에 가입한 정치가도 3명 있었다. 총리와 육군성·해군성·외무성 같은 요직은 정우회 당원이 아닌 사람이 차지했다. 이 조각과정에서 야마모토가 몇 가지 중요한 정치적 타협을 벌여서 개혁에 동의한 것은 사실이다. 하나는 종래 조각에서 사실상 육해군에 거부권을 부여했던 규칙을 변경하기로 한 것이다. 다시 말해서 육해군 대신은 현역 장군 중에서 뽑지 않으면 안된다는 규칙을 고쳐 현역뿐 아니라 예비역·후비역(後備役, 예비역을 마친 자가 복무하는 병역) 장군도 무방해졌다. 야마모토가 받아들인 제2의 개혁은, 각 성(省)의 대신뿐만 아니라 차관도 총리가 자유롭게 임명할 수 있도록 해서, 관료조직에 대해서 정당이 영향력을 행사할 수 있는 창구를 넓힌 것이다. 제3의 개혁은 재정긴축과 관료기구의 인원감축을 실시한 것이다. 이들 성과는 결코 소소한 것은 아니었다. 그런데 헌정옹호운동의 지지자들은 이 성과가 성에 차지 않아 크게 실망했다. 헌정옹호파의 눈에는 하라가 이제까지 수개월에 걸쳐서 '벌족정부 타도'를 내걸고 있었음에도 불구하고, 사쓰마 번벌(藩閥)의 야마모토와 손을 잡으려고 저자세로 타협한 것으로 보였던 것이다.[19]

이처럼 메이지 천황의 치세가 끝난 시점에서 두 가지가 분명해졌다.

하나는 이제 위정자들도 선출직 의원들의 힘을 무시할 수 없게 되었다는 것이고, 또 하나는 그중에서도 정우회라는 하나의 당이 의석의 과반수를 지배하는 강한 결합력을 갖춘 시스템을 형성하기에 이르렀다는 것이다. 하지만 분명 가쓰라는 1913년의 정쟁에서 굴욕적인 패배를 당하기는 했지만, 그가 급조한 입헌동지회가 그후에도 살아남아서 세력을 확대해 가게 된 점을 지적해두는 것도 중요하다. 1913년에 일어난 몇몇 어수선한 사건들 속에서 태어난 양당 경쟁구도는 1930년대까지 지속된다.

도시민중 소요의 시대

다이쇼 정변의 특징이 된 폭동들에는, 하라가 왜 '헌정' 옹호를 주장하는 강경파들의 기대를 저버리고 타협을 받아들였는지에 대한 의문을 풀어주는 중요한 열쇠가 숨어 있다. 한편으로 하라는 지주층과 기업가들이 정우회 같은 의회 내의 대표를 통해서 정치적 발언권을 갖는 것이 중요하다고 주장했다. 하지만 또 한편으로는 가쓰라 혹은 야마가타를 비롯한 벌족 내의 정적들 못지않게, 하라는 사회의식에 눈뜬 대중이 정치목적을 내세우며 들고 일어나는 것을 몹시 두려워했다. 하라는 대중이나 그 지도자들을 부추기는 일을 피하고 싶었던 것이다.

이런 공포심은 결코 망상이 아니었다. 20세기의 첫 20년은 의회와 의원이 엘리트 정치의 장에서 무시할 수 없는 기반을 구축한 시대일 뿐만 아니라, 민중폭동이 일상화된 시대이기도 했다. 어떤 역사가는 이 시대를 '도시민중 소요기(騷擾期)'라고 명명했다.[20] 민중의 소요가 일본에 새로 들어와서 극단적 정치이데올로기와 결합할 가능성에 대한 공포로부터, 겐로들과 정당정치인들은 결국 사회질서를 유지하고 자신들의 혜택받은 지위를 지키려고 손을 맞잡은 것이었다.

1913년의 다이쇼 정변 때 일어난 폭동 외에도, 1905-1918년에 도쿄의 주민들이 폭동의 형태로 불만을 폭발시킨 것은 여덟 번이었다. 유사한 폭동은 다른 도시에서도 발생했다.

최초의 민중폭동은 1905년에 일어났다. 러일전쟁 후에 발표된 강화조약의 내용은, 대부분 일본국민의 기대를 크게 배신했다. 러일전쟁은 10년 전의 청일전쟁과 비교하면 8배나 많은 전쟁비용이 들어갔다. 전사자는 전투에서 목숨을 잃은 6만 명 외에도, 질병으로 사망한 사람도 2만 명에 달해 청일전쟁의 4배나 되었다. 정부와 보도기관에 의해 사람들은 전쟁에서 일본이 승리했다고 완전히 믿고서 배상금과 영토의 확장이라는 전과를 기대하고 있었다. 그러나 체결된 포츠머스 조약에는 어떤 전과도 기록되어 있지 않았다.

국회의원도, 지식인도, 언론인도, 일반민중도 하나같이 격앙했다. 강화조약 체결에 반대하는 국회의원들의 그룹이 몇 개인가 결성되었다. 이들 그룹의 호소로 1905년 9월 5일, 도쿄 중심부의 히비야(日比谷) 공원에서 집회가 열렸다. 경찰은 집회를 금지했지만, 군중은 경찰의 제지를 뚫고 집회를 강행해서 연설을 듣고, 사방팔방으로 흩어져 사흘 동안 대규모 민중폭동(히비야 방화사건)을 일으켰다. 전국 각지의 많은 도시에서도 유사한 폭동이 일어났다. 도쿄는 무질서상태에 빠졌다고 보도되었다. 17명의 폭동참가자가 사망했고, 도쿄 시내 파출소의 적어도 70%가 파괴되었다.

일본을 지배하는 관료와 군부 수뇌들에게 히비야 방화사건은 간담이 서늘해지게 하는 사건이었다. 거기에 참가한 민중은 그 행동과 발언을 통해, 국민에게 제국을 위해 세금을 내고 제국을 위해 목숨을 바치라고 한다면, 자신들의 의견을 제대로 정치에 반영하라고 주장했다. 사람들은 제국과 천황에 대한 지지를 큰 소리로 표명하고 있었지만, 동시에 천황을 섬기는 대신들이 이른바 '인민의 의지'를 무시하는 것을 격렬히 규

표8.1 **1905-1918년간 도쿄에서 일어난 폭동**

날짜	주요 쟁점	부차적 쟁점	진원지	구체적인 내용
1905년 9월 5~7일	러일전쟁 후의 강화조약 내용에 반대	벌족 타파, '헌정' 옹호	히비야 공원	사망 17명; 시내 파출소 70%, 전차 15대 파괴; 친정부 신문사 습격; 검거자 311명; 고베와 요코하마에도 폭동 발생, 전국 각지에서 집회 개최
1906년 3월 15-18일	전차요금 인상 반대	관리와 정우회의 '위헌' 행위 규탄	히비야 공원	전차 수십 대 파괴; 전철회사 사무소 습격; 검거자 다수; 인상안 철회
1906년 9월 5-8일	전차요금 인상 반대	'위헌' 행위 규탄	히비야 공원	검거자 113명; 부상자 다수; 훼손된 전차 다수; 파출소 파괴
1908년 2월 11일	세금 인상 반대		히비야 공원	검거자 21명; 전차 11대 훼손
1913년 2월 10일	헌정 옹호	벌족 타파	국회 주변	파출소 38곳 파괴; 정부계 신문사 습격; 여러 명 사망, 168명 (경찰 110명) 부상; 검거자 253명; 고베· 오사카·히로시마·교토에 도 민중폭동 발생
1913년 9월 7일	대중국 연약외교 비판, 파병 요구		히비야 공원	경찰에 투석; 시위대 외무성 습격; 대표가 외무성에서 교섭
1914년 2월 10-12일	해군 비리 성토; 헌정 옹호	영업세 반대; 대중국 연약외교 비판	의사당 주변	의원 피습; 의회·신문사 습격; 전차, 파출소 파괴; 435명 연행; 오사카에서도 폭동 발생
1918년 2월 11일	보통선거권 요구		우에노 공원	경찰과 시위대의 충돌; 검거자 19명
1918년 8월 13-16일	쌀값 대폭등에 대한 불만	데라우치 내각 비판	히비야 공원	쌀 약탈; 점포 파괴; 검거자 578명; 쌀소동 전국으로 파급

탄했다. 집회를 열고 폭동의 선두에 선 자들은 연설을 통해 국민과 천황 모두의 바람을 존중하는 제도의 실현을 호소했다. 그런 '바람' 몇 가지는 명확히 표명되었다. 그 바람들은 세금 감면, 아시아에서의 패권, 서구로부터의 존경, 그리고 이런 요구를 표명하기 위한 집회의 자유였다.

국회의원 중 자산가들은 한동안 이런 요구의 표명을 적극적으로 지지했다. 그들은 집회를 개최하면 그후에는 폭동으로 이어질 것을 잘 알고 있으면서도, 정세가 크게 요동쳤던 1912-1913년에도, 또 1913-1914년에도 집회를 열었다. 그도 그럴 것이 화난 민중의 에너지에 의해 겐로들의 영향력이 실추되면, 부유한 의원들이 유리한 입장에 설 수 있기 때문이었다. 그러나 이런 편의상의 협력관계는 일시적이었을 뿐 오래가지 않았다. 제1차 세계대전이 끝날 무렵, 엘리트 정치인들은 여러 방향에서 위협받고 있던 사회질서와 지배를 유지하는 것에 대해 관료들과 군부의 수뇌들이 이해를 같이하고 있다는 사실을 간파하게 되었다.

지배 엘리트들이 그런 위협의 하나로 간주한 것은, 일본의 제1세대 사회주의자들이었다. 사회주의 관련 문헌이 일본어로 번역되고 보급되기 시작하면서 서구 사회주의에 대한 관심은 1890년대 말에 고조되기 시작했다. 아베 이소오(安部磯雄), 가타야마 센(片山潛), 고토쿠 슈스이(幸德秋水)를 중심으로 한 그룹이 1901년에 사회민주당(社會民主黨) 결성을 발표했으나, 가쓰라 내각은 이 당을 바로 그날 금지시켰다. 그러나 사회주의를 지지하는 사람들은 그것에 기죽지 않고 활동을 계속했으며, 1903년에는 주간지 『평민신문』(平民新聞)을 창간했다. 『평민신문』은 노동쟁의에 대한 보도 외에도, 러일전쟁에 대해서 보도기관으로서 유일하게 전쟁을 반대하는 논진(論陣)을 펼쳤다.

이 소규모 사회주의자 집단은 러일전쟁 후 점차 전투적인 입장을 명확히 내세웠다. 1906년 그들은 전차 요금인상에 반대하는 항의행동의 선두에 섰는데, 이것이 폭동으로 발전했다. 1908년에는 이 집단의 16명

1905년의 히비야 방화사건 때 군중이 내무대신 관저를 습격해 불을 지르는 광경을 생생하게 전달하는『전시화보』(戰時畵報)의 임시증간호에 게재된 그림. 임시증간호는 '도쿄소요화보'라고 제목을 달았다. 외교정책이 연약하게 보인다는 것이 표면적인 원인이었다고 하지만, 내무대신이 대중적 분노의 표적이 된 것은 내무대신이야말로 치안유지활동의 총책임자이고, 정치적 조직화를 탄압하는 원흉이라고 지목했음에 틀림없다. 경찰도 때때로 습격대상이 되었다. 출처:『東京騷擾畵報』(『戰時畵報』臨時增刊, 第66號, 1905年 5月)

이 '무정부주의' '공산주의'라는 글자를 박은 적기를 들고 집회에 참가해 경찰대와 충돌해서 체포된, 이른바 적기사건이 일어났다. 그로부터 3년 후, 사회주의 진영의 소수의 활동가 그룹이 메이지 천황 암살을 계획했다. 사전에 알아차린 경찰은 이 계획을 구실로 관계없는 자들까지 포함해서 대대적으로 사회주의자를 잡아들였다. 체포된 사람 중 12명은 그 후 대역사건(大逆事件)이라 불리게 된 그 사건으로 유죄를 선고받고 사형에 처해졌다. 이 강경한 탄압은 널리 보도되었고, 이후 몇 년간 좌익 활동가들을 침묵시켰다.

1911년에 대역죄로 처형에 처해진 한 사람은 간노 스가(管野スガ)라는 여성이었다. 사회주의를 지지한 것에 덧붙여, 간노를 비롯한 인습에 얽매이지 않는 여성들은 20세기 초 일본에서 페미니즘을 주창하고 실천한 선구자가 되었다. 사회주의와 마찬가지로 그들의 사상은 남성 지배자들에게 공포심과 혐오감을 안겨주었다. 이 여성 그룹은 주요 정기 간행물로서 1907년에 여성을 위한 격주간 신문 『세계부인』을 창간했다. 이 신문은 일본 국내의 탄광, 섬유공장, 유곽에서 일하는 여성노동자의 노동과 생활 실태에 대해서 보도하고, 다른 나라의 여성에 의한 보통선거권운동과 평화운동에 대한 뉴스를 소개했다.

이들 초기 페미니스트 대부분은 어머니와 아내의 입장에서 자신의 요구사항을 제시했다. 어머니나 아내라는 특수한 역할은, 특별한 보호를 받아야 한다고 주장했다. 그 점에 관한 한, 그들은 넓게 받아들여지고 있던 성역할에 정면으로 이의를 제기한 것은 아니었다. 그러나 그들의 남편 또는 자식에게 병사로서 목숨을 바칠 것을 요구하는 국가의 권리에 대해 이의를 제기한 것은 확실했다. 정부는 페미니스트의 활동을 파괴활동이라고 단정지었다. 경찰의 탄압에 끊임없이 노출된 결과 『세계부인』은 1909년에 폐간에 내몰렸다.[21] 그럼에도 불구하고 페미니스트들의 외침은 그후로도 계속되었다.

페미니스트들이 여성노동자의 현상을 걱정하고 있던 일은 20세기 초두에 엘리트 지배자들이 이의신청에 직면한 세 번째 문제영역이다. 탄광과 공장에서 일하는 남녀노동자들은 점점 자주 경영자나 자본가들에게 이의를 제기했다. 1870-1896년 도쿄에서는 단지 15번의 노동쟁의가 있었던 데 반해, 1897년부터 1917년까지 20년간에는 151번이나 쟁의가 발생했다. 파업 대부분을 조직한 것은 섬유공장의 여성노동자들과 탄광·동광(銅鑛)·군수공장·조선소·기계제작공장에서 일하던 남성노동자였다. 이들 노동자는 임금문제만을 요구의 중심에 둔 것이 아니라, 많은 경우 인간다운 대우와 제대로 된 식사도 중요한 요구사항으로 삼았다. 예컨대 10년이 넘는 미국생활에서 습득한 영어실력을 살려서 사회주의 주간지 『사회신문』에 매호 영문 칼럼을 게재하고 있던 가타야마 센은, 1908년 도쿄에 있던 일본 최대의 군수공장에서 일군의 노동자들이 벌였던 항의행동에 대해서 자신의 칼럼에서 다음과 같이 소개했다.

정부의 군수공장은 이때까지 종업원을 잔혹하기 그지없는 방법으로 다뤄왔다. 화장실에 갈 수 있는 것은 휴식시간뿐, 그것도 허가증이 필요하다. 허가증의 수는 노동자 100명당 겨우 4장밖에 없다. 그렇기 때문에 그중에는 5시간이나 참지 않으면 안되는 사람도 있다. ……지극히 사소한 실수를 저질렀을 뿐인데, 최저 5시간분의 임금을 벌금으로 차감당한다. 노동자가 자신의 소지품을 잃어버린 경우에는, 10시간에서 20시간분의 임금을 차감당한다. 요즘은 식사시간에 [차가 아니라] 끓인 물밖에 나오지 않는다. ……이런 처사를 견디다 못한 노동자 1만 5천명은 요구가 받아들여지지 않을 경우에는 파업도 불사하겠다며, 당국에 즉각적인 처우개선을 요구했다.[22]

여기에 소개된 항의행동은 실제로는 파업까지 발전하지 않고, 요구를 달성하지도 못하고 끝나버렸지만, 시간이 흐르면서 항의행동은 점점 효과적으로 이루어지게 되었다. 제1차 세계대전 무렵에는 이런 항의행동은 사전에 치밀한 계획을 짜서, 특정 공장의 보다 많은 노동자들을 끌어들여서 몇 시간이 아니라 며칠에 걸쳐 전개되는 것이 일반적이었다.

항의행동을 할 때 노동자의 단결력이 강해졌음을 나타내는 또 다른 징후는 비교적 안정된 노동조합이 등장했다는 점이다. 1890년대에는 선대공(船大工) 같은 산업혁명 이전부터 이어져 내려오던 몇몇 직종에서 실효성이 있는 노동조합이 조직되었다. 또 1880년대부터 1890년대에 걸쳐 중공업부문의 일부 노동자 사이에서(7장에서 본 것처럼) 조합 결성을 향한 산발적인 움직임이 나타났지만, 이런 초기의 시도들은 1900년 무렵 실패로 끝났다. 주목할 만한 성과를 올린 조합결성과 조직화의 시도는 1912년 말에 시작되었다. 그 중심인물은 도쿄 제국대학 출신의 그리스도 교도 스즈키 분지(鈴木文治)였다. 그는 전통 있는 영국의 몇몇 조직을 모델로 삼아, 도쿄 중심부에 있던 교회의 지하실을 거점으로 해서 우애회(友愛會)라는 직인과 공장노동자의 소규모 자조(自助) 그룹을 발족시키는 것으로부터 출발했다. 발족 당시 멤버는 겨우 15명이었다. 그것이 3년 뒤 1915년에는 회비를 내는 회원수가 무려 1만 5천 명으로 불어났다. 우애회의 지부는 전국 각지의 주요 도시의 공업지대에 있는 크고 작은 공장에 설치되었다.

이 조직이 초기에 내걸었던 방침이 온건했던 것은 우애회의 회원으로 작가지망생이었던 히라사와 게이시치(平澤計七)가 쓴 희곡에 잘 나타나 있다. 이 희곡에서 작가는, 작가의 분신으로 보이는 한 노동자에게 파업참가를 거부하도록 하면서 노동자가 인간답게 존재하려면 어떻게 해야 할까라는 문제에 대해서 이야기하고 있다.

일본인의 피는 사회주의를 부르짖는 데 어울리지 않는다. ……일본민족은 일본민족이다. 일본에는 번역된 것이 아닌 일본의 사상이 엄연히 있다. 일본인은 일본인의 혼을 되찾을 때가 온 것이다. 일본 노동자의 적은 정부도 자본가도 아니다. 일본 노동자는 노동자로서 행동해서는 안된다. 인간으로서 국민으로서 행동해야 하는 것이다.[23]

말하자면 히라사와도, 스즈키도 노동자가 상사에게 같은 일본인으로서 온건한 태도로 호소한다면, 분명히 처우개선 요구를 들어줄 것으로 생각하고 있었던 것이다.

이렇게 해서 유산(有産)계급 정치활동가와 하층 서민을 위한 이의제기자들의 새로운 정치언어가 20세기 초에 등장했다. 이 언어는 국회나 공원 같은 새로 만들어진 장소에서 이야기되었다. 이 언어는 선거를 비롯해 집회, 폭동, 파업 등의 새로운 행동양식을 취해 표현되었다. 그 하나의 키워드는 히라사와의 희곡에 등장한 '국민'(國民)이라는 말이다. '국민'의 문자 그대로의 의미는 '나라(國)를 구성하는 사람들'이고 통상 영어로는 'the people'이라든가 'the nation'으로 번역된다. 20세기 초까지 이 말은 '제국'(帝國)과 비슷할 정도로 자주 사용되었다. '국민'과 '제국'은 둘 다 일본의 민중운동이 정부에게 정치과정을 개방하도록, 그리고 사람들의 이익을 염두에 두고 통치를 하도록 촉구할 때 쓰는 키워드가 되었다. 아이러니하게도 본래 어떤 경위로 이 둘의 개념이 사람들 사이에 정착하게 되었는가 하면, 그것은 1880년대 이래 정부가 착수해온 나라 만들기를 위한 여러 정책의 결과였다. 메이지 시대 일본의 지배자들은 천황을 중심으로 한 헌정질서를 구축해서 자본주의체제의 모토로서 공업화를 추진하고, 일본을 아시아에 있어서 제국주의 나라로 키웠다. 이런 정책을 추진함으로써 메이지 시대의 지배자들은 자신들에 의한 정치권력의 독점을 의문시한다든가 그것에 이의를 제기하는 등의 다양한 운동의 출현을 촉진했다고 말할 수 있다.

내셔널리즘의 조성

20세기 초부터 제1차 세계대전이 끝날 때까지의 정치동향에서는 서로 모순되는 몇 가지 조류가 보인다. 지배자들도 일반국민과 마찬가지로 제국이 신바람 나게 성과를 달성하고, 당시 세계의 최강국이던 영국과 동맹을 맺은 데 환희했다. 그러나 동시에 관료기구와 군부의 수뇌들은 정당정치인들에 의한 이의제기나, 노동자·사회주의자·페미니스트에 의한 항의행동과 폭동을 한탄할 일이라고 생각했다. 20세기가 시작될 무렵부터 1910년대 말까지 이런 사태에 대처해야 하는, 특히 내무성·육군·문부성 세 조직이 중심이 되어 내셔널리즘의 강화와 국가에 대한 충성, 좀더 일반적으로는 권위에 대한 충성을 강화하려는 조치가 이루어졌다.

내무성은 이미 1880년대 말에 정촌(町村, 읍면에 해당)의 수를 줄였는데, 지방조직 하나의 규모를 크게 하는 것이 중앙에서 관리하기 쉽다는 이유에서 종래 7만 6,000개였던 정촌을, 1890년대 초에는 1만 2,000개로 대폭 통폐합하는 조처를 했다. 러일전쟁 후 내무성은 1만 2,000시정촌(市町村)을 국가의 '세포'로서 국가 아래 강력히 통합하기 위해 '지방개량운동'을 적극적으로 추진했다. 나라에 의한 통합화와 관리의 원활화라는 같은 목적으로부터 내무성은 19만의 신사──그 대부분은 작은 마을사당 수준으로, 신주(神主)가 없는 경우 마을사람들이 손수 유지한──를, 국가 공인의 1만 2천의 신사로 통합하고(一村一神社政策), 그리고 1902년에 설치된 관국폐사직제(官國幣社職制)에 편입했다. 나아가 내무성은 중앙의 영향 아래 집단적인 공동의 정신을 함양하기 위해서 지방의 남성과 여성 모두에게 산업조합을 비롯한 각종 중앙집권적인 조직에 참가하도록 장려했다. 내무성이 1901년에 발족한 애국부인회는, 러일전쟁 중에 조직을 확대해 전국적으로 50만 명의 회원을 거느리게 되었다. 전쟁이 끝난 후 내무성은 분산되어 있던 각지의 보덕회(報德會)를 연결하는 전국적인 네트워크를 결성하는 작업에 적극적으로 달려들었다. 각지의 보덕회 조직은 에도 시대의 농촌부흥을 지도한 도덕가 니노미야 손토쿠(二宮尊德)가 창도한 보덕사상에 기반해, 메이지 초기에 농경기술 개선과 상호부조 정신의 고양을 목적으로 지방의 명망 있는 지주들에 의해 결성된 것이 많았다. 1907년에는 내무성 주최로 여성을 대상으로 보덕사상을 설명하는 제1회 강연회가 개최되었다.[24]

한편 육군은 1910년에 제국재향군인회(帝國在鄉軍人會)를 발족했다. 재향군인회는 징병검사에 합격한 청년 지원자들로 구성되었다. 1918년 시점에는 일본 전국 대부분의 시정촌에 지부가 설치되어, 회원 총수가 200만을 넘게 되었다. 재향군인회의 설립목적은 비상시에 동원되어도 적응할 수 있도록 재향군인의 의식과 기술을 연마하는 데 있었다. 또 재향군인회는 불온한 사태가 발생했을 때, 사회질서를 보강하는 보다 광범위한 기능을 수행하는 것도 기대되었다. 예를 들면 재향군인회의 창설자 가운데 한 사람인 다나카 기이치(田中義一) 육군소장은 1913년에 이렇게 적었다. "그 밖에 대국적으로 생각해서, 장래에 좀더 주의해야 할 것은, 6-7년 후에는 약 300만에 달할 재향군인을 적절히 지도하는 일이고, 나아가 그 지도를 일반 청년에게도 널리 행하는 것입니다. 그것에 의해 국민의 사상을 건전하게 이끌고, 국가의 기초를 탄탄히 하는 것입니다."[25]

문부성은 1907년에 의무교육 연한을 2년 연장하는 것으로, 내셔널리즘을 고양시키고, 윗사람이나 권위 있는 자에게 존경하는 마음을 강하게 가지도록 하는 작업을 담당했다. 문부성은 또 학교예산의 안정화를 도모하고, 교과과정을 종래보다 한층 내셔널리즘과 천황을 중시하는 방향으로 개편했다. 나아가 교원이 국가공무원으로서, 또 지역사회의 사회적·문화적 지도자로서 완수해야 할 역할을 강조하는 것으로 그들의 지위를 높이는 조치도 강구했다.

이렇게 사회질서를 유지하고 보강함으로써, 정부는 지역사회의 구석구석까지 영향력을 미치게 되었다. 그런 노력의 한 예로서 마지막으로 소개할 것은, 도쿠가와 시대 이래 일본 대부분의 촌락에서 와카슈쿠미(若衆組), 와카렌추(若連中) 등의 이름으로 관행적으로 존재해왔던 청소년 자주조직을 재편하려고 한 문부성의 시도이다. 통상 이들 조직의 구성원은 밤이 되면 모여서 술을 마시거나 노래를 부르거나 도박을 한다든가 하면서 함께 시간을 보냈다. 청년회의 총각들이 마을처녀들을 찾아다니는 것은 흔히 있는 일이었다. 정부가 1910년경에 실시한 몇몇 조사는, 이들의 자주조직이 규율을 결하고 있다든가 비행을 저지르고 있었음을 시사하고 있다. 가령 청년회 회원이 "아무리 농번기라도 비바람이 조금이라도 불면 구장(區長)에게 쉬자고 조른다"든가, 어떤 회원이 "불량행위 때문에 검거될 것 같은 때는 다른 회원들이 그를 도망가도록 했다"는 것이 지적되어 있다. 또 조사보고를 작성한 관리들은 회원들이 "오본(お盆)이나 제례 때는 오본 춤이라고 칭하면서 이삼일 전부터 밤 10시경에서 다음날 새벽까지 남녀가 뒤섞여 춤을 추고 풍기를 어지럽게 한다든지, 양가의 처녀로 춤판에 나오지 않는 사람이 있을 때는 그녀를 불러내고, 폭력을 써서 끌어내는" 것을 보고 한심스러운 일이라고 개탄했다.[26]

문부성은 러일전쟁 후에 이런 청소년의 자주조직을 행정정촌단위의 청년회로 재편해서 공적인 인가와 지원의 대상으로 하고, 그것을 전국적으로 네트워크화해서 국가의 감독하에 둔다고 하는 청년회설립운동을 추진했다. 같은 시기 영국에서는 보이스카우트 설립운동이 추진되고 있었다. 영국의 운동이 민간 주도적인 것에 비해 일본의 청년회설립운동은 국가 주도라는 점에서 크게 달랐는데, 적어도 지향목표에는 공통점이 있었다. 신규로 조직된 청년회에는 정부의 의사를 전국 방방곡곡에 침투시키기 위한 매체로서 기능할 것이 기대되었다. 촌장과 학교장의 지도 아래 청년회는 마쓰리 등의 개최, 체육대회, 훌륭한 시민이 되기 위한 덕목에 관한 강연회 등을 주최했다.

20세기 초에 정부가 지방 엘리트들을 동원해서 추진한 이들 다양한 운동이나 캠페인은 사회질서를 보강하고 정부에 직결시키는 것을 목적으로 했다. 즉 종래 촌락 수준의 자주적인 사회조직에 향해 있던 사람들의 충성심을, 국가가 지배하는 행정정촌 수준의 사회조직으로 향하도록 하는 것이 목적이었다. 제1차 세계대전 무렵에는, 일본인들과 국가를 연결하는 다수의 끈이 고착되었다. 적어도 표면상으로는 그런 끈은, 재향군인회 소속의 충순한 예비병들을 묶는 끈, 다양한 여성단체에 소속된 순종적인 아내와 딸들을 묶는 끈, 보덕회 또는 산업조합의 양순한 소작농들을 묶는 끈, 촌락의 신사를 유지·관리하는 경건한 마을사람들을 묶는 끈, 청년회의 성실한 젊은이들을 묶는 끈 등 여러 방면에 걸쳐 있었다.

나쓰메 소세키는 1914년에 행한 어떤 강연에서, 일상생활의 자질구레한 것에 이르기까지 사람들이 해야 할 일을 하나하나 국가에 연결시키려 드는 이런 움직임에 대해 한심스럽다고 생각하면서 "국가를 위해 밥을 먹는다든가, 국가를 위해 얼굴을 씻는다든가, 또 국가를 위해 화장실에 간다든가 하는 것은 참으로 힘든 일이다"라고 농담처럼 풍자했다.[27] 그러나 사람들을 국가에 묶어 메려는 끈이 언제나 강고할 리는 없다. 정부의 보고서들에는 사람들이 국가 중심의 통합화를 받아들이려 하지 않고 반발하는 것을 개탄하는 기록이 보인다. 육군의 어떤 지방연대가 1913년에 젊은이 1,600명을 대상으로 실시한 조사보고는 아마테라스 오미카미(天照大神)가 존경받는 이유를 정확히 답한 사람이 겨우 20%에 불과했고, 기원절(紀元節)이 무엇을 축하하는 날인지를 아는 사람도 30%에 지나지 않았다고 놀라움을 감추지 않았다. 정부 내 많은 사람의 눈에는 농촌청년들이 자기 고장이 아니라, 도시에서 흥분을 찾고 도시를 동경하는 것처럼 비쳤다. 국가의 손길이 미치지 않는 곳에서 분출되고 있던 다양한 민중활동이 활기를 유지하고 있었지만, 그것 때문에라도 국가에 대한 충성심을 위에서부터 각성시켜 통괄하려는 다양한 노력이 한정된 효과밖에 올리지 못했다는 것은 명백하다.

동시에 메이지 말기에 시행된 이런 캠페인으로부터 국수주의적·애국주의적인 이념의 보급에 적극적으로 나선 몇 갠가의 조직과 단체가 생겨난 것도 사실이다. 이들 조직과 단체는 일본다움에 대한 정통적인 관념·사고방식이라는 것을 명확히 내세우면서 확대되었다. 즉 젊은이들은 어른에게 충성을 다하고, 여성은 남성에게, 소작인은 지주에게, 노동자는 고용주나 자본가에게, 병사와 신민은 천황과 국가에 충성을 다한다는, 이레코* 모양으로 순차적으로 조합된 일련의 충성심의 결합시스템이야말로 일본다움의 본질로 보는 것이다. 물론 사람들에게는 몸을 움직일 여력도 남아 있는데다, 때로는 이 충성시스템에 반항하는 것조차도 불가능하지는 않았다. 하지만 일본제국의 정치질서는 강력한 규제력도 갖추고 있었다.

---

* 入れ子. 모양이 같고 크기가 다른 기물을 크기의 차례대로 포개넣을 수 있게 만든 찬합이나 술잔.

3부

제국 일본, 융성에서 붕괴까지

9장

경제와 사회

1910년대부터 1920년대까지 일본 사회경제사는 다양성과 긴장을 그 특징으로 한다. 경제는 전시 경기로 크게 끓어오르고 나서는 긴 전후공황에 휘말렸다. 호황에서 공황으로 격변한 경제의 흐름에 잘 대응할 수 있었는가 어떤가는 공업부문과 농업부문이 서로 달랐고, 선진기술을 도입해 높은 생산성을 자랑하던 재벌기업과 생산성 낮은 많은 중소기업 사이에서도 달랐다. 사회생활 면에서는 남성세계와 여성세계 사이에 큰 격차가 있었을 뿐만 아니라, 도시생활자의 세계와 농촌에 사는 사람들 사이에도 큰 격차가 있었다. 지방에서는 대지주, 자작농, 소작농의 살림살이는 여러모로 많이 달랐다. 도시에서는 다양한 직종의 임금노동자, 상점주인, 대기업에서 일하는 봉급생활자와 국가를 비롯한 공공기관에서 일하는 공무원, 이른바 '신중간층'이라 불리는 사람들이 좁은 공간에서 북적거리며 살고 있었다. 또 대도시의 풍경에는 재벌기업 오너와 최상층부 정치지도자 등 소수 엘리트집단의 호화저택들도 드문드문 흩어져 있었다.

대량의 발행부수를 자랑하는 대중잡지에서부터 서적과 신문에 이르는 출판산업이 새로운 성장산업으로 등장했고, 이들은 중간층 남녀의 근대적 라이프스타일에 대해서 풍부하게 다루었다. 언론계는 생활을 유지하기 위해, 혹은 생활수준을 더욱 향상시키기 위해 애쓰고 있는 사람들의 불안과 바람에 대해서 보도했다. 신문과 잡지는 또 사람들에게, 제국이 달성한 성과와 경제발전에 자부심을 느끼는 동시에 일본의 근대생활을 함께 체험하고 있다는 참가의식을 심어주려는 테마를 발굴해 게재했다. 보도기관은 나아가 각양각색의 논자들에게 다양화되어 가는 근대사회가 불가피하게 안고 있는 사회적·정치적 긴장에 대해서 비분강개하는 장도 제공했다.

전시경기와 전후의 불황

제1차 세계대전은 유럽에는 미증유의 인재(人災)를 초래했지만, 아시아에는 생각지도 못했던 몇몇 기회를 가져다주었다. 전쟁으로 인해 유럽 수출산업이 아시아시장과 차단된 것은 신흥공업국 일본의 경제에 큰 호조로 작용했다. 1914년부터 1918년까지 일본의 공업생산은 14억 엔에서 68억 엔으로 늘어났다. 특히 수출증가가 두드러졌다. 면직물 수출은 같은 기간에 185%의 증가를 기록했다.[1] 공업부문의 고용도 급격히 증가해 갑자기 인력부족사태가 발생했기 때문에 임금도 급상승했다. 그러나 노동자와 소비자에게는 안타깝게도 물가상승률이 임금상승률보다 더 컸다. 일본은 근대에 들어서 최악의 인플레이션을 경험했다. 1914년부터 1920년에 걸쳐 쌀 소매가격은 174%, 전반적인 도매물가는 거의 150% 상승했다.[2] 이런 전시경기를 사회적으로 상징한 것은, 이른바 나리킨(成金)이라 불리던 벼락부자들이었다. 다른 나라에서도 비슷하게 묘사된 적이 많지만, 그 당시 일본의 나리킨도 지폐를 태워 불을 밝히는 뚱뚱한 기업가로 만화에서 풍자되었다. 나리킨에게 고용된 화이트칼라 종업원들도 대부분의 경우에는 통상연봉의 4배나 되

유명한 만화가 와다 구니보(和田邦坊)의 「벼락부자의 영화로운 시대」이다. 제1차 세계대전의 전시경기에서 풍요로워진 벼락부자의 생활방식을 풍자한 것. 요정에서 연회가 끝나 현관 입구에 선 벼락부자 기업가가, "어두워서 손님 구두를 못 찾겠어요"라고 말하는 게이샤 혹은 요정 하녀에게, 100엔짜리 지폐에 불을 붙여 비춰주면서 "어떠냐, 밝아졌지"라고 말하고 있다. 규만 미술관/사이타마(埼玉) 시립만화회관 소장.

는 보너스를 받는 적도 있는 등 국물이 떨어져 넉넉해졌다.

전시경기에서 넉넉했던 사람들과 그 가족에게 세계대전이 끝나고 나서도 좋은 시절이 잠시 계속되었으나, 1920년 4월, 호경기가 돌연 막을 내렸다. 주가가 대폭락하고, 일본 최대의 수출품이었던 생사가격도 폭락했다. 많은 은행도 도산했다. 주요 산업의 생산액은 1년 만에 무려 40%나 감소했다. 대기업은 수천 명의 노동자를 해고했다.

1920년대의 남은 기간 내내, 경제는 하나의 위기에서 다음의 위기로 추락을 반복하며 휘청거렸다. 한 가지 근본적인 문제는 전쟁 중에 원가상승으로 급등했던 일본제품의 가격이 전후에도 내려가지 않았기 때문에, 전후 세계시장에서 일본제품이 가격경쟁력을 잃었던 것이다. 그 결과 전후 유럽의 수출산업이 아시아시장에 다시 돌아오면서 일본의 수출산업은 매우 불리한 상황에 부닥치게 되었다. 한 가지 해결책으로 생각할 수 있는 것은 일본 엔화를 다른 주요 통화에 대해 절하함으로써 일본의 수출가격을 낮추는 방법이다. 그러나 당시에는 자국의 통화를 금본위제에 확고하게 연계시켜 안정적이고 건전한 상태로 지키는 것이 올바른 통화정책이라는 사고방식이 뿌리 깊었기 때문에 통화절하라는 선택지는 논외였다. 정통적인 사고방식에서는 일본경제를 위한 해결책은 국내가격을 낮춤으로써 경쟁력을 회복하는 수밖에 없다고 생각되었다. 정부는 경제를 다시 회복하기 위해서는 긴축과 억제라는 쓴 약이 필요하다는 것을 끊임없이 호소하기에 이르렀다. 그런데 정부정책이 이런 호소와 모순되는 경우도 종종 있었다.[3]

1922년과 1923년 사이에 공업생산은 회복 기미를 보였다. 그런데 1923년 9월 1일 간토 대지진이 수도 도쿄와 주변을 직격해서 심대한 피해를 초래했다. 지진은 공교롭게도 점심때에 발생했다. 도쿄 시내 어딜 가든 점심을 준비하기 위해 화로나 가스 풍로에 불이 지펴진 상태였다. 좁은 골목을 사이에 두고 집들이 길게 촘촘히 들어차 있던 주택밀집지역에서 목조건물이 무너져 파괴되고, 화로가 뒤집어지면서 시내 전역에서 화재가 발생했다. 특히 도쿄의 동부지구 일대에서는 화재에 의해 발생된 강한 회오리바람이 그후 이틀에 걸쳐 거세게 불었다. 주택지구, 상업지구, 공장지구가 뒤섞여 있던 도쿄 시가지는 폐허로 변했다. 사망자와 행방불명자는 추정 10만에서 20만에 달했다. 도쿄 시 주택의 4분의 3 정도인 57만 호의 주택이 무너져 파괴되고 화재로 불타버렸다.[4] 그후 한동안 일본 최대 도시의 경제활동은 사실상 마비상태에 빠졌다.

지진 후 수년 동안 부흥의 잠정적인 조짐이 보였다. 대지진 직후의 '부흥 붐'에 의해, 도쿄 일대에서는 일시적으로 고용과 경기가 살아났다. 정부도 긴축방침을 잠시 밀쳐두고, 부흥지원을 위해 금융기관에 빡빡하게 굴지 말고 적극적인 대출을 하도록 장려했다. 기계제조, 조선 등 주요 산업을 중심으로, 확실히 공업생산은 착실히 늘어나기 시작했다. 그러나 국제시장에서 일본 공산품 가격이 너무 비싸다는 근본적인 문제는 미해결상태로 남아 있었고, 많은 기업의 기반도 아직 불안정한 상태였다. 예컨대 일본 국내의 섬유공장은 해외에 진출한 일본계 기업의 공장을 비롯해서 생산비용이 낮은 중국공장의 약진에 고전하고 있었다.

1927년에는 일본의 금융제도가 이전부터 안고 있던 약점들이 곪아터져 대규모 금융공황이 발생했다. 당시 일본에는 많은 은행이 있었지만, 대부분 소규모로 구조적으로 취약한 체질이었다. 은행 대부분은 다각화도 진행하지 못하고 있었다. 또 제1차 세계대전 직후에 일어난 전후공황에 의해 발생한 불량채권의 정리도 미루고 있었기 때문에, 많은 은행의 경영상태는 장부에 나타난 것보다 훨씬 안 좋았다. 게다가 대지진 후에 은행이 해준 신규 대출의 대부분도 안전하고 확실한 담보를 설정해둔 것이 아니었다. 개별 은행은 많은 경우, 거액을 차입하는 일부 업종의 몇몇 기업에 집중적인 대출을 해주고 있었다. 더구나 정부는 예금자보호 조치도 마련해놓지 않았다.

37개 은행이 파산했던 1927년의 금융공황 때는 예금을 찾으려고 고객이 한꺼번에 은행으로 몰려드는 소동을 자주 볼 수 있었다. 1927년 4월의 어느 날, 도쿄 저축은행 밖에서 예금을 인출하기 위해 초조하게 자기 차례를 기다리는 군중의 모습. 마이니치 신문사 제공.

　마치 불붙인 성냥을 건초더미 위에 떨어뜨린 것처럼, 국내와 해외영토에서 일어난 몇몇 사건들이 계기가 되어, 1927년 봄 패닉상태가 발생했다. "많은 은행이 대지진 이후 경제 부흥을 촉진하기 위해 1923-1924년에 실시했던 대출의 회수가 불가능해지면서 파산의 위기에 직면했다"는 소문이 퍼지기 시작했는데, 이와 때를 맞추기라도 한 듯 식민지 타이완의 일본 금융기관인 타이완 은행도 파산할 것 같다는 소식이 느닷없이 들려왔다. 타이완 은행은 식민지개발 촉진을 목적으로 설립된 반관적인 국책회사이지만, 그때까지 적극적으로 대출사업을 해왔는데, 특히 타이완에 진출해 있던 일본 대기업의 투기적인 사업에 거액을 대출해주고 있었다. 이 대출거래처인 상사 스즈키 상점이 1927년 초에 채무불이행 상태에 빠지자, 거대은행은 타이완은행에 대한 단기대부를 회수하고, 타이완 은행은 영업정지에 내몰렸다. 이런 타이완에서의 일련의 사태가 직접적인 원인이 되어 일본 국내은행에서 예금인출소동이 벌어졌고, 급기야 4월부터 5월에 걸쳐 정부가 전 은행을 대상으로 3주간의 '모라토리엄'(지급유예)을 실시해, 수십 개의 중소은행이 도산하는 사태가 발생했다. 해외로의 식민지제국의 확대가 국내의 사회경제 동향과 얼마나 밀접하게 연결되어 있는가가 다시 한번 극명하게 드러났다.

그 후 몇 년 동안 도산과 합병이 진행된 결과 은행수는 약 절반으로 감소했다. 공업생산은 1920년대가 끝날 무렵까지 계속 증가했으나, 1920년대 전체를 통해 경제성장률은 그 이전 30년간의 평균성장률에 비하면 절반 수준에 불과했다. 1929-1930년의 대공황이라는 거친 파도에 시달리기까지 약 10년간 일본경제는 이미 비틀거리며 걷고 있었던 셈이다. 많은 사람에게 희생을 강요하면서 자신들의 사복만 불리고 있던 정치지도자들이 비난받아야 된다고 생각한 점에서는 여론과 지식인들의 의견이 일치했다.

그런데 비판대상이 되어 가장 심하게 규탄받은 것은 재벌이었다. 주요 재벌이 창립된 것은 19세기 말이었고, 도쿠가와 시대에 뿌리를 둔 것도 적지 않았다. 하지만 재벌이라는 용어 자체가 널리 사용되기 시작한 것은 제1차 세계대전을 전후한 시기였다. 또 재벌이 경제를, 그리고 정치를 부당하게 좌지우지하고 있다는 견해가 널리 퍼진 것도 이 무렵부터였다.

미쓰비시·미쓰이·스미토모·야스다(安田), 나아가 몇몇 비교적 소규모적인 것도 포함해서 재벌은 정말로 막강한 존재였다. 1920년대에 체계를 정비한 주요 재벌은 금융·운송·무역·광산업·제조업 등 다양한 분야의 기업을 20-30개나 거느리고 광범위하게 사업을 벌이는 기업제국을 형성했다. 각 재벌은 하나의 지주(持株)회사를 정점에 놓고, 지주회사가 자회사를 통괄했다. 제2차 세계대전 발발까지는 지주회사는 (미

표9.1	제2차 세계대전 종전 무렵 미쓰이와 미쓰비시의 주요 자회사	
	미쓰이	미쓰비시
직계지정 자회사	미쓰이 물산	미쓰비시 물산
	미쓰이 광산	미쓰비시 광산
	미쓰이 신탁	미쓰비시 신탁
	미쓰이 부동산	미쓰비시 부동산
	미쓰이 화학	미쓰비시 화공
	미쓰이 조선	미쓰비시 석유
	미쓰이 정밀기계	미쓰비시 제철
	미쓰이 생명보험	미쓰비시 은행
	미쓰이 농림	미쓰비시 전기
	미쓰이 선박	미쓰비시 창고
		미쓰비시 중공업
준직계지정 자회사	다이쇼 해상화재보험	도쿄 해상화재보험
	미쓰이 창고	일본광학
	미쓰이 경금속	일본건철(建鐵)
	열대산업	일본곡산(穀産)공업
	미쓰이 유지(油脂)화학	미쓰비시 화공기(化工機)
	산키 공업(三機工業)	미쓰비시 기선(汽船)
	도요 면화(東洋綿花)	일본 알루미늄
	일본제분	메이지 생명보험
	도요 레이온	
	도요 고압(高壓)	

출전: Eleanor M. Hadley, *Antitrust in Japan* (Princeton, N.J.: Princeton University Press, 1970), pp. 63-64.

쓰이·야스다·스미토모 집안, 그리고 미쓰비시 그룹의 경우에는 이와사키(岩崎) 집안이라는) 오너 일가에 의해 배타적으로 지배되고 있었다. 이들 오너 일가는 지주회사를 통해 그룹의 운영 전체를 지배했다.

재벌은 몇 가지 측면에서 자급완결적이고 배타적인 집단이었다. 예컨대 미쓰이 그룹의 제조기업의 경우는, 제품의 수출은 모두 미쓰이 물산을 통해서만 하도록 정해져 있었다. 같은 그룹 내의 기업간 거래에서는 그룹 외 기업과 거래하는 경우보다도 가격을 낮게 설정했다. 이런 배타적 행동에는 한 가지 중요한 예외가 있었는데, 재벌계 은행이 위험분산과 세력확대를 위해 그룹 외의 기업에 대해 적극적으로 대출을 실시하는 것이다. 또 하나의 예외는 재벌이 오너 일가가 아닌 도쿄 제국대학 출신의 우수한 젊은이를 장래의 경영자 후보로 채용하는 방침을 두고 있었던 것이다. 그러나 이 경우에도 경영 수완과 능력 못지않게 오너 일가에 대한 충성심이 높게 평가되었다. 출세코스를 밟고 장래가 유망시되는 경영간부 후보가 오너 가(家)의 딸과 결혼하는 일이 생기면 그런 충성심은 더욱 중요시되었다.

1920년대에 혼란에 빠진 경제상황 속에서 재벌은 세력을 확대했다. 이미 1918년에 8대 재벌은 공업생산, 광업, 상업·무역 부문에서 민간자본 총액의 20% 이상을 지배하고 있었다. 2대 재벌인 미쓰이와 미쓰비시는 총액의 12%를 차지하고 있었다. 1927년의 금융공황은 재벌계 은행이 금융부문에서의 지배력을 한층 강화하고, 수많은 중소기업에 대한 지배를 가능케 했다. 절정기 미쓰이 제국과 미쓰비시 제국의 세력범위는 놀라울 정도였다.(표 9.1 참조)

당시의 재벌은 이미 논쟁의 표적이 되었다. 1920년대 말부터 1930년대 초에 걸쳐 "기성정당의 배후에 대재벌의 거두가 붙어 있다"라는 이유로 재벌 수뇌가 우익 테러리스트에게 암살되는 일이 몇 번인가 있었다.[5] 그 이래 오늘날까지 역사가들은 재벌의 공과(功過)에 대해 논쟁을 벌여왔다. 한편으로, 재벌은 일본의 공업화에 중심적인 역할을 담당했다. 소규모 기업에서는 도저히 모방할 수 없는 방식으로 자본·노동·원료·기술 등의 자원과 전문적인 기능을 동원했던 것이다. 다른 한편으로, 재벌은 엄청난 부를 축적함에 따라 부와 소득의 아주 불평등한 분배현상을 심화시켰다. 재벌의 거두들은 제국의회 내의 정당에 헌금했지만, 동시에 군부와 관료의 엘리트들과도 밀접한 관계를 구축함으로써 위험의 분산을 도모했다. 재계 엘리트들이 무엇보다도 원했던 것은 행동의 자유와 안정이었다. 그들이 민주적인 정치나 자유주의적인 정치를 일관되게 어떤 원칙을 가지고 지지했던 적은 없었다.

지주, 소작인, 농촌생활

20세기에 들어서 처음 30년 동안, 농촌의 상황은 어떤 의미에서 안정적이었다. 그 시기 농가 총 호수에서 지주·자작농·소작농의 비율에는 거의 변화가 보이지 않았다. 그때까지 20-30년간 소작농의 비율이 극적으로 증가했던 것과는 대조적이었다. 어쨌든 20세기 초 소작농의 상황은 1870년대나 1880년대와 비교하면 조금은 개선되었다. 자가소비와 소작료 납부분을 제하고서 적은 양이나마 남은 잉여작물을 팔아 현금수입을 얻을 수 있게 된 소작농이 이전보다 늘어났다. 군(軍)의 통계에 의하면 1890년대 중반부터 1905년까지 신규 징집병의 반 이상을 차지하던 농촌 출신 청년의 평균신장은 3cm나 커졌다. 이 지표는 대다수 국민의 생활수준과 식량사정이 개선되었음을, 대략적이지만 분명히 보여주고 있다고 말할 수 있다.

그렇다 하더라도 1920년대 일본의 농촌이 이런저런 문제를 여전히 안고 있었던 데는 변함이 없다. 그때까지 수십 년에 걸쳐 농업생산은 계속 증가해왔지만, 일본농업 전체의 생산성 증가는 정점을 찍은 상태였다. 서부 일본과 중부 일본의 농업선진지방에서는 농기구와 농법의 개선이라는 비교적 값싸게 실행 가능한 일련의 개선책이 이미 시행되고 있었고, 그 방법에 의한 수확증가는 한계상황에 도달해 있었다. 북일본으로의 이런 개선책의 파급속도는 더뎠다. 성장이 게걸음만 치자 사회적·정치적 긴장이 증폭되기 시작했다. 농촌 최상층을 형성한 사람들과 나머지 주민들 사이의 생활과 라이프스타일을 갈라놓은 큰 틈은 좁혀지지 않은 상태였다. 그 결과 계급구조의 중간층 이하에 위치한 사람들에 의한 반발은 이전보다도 훨씬 격렬해졌다.

농가 총 호수의 2-3%를 차지하는 가장 부유한 지주들은 자신이 직접 경작하는 경우는 없었다.[6] 지주들은 모든 농지를 많은 소작인에게 빌려주고, 소작인으로부터 받은 소작료로 안락하게 생활했다. 그들은 살림살이가 잘 갖추어진 대저택에 살면서 많은 하인을 거느렸다. 메이지 유신 이후 20-30년간 이런 지주들이 수확량을 늘리기 위해, 그리고 소작인과 자신들의 이익을 위해 농법개선에 솔선해서 나선 경우도 적지 않았다.[7] 지주들은 마을에 전기를 끌어오는 일 등에도 앞장섰다. 지주의 아내들도 1901년에 설립된 애국부인회처럼 새로운 여성단체의 중심적인 사람이 되었고, 또 해외에 나가 있는 일본군에게 '위문품'을 보내기 위해 마을여성들을 동원하기도 했다. 지주의 아내들은 끼리끼리 모여 차를 마시면서 하인들에 대한 불만을 늘어놓는다든가 딸과 아들을 엇비슷한 집안의 자녀와 짝을 지어주기도 했다. 그들의 가장들은 농지를 빌려주는 일 외에 대금업이나 소규모 제조업에도 투자했다. 여가와 관련해서는 지주들 중에는 온천여관에서 게이샤들과 연회를 여는 옛날방식으로 여가를 보내는 지주가 있는가 하면, 지방의원이나 국회의원 선거에 출마하든가 동료지주의 선거를 응원하는 등의 방식으로 정치에 관계하는 등 보다 새로운 일에 머리를 기웃거리는 지주도 있었다. 이렇게 농촌 최상층부의 남녀는 쾌적한 생활을 보내고 있었는데, 그 생활을 특징지었던 것은 야심, 자신감, 나아가 자신들이야말로 지역사회를 넘어 보다 큰 세계에서 신흥국가와 확대일로에 있는 제국을 떠받치는 지방의 기둥이라는 신념이었다.[8]

농촌에 사는 지주 이외의 사람들이 처한 경제상황은 '적당히 풍족한 삶'부터 '고단한 삶,' 더 나아가 '절망적이고 심각한 삶'에 이르기까지 다양했다. 순조로울 때는 소작농 중에 수확한 작물의 꽤 많은 부분을 환금해서, 생활수준을 향상시키는 것이 가능한 자도 있었다. 그러나 그런 그들도 소작료 인상과 농산물가격의 변동에 따라 타격을 받기 쉬운 상황에 놓여 있기는 마찬가지였다. 비교적 혜택받은 농부의 경우에는 땅이 있기는 했지만, 그 규모가 작았다. 땅 있는 농부 대부분은 흉작이 이삼년 계속되면 지조를 내기 위해 땅을 담보로 빚을 얻지 않으면 안되는 상황에 부닥쳤다. 그런 사태가 호전되지 않는 한, 그들 앞에는 저당 잡힌 땅을 빼앗기고 소작농으로 전락하는 운명이 기다리고 있었다.

나가쓰카 다카시(長塚節)가 1910년에 쓴 소설 『흙』(土)은 그런 가난한 농민들의 생활을 생생하게 묘사하고 있다. 그것은 "만날 땅에 달라붙어서 곡식을 수확하는 일에만 부심하고 있음에도 불구하고, 그 작물이 가마니에 담기면 이미 대부분은 내 소유가 아니"고, "내 소유로 있을 수 있는 때는 작물이 뿌리를 내리고 논이나 밭의 흙에 서 있는 동안뿐이다"고 한탄하는 '가난한 농부'에 대해 쓴 소설이다.[9] 그런 소작농들은 부엌이 흙바닥으로 되어 있고, 방바닥이 다다미 한 장도 없이 모두 판자로 깔려 있는 작고 어두운 집에서 살았다. 빈틈투성이의 집에서는 겨울추위에 살갗이 아렸다. 농민들은 매일 보리죽과 단무지로 연명하고, 아주 가끔 특별한 때 먹는 맛난 음식 빼고는 쌀밥과 싱싱한 야채는 거의 맛볼 수 없었다. 곤경에 처했을 때에는 윗사람의 온정에 기대는 수밖에 다른 방도는 없었다.

이렇게 지주가 농민의 생사여탈권을 쥐고 있는 것이, 20세기 초 일본 농촌에서 증오와 대립을 초래한 가장 중요한 원인이었다. 농민들은 신분의 상하관계가 엄격히 규정된 세계에 살고 있었던 것이다. 사회사가 앤 웨이즈워는 그 상하관계를 다음과 같이 설명한다.

소작인들은 마을의 골목길이나 농로에서 자신보다 신분이 높은 자와 마주 스쳐 지나가는 경우에는, 반드시 옆으로 비켜서서 길을 양보하는 것을 당연하게 여겼다. 소작인들은 지주의 논밭 또는 가정 내에서 잡일

1920년대에 자신들이 경작하는 논으로 향해 가고 있는 소작농 일가. 농민들은 위험을 분산하기 위해 여러 명의 지주한테서 땅을 조금씩 빌리는 경우가 많았는데, 위험이 분산되는 대신 농지가 제각각 떨어져 있어서 집에서 도보로 오가야 하는 거리도 멀어지는 불편을 적잖이 감수해야 했다. 고니시 아키라(小西明) 제공.

을 거들라는 말을 들었다면 가령 자기 집의 중요한 일을 뒤로 미루더라도 지주가 시키는 대로 해야 했다. 그날의 작업이 끝나서 식사대접을 받을 경우, 소작인들은 감사한 마음으로 받아 지주집 부엌의 어두컴컴한 구석에서 얻어먹었다.[10)]

그럴 때 속으로는 부글부글 분노가 머리끝까지 끓어올라 폭발하기 직전이었을 것이다. 가령 1915년생인 가미무라 히데지(上村秀二)의 사례를 보자. 어린 시절에 대해서, 저자가 인터뷰를 할 때 그는 75세였지만, 가미무라의 뇌리에는 어릴 때 보았던 자신의 아버지와 지주 사이에 있었던 굴욕적인 일이 선명하게 새겨져 있었다. 1920년대에는 해마다 12월이 되면 아버지는 농사일을 하루 쉬고 소작미를 지주의 집에 갖다 주러가는 것을 상례로 하고 있었다. 가미무라도 아버지를 자주 따라갔다. 소작미를 내면서 가미무라의 아버지는 연방 머리를 조아리고 지주에게 예를 표하는 것이었다. 가미무라는 그 상례의 의식을 보면서 "어린 마음에 이것은 도대체 어떻게 된 일인가. 왜 지주에게 굽실거릴 필요가 있는 것일까? 오히려 사례를 표해야 하는 것은 지주 쪽이잖아 하는 생각이 들었다"[11]고 말했다.

하지만 이런 불평등한 제도가 단순히 강제에 의해서 유지되었던 것만은 아니다. 그 하나로는 관습적으로 보여주는 겉치레의 자선과 온정적인 태도가 지위와 권력의 위계를 충격으로부터 보호하는 완충재 역할을 하고 있었다. 예컨대 지주들은 관습적으로 축제 때는 기금을 희사했으며, 흉작일 때는 소작료를 깎아주고, 휘하의 소작인이 병으로 쓰러졌을 때는 치료비를 대주는 것을 지주로서 당연히 해야 할 일로 여겼다. 그런 보살핌을 베풀고 있다는 생각이 있었기 때문에, 가미무라 아버지의 지주는 소작미를 받을 때 '고맙습니다'라는 인사를 기대했음이 틀림없다. 마을의 불평등한 생활을 충격으로부터 보호하고 있던 또 하나의 완충재는 지주층과 소작농 사이에 제법 많았던 자작농의 존재다. 같은 자작농이라고 해도 최상층 자작농은 소작농에게 빌려줄 여분의 토지를 보유하고 있었다. 반면에 최하층 자작농은 보유토지가 소규모여서 지주로부터 좀더 땅을 빌려야 하는 사람도 있었다. 이처럼 같은 자작농이라고 해도 신분적으로는 여러 계층으로 나뉘어 있었다. 이 다기한 자작농의 존재는 극소수의 엄청나게 부유한 지주들과 한 뙈기의 땅도 없는 극빈 소작농 사이의 간극을 메우는 중요한 기능을 수행하고 있었다.

그렇다 하더라도 지주와 소작농 사이의 반목이 항상 억제되었던 것은 아니다. 1910년대부터 1920년대에 걸쳐 지역의 사회적·경제적 지위가 낮은 사람들을 보살피는 일이 자신들의 책임이라고 생각하는 지주들의 온정주의적 책임감은 옅어진 것 같다. 그즈음 문화·경제·정치 면에서 보다 많은 기회가 열려 있는 지방의 중심도시로, 또는 도쿄를 비롯한 대도시로 본거지를 옮기는 지주가 늘어났다. 도시로 이사 가서 사는 부재지주들은 소작지 관리를 고향의 관리인들에게 맡기게 되었는데, 그런 관리인들이 소작농에게 심하게 대하는 경우도 적지 않았다. 또 마을에 남은 부유한 지주들도 자식을 가까운 도시나 대도시로 보내서 중등교육 또는 고등교육을 받게 하는 경우가 많아졌다. 지방에 거주하는 엘리트에 비하면 도시로 이사가 살고 있는 부재지주들이 가난한 마을사람에게 닥친 위급한 상황에 종래 관습적으로 해오던 온정의 손을 내미는 일은 비교적 드물었다. 그리고 이것이 사회적 긴장을 낳는 하나의 원인이 되었다. 좌익 소설가 고바야시 다키지(小林多喜二)는 1930년에 발표한 소설 『부재지주』에서 부재지주를 인어(人魚)에 비유해 다음과 같이 인상 깊게 표현하고 있다. 즉 부재지주라는 것은 "예를 들면, 인어 같은 것이겠지. 상반신은 지주이지만, 하반신은 자본가로 되어 있다. 게다가 아랫부분의 자본가 쪽이 점점 위의 지주 부분을 침범해가는 추세이다"[12]라고.

제1차 세계대전 무렵부터 소작농들이 결속해서 지주에게 소작료 감액을 요구하는 운동이 확대되기 시작했다. 소작농들은 '분단지배'(分斷支配)되지 않고 '분단해서 승리한다'는 전술을 활용해서 효과를 거두었다. 그것은 어떤 특정 개인에 대한 의존도를 최소화하기 위해, 소작농 대부분이 여러 지주로부터 조금씩 토지를 빌린다(역으로 말하면 지주 대부분도 여러 명의 소작인에게 토지를 빌려주고 있었다)는 상황을 이용한 전술이었다. 즉 몇몇 소작농이 서로 미리 짜고, 수확 때 어떤 특정 지주에게 만약 자기들의 요구를 들어주지 않으면 그 지주의 농지에서 하던

농사를 하지 않을 거라고 협박을 하면서 소작료 감액요구를 제시하는
것이다. 공격대상이 된 지주는 요구를 받아들이지 않으면 소작료 수입
이 제로가 되겠지만, 개별 소작농이 잃는 분은 조금밖에 되지 않는다.
이런 전술의 표적이 된 지주 대부분은 소작료 1년치 혹은 무기한 감액
에 응하는 것으로 문제를 해결하려 했다. 1923년부터 1931년에 걸쳐
해마다 1,500건에서 2,700건에 달하는 이런 소작쟁의가 발생했다. 소
작쟁의 70%에 내걸린 가장 일반적인 요구는 실제로 소작료의 감액
이었다. 참가자수로 본 쟁의의 규모는 적게는 한 마을의 소작농가 수호
(數戶)에서, 크게는 몇 개의 마을에 걸친 소작농가 수백 호까지 다양했
다. 소작농의 요구가 일부분이라도 달성된 쟁의는 전체 쟁의의 4분의
3에 달했다.[13]

많은 소작쟁의를 이끈 것은 일본 농촌지대에 새로 탄생한 조직인 소
작조합이었다. 소작조합은 한창때인 1920년대 중반에는 소작농가 총
호수의 10%를 조직화했다. 지방 레벨의 소작조합 중에는 인근 조합과
힘을 합해서 지방연합 또는 전국연합을 결성한 곳도 있었다. 그런 연합
조직 중에서 가장 컸던 것은 1922년에 결성된 일본농민조합이었다. 이
들 소작조합과 산하 조합원은 어떤 법적인 인정이나 보호를 받고 있었
던 것은 아니다. 마을지도자들은 소작농들에게 이런 조직에 가담하지
않도록 상당한 사회적 압력을 가하면서 노골적으로, 더러는 언외의 협
박을 가했다. 그런 상황에서 불과 몇 년 만에 소작농가의 10분의 1을 조
직한 것은 인상적인 성과였다.

하지만 1920년대 말에 이르면, 반격을 위한 지주들의 조직 공고화가
성과를 내기 시작했다. 지주들은 자금을 동원해 변호사를 고용하고 독
자적인 조합을 통해 소작농측의 요구에 대응책을 강구함으로써 소작농
의 요구를 맞받아치는 데 일정한 성과를 거두었다. 그러나 아주 부유한
지주들 사이에서 소작지를 관리하는 것은 너무 문제가 많아서 수지가

맞지 않다고 생각하는 사람이 늘어났다. 1920년대를 통해서, 그것도 1920년대 말에 가까워질수록 점점 그런 경향이 현저해졌다. 많은 불경작 지주가 토지를 매각해 소유지를 줄여나갔다. 이들 지주는 농업을 가망 없다고 포기하고, 사람을 상대하는 번거로움도 적고 보다 높은 수익률이 예상되는 주식시장과 공업생산에 대한 투자로 눈을 돌렸다.

1910년대와 1920년대에 농촌에 불어닥친 사회적 대동란의 주요 원인이 된 것은, 극심한 빈곤이나 전통적인 계층사회를 특징짓는 경제적 후진성이 아니었다. 대동란은 기본적으로는 농촌사회의 가장 근대적인 측면이 초래한 산물이었다. 1920년대의 소작쟁의 발생건수를 지역별로 보면, 상대적으로 상품경제화가 진행되고 있던 서부일본과 중부일본 쪽이 상대적으로 생산성도 낮고 상품경제화도 진행되지 않던 동부지방보다도 2배나 많았다. 소작쟁의의 선두에 선 것은 정말 가난한 소작농이 아니라, 시장에 내다 팔 수익작물 생산으로 윤택해질 전망이 있는 사람들이었다. 소작쟁의는 도시로 생활근거를 옮긴 근대적인 부재지주의 수가 많은 지방일수록 발생빈도가 높았다. 이들의 소작쟁의는 일본농촌의 사회관계가 개인적인 상호의존 형태로부터 좀더 비개인적인 경제적 계층구조로 점점 이행하고 있음을 명백히 보여주는 징후였다.

농촌에서 이의를 제기하고 들고 일어났던 소작농들이 내걸었던 요구에는 자본주의 경제에 대한 참가조건의 개선도 포함되어 있었다. 그런데 자본주의 경제원리에 입각한 이 근대적인 세계에서는 종래 이상으로 큰 기회의 문이 열려 있는가 하면, 개개인에게 닥쳐오는 위험도 훨씬 더 커졌다. 그런데다 기존에 관습적으로 이용 가능했던 다양한 사회적 지원은 훨씬 줄어들었다. 이런 상황에 직면한 농민들은 자신들보다 사회적 지위가 높은 사람들에게 종래와 마찬가지로 자신들을 존중하고 자신들을 지지해주기를 바라면서 동시에, 개인으로서의 일정한 재량권과 어느 정도의 안심감을 획득하고 싶어했다. 보수적인 사람들은 이런 농촌

사회의 변용을, 근대에 있어서 사회붕괴를 나타내는 하나의 불온한 징후로 보았다.

도시생활: 중간계급과 노동자계급

농촌주민의 사회적 지위와 계층이 복잡다기했던 것과 마찬가지로, 20세기 초의 도시주민도 임노동에 종사하는 대중과 그들을 고용한 부유한 고용주만으로 구성된 것은 아니었다. 다양한 중간계층 사람들의 집과 점포, 작업장이 도시생활에 일정한 안정과 공동체의식뿐 아니라 큰 활력을 부여했다.

예를 들어 1908년의 도쿄에서는 직업을 가진 사람의 41%가 '상인 및 직인'으로 분류되었다.[14] 대도시에서는 어느 지구를 가더라도 생선가게, 쌀가게, 두부가게, 야채가게, 공중목욕탕, 서점, 이발소와 미장원, 숯가게, 장난감가게, 사진관, 무수히 많은 작은 식당 등이 다닥다닥 처마를 나란히 한 광경을 볼 수 있었다. 상점가에서 한 걸음 벗어난 골목에는 이들 다양한 상점에 상품을 공급하는 수만 명의 도매업자와, 그것에 못지않은 수의 신발 직인, 다다미 직인, 우산 직인들의 집 겸 작업장을 비롯해서 기계부품, 주물제품, 도자기, 가공식품 등을 만드는 작은 마을공장 등이 죽 들어서 있었다.

자택을 근거로 하는 이런 소규모 사업은 너나 할 것 없이 가족경영이고, 아내가 남편과 함께 일하는 것이 일반적이었다.[15] 개인사업자 중 비교적 성공을 거둔 사람들은 해당 지구(地區)의 조정자 역할을 했다. 지역의 사업주들은 구의회 의원이나 시의회 의원선거에 입후보한다든가, 동업자 단체를 조직해서 국가에 감세 등 다양한 보호조치를 요구하기도 했다. 제1차 세계대전 직후부터 전국의 시구정촌(市區町村)의 관청은 이런 지역의 조정자, 유지들을 모아서 국가에 의한 복지서비스를 담당하도록 했다. 담당지역 내의 빈자를 방문해서 자잘한 생활보호품을 지급하는 등의 임무를 수행하는 '방면위원'(方面委員, 오늘날의 민생위원에 해당)에 위촉된 지역지도자는 1920년 당시 전국적으로 약 1만 명에 달했다.[16]

말단 사무직원은 물론 공원(工員)이라도 대기업에 고용되는 편이, 소규모 사업장을 경영하는 중간 레벨 이하의 사업주들보다 수입 면에서는 더 나았던 것 같다. 하지만 자기 사업을 경영하는 것은 대단히 매력적이었다. 일본 유수의 어떤 기계제조회사의 공장주임은 1908년에 직공들이 제멋대로 금방 회사를 그만둔다든가, 무엇을 가르쳐주려고 해도 "마치 고양이에게 염불하는 것 같다"고 투덜거렸다. 그러면서도 공장주임은 그들이 자기 사업을 일으키려 할 때는 뛰어난 솜씨를 발휘한다는 점도 지적했다. 이를테면 그런 뛰어난 직공 중에는 "자기 집 마룻바닥을 뜯어내 버리고" 기계를 한두 대 들여놓고 자택을 "공장으로 삼아 가지각색의 물건을 만드는" 자가 많이 있는데, 제품의 입찰 등에서는 자신의 회사가 떨어지는 경우도 종종 있었다는 것이다.[17]

수백만 명의 상점주, 도매업자, 소규모 제조업자, 더 나아가 고용된 저임금 종업원은 역사가가 말하는 일본의 근대도시에서 '구중간층'(舊中間層)을 형성하고 있었다. 이 사람들의 뿌리를 더듬어가 보면, 도쿠가와 시대의 서민사회에 귀착하는 경우가 적지 않지만, 20세기 초에는 구사족 출신자가 이 구중간층의 구성원이 된 일도 있었다. 세기가 바뀔 무렵에는 구중간층 외에 새로운 계층의 등장이 눈에 띄게 되었다. 그들은 교육을 받고, 대기업이나 관공서에 고용되어 월급을 받으며 일하는 이른바 샐러리맨과 그 가족으로 이루어진 '신중간층'이라 불리는 사람들이었다.

이 새로운 사회계층의 출현 조짐은 19세기 말에 나타났다. 1890년경

크고 작은 도시의 '구중간층'에서 최하층을 형성하고 있던 것은 소매업, 도매업, 소규모 제조업 등 수십만의 소규모 가족경영자들이었다. 1920년에 촬영된 이 사진은 그런 소점포 중 하나인 인형가게 풍경. 가게 안에 앉아 있는 주인과 그 딸이 모녀 손님을 맞고 있다. 마이니치 신문사 제공.

부터 미쓰이나 미쓰비시 같은 대기업이 대학졸업생을 장래의 경영자 후보로 고용하게 되었는데, 국립과 사립의 유명학교를 졸업한 사람들 사이에서도 일반회사에 취직하는 것은 정부관리가 되는 것 못지않게 매력적인 길이라고 생각하는 풍조가 확산되기 시작했다. 그 무렵 중등 레벨의 전문학교 수도 꽤 늘어났다. 그런 전문학교나 상급 고등전문학교, 나아가서는 대학과 정부·민간 취직처를 묶은 다층적인 인재모집시스템이 형성되었다. 대도시의 유업인구(有業人口)에서 민간기업 및 관공서의 사무직 노동자가 차지하는 비중은 더디지만 꾸준히 증가했다. 도쿄에 사는 유업인구 중 사무직원의 비율이 1908년에는 6%였지만, 1920년에는 21%로 증가했다.[18] 이런 샐러리맨은 20세기에 형성된 '신중간층' 가정의 가계를 부양하는 사람들이었다. 그들은 행정관으로서 문민화, 즉

샐러리맨화된 도쿠가와 시대 사무라이들의 후예라고 말할 수 있는 존재
였다. 그러나 20세기 초두의 일본에서 도쿠가와 시대보다 양적으로 늘
어난 샐러리맨의 자리를 노리고 경쟁을 벌이는 사람들은 옛날 사족 출
신자들만이 아니었다. 도시의 상점주나 제조업자 같은 구중간층의 자녀
나 농촌 중농의 자식들도 도시의 신중간층 대열에 합류하기 위해 노력
했다.[19)

중간층 사무직원에는 남성뿐 아니라 여성도 포함되었다. 대기업이
젊은 여 사무직원을 채용한 최초의 사례로서 유명한 것은, 1894년에 미
쓰이 은행 오사카 지점이 실시한 채용이다. 당시 오사카 지점장은 미국
필라델피아 소재 워너메이커 백화점을 방문했을 때 본 인사정책에 자극
을 받아서, 십대 여직원 몇 명을 채용하기로 결단했다. 고등학교를 갓
졸업한 여성들을 경리부에 배속시켰다. 그 후 20년 동안 일반기업에 의
한 젊은 여 사무직원 고용과 백화점에 의한 여자점원 채용은 점차로 늘
어났다.[20)

외관도 훌륭하고 내부도 번쩍번쩍 화려한 백화점에서 제복차림의 젊
은 점원의 응대를 받으면서 쇼핑을 즐기는 여유가 있었던 사람은, 도시
주민의 극히 일부에 지나지 않았다. 박봉의 사무직원들은 '양복 영세민'
(洋服細民)이라 불리며, 시사만평에서 종종 동정이나 조롱의 대상이 되
었다. 1928년에 어떤 학자는 남자 사무직원 월급의 하한이 20-30엔이
라고 지적했다. 이에 비해 1927년에 남성 숙련기계공의 평균임금은 일
급 2.6엔으로, 달로 환산하면 사무직원 최저월급의 거의 2배나 되었다.
섬유공장 여공의 일당은 약 1엔으로, 여자 타이피스트의 수입과 거의
비슷했다.[21) 사정이 이렇다 보니 제1차 세계대전 말기부터 전후에 걸쳐
서 인플레이션이 맹위를 떨칠 때, 교사와 대기업 상사의 사원들까지 준
비도 안된 채 자연발생적으로 봉급인상을 요구하는 '증봉운동'(增俸運
動)에 나선 것도 이상한 일이 아니다. 도쿄에서는 증봉운동을 전개한 다

양한 그룹이 모여 1919년에 도쿄 봉급생활자동맹회가 결성되었다. 1920년 3월에는 도쿄와 요코하마 소재의 민간기업에서 일하던 타이피스트들도 일본 최초의 사무직원조합을 결성해, 임금인상뿐만 아니라 남자 정사원과 동등한 대우를 해달라고 요구했다.[22]

조합을 결성한 타이피스트들에게 모델이 된 것은 20세기에 들어서 계속 팽창을 하고 있던 도시 내부와 주변에 군집해 있던 남녀 공장노동자들이 점점 분명히 자기 권리를 요구하기 시작한 모습이었다. 사회개혁가 스즈키 분지가 1912년에 우애회를 결성한 것은 이미 8장에서 언급했는데, 1916년부터 섬유공장에서 일하는 수백 명의 여성노동자가 우애회에 참여하기 시작했다. 남편과 아버지야말로 한 가정의 가계를 부양하는 가장이라는 관념에 젖어 있던 남성 조합지도자들은 가입신청을 한 타이피스트들을 '준조합원'으로 별도로 취급했다. 섬유산업에서도 그 밖의 다른 산업들에서도 여성의 평균임금은 남성의 평균임금 절반에도 못 미쳤다. 그 당시 남성 공장노동자의 임금은 근속연수에 비례해서 올라간 데 비해, 40대 여성노동자의 임금은 20대 여성노동자의 임금을 겨우 10% 정도 상회하는 수준이었다. 처음에 여성들은 이런 남녀 간의 차별대우를 그다지 문제로 삼지 않았다. 그러나 1920년대 후반이 되면서 이런 상태에도 변화가 보이기 시작했다. 일본의 여성노동자는 그때까지와는 전혀 다르게 적극적으로 노동운동에 합류하기 시작했는데, 그 배경에는 몇 가지 요인이 있었다.

첫째로, 공업부문이 확대됨에 따라 다양한 생산현장에서 일하는 여성의 수도 늘어나기 시작했다. 예전처럼 대규모 방적공장뿐만 아니라 화학·식품가공 등을 중심으로 하는 보다 소규모 공장에서도 여성의 일자리가 늘어났다. 비교적 소규모 직장에서 일하는 여성들은 기숙사에 살지 않고 자택에서 통근하는 것이 일반적이었다. 행동의 자유도 많고 같은 직장에서 남성과 접촉할 기회도 많아진 여성들에게 노동쟁의에 참가하는 것은 대규모 섬유공장에서 일하는 여공들보다 용이했다.

둘째로, 섬유공장 여공 중에도 소학교를 나와서 노조 조직책들이 배포하는 소책자나 전단을 읽을 수 있는 노동자가 많아졌다. 세 번째 요인은 정부가 1922년에 여성의 정치집회 참가와 집회에서의 발언을 금지해온 규제를 철폐한 데 있다. 이로써 여성이 조합의 조직활동을 한다든가 시위에 참가해도 이전만큼 위험하지 않았다. 그후 수년간 여성의 조합참가와 여성 주체의 쟁의건수는 비약적으로 증가했다.

저임금과 불안정한 고용신분에 대한 불만은 여성노동자를 이런 행동으로 내몬 가장 큰 요인이었다. 그러나 그것뿐만 아니라 여성노동자가 안고 있던, 일반 회사의 문화로부터 받고 있던 강한 소외감도, 직장에서 좀더 제대로 대우받고 싶은 여성들의 마음을 긁어댔다. 소설가 사타 이네코(佐多稻子)는 1920년대 말 도쿄의 어느 지역을 무대로 한 소설 「캐러멜 공장에서」(キャラメル工場から)를 통해 여성노동자의 그런 마음을 훌륭하게 그려냈다. 여주인공 히로코(弘子)는 소학교 5학년 때 술주정뱅이 아버지의 강요로 학업을 중단하고 캐러멜 공장에서 종이로 캐러멜 싸는 일을 시작한다. 작업을 하면서 창밖을 바라보면, 저 멀리 강 건너 강변에 늘어선 주택들의 옥상에 설치된 비누랑 술 광고판이 보인다. 광고판에는 온종일 햇빛이 비치는데, 그녀의 작업장 창에는 해질녘 희미한 빛이 비스듬히 잠깐 비칠 뿐 하루종일 햇빛은 비치지 않는다. 광고판에 온종일 비치는 "햇빛은 행복해 보였다." 히로코와 동료 여공들은 "설날에도 나는 아무것도 사지 못하다니, 정말 한심해"라고 한탄한다. 3시의 휴식시간에는 여공들은 으레 군고구마를 먹는다. 심부름은 순번을 정해 두 사람씩 외출하게 되어 있었는데 그때만은 외출이 허용된다. 히로코 눈에는, 심부름 나간 여공들이 "흰 상의를 걸치고 소매를 걷어올려 드러난 팔을 앞치마 밑에 넣고 움츠리고" 한길을 걸어가는 모습이 "어딘가 불구자처럼" 보인다. 하루의 일이 끝나면, 여공들은 공장 출입구에서

한 사람 한 사람 캐러멜 부스라기라도 훔치지 않았나 소맷자락과 호주
머니와 도시락 검사를 당했다. 모두 자기 차례가 오기를 비바람 속에 서
서 기다려야 했다. 예외 없이 몸수색을 명하는 안주인의 오만한 태도에
치를 떨었다.[23]

방적공장 여공의 조합결성과 쟁의의 지원을 해오던 여성조직가 다테
와키 사다요(帶刀貞代)는 1929년 도쿄에서 노동여숙(勞動女塾)을 개설
했다. 훗날 인터뷰에 응해서 이 기숙사에 대해서 말하는 중에 다테와키
는 기숙사에서는 '프롤레타리아 경제학' 강의도 했지만, 참가한 여성노
동자에게 기숙사의 최대 매력은 취사나 재봉 등 여성이 보통 습득하는
것을 배우는 것이었다며, 모두들 "어떡하든 인간이 하는 일을 하고 싶다
고 모두 말합니다"고 지적했다.[24] 오사카와 도쿄의 방적공장에서 일하
는 여공들은 이른바 '인간다운 대우'를 요구하는 투쟁의 선두에 섰다. 임
금 삭감에 반대했을 뿐 아니라, 기숙사 생활을 속박하는 엄한 규칙을 바
꾸게 하는 데 꽤 열심이었다. 대부분의 대기업, 특히 섬유산업의 대기업
은 당연하다는 듯이 여공들에게 회사 소유의 기숙사에서 아주 엄격한
관리 아래서 생활하는 것을 의무화했다. 기숙사에 사는 여공들은 일하
러 나갈 때와 가끔 회사가 주최하는 소풍 때 외에는 외출을 허락받지 못
했다. 1920년대 말에 수천 명의 여공이 참가한 몇몇 대규모 파업에서,
그들은 식사의 개선과 기숙사 출입에 대한 규제를 완화해 달라고 요구
하여 쟁취했다. 이는 일부 여공들에게 그 무렵 전쟁 전 절정에 달했던
이른바 '인간다운' 삶을 요구하는 투쟁의 일단이었다. 그들은 기본적으
로는 최소한의 자유와 인격과, 자신들이 가족·국가를 위해 하고 있는
공헌에 대해서 정당한 존경과 평가를 바랐다.

공장과 탄광에서 일하던 남성노동자들도 마찬가지로 항의의 목소리
를 높였다. 남성들도 인간에 걸맞은 처우개선과 어엿한 국민의 한 사람
으로 대우해 달라고 요구했다. 남성노동자는 일반적으로 남자와 여자는

그 나름의 성역할이 있다는 관념에 사로잡혀 있기도 했기 때문에 그 노동자로서의 삶의 방식은 여성의 경우와는 다른 패턴을 그렸다. 그래서 남성노동자들이 말하는 '인간적인 대우'는 여성노동자의 그것과 달랐고, 그들이 그 실현을 향해 나아간 길도 달랐다.

19세기 말에 섬유공업이 공업부문에서 최대였고, 공업노동자 중 여성이 남성보다 많았다. 그 후 20~30년간, 남성고용비율이 높은 조선·철강·기계제조·금속가공 등의 중공업이 경공업의 성장을 앞질렀다. 그 결과 1933년에는 전국의 남성공업노동자는 약 96만 8천 명으로, 여성임금노동자의 총수 93만 3천 명을 조금 웃돌기에 이르렀다.[25]

1910년대와 1920년대에는 여성노동자의 반수 가까이가 20세 미만이었지만, 남성노동자의 80% 이상은 20대 이상이었다. 남녀 노동자 공히 이직률은 높았지만, 전직·이직의 패턴은 서로 달랐다. 여성 공장노동자의 경우는 한두 번 이직한 후에는 결혼을 계기로 퇴직해서 노동인구에서 이탈하는 것이 전형적인 패턴이었다. 남성노동자의 경우는 일의 세계에서 장기적으로 출세하기 위한 전략의 일환으로서 직장을 옮기는 경향이 강했다.

남성노동자 대부분은 머지않아 독립하고 싶다는 마음을 품고 있었다. 1898년에 어떤 기계공은 20세기 초 이른바 떠돌이 숙련공들의 좌우명이 된 말을 남겼다. "어떤 일이든 상관없이 세상 여기저기 이런저런 일터에 들어가 기량을 펼치고 고생을 거듭하다 비로소 어엿한 직공이 된다."[26] 우치다 도시치(內田藤七)는 그후 수십 년에 걸쳐 그런 정신으로 살아온 노동자 중 한 사람이었다. 1908년, 우치다는 스무 살 때 도쿄 소재의 해군 병기창에서 일하기 시작했는데, 처음부터 이 세상에서 성공하려면 실력을 연마해야 한다고 생각했다. 그래서 낮에 해군 병기창에서 일하고, 밤에는 작은 주물공장에서 일했다. 2년 뒤에는 화로용 삼발이를 혼자서 만들 수 있게 되었다. 해군 병기창의 일도 계속했지만,

"부업인 화로의 재받이는 어쩐지 장래를 의탁할 일이 될 것 같은 느낌이 들었기 때문에 계속 매달렸다. 그러는 사이 도구류는 가능한 한 사서 모으는 일을 잊지 않았다."[27] 이윽고 1939년 51세가 된 우치다는 금속가공을 하는 마을공장의 주인이 되었다. 일본의 남성 공장노동자에게 이것이 보통 인생의 코스였고, 이런 인생설계를 그리는 것은 누구나 바라는 일이었다.

한 직장을 그만두고 다른 직장으로 옮기는 것은, 참을 수 없는 열악한 노동조건에 대한 일종의 항의였다. 아울러 제1차 세계대전 중에 이런 남성노동자 대부분은 조합에 가입하여 임금인상과 처우개선을 요구하는 파업을 통해 항의했다. 우치다 도시치도 그런 사람 중 하나였다. 1913년, 우치다는 스즈키 분지가 설립한 지 얼마 안된 우애회에 가입했는데, 훗날 가입동기를 다음과 같이 말했다.

> 말하자면 나의 심리상태는 폭발하기 직전이었다. 그도 그럴 것이 병기창 내 조직이 심하게 계급적이어서 최말단은 언제까지고 최말단에만 머물렀고, 더구나 숱한 불공평과 부정의가 행해지고 있었다. 예컨대 동료 중에는 윗사람의 기분을 잘 살펴서 승급한다든가 승진하기 때문에 오본(お盆)이나 연말에는 경쟁적으로 선물하는 풍경이 연출되었다.…… 당시 승급은 1년에 두 번 할 수 있게 규정되어 있었지만, 뇌물이나 선물이 큰 영향을 미치고 있었기 때문에, 솜씨 하나만 의지하고서, 일하면 일할수록 많이 보답받을 수 있는 세계를 꿈꾸고 있던 나로서는 정말로 불쾌하기 그지없는 일이었다.[28]

1919년 8월 말, 7주년 대회를 개최할 무렵, 우애회는 전국적으로 3만 명의 회원을 거느리게 되었다.[29] 이 대회에서 우애회는 '대일본노동총동맹우애회'(약칭 총동맹)로 개칭하고, 새로 전투적 전략을 채택하기로 했다. 새 조직은 노동조합이라는 것을 정식으로 이름으로 밝히고, 요구를 관철하기 위해 파업도 불사한다는 방침을 내걸었다. 그해 발생한 조직적인 노동쟁의는 파업 497건 외에, 파업까지 가지 않고 해결을 본 노동쟁의만도 1,891건으로 일본 역사가 시작된 이래 최다건수를 기록했다. 이들 쟁의에 참가한 노동자수도 33만 5천 명에 달했는데, 압도적인 과반수를 차지한 것은 남성 노동자였다.[30]

그후 10년간 그 밖에도 많은 노동조합이 결성되었다. 조합 중에는 혁명노선을 지지하고, 설립된 지 얼마 안된 일본공산당과 때때로 제휴를 하기도 했지만, 일본노동총동맹처럼 자본주의체제 내에서 노동자의 지위향상을 지향하는 것도 있었다. 1920년대를 통해 파업은 빈번히 발생했으며, 점차 대규모 공장뿐 아니라 소규모 공장으로도 확산되었다. 노동조합의 가입자수가 절정에 달했던 1931년에 공업노동자의 조직률은 8%(36만 9,000명)에 달했다.[31]

일견 8%는 조직률로서는 미미한 듯 보이지만, 이 숫자가 과연 큰지 작은지는 몇 가지 요인을 염두에 두고 판단해야 한다. 먼저 노조는 법적으로 보호를 받지 못했다. 즉 노동자가 조합에 가입한다는 것은 큰 위험이 따르는 결정이었다. 노조활동을 이유로 해고되어도 노동자는 법에 호소하는 것이 불가능했다. 게다가 조합원의 가입과 탈퇴가 잦았으며, 조합이 조직되지 않은 직장에서도 많은 파업이 발생했다는 점도 고려되어야 한다. 즉 조합에 가입한 경험이나 파업에 참가한 경험이 있는 남녀 노동자의 수는 어떤 특정시점의 조합원수보다 훨씬 많았다. 당시 일본의 조직률은 공업화발전단계나 노동법 정비상황 면에서 일본과 크게 차이가 없었던 나라와 비교해도 손색이 없었다.[32]

기업의 오너와 경영자들은 1920년대가 되면 숙련노동자의 높은 전직률(轉職率)을 심각한 문제로 받아들이기 시작했다. 또 조합의 조직화나 파업의 확산에도 불안해하고 있었다. 이런 상황에 대응하기 위해서 기업측이 내세운 것은 조합과 대결해 귀중한 숙련공을 붙들며 만류하는 방침이었다. 구체적으로는 자립적인 노동조합에 대한 노동자의 지지를 허물어뜨리기 위해, 구미의 선례를 모방해 의견교환의 장으로서 사내에 '공장위원회'가 설치되었다. 선발된 남자노동자를 위한 사내양성제도가 설치되어, 양성공에게는 장기고용을 보증하는 구두약속이 주어졌다. 사내에 진료소를 설치하고 사내예금제도(가입이 강제적인 곳도 적지 않았다)를 발족한다든가, 기업에 대해 충성을 다하는 남성 숙련공에게는 6개월에 한 번씩 보너스 지급과 승급을 해주는 기업도 늘어나기 시작했다.

이런 기업측의 시책에 대한 노동자측의 반응은 다양했다. 1920년대 내내 고용시장이 얼어붙어 있던 상황 아래서 일부 노동자는 '떠돌이 숙련공'이라는 이상을 버리고 한 기업에 계속 머무는 것을 선택한 노동자도 있었다. 이런 선택을 한 노동자는 다양한 임금 외 금품지급을 새로 도입하기 시작한 대규모 공장에서 특히 두드러졌는데, 그들은 상사의 마음에 들려고 노조에 등을 돌리고 대신 공장위원회를 지지하는 일이 많았다. 그러나 기업측의 시책에 그다지 마음이 움직이지 않았던 노동자나 기업측에 대한 불신을 확실히 말하는 노동자도 있었다. 이들 노동자는 오너나 경영자들이 말한 대로 실행해야 한다고 주장했다. 어떤 역사가의 표현에 의하면, 그들은 '은혜(恩惠)를 향한 권리'[33]를 주장했다. 1920년대부터 1930년대 초에 걸친 공황기에서조차 이런 노동자 중에서는 기업에 대해 해고를 철회하고 노동자를 온정주의적인 비호 아래 두겠다고 한 약속의 이행을 촉구하는, 전략적으로는 별로 좋을 것 같지 않은 파업을 벌이는 사람도 있었다. 또 기업에 대해 연 2회의 보너스 지급을 기업이 마음에 들어하는 소수 노동자뿐만 아니라, 모든 노동자에게 적용하도록 요구하는 파업을 벌였던 노동자도 있었다. 영국의 노동자가 "자유인인 영국인에 걸맞은 권리"를 요구한 것과 마찬가지로, 이들 노동자는 "우리는 모두 천황 앞에서는 평등하다"고 주장하고, 일본신민에 걸맞은 '인간적인 대우'를 요구했던 것이다.

이런 요구에 대해서 고용주 중에는 "해고에 의한 직공의 비참한 처지는 동정하지만, 직공의 가난에 대해 회사가 책임을 질 수는 없다"[34]며 매정하게 대응하는 사람도 있었지만, 해고수당을 늘린다든가 승급제도를 근속연수에 연계시키는 사람도 있었다. 1930년대 말에는, 실제로는 기대가 배신당하는 일도 자주 있었지만, 진실한 고용주라면 성실하게 일하는 남성노동자에게 장기고용을 보장하고 제대로 된 규칙에 따라 예상 가능한 승급을 실시할 거라는 기대가 자리를 잡아가기 시작했다.

그 당시 노동자 외에도 도시사회의 주변에서 두 사회집단이 살아가기 위해, 그리고 인간으로서 존엄성을 얻기 위해 악전고투하고 있었다. 1900년 전후부터 한국에서 일자리를 찾아 소수의 사람이 일본으로 이주하게 되었다. 1910년에 일본이 한국을 병합한 시점에서는 일본 국내, 주로 오사카와 동경을 중심으로 약 2,500명의 한국인이 거주하고 있었다. 그후 20-30년 사이에 이주자수는 급증했고, 1930년에는 약 41만 9천 명을 헤아리게 되었다. 이주자들은 주로 허름한 빈민가에 거주했으며, 건설현장이나 구리광산뿐만 아니라 고무·유리·염색 공장에서 단순노동을 하는 등 위험하고 보수도 적은 막노동을 하는 경우가 많았다.

세계 각지에서, 외국인 이민자가 민족적 소수자로서 경험하는 것과 마찬가지로, 한국에서 일본에 온 이주자들은 민족차별에 직면했다. 일본인 사이에는 한국인은 게으르다든가 바보 같다는 고정관념을 무비판적으로 받아들여, 한국인이 가난한 것은 그 때문이라고 생각하는 경향이 많이 있었다. 자기들도 겨우겨우 먹고살기 벅찼던 노동자계급의 일본인은, 한국에서 온 신참들에게 일자리를 위협받는 것을 특히 불쾌하게 생각했다. 1923년의 간토 대지진 직후에 그런 편견이 분출해서 비참한 결과를 초래했다. 지진이 발생하고 몇 시간 지나지 않아 한국인과 사회주의자들이 방화를 시작했으며, 우물에 독약을 풀고 모반을 계획하고 있다는 온갖 소문이 퍼지기 시작했다. 관헌의 호소에 응해서, 지진 피해 지역의 주민이 약 3천 명의 자경단을 조직했다. 자경단이 내건 공식적인 목적은 폐허가 된 지역에서 질서를 유지하고, 절도, 한국인 또는 좌익으로부터 재산을 지킨다는 것이었다. 그런데 자경단 중에는 폭도로 변한 자도 있었다. 자경단원들은 대피하고 있던 이재민을 불러세워 누군지 물어보고, 간단한 말 몇 마디를 시켜본 뒤 한국인이나 중국인의 억양이 있다고 판단되면 그 자리에서 살해했다.

한국인 폭동에 대한 유언비어를 권력측이 만들어냈다는 확증은 없지만, 내무성과 군경이 서둘러 발족시킨 자경단 등에게 "일부 한국인과 사회주의자 중에 불온불령(不穩不逞)한 기도를 하는 자가 있고, 그들에게 그럴 틈을 주지 않기 위해 시민제군은 군경과 협력해 철저히 경계하기를 바란다"는 지령을 발포했을 가능성이 크다고 연구자들은 지적했다. 또 신문이 진위를 확인하지 않은 채 한국인 폭동에 대한 유언비어를 보도한 것도 사실이다. 예컨대 9월 3일에 주요 일간지 『도쿄니치니치 신문』(東京日日新聞)은 '불령선인'(不逞鮮人)이 각지에서 방화와 난도질 등의 폭력행위를 저지르고 있다는 기사를 다수 게재했다. 그러나 9월 5일자에서야 한국인의 폭동이 유언비어였음을 보도하고 한국인에게 위해를 가하지 말라고 호소했지만, 이미 사람들의 공포심과 적개심을 부추긴 상태였다. 경찰과 군대도 도쿄의 가메이도(龜戶) 지구에서 수백 명의 한국인을 체포했고, 이 가운데 36명 내지 87명을 살해하는 등 학살에 관련되었다. 학살의 희생자수는 아직 정확히 파악되고 있지 않았지만, 3,000명에서 6,000명 정도로 추정되고 있다.[35]

차별에 대해 유례없는 전투적 반발자세를 보인 두 번째 주변집단은 옛날에는 천민으로, 당시는 '부라쿠민'(部落民)이라 불리던 사람들이다. 이들은 에도 시대 천민의 자손들로, 1870년대의 다양한 개혁을 통해 공식적으로는 해방되었다. 그러나 모두 50만 명에 달하던 부라쿠민은 공식적이든 비공식적이든 여전히 차별을 받고 있었다. 부라쿠민은 일본 각지 도시와 농촌의 일각에 모여 살았는데, 그중에서도 특히 교토와 오사카 주변에 많았다. 이들의 직업은 과거와 마찬가지로 불교에서 불결하게 여기는 동물 도살과 관련 깊은 가죽세공, 구두제작, 식육가공, 식육판매 등이 주를 이루었다.

그러나 부라쿠민은 자신들이 처한 상황을 개선하기 위해 새로운 조직화에 착수했다. 1900년 무렵, 젊은 부라쿠민들이 몇 개의 온건한 자조(自助)조직을 만들었다. 공부에 몰두하고 열심히 일하면 주류사회에 받아들여질 것이라는 게 자조조직의 이념이었다. 그런 노력은 별 소득이 없었다. 1922년에 보다 전투적인 이념을 내세운 수평사(水平社)가 설립되었다. 수평사 회원들은 차별행위를 했다고 비난받고 있는 자들과 직접 대결해 규탄한다는 방침을 내세웠다. 이들은 폭력도 행사할 수 있다며 상대를 위협했을 뿐만 아니라, 때로는 실제로 폭력을 휘두르기도 했다. 정부는 수평사를 엄중한 감시 아래 두고, 때로는 탄압하기도 했다.

세 번째 저항집단은 1920년대 말까지 류큐 제도(1879년부터는 오키나와 현)에서 서일본의 여러 도시로 삶의 터전을 옮긴 수많은 이주민이었다. 오사카 한 곳만 따져도 1920년 시점에 1천 명이 조금 넘던 오키나와 출신 주민은 1930년에 1만 8,000명 이상으로 급증했다. 그들은 대부분 입에 풀칠할 정도의 임금만 받고 일하는 노동자였다. 남성은 대개 공사장이나 작은 공장에서 날품을 팔았고, 여성은 주로 섬유공장에서 일했다. 그들은 한국인이나 부라쿠민과 유사한 차별에 직면했다. 사용자가 "한국인과 류큐인의 취업문의 사절"이라는 안내문을 써 붙여놓은 경우도 드물지 않았다. 오키나와 고유의 언어와 문화가 일본 본토의 그것과 다르고, 류큐 제도가 이전 세기까지 본토와 일정한 정치적 거리를 유지하고 있었음에도 불구하고, 오키나와인과 그 지도자들은 한국인과 달리 독자적인 민족정체성을 강하게 주장하지 않고, 부라쿠민과 마찬가

지로 온전한 일본인으로 대우해달라고 요구했다.[36)]

사회변화에 따른 문화적 대응

이들 사회적 소수자가 놓인 상황에 대해 일반 일본인이 마음 아파한 적은 거의 없었다. 사실 이 시기 경제의 미래가 불투명한 상황이었는데도, 1910년대의 호황기뿐 아니라 1920년대 말에 이르기까지 문화생활이 유례없이 윤택한 양상을 띤 것은 매우 대조적이었다. 다양한 신제품과 소비의 가능성이 '이성' '과학' '문화'를 상투어로 한 근대생활, 반드시라고 말해도 좋을 정도로 '밝다'와 '새롭다'라는 형용사가 붙어서 표현되는 근대생활의 꿈을 부풀게 했다. 구매욕을 부추기는 온갖 소비재를 잘 갖춰놓은 백화점이 '밝은 신생활'의 하나의 상징으로 등장한 것도 이 시기의 일이었다. 한 지붕 아래서 각종 레스토랑, 예술품 전시장, 음악이나 쇼를 위한 홀 등을 갖춘 점내에서, 손님들의 눈에 들어온 것은 의류, 화장품, 신발, 기호식품, 가구, 칠기, 도자기, 장난감 등 국산품과 수입품들이었다.[37)] 도쿄와 오사카에서는 계속 팽창해온 교외에서 시내로 통근하는 사람들을 태워 나르기 위해 설립된 사철(私鐵)회사가 주요 터미널역에 잇달아 백화점을 만들었다. 백화점들은 특히 월급제의 직장에서 일하는 중간층 샐러리맨과 그 가족을 대상으로 노동의 성과를 즐기기 위한 새로운 방법을 보급하고 찬미했다.[38)]

이런 샐러리맨의 전형적인 일가족은, 도쿄 외곽에 새로 개발된 '전원도시'의 집에서 도심과 교외를 연결하는 통근용의 전차를 타고 백화점으로 외출한다. 가족이 사는 곳은 서양풍 거실을 갖춘 이른바 '문화주택'이라 불리는 주택이다. 가끔 일요일에는 가족 전원이 도심에 쇼핑하러 외출해서 윈도쇼핑을 즐기고, 백화점의 창시자적 존재인 미쓰이 그

룹의 미쓰코시(三越) 백화점에서 최신 스타일의 기성복을 사거나 한다. 도심의 긴자나 니혼바시로 몰려다니던 쇼핑객들은 카페나 맥줏집에 들러 잠시 쉰다. 카페와 맥줏집은 백화점과 더불어 신기축으로서 20세기 초에 도심에 등장했다. 일일여행을 마무리짓는 것은 멋진 서양풍 레스토랑에서 먹는 저녁식사다. 이런 새로운 형태의 여가를 보내는 방법을 상징하는 말로서 긴자의 상점가를 구경하며 돌아다닌다는 의미의 '긴부라'(銀ブラ)라는 표현도 널리 쓰이게 되었다.

일본의 근대적인 생활을 묘사하는 새로운 다양한 표현이 등장한 것은, 당시의 흥분상황을 반영하고 있다. 신중간층이 등장한 당초, 그것을 가리키는 말로 가장 먼저 쓰인 것이 에도 시대부터 있었던 '고시벤'(腰弁)이라는 말이었다. 그것은 에도 시대에 관청에 근무하는 사무라이들이 출근할 때 허리에 차고 갔던 도시락을 의미하는 말이었다. 19세기 말이 되면 그것은 도시락을 휴대하고 출근하는 양복 입은 사무직원을 가리키는 말이 되었다. 다음으로 『샐러리맨의 천국』이나 『샐러리맨의 지옥』을 제목으로 하는 1910년대의 만화에서 '샐러리맨'이라는 새로운 말이 쓰이게 되었다. 이 만화들은 직장에서는 이런저런 중압감에 시달리고 월급도 쥐꼬리만한 중간관리직의 생활이 근대적 도시주민이라는 사회적 지위에서 상상되는 것과는 한참 멀고 고달프다는 것을 풍자하고 있다.[39] 1920년대를 통해 '샐러리맨'이라는 말은 '지식계급'이나 '신중간층' 또는 보다 일반적인 '두뇌노동자,' 옛날부터 쓰여온 '고시벤 계급' 같은 여러 가지 표현으로 변용되었다.[40] 1920년대 말에는 변용되고 있던 표현 대부분은 도태되고, 샐러리맨이 도시에 사는 중간계급의 남성, 즉 중등 이상의 교육을 받고, 정부 관청이나 민간기업에 근무하는 남성을 가리키는 가장 일반적인 표현으로 정착했다.

백화점도, 교외의 전원도시도, 중간층을 가리키는 말로 정착한 샐러리맨이라는 말도, 1910년대부터 1920년대에 이르는 시기에 정치·사

1932년 5월, 도쿄를 방문 중인 찰리 채플린에게 초밥과 사케를 대접하고 있는 영화 제작자들. 오른쪽이 채플린, 그 왼쪽은 유명한 게이샤 이치마루(市丸)로, 그녀가 안고 있는 아이는 영화제작자 기도 시로(城戸四郎, 오른쪽에서 세 번째)의 딸. 채플린은 일본 방문 이전부터 오랫동안 일본에서 큰 인기를 누리고 있었다. 그의 방문은 많은 관심을 끌었으나, 체재 중에 발생한 일본 총리 이누카이 쓰요시(犬養毅)의 암살사건으로 인해 빛이 바래 버렸다. 사코모토 기미에(迫本君江) 제공.

회·문화에 걸친 가장 광범위한 영역에서 새로운 동향의 개화의 일단을 이루고 있었다. 할리우드 영화와 일본영화가 전국에 출현한 수백 개의 영화관에서 상영되어 많은 관객을 끌어들였다. 축음기와 재즈도 굉장한 인기를 누렸다.

문화 면에서 가장 흥미로운 새로운 유행은 여성과 관련된 것이었다. 1910년대부터 1920년대 초에 걸쳐 잡지와 신문의 지면에서는 이른바 신여성에 대한 불꽃 튀는 논쟁이 펼쳐졌다. 얼마 지나지 않아 시인·소설가·수필가로 이름을 날린 많은 여성도 이 논쟁에 참가했다. 논쟁은 여성의 교육, 여성의 정치적 역할, 가정과 직장에서 여성의 권리, 여성의 섹슈얼리티에 대한 통제 같은 진지한 주제를 둘러싼 것이었다. 그러나 주류 보도기관이 이 논쟁을 보도하는 데 역점을 둔 것은, 이런 여성 논자들의 사생활, 그중에서도 보도에 의하면 그녀들의 치부나 문란한 성적 모험이었다.[41]

주류 언론의 이런 보도자세는 성역할에 관한 사회통념이 도전을 받는 것에 대한 불안한 기분을 반영하고 있다. 이런 불안감은 이른바 '모던 걸'(약칭 '모가')의 용모에 대한, 주로 남성 저술가나 언론인들에 의한 열띤 논의에도 그 그림자를 드리우고 있다. 모던 걸은 일본 근대의 활기찬 분위기를 체현하는 존재로서 1925년경에서 1930년대 초까지 크게 주목을 받았다. 과거 일본에 없었던 새로운 존재로 부각된 모던 걸은 유행의 최첨단 패션과, 종래 볼 수 없었던 날씬한 몸매를 뽐냈다. 모던 걸의 해방된 행동양식을 상찬하는 에세이는 "나아가라! 춤추어라! 다리! 다리! 다리!"라는 외침으로 끝맺는다. 모던 걸을 긍정적으로 보는 논자들은 남성만이 경제적 독립과 성적 자유, 그리고 정치적 자유를 향유하는 현실세계의 위선에 모던 걸이 일침을 가한다고 찬양했다. 그런 논자들에 의하면 바야흐로 도시의 사무실에서 일하며 여성의 정치적 권리요구를 지지하고 남자친구를 구하는 모던 걸들은, 경제적 독립, 성적 자유,

1930년, 도쿄 거리를 경쾌하게 걷고 있는 멋쟁이 '모던 걸'들. 이 여성들 자신과 만화, 문학작품, 사진에 찍힌 그녀들의 화려한 이미지는 성적 해방의 정신을 체현하고 있었는데, 이를 위협이라 느낀 사람들도 있었는가 하면, 그것에 의해 용기를 얻은 사람도 있었다. 마이니치 신문사 제공.

정치적 자유, 셋 다를 누릴 수 있다는 것이었다.[42]

30년 전에 일본의 문화적·정치적 무대에 등장한 '현모양처'와 마찬가지로, 모던 걸은 국경을 뛰어넘는 존재였다. 그들은 북아메리카와 유럽, 라틴 아메리카뿐 아니라 일본에서 인도에 이르는 아시아 전역에 나타난 세계적 현상이었다. '모던 걸'을 서양에서 동양으로 일방적으로 유입된 문화적 산물로 보는 것은 당연한 듯하지만 잘못된 추정이다. 미국의 '광란의 20년대'에 유행한 '말괄량이'의 이미지가 할리우드 영화들을 통해 전세계로 퍼져 나간 것은 아니라는 말이다. 근자에 문화사가들은 여러 방향으로 교차·순환되고 있었던 모던 걸의 이미지를 보여주고 있다. 일례를 들면, 1920년대 말에 일본의 화장품 광고가 백인의 모습을 한 '모던 걸'의 이미지를 이용했다면, 비슷한 시기에 독일의 유사한 광고는 아시아인의 특징이 뚜렷이 보이는 여성을 모델로 내세웠다.[43]

모던 걸이 일본에서 상찬의 대상이 되기도 하고 공포의 대상이 되기도 했던 것은 주로 이들의 새로운 섹슈얼리티 때문이었지만, 모던 보이(약칭은 '모보'〔モボ〕) 중에서 가장 불평을 산 사람은 일찍이 없었던 정치적 급진주의로 내달렸던 사람들이었다. 1918년에 도쿄 대학 법학부의 학생들이 신인회(新人會)라 부르는 작은 그룹을 만들었다. 체제의 요새 내부에 설치된 이 거점을 기반으로, 신인회 멤버들은 전전(戰前) 시기에 가장 큰 영향력을 과시하던 학생 정치집단을 구축했다. 다른 많은 대학에서도 비슷한 집단이 결성되었다. 학생운동은 처음에는 민주적 개혁을 요구하는 비교적 온건한 운동으로 시작했다. 그러나 1920년대 중반에 신인회는 경제적·사회적 평등과 정치적 혁명을 목표로 하는 마르크스-레닌주의적인 입장을 취하기에 이르렀다.[44] 러시아 혁명의 영향 아래 '인민 속으로'라는 슬로건을 내세운 신인회 회원들은 임금노동자와 소작농을 조직하는 데 참가했다.

문화주택과 백화점, 영화와 재즈, 모던 걸과 젊은 마르크스주의자들이라고 하는 신중간층을 열광시킨 새로운 현상은 새로운 불안과 밀접하게 결부되어 있었다. 휘황찬란한 근대생활은 빈곤, 투쟁, 사회혼란에 대한 우울한 담론과 표리일체를 이루었다. 1900년대부터 1910년대에 걸쳐서 중간층이 확대되는 것도 아닌데, 신중간층으로의 진입을 약속하는 학교수도 많이 늘어났다. 교육을 받았다고 해서 반드시 중간층이 된다는 보장은 없었다. 불황의 파도가 밀어닥칠 때마다 많은 사무직노동자가 해고되었다. 심지어 제1차 세계대전이 가져온 호황기 때처럼 경제가 순조롭게 돌아갈 때도, 중간층의 삶은 그때까지 없었던 절박함을 띠고 언급되었다. 신문에도 이런저런 한탄의 목소리가 게재되었다. 예를 들어 1918년에 어느 신문의 독자투고란에 5인 가족의 살림을 책임지는 소학교 교사가 보낸 다음과 같은 글이 게재되었다. 한 달 20.75엔이나 나가는 다양한 지출의 내역을 열거하고서 다음과 같이 단언한다.

> (월급은 20엔이지만, 상조회비라든가 신문잡지대라든가 이러저런 것들을 빼야 하기 때문에) 실제 손에 쥐는 돈은 18엔 남짓 된다. 20엔이라고 해도 부족할 판에 18엔으로 어떻게 살아갈 수 있겠는가? 어쩔 도리가 없기 때문에 쌀값이라도 조금 줄이기 위해 보리를 반 이상 섞어 밥을 짓고, 하루에 한 번은 묽은 쌀죽이나 야채죽을 끓어먹고 있다. 숯이 비싸기 때문에 집안 욕탕에 못 들어간 것이 한 달여나 된다. 술 한 잔, 고기 한 점은 고사하고 토마토 한 알 살 여유도 없다. 하물며 기모노를 새로 장만한다는 건 꿈도 못 꿀 일이다. 새해가 와도 떡도 제대로 못 해 먹이고, 아이들에게 기모노도 입히지 못하는 소학교 교사의 삶만큼 비참한 삶이 또 있을까?[45]

당시 '양복 영세민'이라는 표현이 유행했지만, 생활에 쫓기는 이런 소학교 교사야말로 그 일원이라 할 수 있을 것이다. 이 역설적이고 모순적인 표현은 1900년대 초에 널리 쓰였다. 양복을 입은 자들은 신생 일본의 상층부를 구성하는 교육도 받고 신분도 안정적인 사람들이었다. 같은 서민이라고 해도 도시 빈민가의 주민들과는 격이 달랐다. 양복 영세민이라는 말은 중간층사회에 진입할 수 있는 자격을 갖춘 사람의 경우에도 실제생활은 불안정하고 즐겁지 않았다라는 것을 시사한다.[46] 다름 아닌 정우회 총재 하라 다카시(原敬)도 1910년에 다음과 같이 한탄했다. "[사회주의의] 사회주의가 확산되는 것을 막기 위해서는 사회정책을 입안하는 일에서부터 시작해야 하고, 교사나 순사 같은 경우 일보를 그르치면 사회주의자가 될 우려가 있으므로 그 대우에도 보다 주의를 기울이고, 전염을 방지할 근본정책이 필요한 것이다"[47]고.

사회불안의 원인이 될 가능성을 내포한 가장 위험한 존재는 갈수록 전투성을 강화시켜온 공장의 조직노동자였다. 1925년에 어떤 고위관료가 "손수레가 일단 내리막길을 내달리기 시작했다면 멈출 수 없는 것과 마찬가지로, 조합은 절대 온건한 입장에 머물러 있을 리 없기 때문에, 국가는 조합을 지원해서는 안된다"[48]고 지적한 대로 정부는 노동조합을 철저한 감시 아래 두었다. 노동자집회에서는 반드시 단상 한켠에 경관이 앉아 있었다. 만약 강연자가 용인된 발언의 선을 넘어서 '혁명'이라든가 '자본주의'의 '타도' 같은 말을 했을 경우에, 경관은 첫 번째는 경고를 주고, 두 번째는 발언의 정지를 명령하고, 더 심한 경우에는 강연자를 체포하기도 했다. 경관과 강연자 사이의 대치는 노조집회에 활기를 더해주어 재미있게 만드는 측면도 있었지만, 분명 집회를 엄격하게 제약하는 것도 사실이었다.

젊은 사람들 일반, 특히 젊은 여성들에게도 근대적인 것이 맹위를 떨치지 않을까, 폭주하지 않을까 하는 공포의 눈길이 향해져 있었다. 모던 걸의 멋진 옷차림은 분명 일부 사람들의 호평을 받았지만, 다른 한편에서는 그녀들의 등장은 사회가 끝없는 타락에 빠져들고 있는 전조라고 생각하는 사람도 있었다. 비판적인 견해를 가진 사람들은 해방된 여성들이 성난 교사나 전투적인 노동자 이상으로 기존의 사회질서를 어지럽혀 일본국가를 약화시킬 위험이 있지 않을까 우려했다. 그런 불안한 분위기 속에서 모던 걸과 모던 보이가 마치 혜택받은 젊은이들을 쾌락주의자로 타락시켜 일본이라는 나라의 약화를 노리는 공산주의의 음모의 일부인 것처럼 단정짓는 신문보도도 있었다. 그런 보도는 여성 쪽의 문제제기로 인한 이혼이 늘면, 결국 가족제도가 붕괴될지 모른다고 경종을 울렸다. 1925년에 신문과 잡지는 외국인 살해혐의로 체포된 단발의 양장 여성에게 '전위(前衛) 모가'라는 딱지를 붙였다.[49] 그런 낙인은 젊은이들, 특히 모던 걸이 일본인으로서 상궤를 벗어난 존재, 심지어 범죄적인 존재로 간주되고 있었다는 것을 시사하고 있다.

　이른바 신흥종교에 대한 열광적인 관심은 20세기 초두 20-30년간에 일본인이 경험한 곤란과 공포의 마음을 반영하는 하나의 문화적 표상이 었다. 신흥종교 대부분은 불교보다는 신도(神道) 종파에서 파생된 것이 었다. 신자들에게 자신을 살아 있는 신으로 제시하는, 카리스마적인 남성 또는 여성 교주에 의해 설립된 경우가 많았다. 개중에는 전혀 새로운 것도 있었지만, 19세기에 설립된 것도 있었다. 신흥종교가 절정에 달한 1930년대 중반에 추종자는 수백만에 달했다. 그 최대의 지지기반은 주로 도시와 비교적 공업화나 상업화가 진행되고 있던 농촌지역의 주민들이었다. 신도의 대부분은 도시나 읍으로 막 이주해온 터라 지역수준의 지원이나 정신적인 버팀목을 구하고 있던 사람들이었다. 신흥종교는 불교의 주요 교파나 국가의 지원을 받고 있던 신도 이상으로 열심히 실질적이고 구체적인 지원의 손길을 내밀고, 신자에게 병의 치유뿐 아니라 경제적 고충과 개인적 문제를 극복할 수 있도록 도와주겠다고 약속했다. 신흥종교에 가입했던 사람들이 남긴 기록에 따르면 자신이 믿던 종교가 결혼문제에서부터 야뇨증에 이르기까지 다양한 문제를 상담해주었다고 한다.[50]

　신흥종교가 신자들에게는 정신적·물질적 버팀목이 되었는지 몰라도, 정부관리들의 눈에는 위협으로 비쳤다. 노동문제나 여러 사회문제의 관할관청이었던 내무성의 관료들은, 신흥종교를 '사이비 종교' 또는 '사종'(邪宗)이라 규정했다. 1920년대에는 몇몇 신흥종교단체가 교주가 체포되는 탄압을 받았다. 체포된 교주 몇몇은 대역죄로 기소되어 유죄 판결을 받았다.[51] 그러나 종교단체 자체는 해체되는 일 없이, 그 융성은 1930년대가 되어서도 계속되었다.

　사회변화의 방향과 근대일본에서의 생활의 특징을 둘러싼 논쟁은 급성장 중이던 대중매체의 지상(紙上)에서 벌어졌다. 잡지가 몇 개씩이나

잇달아 창간되어, 발행부수도 극적인 증가를 보였다. 그중에서도 최대의 부수를 자랑한 것은 고단샤(講談社)가 발행한 『킹』(キング)이었다. 미국 잡지 『새터데이 이브닝 포스트』 같은 대부수를 자랑하는 국민적 잡지가 되는 것을 목표로, 1924년 12월에 첫 선을 보인 『킹』 창간호는 74만 부의 판매를 기록했다.[52] 1928년 11월호는 150만 부라는 경이적인 기록을 달성했다. 여성독자를 대상으로 한 잡지들의 판매도 (남성독자 겨냥의) 일반지와 마찬가지로 호조를 보였다. 1925년에 라디오 방송이 개시되고 재즈와 방송극 같은 새로운 분야의 문화——그리고 정부의 공식성명——가, 서서히 늘어나고 있던 일본 전국의 라디오 수신자들을 향해 발신되었다. 1926년과 1930년 사이에 일본의 라디오 대수는 36만 대에서 140만 대로 급증했다.[53]

문학작품은 많은 경우 잡지와 신문에 연재되는 형태로 발표되어 독자층을 넓혀갔다. 메이지 시대 이후 서구문학의 강력한 영향을 받아가면서, 일본의 작가들은 낭만주의와 자연주의를 비롯한 다양한 작풍을 실험했다. 1920년대에는 대부분의 작가는 이런 해외에서 받아들인 작풍을 초월해 다양한 새로운 스타일 탐구를 시작하기에 이르렀다. 당시 전성기를 이루었던 것은 '사소설'(私小說)이라 불리는 스타일이었다. 사소설 대부분은 작자가 자신의 생활체험을 서술하면서 자신의 심경을 묘사해가기 때문에 자전소설 또는 고백소설에 가까운 성격을 띠고 있었다. 하지만 이런 유의 픽션과는 취향이 다른 두 가지 새로운 조류도 나타났다. 하나는 신감각파로 불리며 참신한 감각과 표현기술의 연구를 특색으로 했는데, 이 파의 작가들은 일본에서 최초의 모더니스트 작가군을 이루었다. 또 하나는 작가의 사회적 역할을 중시하는 프롤레타리아 문학의 조류였다.

하지만 이 시기에 등장해서 지금도 계속 읽히는 작가들은 엄밀하게는 어느 유파에도 속해 있지 않았다. 많은 역작과 몇 개의 환상적인 작품을 남긴 아쿠타가와 류노스케(芥川龍之介, 1892-1927)는 종종 최신 유럽 조류가 아니라 일본 고전문학에서 영감을 얻곤 했다. 12세기의 『곤자쿠 이야기집』(今昔物語集)에서 제재를 가져온 아쿠타가와의 소설 「덤불 속」(藪の中)은 구로사와 아키라 감독의 유명한 영화 「라쇼몬」(羅生門)의 소재가 되었다. 다니자키 준이치로(谷崎潤一郎, 1886-1965)는 인간의 성 충동을 적나라하게 묘사함과 동시에 사소설에서 불가결한 요건이 된 이야기의 신빙성이라는 것을 무너뜨렸다.

일본인 작가의 작품과 번역작품을 포함하는 문학이 어느 정도 인기를 얻었는가는 일본의 보급판 문학작품이 대량 출판되는 도화선에 불을 댕긴, 이른바 '엔폰'(円本)의 보급을 통해 잘 들여다볼 수 있다. 엔폰이라는 것은 1926년에 가이조샤(改造社)라는 출판사가 모두 63권의 『현대일본문학전집』을 한 권당 정가 1엔이라는 아주 싼 가격으로 출판한 것이 계기가 되어 정착된 것으로, 다른 출판사들도 줄줄이 엔폰 간행에 발벗고 나섰다. 작품이 엔폰에 채택된 작가는 하루아침에 부자가 되었다. 팔리는 작가의 수입이 급증함에 따라 작가라는 직업도 이전과 비교해서 영리적인 성격이 강해졌다. 엔폰은 문학을 상품으로 전환해, 신구의 다양한 중간층을 비롯해 일찍이 없었던 광범위한 일본인에게 제공하는 기능도 담당했다.

* * *

20세기 초에는 다양한 사회적인 분단(分斷)과 문화적 조류가 보였지만, 완전히 새로운 것은 거의 없었다. 농촌에서는 도쿠가와 시대에도 부농과 빈농뿐만 아니라 양자의 중간을 이루는 다양한 층의 농민이 살고 있었다. 도시에서도 도쿠가와 시대에는 사무와 치안을 책임지는 무사뿐만 아니라 직인, 상점주, 뒷골목의 수공업자 등 다양한 주민이 살고 있었다. 문학과 예술도 꽃을 피워 상업출판도 출현했다. 1910년대부터 1920년대에 이르는 시기의 농촌주민과 도시주민들은 자신들이 놓인 현

상을 이해하기 위해서 이런 지나간 시대의 말을 쓰곤 했다. 가벼운 마음으로 전직했던 직공들은 에도 시대의 '와타리쇼쿠닌'(渡り職人, 떠돌이 숙련공)이라는 말로 자신들을 표현했다. 사무실에서 일하는 샐러리맨들은 에도 시대에 쓰였던 '고시벤'이라는 말로 불렸다.

그러나 새로운 것들도 몇 가지 등장했다. 다른 나라와 마찬가지로 일본에서도 근대는 과거의 다양한 시대와는 양상을 달리했다. 자본주의 사회에서는 경제적인 기회도, 생활의 불안정성도 도쿠가와 시대보다 훨씬 커졌다. 국가 또는 지방의 엘리트들의 '은혜'가 시장에서 충격을 완화시키는 것도 이전 시대에 비하면 줄어들었다. 세기의 전환기에는 국민의 대부분이 글을 읽고 쓸 수 있게 되었다. 보다 확대된 공공생활에 어떤 형태로든 참가한다든지, 자신이 제국주의 열강의 보다 광범한 국제 공동체나 국내공동체의 일원이 된 것을 자각할 수 있는 사람도 이전보다 늘었다. 근대적인 미디어와의 접촉이 확대된 것은 사회를 분단(分斷)시키는 효과도 가진 반면, 사회를 통합시키는 효과도 갖고 있었다. '모던 걸' 또는 마르크스주의자 학생들에 대한 자극적인 보도와 끊임없이 일어나는 노동자나 농민의 항의행동의 보도는, 국민 사이에 복잡하게 얽혀 있는 긴장에 대한 인식을 고조시켰다. 이런 사회적·문화적인 충돌은 옛 공동체가 상실되는 데 대한 불안과, 옛 공동체를 구하고 싶은 바람을 반영하고 있었다.[52] 농민과 노동자는 부와 힘을 가진 자들에게 종래대로 온정주의적인 보호를 계속 베풀라고 요구했다. 그러나 농민과 노동자는 이미 은혜를 '권리'로서 요구하기 시작했던 것이다. 그들은 새로운, 근대적인 정치와 문화의 언어를 사용하게 되었다. 그리고 오래된 전통을 유지하는 것으로부터 새로운 전통을 정의하는 것으로 주장의 역점을 옮겨가고 있었다.

10장
전간기(戰間期)의 민주주의와 제국

다이쇼 천황 요시히토(嘉仁)는 아버지인 메이지 천황이 사망한 1912년에 33세의 나이로 즉위했다. 새 천황은 유아기에 뇌막염을 앓은 적이 있었다. 황태자 시대에는 수차례 공무로 국내여행을 다닐 정도로 건강을 회복했으나, 1918년부터 건강이 나빠지기 시작했다. 1919년경부터는 공무 수행도 뜻대로 하지 못하게 되었다. 때마침 당시는 1917년의 러시아 혁명에 의해 러시아 황제가 권좌에서 쫓겨난 것을 비롯해서, 독일·오스트리아·터키에서도 국왕이나 황제의 위신이 실추하는 등 유럽 군주제의 붕괴가 잇달아 있었다. 그런데 일본 국내의 정세도 불안정했다. 이런 내외의 정치동향에 불안을 느낀 궁정관료들은, 황실의 대표로서 사람들 앞에 나서도 부끄럽지 않을 인물이 꼭 필요하다고 통감했다. 그들은 1921년, 황태자 히로히토(裕仁)를 섭정(攝政)의 자리에 앉히고, 요시히토를 강제로 물러나게 하는 조치를 강구했다. 황태자는 다이쇼 천황이 1926년에 사망할 때까지 천황의 국사를 대행했다.

이렇게 해서 다이쇼 천황의 치세는 메이지 천황의 치세보다 짧았는데, 물러나는 과정에서부터 다이쇼 천황은 늘 병약했고 정신장애를 안고 있었다는 믿음이 확산되었다. 뛰어난 정치사상가 마루야마 마사오

(丸山眞男)는 소학교 학생이었던 1921년 당시 급우들과 천황의 기괴한 행동을 둘러싼 소문에 대해 쑥덕대던 일을 회상하고 있다. 그것은 천황이 어느 날 제국의회 개회식에 참석하여 조서를 읽을 때, 조서를 둘둘 말아 망원경으로 삼아 의원석을 둘러보았다는 소문이었다.[1] 그 진위야 어떻든, 이 에피소드와 허약한 군주로서의 다이쇼 천황의 이미지는 오늘날까지 사라지지 않고 있다.

이런 사실이 있었음에도 불구하고 아이러니하게도 다이쇼라는 연호는 그 시대의 자유주의 정신을 가리키는 것이 되었다. 역사가들은 1905년부터 1932년까지의 시대를 편의적으로 '다이쇼 데모크라시'기라 부른다. 이 시대는 러일전쟁을 종결짓는 러일강화조약의 내용에 항의하는 1905년의 민중폭동 히비야 방화사건을 시작으로, 1932년의 정우회 정당내각의 붕괴에 이르기까지의 시대이다. 이 시대는 또 '제국민주주의'라는 일견 모순된 표현으로 특징지을 수도 있다. 선거에서 선출된 정당 소속의 의원에 의해 형성된 내각이 국정을 담당한다는 방식은 다이쇼 시대에 뿌리내리기 시작했다. 이는 민주주의의 방향으로 가는 극적인 변화였다. 하지만 의회제 민주주의를 강력히 주장한 사람들 모두가, 메이지 시대의 겐로들이나 그들을 지지하던 군인 및 관료들이 그랬듯이 천황과 제국의 강경한 지지자였다는 사실을 보면, 극적인 변화와 나란히 연속성이 엄연히 살아 숨 쉬고 있었던 것도 분명하다. 의회민주주의를 주도한 유력자들은 제국 확대의 강경한 지지자이기도 했다. 전전 일본에서는 영국이나 네덜란드에서도 그랬지만, 정치체제의 민주화를 지지한 사람들은 군주에 대한 충성, 제국 판도의 확대, 민중의 정치참여라는 목적이 서로 모순되기는커녕 오히려 상호보완적이라고 믿고 있었다. 나중에 돌이켜보건대, 후대의 척도로 판단할 때 비로소 그 목적이 실은 모순적으로 보이게 된 것이다.

정당내각의 출현

8장에서 설명한 것처럼 1913년의 다이쇼 정변 뒤, 해군 대장 야마모토 곤노효에가 정우회와 제휴하여 총리로서 내각을 이끌었는데, 야마모토 내각은 겨우 1년의 단명으로 끝났다. 지멘스 사건이라 불리는 대형 뇌물사건이 발각되어, 야마모토는 1914년 초에 사임할 수밖에 없었기 때문이다. 해군의 고관이 무기 발주의 보답으로 독일의 중전기회사 지멘스사로부터 뇌물을 받은 일이 탄로 났다. 이 사실이 밝혀지자 1년 전의 민중시위운동을 재연하는 듯, 곳곳에서 대규모 집회와 항의행동이 터져 나왔다. 흥분한 가두연설가는 도쿄 중심부에 모인 군중을 향해 다음과 같이 연설하다가 체포되었다. "야마모토 내각을 무너뜨리자. 야마모토는 커미션으로 엄청난 부를 얻은 대도(大盜)다. 야마모토를 타도해서 곤노효에의 몸통과 머리를 자르지 않으면 안된다." 폭동을 선동한 죄목으로 체포되어 기소된, 일찍이 자유민권운동가였다고 자칭하는 이 중년의 양복재단사는, 재판 때 재판관이 연설을 한 동기를 추궁하자 "국민의 의향이었기 때문에 그렇게 할 수밖에 없었다"고 대답했다.[2]

민중에 의한 이런 정부 규탄의 목소리는 거셌다. 뇌물사건으로 공분을 산 야마모토는 사임에 내몰렸다. 1914년부터 1916년까지 일찍이 총리를 역임한 적도 있고 민권운동가이기도 했던 오쿠마 시게노부가, 정계에 복귀해서 내각을 이끌었다. 이 제2차 오쿠마 내각은 결성된 지 얼마 되지 않은 입헌동지회의 협력에 의해 성립되었다. 그러나 입헌동지회 당원으로 입각한 사람은 겨우 5명에 불과했는데, 오쿠마는 군부, 특히 야마가타 아리토모와 가쓰라 다로의 오랜 염원이었던 2개 사단 증설 요구를 들어주는 정책을 취했다. 이 요구야말로 헌정옹호운동과 다이쇼 정변의 계기가 된 것이었지만, 사단증설을 위한 예산은 결국 오쿠마 내각 아래서 성립되었다. 다음으로 1915-1916년에 오쿠마 내각은 외교 정책, 특히 중국에 대한 21개조 요구(이후 서술)의 처리방법을 둘러싸고 겐로들한테서 비판을 엄청나게 받아 퇴진하고, 대신에 조슈 번 출신의 육군 원수 데라우치 마사타케(寺內正毅)가 이끄는 데라우치 내각 (1916-1918)이 성립했다. 데라우치 내각은 대외적으로는 여당이 아닌 초당파 내각을 표방했으나, 실제로는 하라 다카시 및 정우회와 긴밀히 협력했다.

이런 식으로 1913년부터 1918년까지 입헌동지회와 정우회라는 양당 의 지도자들은 그 이전 10년과 같은 정치전략, 즉 국회의원이 관료 및 군부와 교섭·타협·제휴를 통해 정권 획득을 노리는 전략을 답습했다. 동시에 의회 중심의 정치를 요구하는 민중의 열의가 꽤 강했던 것, 그리 고 의회 중심의 정치야말로 입헌정치의 진짜 모습이라고 하는 관념이 널리 확산되어 있던 것도 정치지도자들에게 든든한 버팀목이 되었다.

1918년에 야마가타 아리토모는 역대 총리의 선임을 비롯한 중요한 정치적 결정을 천황의 이름으로 행하는 극히 소수 겐로들의 필두였다. 제1차 세계대전하의 전시 인플레이션이 극에 달해 있던 그해 여름, 쌀 값은 계속 급등해 전년의 두 배 수준에 달했다. 군중이 미곡상과 정부기 관을 급습하는 격렬한 '쌀소동'이 전국 각지에서 발생했다. 야마가타는 감정이나 공포심을 쉽사리 얼굴에 드러내지 않는 근엄한 인물이었지만, 그런 그조차도 쌀소동 발생으로 몹시 심란해보였다. 야마가타는 사태를 수습하려면 노련한 정당지도자인 하라 다카시에게 맡기는 수밖에 달리 방법이 없다고 판단했다.

1918년 9월에 하라는 내각을 조직했는데, 관료의 거의 대부분(육군 대신·해군대신·외무대신을 제외한 전원)이 정당멤버였다. 하라의 정우회 내각은 일본에서 최초로 안정적이고 실질적인 정당내각이었다. 정우회는 4년 가까이 정권을 담당했다. 1920년에 하라가 군대를 동원해서 제철소의 파업을 진압하는 신속하고 가차없는 행동으로 나가자, 평생 정치인을 혐오해왔던 야마가타조차 그때만은 "정말 하라는 대단하다! 전차도 제철소도 수습되었다. 하라의 수법은 대단하다"[3]고 대놓고 하라를 칭찬했다. 하라 자신은 1921년 11월에 암살되었지만, 겐로들이 하라 내각에서 재무상을 역임한 다카하시 고레키요(高橋是淸)를 후임 총리로 하는 데 동의하면서, 정우회 정권은 그후도 6개월 더 지속되었다.

하라와 그가 이끌던 정우회가 권력을 담당하게 됨으로써, 그때까지 20년에 걸쳐 계속 되어온 정변·민중폭동·이면공작을 특징으로 하는 정권교체의 과정은 종지부를 찍고, 이후는 정당과, 선거에서 선출된 정당 멤버인 의원이 정치제도의 중심에, 그리고 그 정점에 가까이 서게 되었다. 하지만 정권을 담당하는 정당지도자를 선임하는 절차는 아직 제대로 정착되지 않았다는 점을 간과해서는 안된다. 다카하시는 정우회 내부의 파벌항쟁과 내각 내의 불화를 해소하지 못하고, 1922년에 사임했다. 야마가타도 그 직전에 사망했다. 그후 2년 동안, 그때까지 생존해 있던 겐로 세 명은 비정당인을 총리에 뽑던 옛날 방식으로 되돌아갔다. 겐로들은 2년 동안 연달아 해군 장성 두 명과 추밀원 의장을 총리에 추천하여, 정당과 연계가 비교적 약한 초당파의, 이른바 초연내각(超然內閣)을 조직시켰다. 먼저 다카하시의 뒤를 잇는 후임 총리로 해군대신이었던 가토 도모사부로(加藤友三郎)가 선임되었지만, 1923년에 가토가 사망하자, 과거 총리를 지낸 바 있는 야마모토 곤노효에에게 조각명령이 내려져 제2차 야마모토 내각이 출범하고, 그 다음으로 야마모토 내각이 붕괴된 뒤에는 추밀원 의장 기요우라 게이고(淸浦奎吾)가 총리에 취임했다. 기요우라는 내각의 거의 대부분을 중의원 의원이 아니라 귀족원 의원 중에서 뽑았다.

정당과 중의원을 경시하는 이런 도전을 받고서 많은 정당지도자는 당파싸움을 중단하고 불충분하지만 어쨌든 제휴하는 움직임을 보였다. 하지만 정우회에서 탈당해 신당인 정우본당(政友本黨)을 결성한 일부 정치가들은 기요우라 지지로 돌아섰다. 1924년에 정우회의 본체와 (입헌동지회의 재편으로 1916년에 결성된) 헌정회(憲政會), 그리고 혁신구락부(革新俱樂部)라는 또 하나의 군소정당인 3파가 연합해서 '정상적인 입헌정부'로의 복귀를 요구하는 제2차 호헌운동이 전개되었다. 호헌 3파는 선거에서 선출된 의원을 포함하지 않는 귀족원 내각에는 협력할 수 없다고 강경한 자세를 취하며 '헌정 옹호'를 주장했다.

정당내각의 결성을 내건 제2차 호헌운동에 대한 매스컴과 여론의 지지는 1910년대, 특히 다이쇼 정변기와 같은 열광적인 성원에 미치지 못했다. 그럼에도 호헌3파는 1924년의 총선거에서 절대다수의 의석을 획득했다. 헌정회는 결성 이래 처음으로 의석수로 제1당이 되었다. 선거 결과를 받아들여 기요우라 내각이 퇴진하고, 1924년 6월에 호헌3파의 연립내각이 성립되었다. 헌정회의 가토 다카아키(加藤高明) 총재가 총리에 취임하고, 연립내각 각료자리의 배분에서도 헌정회가 압도적 다수를 차지했다. 엘리트로서의 가토의 경력에는 흠잡을 게 없었다. 그는 도쿄 제국대학을 졸업한 후 수년간 외무성에서 근무한 바 있었고, 결혼상대는 미쓰비시 재벌의 창립자인 이와사키 야타로(岩崎弥太郎)의 장녀였다. 가토는 젊은 시절 주영공사로서 영국에 체재한 경험이 있는데, 그때 의회정치야말로 장차 일본의 국력과 안정을 보장해줄 불가결한 방안이라고 확신하게 되었다.

이 연립정권에 참가한 정당은 정우회와 헌정회, 혁신구락부였다. 1927년에 세제(稅制)의 정리안을 둘러싸고 내각에서 대립이 생겨 연립정권은 분열해 단명으로 끝났다. 가토는 헌정회 단독의 제2차 가토 내각을 조직해서 정권을 계속 맡았다. 그후 1932년까지 헌정회(1927년 이후는 같은 해에 헌정회가 정우본당을 흡수해서 당명을 변경한 입헌민정당)

표 10.1 **정당내각, 1918-1932년**

	총리 (재임기간)	여당
1918-1921년	하라 다카시(原敬) (1918.9.29-1921.11.13)	정우회
1921-1922년	다카하시 고레키요(高橋是清) (1921.11.13-1922.6.12)	정우회
1922-1923년	가토 도모사부로(加藤友三郎) (1922.6.12-1923.9.23)	초연내각(주로 관료와 귀족원 의원으로 조직된 내각)
1923-1924년	야마모토 곤노효에(山本權兵衛) (1923.9.23-1924.1.7)	초연내각
1924년	기요우라 게이고(清浦奎吾) (1924.1.7-1924.6.11)	초연내각
1924-1926년	가토 다카아키(加藤高明) (1924.6.11-1926.1.30)	호헌3파 연립내각 (헌정회, 정우회, 혁신구락부)
1926-1927년	와카쓰키 레이지로(若槻礼次郎) (1926.1.30-1927.4.20)	헌정회
1927-1929년	다나카 기이치(田中義一) (1927.4.20-1929.7.2)	정우회
1929-1931년	하마구치 오사치(浜口雄幸) (1929.7.2-1931.4.14)	입헌민정당
1931년	와카쓰키 레이지로(若槻礼次郎) (1931.4.14-1931.12.13)	입헌민정당
1931-1932년	이누카이 쓰요시(大養毅) (1931.12.13-1932.5.26)	정우회

와 정우회 사이에서 정당내각의 교대가 계속되었다. 새로운 당명에서 관찰되는 것처럼 1920년대 중반까지 헌정회 내지 입헌민정당은 정우회보다도 다소 자유주의적인 정치적 입장을 내세우고, 사회질서를 유지하는 최선의 방법으로 보통선거의 확대 등의 방책을 지지했다.

정당내각 대두는 놀라운 일이었다. 분명히 이는 메이지 헌법을 기초한 엘리트들이 상정하지 않았던 일이었다. 메이지 헌법이 1880년대 말에 기초되었을 때, 의회는 정치에서 극히 한정적인 보조역할만 하는 것으로 상정되어 있었다. 그로부터 겨우 30년이 지난 1918년 시점에, 선거를 통해 국회에 입성한 정치인들은 권력의 일각을 차지하는 것을 노리던 아웃사이드에서, 관료들과 협의하면서 행정권을 행사하는 인사이드로 이미 탈바꿈해 있었다. 이런 예상 외의 결과는 19세기에 수행된 국가건설 프로젝트의 산물이었다. 메이지 시대에 실시된 몇몇 개혁은 서민도 국가의 구성원이고, 그 의사는 존중되어야 한다는 믿음을 보급시켰다. 앞서 살펴본 양복재단사에게 '국민의 의향'을 대변해서 야마모토의 몸통과 머리를 자르라고 외치게 한 것도 그런 믿음이었다. 특히 1910년대에는 '입헌정부'의 실현은 일본국민 대다수가 품고 있던 열렬한 바람이 되었다. 이들이 말하는 입헌정부란 선거에서 뽑힌 의원들로 구성된 총리와 내각에 의한 통치였다.

1920년대 중반에 이르러 이런 요구는 달성되었다. 그러나 그 정치적 전개는 상당한 역설과 불안정성을 특징으로 하고 있었다. 즉 정권을 담당하게 되면, 정당은 타협하고, 비정당인 엘리트들과 협력하게끔 되어 있었다. 일부 이상주의적인 정치인이나 언론계와 학계의 여러 논객, 대다수 국민은 정당이 권력의 자리에 가까이 갈수록 국민을 배신한다고 정당을 비판했다.

입헌정치의 구조

메이지 헌법 아래서 실현된 정치체제는, 정당의 지도부와 비정당인 엘리트가 서로 양보하는 정신에 입각해서 입헌정부를 구축한다는 방향성을 실질적으로 보증하고 있었다고 말할 수 있다. 무엇보다도 먼저 헌법은 천황을 신성한 주권자로서 추앙했다. 천황의 몸은 말 그대로 직접 손대는 것을 삼가야 하는 귀하고 황공한 '옥체'로 여겨, 측근들이나 의사들이 천황의 몸에 손을 댈 경우에는 반드시 장갑을 착용했다.[4] 메이지 천황 무쓰히토(睦仁), 그 아들 다이쇼 천황, 손자 히로히토는 다들 자신들은 입헌정체의 정점에 선 군주로서 적극적으로 수행해야 할 역할이 있다고 믿었다. 히로히토 황태자는 부친 다이쇼 천황의 병이 악화된 1921년부터 1926년까지 섭정을 함으로써 사실상의 군주로서 필요한 수련을 쌓았다. 그리고 다이쇼 천황이 죽자 바로 황위를 계승했다.(다만 즉위례가 거행된 것은 1928년이었다.)

히로히토 천황의 대(代)가 되어 연호는 쇼와(昭和)로 바뀌었다. 이 연호는 영어로 번역하면 'Shining Peace'(빛나는 평화)라는 의미이지만, 1989년에 사망할 때까지 히로히토의 재위기간이 평화의 시대일 뿐만 아니라 전쟁의 시대이기도 했다는 것은 돌이켜 생각해보면 참으로 역설적이다. 히로히토 천황이 받은 교육은 젊어서 황위에 오를 가능성을 대비해서 세심한 주의를 기울여 이루어졌다. 이 교육은 그에게 천황을 중심으로 받드는 일본의 헌법 아래서 군주로서의 의무에 대해서 충분히 인식하게끔 했다.[5] 영국의 관행을 따라서 그는 평생 대신들로부터 정기적으로 상주(上奏)를 받았다. 군주에게는 대신들에게 자신의 생각을 표시할 책임이 있다고 믿고 있었던 것이다. 그런 천황의 의견은 중대한 정치적 영향을 미칠 수도 있었다. 예컨대 1927-1928년에 수차례에 걸친 일본의 대(對)중국 군사개입과 관련해서 다나카 총리의 대처방식에 화가 난 히로히토가 직접 다나카를 질책한 결과, 다나카 내각이 총사퇴하게 되는 사건이 있었다.[6]

천황의 권한과 관련된 정치체제의 또 하나의 특징은, 군부도 관료기구도 의회에 대해서 형식상 책임을 지지 않는 시스템이었다는 사실이다. 헌법은 군대를 통수하는 권한을 천황이 직접 가진다고 정했다. 통수권 독립에 관한 이 규정은, 군부 수뇌들에게 이것을 군부가 의회나 총리의 제약을 받지 않고 행동하는 자유를 인정한 것이라고 해석할 수 있게 했다. 관료들도 중요한 형식상의 의미에서 의회의 간섭으로부터 차단되어 있었다. 관료들이 기초했다든가 작성한 법안이나 예산안은 국회의 승인이 필요했지만, 관료는 의회에 의해 채용된 것이 아니라 천황에 의해 임명되었다.

이것들 외에도 두 가지 공적 기관이 의회 및 민중적 제세력과의 관계에서 천황주권국가의 힘을 떠받쳐주었다. 하나는 14명의 멤버로 구성되고 특별한 법적 권한을 갖춘 추밀원(樞密院)이었다. 당초 1888년에 메이지 헌법의 초안심의를 목적으로 천황의 최고자문기관으로서 칙령에 의해 설치되었지만, 헌법제정 후에도 존속했다. 추밀원은 천황의 자문을 받아 헌법과 그 외의 법률 해석, 예산 검토, 조약의 비준 등의 중요한 국사에 관해서 비밀리에 때로는 천황의 임석하에 심의를 행했다. 추밀원의 멤버는(추밀고문관) 종신직으로 천황에 의해 임명되었는데, 이토 히로부미, 구로다 기요타카, 야마가타 아리토모 등의 과거 겐로(元老)들을 비롯해 모두 꽤 보수적이었다. 특히 1920년대에 추밀원은 역대 정당내각이 채택한 방침에 종종 반발해, 방침을 뒤집은 적도 몇 번 있었다. 마찬가지로 귀족원도 천황 중심의 권위주의적인 정치를 뒷받침하는 방어의 요체였다. 귀족원 의원에는 세습의원과 칙임의원 두 종류가 있었다. 귀족원이 정당내각이 내세운 주요한 정책의 저지를 시도해 실제로 성공한 적도 몇 번인가 있었다.

1890년대부터 제2차 세계대전이 끝날 때까지 정치구조를 구성한 하나의 꽤 중요한 비공식적인 구성요소는 겐로라 불리던 일군의 남성들이었다. 귀족원이나 추밀원과 마찬가지로(멤버에서도 서로 겹친다) 겐로들은 정당내각의 지도자들에게 반드시 비정당 엘리트들의 생각에 따라 행동하도록 음으로 양으로 힘썼다. 1890년대 이래 법률에 근거한 것이 아니라 관행으로서 정착한 겐로들이 담당한 가장 중요한 책임은 누구를 후임 총리로 임명할 것인가를 천황에게 주천(奏薦)하는 것(그리고 실질적으로는 후임 총리를 선임하는 것)이었다. 1918년 시점에서 당초 7명이던 메이지 시기의 겐로 중에 생존해 있던 사람은 야마가타 아리토모와 마쓰카타 마사요시 둘뿐이었다. 두 사람은 새로운 2인의 멤버를 이 비공식적인 집단에 추가했다. 한 사람은 공가(公家) 출신으로 총리를 역임한 적이 있는 사이온지 긴모치이고, 또 한 사람은 오쿠보 도시미치의 차남으로 입각 경험과 외교관으로서의 경험도 풍부하고 궁정과의 관계도 밀접한 마키노 노부아키(牧野伸顯)였다. 최후의 겐로 사이온지는 고령인데다(1930년에 81세였다) 군부의 영향력 증대를 이유로 정치활동에서 몸을 뺀 것은 1930년대 초였다. 그 이후 중신(重臣)이라 불리는 집단이 겐로들을 대신했다. 중신의 멤버에는 모든 전임 총리가 포함되는 것이 관행화되었다.

1924년부터 1932년까지 겐로들도, 그 뒤를 이은 중신들도 일관되게 정당지도자를 총리로 선임했지만, 반드시 의회에서 다수를 차지한 정당의 지도자를 선임한 것은 아니었다. 사실 겐로들이 의회 내에서 최대 의석을 갖고 있던 다수당의 당수를 후계 총리에 임명한 것은 단지 두 차례뿐이었다. 첫 번째는 정우회가 이미 의회의 다수파가 되었던 1918년에, 야마가타가 정우회 총재 하라 다카시에게 조각(組閣)을 요청한 케이스이고, 두 번째는 헌정회가 총선에서 제1당이 되었던 1924년에 사이온지가 헌정회 총재 가토 다카아키에게 연립내각 구성을 요청한 경우였다. 그러나 그후 정당내각의 지배가 8년간 끊이지 않고 계속된 동안에도 정권교체는 헌정회(1927년에 정우본당을 흡수한 뒤에는 입헌민정당)와 정우회 사이에서 소수파 야당이 후계 내각을 조직한다는 반대의 형태로 이루어졌다. 1927년, 1929년, 1931년 세 번에 걸쳐 사이온지가 이끄는 중신들은 현직의 다수파 여당정권에서는 국정을 꾸려 나갈 수 없다는 판단에서 소수파 야당의 당수를 후계 총리에 임명했다. 세 번 모두 후계 총리는 총리에 취임한 후 의회를 해산하고 총선거를 실시해서 선거 결과, 자신의 당이 중의원에서 다수파가 되었다. 선거에서는, 신임 총리가 경찰을 통괄해 선거를 감독하는 관청인 내무성을 지배할 수 있었던 것이 자신의 당에 유리하게 작용했다. 이런 식으로 일본의 유권자는 정권교체를 사후적으로 승인했다고는 해도, 정권교체를 자신들의 손으로 실현한 것은 아니었다.

의회정치를 제약한 또 하나의 비공식적인 요인으로, 정치 테러라는 저류(底流)가 때때로 표면화된 것을 들 수 있다. 미국의 한 저널리스트가 '암살정치'[7]라 불렀던 요인이다. 암살정치가 정점에 달한 것은 1930년대의 일이었지만, 1920년대에도 1921년에 하라 다카시 총리가 암살된 것 외에, 1923년에는 섭정시대의 히로히토를 노린 암살미수사건도 일어났다. 하라를 암살한 19세 범인이 범행을 저지른 동기는 하라와 정우회가 몇몇 정치스캔들에 관여한 것에 대한 분노였다. 하라 내각은 당리당략만 추구하고 국민의 이익을 소홀히 했다는 것이 범인의 변명이었다. 섭정 히로히토 친왕을 습격한 것은 1911년에 고토쿠 슈스이(幸德秋水) 등이 대역사건으로 처형된 것에 대한 복수를 위해 좌익분자가 저지른 범행이었다. 이런 습격은 장래의 정당지도자들을 불안하게 했으나, 여론은 때때로 정당지도자들의 꼴사나운 밀약과 대비되는 암살자들의 순수한 동기를 칭송하기도 했다. 이렇게 정치적인 폭력은 의회정치의 정당성을 무너뜨리는 기능을 했다.

이데올로기 면에서의 도전

이런 암살행위를 낳은 배경요인의 하나로서, 혁명적인 변혁의 불씨이기를 바라는 고결한 사무라이가 하늘이 정한 정의를 실현하기 위해서, 하늘을 대신해서 완력으로 죄를 물어 처벌한다는 전통적인 정치풍토가 있었다. 일찍이 도쿠가와 말기에 존왕양이파의 지사들도 같은 이념을 품고 있었다. 그로부터 수십 년 뒤에는 우치다 료헤이(內田良

平)라는 급진적인 천황주의자가 1901년에 설립한 흑룡회(黑龍會)를 비롯한 다양한 정치결사가 정치적인 폭력행위를 통해 변혁의 방아쇠를 당길 수 있다는 이념을 신봉했다. 우치다는 중국 대륙 진출과 국내개혁을 추진해서, 가부장제도를 강화하고 천황 지배의 위광(威光)을 널리 퍼뜨려야 한다고 40년에 걸쳐 주창했다. 우치다는 겐로들의 저자세뿐 아니라 정당지도자들과 자유주의자들이 제창하는 민주주의 사상까지 공격했다.

훗날 정치테러를 자극하는 급진적 국수주의사상을 제창한 지식인 중에서 가장 큰 영향력을 미친 사람은 기타 잇키(北一輝)였다. 1919년에 기타는 저서 『국가개조원리대강』(國家改造原理大綱, 가필한 개정판 『일본개조법안대강』은 1923년 간행)에서 자신의 사상을 명확히 표명했다. 그는 우치다와 마찬가지로 천황주의를 표방한 동시에, 좌익이 추구하는 빈부격차 해소라는 목적도 지지했다. 기타는 군대의 청년장교와 민간인으로 이루어진 전위대가 권력을 장악해, 헌법을 일시정지시키고 정치체제를 개혁해서 천황과 국민을 일체화시키기 위한 행동에 나서자고 외쳤다. 기타의 구상에서는 이들 리더가 사유재산을 존중하는 데 머물지 말고, 부의 재분배를 실행한다든가, 일련의 '국가의 생산적 조직'(공업성·농업성·상업성·광업성·은행성 등)으로 경제성장을 관리하는 등 경제재편의 담당자가 되기를 기대했다. 기타 잇키는 권력을 탈취한 날에는 소작농에 대한 토지의 재분배와 공장노동자에 대한 이윤의 재분배를 실시하려는 구상을 하고 있었지만, '국민의 어머니와 아내'로서 여성의 지위를 바꿀 필요는 없다고 주장했다. 1920년대에는 국내에서의 천황 중심의 반(反)정당적인 개혁과 해외로의 진출을 추진하려는 기타 잇키의 계획에 동조하는 단체가 수십 개씩이나 출현했다.

정당지도자들과 비정당인 엘리트 쪽에서 봤을 때, 이런 우익·국수주의 운동보다 더 큰 위협은 러시아 혁명 전후에서부터 1930년대 초에 걸쳐 우후죽순처럼 번진, 다양하고 활기에 넘치는 좌익운동이 급속히 세를 불린 것이었다. 사회주의·페미니즘·노동자의 항의행동이 대두해서 일본의 지배층을 괴롭히기 시작한 것은 (8장에서 논한 것처럼) 세기의 전환기였다. 그러나 자본주의의 침투, 교육과 이상주의적인 정치이념의 보급, 그리고 특히 1917년 러시아 혁명에 의한 공산당정권의 탄생 등의 사태 진전에 촉발되어, 일본사회에서도 불평등과 빈곤을 바로잡아 고쳐야 한다고 생각하는 사람들은 보다 강력하고 광범위한 활동을 펼치려고 기도했다. 이런 좌익은 전세계의 좌익들처럼 민중의 불만의 목소리에 자극받아 행동에 나섰고, 전술과 이데올로기의 차이를 둘러싸고 분열해 대립했다. 오스기 사카에(大杉榮)를 비롯한 일부 좌익은, 이미 1900년대 초부터 사회주의운동의 실천활동을 전개했다. 오스기 자신은 수명의 사회주의자가 처형된 대역사건 때는 이미 옥중에 있었기 때문에 처형을 면했다. 1920년대 초 즈음 이미 무정부주의를 주장하는 대표적인 인물이 되어 있던 오스기는, 파업이나 권력기관에 대한 공격 등의 직접적인 행동을 통해 보다 자유롭고, 보다 평등한 사회를 실현해야 한다고 부르짖었다.

야마카와 히토시(山川均)와 아라하타 간손(荒畑寒村) 같은 신세대 활동가들은 러시아 볼셰비키의 예를 모방해서, 전위당의 지도와 더불어 공산주의 혁명의 실현을 꿈꾸었다. 이 그룹은 1922년에 소련공산당이 지도하는 국제조직 공산주의 인터내셔널(약칭 코민테른)의 협력 아래 일본공산당을 설립했다. 야마카와는 공산당원 이외의 좌익도 포함한 통일전선을 통해 대중을 조직화하자고 주장했다. 이 노선에 비판적이었던 후쿠모토 가즈오(福本和夫) 등은, 공산당이 단독으로 행동하거나 다양한 지하조직을 통해 비밀리에 활동하기보다 당 중심의 접근방법을 취해야 한다고 주장했다. 1945년까지 공산당은 계속 비합법이었기 때문에 당원수를 정확히 파악하는 것은 불가능하지만, 1920년대 말 시점에 2,000-3,000명 정도였던 것으로 추정된다.

이런 다양한 소집단을 이끌었던 대졸자들은 지지기반의 확대를 목표로 1920년대부터 노동조합과 자주 접촉하기 시작했다. 일본 최초의 노동절 집회는 1920년에 거행되어, 적기(赤旗)와 노동자계급의 해방을 호소하는 장대 깃발과 횡단막이 집회장을 채우고 있었다. 그후 해마다 파업기간 또는 노동절 때는 노동조합이 주최하는 집회에 수천 명 정도가 참석하는 것은 예사였다. 연설자들은 임금인상과 노동조건 개선을 요구했을 뿐 아니라 레닌의 말을 인용하기도 했다. 그리고 노동운동은 "자본가의 약탈이 종식될 때까지 전진해야 한다"면서 노동자가 살기 위해서는 "자본주의를 뿌리째 뒤집지 않으면 안된다, 현사회를 철저히 파괴"해야 한다고 과격하게 주장했다.[8] 전전(戰前) 일본의 모든 정치집회에서는 반드시 경관이 단상 한쪽에 앉아서 감시의 눈을 번뜩이고 있었는데, 연설자가 이런 과격한 말을 토해내면, 경관이 연설중지나 집회해산을 명하기 일쑤였다.

새로운 조류의 페미니즘 사상도 1910년대부터 1920년대의 지배층 엘리트들에게 적어도 사회주의운동만큼이나 위협적이었다. 이 시대 페미니스트들의 문헌이 묘사한 일본여성의 전형적인 이미지는 '새장 속의 새' 또는 '연약한 꽃'이었다. 그렇다면 어떻게 새장을 열고, 꽃을 보호할 것인가? 페미니스트 중에는 히라쓰카 라이테우(平塚らいてう)와 다카무레 이쓰에(高群逸枝)처럼 그후 오늘날까지 이른바 '여성을 중시하는 페미니즘'이라 불려온 사상을 부르짖은 사람들이 있었다. 이 그룹은 어머니로서 특별한 역할을 담당하기 때문에 여성에게는 특별한 보호가 필요하다는 구래의 여권옹호자들의 논점을 계승했다. 그중에서 특히 독창적인 발언으로 이채를 발한 사람은 다카무레였다. 그녀는 "만인의 생존은 만인의 상호부조 본능(道德)에 의해 지지된다는 무정부주의 사상"을 전개해서, "아이, 노인, 병자, 임산부" 등의 생존을 공동으로 부양하는 시스템을 정비할 필요성을 호소했다. 다카무레는 결혼제도는 여성을 파멸

1926년의 노동절 집회에서 체포된 연사. 노동운동을 기념하는 연례행사는 관계당국의 삼엄한 감시를 받았다. 참석자들은 자신들이 법에 저촉되는 위험한 활동에 참여하고 있다는 사실을 인식하고 있었다. 오하라 사회문제연구소(大原社會問題研究所) 제공.

시킨다고 규탄하고, 고대 일본사회는 모성에 대한 지원을 중시하는 모계제사회였다는 독특한 관점을 내세웠다. 다카무레 이외의 페미니스트 중에는 시인이자 수필가였던 요사노 아키코(与謝野晶子)처럼 어머니로서의 여성해방 또는 일본인으로서의 여성해방에 그치지 않고, 더 큰 세계의 인간으로서의 여성해방을 주장한 사람도 있었다. 야마카와 기쿠에(山川菊榮)는 사회주의 실현의 중요성과 페미니즘을 연결해서 페미니즘 논쟁을 일보 전진시켰다. 야마카와는 '무산(無産)여성'이 성역할과 계급이라는 이중의 억압을 받고 있음을 지적하고, 여성문제를 근본적으로 해결하기 위해서는 "여성문제를 야기하고 성대해진 경제관계 그 자체의 개혁을 추구하는 수밖에 없"고, 그것을 위해서 무산여성은 가부장적인 권위와 임금노동자의 착취에 대한 운동을 조직하는 것이 필요하다고 주장했다.[9] 사회사상의 다른 영역과 마찬가지로 일본의 페미니즘 진영 내의 '여성중시'파와 '인간중시'파의 대립은 19세기와 20세기 서양의 논쟁과 거의 비슷하고, 실제 그런 논쟁의 영향을 받았다.

근대 자본주의 질서를 받아들여 당초는 의회제도를 환영했던 사람들조차도 현실의 정당내각에 대해서는 아주 심하게 비판을 했다. 천황주권에 저촉되지 않는 의회민주주의를 제창한 대표적인 지식인은 도쿄 제국대학 정치학 교수이자 그리스도 교도인 요시노 사쿠조(吉野作造)였다. 1916년에 요시노는 일본적인 입헌정치의 비전을 논한 유명한 논문을 발표했다. 거기에서 요시노는 국민의 이익을 지키는 것이 정부의 목표여야 한다고 설명하면서 선거와, 내각이 의회에 대해서 책임을 지는 내각책임제가 그 목표실현을 위한 최선의 보증이 될 것이라고 주장했다. 그런 정치체제는 민중에 의거한다는 의미에서 '민본주의'인 동시에 천황의 주권을 존중하는 것이어야 한다고 설명했다. 그러나 1920년대 말에 정치상황을 여러 번 다시 검토한 요시노는 주요 정당이 이미 재벌 등과의 "복잡한 이해관계나 서로의 뒤를 봐주는 은원(恩怨)관계"에 얽혀서 이기적인 이익추구에 경도되어 있다고 판단했다. 그가 보기에 정당은 이미 도덕적으로 퇴폐하여 국민의 이익을 제대로 지키지 못하는 존재가 되고 말았다.[10]

제국민주주의의 통치전략

이처럼 전전 일본의 의회정치는 정식 제도·기관과 비공식 제도·기관 양측에 의해 제약을 받고 있었다. 의회정치는 극우의 천황중심주의자들과 좌익활동가들로부터 이데올로기적인 도전과 조직적인 공격에 직면해 있었다. 1920년대 말에는 '본래' 아군인 언론과 많은 지식인으로부터도 겉치레적인 지지밖에 얻지 못하게 되었다. 그렇다면 정당은 1918년부터 1930년대 초까지 어떻게 그 정도라도 권력의 일각을 차지하고 내각을 조직할 수 있었을까?

정당이 지배층 엘리트와 손을 잡은 이유의 일단은, 정당의 지도자들이 굉장히 실제적이고 관료와 군인을 경쟁상대가 아니라 자기편이라고 생각한 데 있다. 사회적 속성 면에서 보면 정당의 지도자는 관계(官界)나 군부 출신의 엘리트들과 거의 다르지 않고, 부유한 지주와 재계의 리더들, 은퇴한 후에도 정치무대에서 활약하고 싶어하는 일부 전직 관료, 변호사, 신문사나 출판사의 경영자, 저널리스트 같은 일부 도시형 지적 직업인으로 이루어져 있었다. 이 남성들은 모두 명문고와 제국대학 출신이고, 20세기 초에 설립된 몇 안되는 폐쇄적인 골프 클럽 회원이며, 자녀도 같은 계급 내에서 결혼했다.

정당내각에서는 그것을 뒷받침하는 실리적·경제적인 근거도 있었다. 즉 정당내각은 꽤 많은 사람의 손에 중요한 자원을 머물게 하는 기능을 하고 있었던 것이다. 정당내각의 각료들이 공공사업과 교육예산을 좌우하는 경우에 작은 시의 시장, 실업계의 리더, 또는 학교 교장 등이 여당을 지지한다고 해도 이상할 게 없다. 표를 모으거나 표를 주겠다는 약속의 반대급부로 그들의 도시에 철도가 통과하고 고향에 항만 준설이 이루어지고 시와 마을에 학교가 세워지는 은혜를 기대할 수 있었다. 당시 미국의 정계에서는 이런 은혜의 약속은 표를 모으기 위한 '선거구로의 이익 유도'라고 불렸는데, 이런 약속은 일본에서도 매력이 있었다. 이런 이익의 살포는 소수당이 일단 정권을 잡은 경우에, 다음 선거에서 계속 승리할 수 있을지를 결정하는 열쇠가 되었다. 반면에 이런 이익유도의 거래나 노골적인 매수가 신문에 보도되면, 정당에 불신감을 품는 이상주의적인 유권자가 많아지고, 정당의 위신은 떨어졌다.

정당내각이 1910년대부터 1930년대 초까지 명맥을 유지한 또 하나의 요인은 정치에 대한 정당인과 비정당인 엘리트의 태도에 공통점이 있었던 데 있다. 정당지도자 중에 민주주의 자체를 목적으로 삼는 사람은 거의 없었다. 그들은 오히려 민주주의를 천황과 제국의 입장, 국력, 사회질서를 보장하기 위한 수단으로 간주했다. 정당내각은 이 목표를 달성하고 있다고 위정자와 국민 다수가 믿는 한, 정당내각의 정당성은 높아졌다.

정당인, 관료, 군부의 주류는 분단해서 지배한다는 정치의 기본노선에 대해서 합의하고 있었다. 합의내용의 하나는 선거권 확대에는 응하지만, 자산과 지위를 가진 남성이 의회에서 국민의 의사를 대표한다는 구조는 바뀌지 않는다는 점이었다. 분명히 정우회 리더의 한 사람인 요코타 센노스케(横田千之助) 의원 등이 당시의 정치에 대해서 "민본주의에 바탕을 두고 사회문제를 깊이 연구"[11]해, 그것을 구체적으로 실현하는 것이야말로 급선무라고 주장하지 않을 수 없는 상황이었던 것은 사실이다. 그러나 모든 엘리트는 경제민주주의의 제창이나 천황 주권에 대한 정치적 공격은 허용범위를 넘어선 것이라는 데 의견을 같이했다. 1920년, 하라 다카시가 이끌던 정우회 내각은 일본 최대의 제철소(八幡製鐵所)에서 일어난 파업을 가차없이 진압했다. 1923년 9월 관동 대지진이 발생한 후 수일 동안, 군대와 경찰은 수천 명의 한국인 학살을 묵인했고, 때로는 직접 학살을 부추기고 심지어 자행하기까지 했다. 국가권력에 의한 일련의, 악명을 떨친 과격한 폭력행위의 화살은, 정치적 반역자라 낙인 찍힌 사람들에게도 향했다. 경찰은 여성운동가이자 작가인 이토 노에(伊藤野枝)와, 그녀의 연인이며 아나키스트로서 유명한 오스기 사카에와 그의 남자조카를 살해했다. 다른 공격에서는 경찰과 군 부대가 노동조합 지도자 히라사와 게이시치(平澤計七)와 9명의 노동운동 활동가를 구속해서 살해했다. 이들 활동가는 결코 일본의 지배층에게 위협이 될 만한 존재는 아니었으나, 엘리트층, 특히 군부와 궁정 관계자

다수와 일부 관료들은 과격한 사상에는 적당히 봐주는 일 없이 법을 엄격히 적용해 엄벌한다는 '제로 관용'의 방침으로 대처했다. 정당 지도자들은 국가에 의한 이러한 폭력행위를 용인했던 것 같다. 이런 국가의 폭력행위에 대해서 정당은 항의는커녕 입도 뻥긋하지 않았다. 1925년, 헌정회 정권 아래서 국회는 억압적인 치안유지법을 성립시킨다. 이 법은 천황에 대한 비판을 사형에 해당하는 대죄로 하고, '사유재산제'에 대한 비판을 10년 미만의 징역에 처한다고 명시했다. 1928년, 정우회 정권 아래서 경찰은 대대적인 공산당원 일제검거를 실시해 1,600여 명을 검거하고, 그 중 약 500명을 기소했다. 경찰은 이듬해에도 공산당원 혐의가 있는 700명을 검거했다.

이런 식으로 정당은 다른 엘리트들의 파트너로서 나라를 통치했다. 양자는 사회적인 유대관계를 공유하고, 정치적 지지에 대해서는 경제적 혜택을 준다는 거래를 하고, 이데올로기적인 관여에 대해서도 어느 정도의 민주적 참가는 허용하지만, 정치질서의 근간으로서 제국과 천황을 지지한다는 기본선에 대해 합의하고 있었다.

그러나 1920년대를 통해 정당들 사이에, 그리고 관료기구와 군 내부에 전략을 둘러싼 중요한 의견대립이 생겼던 것도 사실이다. 한 파는, 황국일본은 자본과 토지를 소유한 남성만을 위한 민주국가를 추구해야 한다고 주장했다. 다른 파는 국민이 허용할 수 있는 사상이나 행동의 틀 내에 머물러 있는 한 일본을, 모든 남성에게, 나아가 여성에게조차도 현상 이상으로 훨씬 열린 민주사회로 만드는 것이야말로 국력과 사회질서를 보장하기 위한 최선의 길이라고 주장했다.

1920년대에는 양방의 가능성이 모색되었다. 제국민주주의 내에서 좀더 보수적인 노선은 정우회 및 농상무성 관료들과 이어져 있었다. 이 노선은 제1차 세계대전 직후 일본의 정책을 특징지은 노선이다. 정우회는 참정권 확대에 대해서는 신중했다. 하라는 투표자격을 위한 자산과

세액의 기준을 낮추는 데 찬성하고, 1919년에 국회도 그것을 인정했다. 이에 의해 유권자수는 인구의 약 5%인 300만 남성으로 늘어났다. 또 정우회가 1922년에 여성의 정치적 권리를 전혀 인정하지 않고 있던 1900년의 치안경찰법을 일부 개정해서, 적어도 정치의 주변영역에서나마 여성의 역할이 확대되는 것을 인정한 것도 틀림없는 사실이다. 여성의 정치단체 가입 등 그 밖의 다양한 권리를 금지한 조항은 바뀌지 않았지만, 이 법 개정에 의해 여성의 정치집회 참가는 허용되었다. 하지만 당시 하라는 남성만을 대상으로 한 보통선거를 실현하는 것조차도 "시기상조이다. 계급 타파를 목적으로 한 납세자격의 철폐는 위험한 사상으로 동의할 수 없다"며 일관되게 반대했다.[12] 하라 내각의 내무대신 도코나미 다케지로(床次竹二郎)는 종업원의 충성심을 함양하기 위해 기업 내에 노자(勞資)협의조직을 만드는 구상은 지지하는 한편, 보다 자립적인 노조활동을 승인하는 것은 거부했다. 도코나미는 1919년에 정부와 재계의 자금원조로 사회문제의 조사연구와 노자협조의 촉진을 위한 싱크탱크인 협조회(協調會)가 설립될 때 중요한 역할을 했다. 정우회는 농촌 소지주층의 지위 강화에도 힘썼다. 나아가 1920년에는 농상무성 내에 소작문제 개혁을 검토하는 위원회를 설치했지만, 지주층의 반대에 직면해서 소작농의 법적 권리를 명확히 하는 법안의 기초작업은 동결되었다.

1918-1921년의 정우회 내각과 1922-1924년의 '초연내각'은 중앙정부와 지방정부가 담당하는 보다 정교한 사회복지정책을 시행했다. 하라 내각은 1920년에 내무성 내에 실업·노동쟁의·소작쟁의 같은 문제에 대처하는 부국(部局)으로 사회국을 새로 설치했다. 또한 사회국은 건강보험법과 공장법개정안을 마련하여, 1922년에 의회에서 가결·성립시켰다. 건강보험법은 중간 규모 이상의 모든 기업에 노사가 갹출한 보험료로 운영되는 건강보험조합을 설치해 전 종업원을 가입시키든가, 아니

면 신설되는 정부 관장의 건강보험에 종업원이 가입하는 것을 허용하도
록 의무화했다. 개정된 공장법은 종업원의 사망 및 상해 시의 급부금과
질병수당의 증액이 명시되어 있다.[13]

그 밖에 1918년에 오사카 부(府)가 시작한 것을 시발점으로, 지방정
부는 극빈층 세대에게 상담과 정신적인 지원을 실시하기 위한 저비용의
방식을 고안했다. 그것은 지역 리더들을 무급의 '방면위원'(方面委員)에
임명해서 지원제도의 운영에 조직해 넣는 방식이었다. 방면위원들은 자
기가 담당하는 지역의 곤궁한 세대를 순회해서, 위생문제에 대한 조언
을 하거나 취직자리를 소개해주거나 저축을 장려했으며, 민간 자선단체
와 공적 기관 등의 다양한 보조제도에 대해서 소개하기도 했다. 1920년
대 말에는 내무성도 방면위원제도를 일본의 "사회사업의 중심적인 제
도"로 간주하게 되었다.[14]

이런 다양한 제도는 큰 의미가 있었지만, 사회문제에 대처하기 위해
자금을 갹출하는 데는 정부가 소극적이었기 때문에, 그 제도의 효과는
확실히 제한적이었다. 추밀원은 새롭게 제정된 건강보험법과 개정공장
법의 실시에 필요한 자금의 갹출을 거부하고, 국회의 의사(意思) 실현
을 방해했다. 1920년대 말까지 방면위원들은 정부에게 빈곤구제책의
강화를 촉구하는 강력한 운동을 전개했지만, 좀처럼 성과를 거두지 못
했다.

이에 대해 제국민주주의의 비교적 자유로운 노선을 추구한 것은 내
무성의 젊은 관료들과 제휴한 헌정회/민정당 정치인들이었다. 내무성
의 젊은 관료들은 제1차 세계대전 후의 유럽, 특히 영국에서 자유주의
적인 개혁들이 일정한 사회적 안정을 가져온 데 감명을 받았다. 1924년
에 가토 다카아키를 수반으로 하는 헌정회 내각 아래서 사회정책의 확
대는 시대의 기조가 되었다. 가토 내각은 소작조정법을 성립시켰는데,
이 법은 소작농조합에 암묵적인 법적 승인을 부여한다는 의미가 있었

다. 그후 16년 동안 일어난, 기록에 남아 있는 소작쟁의의 3분의 2가량
이 이 법 아래서 조정되었다.[15] 더 나아가 가토는 귀족원의 힘을 줄이기
위한 귀족원 개혁에도 착수했지만, 성과를 거두지 못했다. 그러나 가토
는 1925년에 그 시기의 개혁으로서는 가장 유명한 성인남자를 대상으
로 하는 보통선거법을 이루어냈다. 이 법은 공적 부조를 받고 있지 않은
만 25세 이상의 모든 남성에게 선거권을 부여했다.

다음으로 헌정회는 1926년에 노동조합에 법적 지위를 부여하는 법
률의 제정, 노동쟁의조정법의 제정, 1900년의 치안경찰법의 반조합규
정 삭제를 핵심으로 하는 '산업보선'(産業普選) 계획을 추진했다. 노동
조합법은 농상무성 관료, 정우회, 많은 재계단체의 반대로 무산되었지
만 나머지 둘은 법제화되었다. 또한 헌정회는 1922년의 개정공장법과
건강보험법에 명시된 개혁을 실시하기 위한 예산을 확보하는 데도 성공
했다. 그리고 내무성은 노동조합법안이 국회에서 성립되지 못하고 끝나
버렸음에도 불구하고, 1926년에 전국의 현(縣) 당국에 노동조합법안의
정신을 존중하라고 지침을 하달했다. 이러한 조치들은 노동자에게 사회
적 지지를 주고, 노동조합 조직화 및 파업실시의 권리를 암묵적으로 인
정했다는 점에서 대단히 중요한 의미를 가졌다.

헌정회/민정당 내각은 여성의 정치권리와 시민적 권리도 확대했다.
여성의 정치집회 참가를 인정한 1922년의 미온적 개혁 후에도, 많은 여
성그룹은 계속해서 여성에게는 아직 인정되지 않고 있던 정치결사의 권
리, 참정권, 지방의회 의원 피선거권을 요구했다. 1929년에 하마구치
오사치 민정당 내각의 성립 후에 총리 하마구치, 외무대신 시데하라 기
지유로, 내무대신 아다치 겐조는 여성참정권운동의 주요 지도자들과 이
례적인 회합을 갖고, 정부가 지향하는 긴축예산과 재정정리(財政整理)
에 대해 여성들의 협력을 요청했다. 하마구치는 협력을 해주면 대신에
여성의 참정권과 시민권의 실현을 지지하겠다고 약속했다. 하마구치를

이런 행동에 나서게 한 것은 심각한 경제위기에 대처할 필요가 있었던
데다가, 참정권을 확대하는 것은 장기적인 안정을 가져온다는 자유주의
파로서의 그의 신조였다. 여성단체들은 여성이 드디어 한 사람의 국민
이 되는 날이 가까워졌다는 표시라고 이 회합을 낙관적으로 해석했다.

헌정회/민정당에 의한 이들 정책이 노린 것은 종래 정치체제로부터
소외되었던 사람들에게 체제 내에서의 발언권을 주고, 체제와 이해관계
를 갖게 하는 데 있었다. 남성의 보통선거가 제도화되고 나서 바로 몇
갠가의 무산정당(無産政黨)이 새로 결성되어 이른바 기존 정당에 맞섰
지만, 1928년의 제1회 보통총선거에서 무산정당의 성과는 형편없었다.
반면에 민정당은 대도시의 공업지구에서 새로운 지지를 획득했다. 입헌
민정당의 노동개혁이 기존 정치질서 내에서 행동하는 것을 가능케 한다
고 본 비교적 온건한 노동조합의 위상을 강화시키는 효과도 있었던 것
이다. 이런 식으로 제국민주주의 내에서 민정당이 추구한, 비교적 폭넓
은 계층을 포용하려는 노선은 사회질서를 안정시켜 득표로 이어지는 효
과를 거둔 것처럼 보였다. 민정당은 관료기구, 재계, 군부 내의 일부 인
사들과 실질적인 제휴관계를 유지하고 있었다.

그러나 다른 엘리트들은 그런 개혁에 비판적이었다. 많은 재벌지도
자, 사법성과 농상무성의 관료, 정우회 당원의 다수는 민정당이 추진하
는 개혁을 너무 과격하고 위험하다고 생각했다. 또 정당의 만성적인 부
패에 염증을 느낀 지식인들은 민정당의 사회자유주의를 마지못해 지지
했다. 민정당에 비판적인 사람들 사이에서는 민정당에 대한 불만을 정
당내각 일반에 대한 공격으로 확대시키는 경향도 보였다. 그럭저럭 사
회질서가 유지되고 경제가 크게 붕괴되는 일 없이 제국이 안녕을 유지
하고 있는 한 모든 정당이 그 방침을 추구하고, 관계, 군부, 재계 내 동
맹자의 지지를 계속 확보하는 것은 가능했다. 그러나 정당에 의한 정권
장악은 일시적이었다.

일본, 아시아, 서양열강

1910년대와 1920년대 일본의 외교정책에서도 국내정책에서와 마찬가지로 기본 목표에 관한 합의는 보였으나 그 목적 달성을 위한 전략론을 둘러싸고 의견대립이 노정되었다. 주류 정당은 다른 분야의 엘리트들과 함께 제국의 해외확장을 열렬히 지지했다. 이들은 일본을 구미의 제국주의 열강과 대등한 입장에 세우고 싶어했다. 그런데 아시아에서는 일본을 다른 열강보다 더 우월한 존재로 하고 싶었던 그들은, 일본이 아시아에서 특별한 이익을 갖는 것을 서양열강이 인정하게 만들려 했다. 이런 목표의 전반은 군부 지도층이나 신문사 주간들도 공유하고 있었다. 그러나 목표를 어떻게 달성할 것인가라는 점에서는 정계도, 군부도 그 내부에서 의견이 크게 갈렸다.

특히 명확히 의견이 갈린 것은 아래 같은 몇 개의 연관된 문제를 위한 대처방법을 둘러싼 것이었다. 첫째는, 중국에서 경제적·군사적 이익의 추구를 서양열강과의 협조를 통해 해야 할 것인가, 아니면 단독으로 해야 할 것인가 하는 문제였다. 둘째는, 1911년의 신해혁명(辛亥革命)에 의해 청조를 타도하고 분투 중인 중국의 신생 정권을 지지하고 그것과 협력할 것인가, 아니면 약체화된 중앙정부에 저항하고 있는 지방군벌과의 거래로 중국에 질서를 밀어붙여야 할 것인가 하는 문제였다. 그리고 마지막은, 소련을 승인하고, 소련과 협력해야 할 것인가, 아니면 소련을 타도 내지 견제해야 할 것인가 하는 문제였다. 제1차 세계대전부터 1920년대 말까지 일본은 이 모든 선택지를 모색했다.

1914년 8월의 제1차 세계대전 발발로 이들 문제는 한꺼번에 표면화되었다. 세계대전은 일본정부에게 아시아에서 세력을 확장할 수 있는 절호의 기회를 가져왔다. 일본은 1902년에 체결된 영일동맹(1911년에 개정됨)하에 개전 후 바로 영국측 진영의 일원으로서 참전했다. 1914년 말까지 일본군은 독일이 중국의 산둥(山東) 반도에 보유하고 있던 철도 및 군사기지를 비롯한 권익과 독일령 남양제도를 지배하에 두었다.

일본군의 이런 행동은 동맹국인 영국이 허용할 수 있는 범위를 넘은 것이었다. 중립 입장이었던 미국은 그것을 특별히 문제시하지는 않았지만, 일본정부가 군사행동을 계속 벌여 악명 높은 21개조 요구를 중국에 들이대자 사태는 복잡해졌다. 1915년 1월에 입헌동지회와 제휴하여 내각을 구성한 총리 오쿠마 시게노부와 외무대신 가토 다카아키는 위안스카이(袁世凱)가 이끌던 신생 중국정부에게 5개항 21개조에 달하는 요구사항을 제시했다. 그중에서도 중국의 분노를 산 것은, 중국 국내에서 중일 합동으로 경찰을 설치하는 것과, 일본이 임명하는 일본인 정치·경제·군사 고문을 받아들이는 것 등을 중국정부에 밀어붙인 제5항의 요구였다. 이 요구는 일단 받아들여진다면 일거에 중국을 일본의 식민지로 만들 수도 있는 내용이었다.

중국인은 격렬하게 분노하면서 반대했다. 반일운동가들은 일본상품과 선박을 보이콧하는 운동을 일으켰다. 위안스카이는 21개조 요구를 거부하고, 국제사회에 도움을 요청했다. 영국과 미국이 21개조 요구 중에서도 비교적 과격한 요구에 이의를 제기하자, 일본은 제5항의 요구를 철회하는 데 동의했다. 위안스카이는 다른 요구들을 수락했는데, 그중에서도 중요한 것은 중국이 구독일의 권익에 대한 일본의 지배권을 인정한 것, 산둥반도에서 철도를 부설하는 권리를 일본에 부여한 것, 남만주에 대한 일본의 특별한 입장을 인정한 것이었다.

중국대륙에서 경제적 권익과 전략적 지위를 확대하는 것에 대해서는 일본의 군부지도층으로서도 별 이의는 없었다. 그러나 야마가타 아리토모와 몇몇 지도자는 오쿠마와 가토가 자신들의 목표를 달성하기 위해 중국 국내에서 반일감정을 자극해버린 것에 대해 못마땅해했다. 이에 못지않게 야마가타의 심기를 건드린 것은, 가토가 명백하게 외교정책에 대한 문민지배와 내각에 대한 정당지배의 강화를 노리고 있는 것이었다. 선거간섭을 위한 매수사건이 발각되어 오쿠마 내각이 개각됨으로써, 가토가 외무대신을 사임하고, 곧이어 오쿠마 내각 자체도 퇴진에 내몰렸다. 야마가타는 자신의 맹우인 육군대장 데라우치 마사타케를 총리에 앉힘으로써 정당내각의 성립을 저지했다.[16]

외교상의 논쟁은 다소 줄어들었지만, 일본의 신정권은 세계대전이 벌어지는 동안 구미와의 긴장을 야기할 위험을 무릅쓰면서 자국의 이익 확대를 계속 추구했다. 미국은 1917년에 참전해서 일본의 동맹국이 되었다. 미일 양국 정부는 이시이(石井)-랜싱 협정을 체결했다. 이 협정으로 일본은 중국의 독립을 존중하는 데 동의했고, 미국이 중국에서 일본과 동등한 상거래 방법을 추구해도 방해하지 않겠다고 약속했다. 이에 대한 대가로 미국은 일본이 중국에서 '특수한 이익'을 보유하고 있음을 인정했다. 양국은 사실상 아시아에서 서로의 식민지적 권익을 인정해준 것이다. 1918년에 일본은 이 '특수한 이익'의 확보를 향해서 전진하기 위해, 이른바 니시하라 차관(경제차관의 교섭에 임했던 데라우치 총리의 대리인 니시하라 가메조[西原龜三]의 이름에서 딴 것)의 공여를 실시했다. 이 차관(借款)은 명목상으로는 철도 건설 등의 경제프로젝트에 대한 일본의 민간은행으로부터의 융자였지만, 실제로는 산둥과 만주에서의 경제특권의 확대의 대가로, 일본정부가 중국의 지도자 한 명(돤치루이[段棋瑞])을 옹립해 라이벌인 나머지 군벌들을 무너뜨리기 위해 실시한 자금각출이었다.

중국에서 일본의 권익을 둘러싼 긴장은 1919년에 베르사유에서 열린 강화회의까지 이어졌다. 일본은 전승국의 일원으로서 강화회의에 참가했다. 일본측 대표가 무엇보다도 바란 것은 산둥 성의 구독일 권익에 대해서 일본이 지배권을 가진다는 확인을 받는 것이었다. 일본대표단은 인종간 평등의 원칙을 국제연맹규약에 포함시키는 것에 대해서도 열심히 주장했다. 미국의 윌슨 대통령과 연합국의 다른 수뇌들은 일본의 산둥에 대한 지위는 인정했지만, 인종간의 평등을 강조하는 조항을 국제연맹규약에 포함시키는 것은 거부했다. 이 결정이 내려진 결과, 평등과 민족자결(自決)의 원리가 전후 국제질서의 기반이 되어야 한다는 서양 열강의 이상주의적인 주장은 설득력을 잃고 말았다. 이렇게 되자 일본 국내에서는 구미 각국 정부의 위선적인 태도에 대한 분노가 비등했다.

한편 일본의 위정자들도 시베리아 출병(出兵)이라 불리는 소련에 대한 반혁명군사개입에서 보여준 그 방식으로 말미암아 서구의 불신을 샀다. 1917년 11월에 볼셰비키 운동이 러시아에서 승리하자, 일본정부는 러시아에 새로 탄생한 공산당 정권의 타도를 위해 반혁명을 부추길 방책을 모색하기 시작했다. 적어도 일본은 그때까지 볼셰비키의 지배가 확실히 확립되지 않았던, 일본과 지리적으로 가까운 러시아의 극동지역에서 반공정권을 지원하고 싶어했다. 그러나 데라우치 내각은 일본 단독의 군사행동에는 조심스러웠다.

군사행동을 위한 기회는 1918년에 찾아왔다. 그해 3월에 영국·프랑스·미국 3국 정부는 시베리아 파병에 합의했다. 파병목적은 연합국의 군수물자보급을 확보하는 것과, 블라디보스토크에 집결해 있던 차르 전제정부측의 군대를 보호하는 것이었다. 윌슨 대통령은 일본측에도 파병을 요청했다. 데라우치 총리는 기꺼이 요청에 응했다. 윌슨이 일본에 요청한 병력파견은 7천 명이었다. 일본은 1만 2천 명의 파병을 약속했는데, 실제 파병은 적어도 7만이었다! 일본군은 다른 나라들이 반볼셰비키 운동은 패배할 거라고 판단하고 병력을 철수시킨 지 2년이 지난 1922년에도 시베리아에 머물고 있었다. 일본군은 블라디보스토크에 있던 소규모 반혁명정권을 계속 지원했다. 이 절망적인 단독행동은 국내에서도 국제적으로도 많은 비판을 받았다. 아무런 성과도 없이 구미제국의 의심과 소련의 불신만 사고, 3천 명의 전사자만 낸 끝에 일본은 1922년 말에 병력을 철수했다.

베르사유 조약과 시베리아 출병은 전후 협조적 제국주의의 전도가 다난함을 잘 보여준다. 주요 나라들은 1920년대 내내 공동으로 행동하기 위한 방책을 모색했다. 시베리아 출병이 끝나갈 무렵, 하라 내각은 워싱턴에서 열린 국제평화회의에 참가하는 데 동의했다. 이 회의의 목적 가운데 하나는 일본·영국·미국 사이에 불붙은 해군력 증강경쟁을 종식시키는 것이었다. 재정지출의 삭감을 강구하고 있던 하라는 군축을 위한 노력을 환영했다. 체결된 해군군비제한조약에 의해 영국·미국·일본의 주력함 총톤수의 보유비율은 5 : 5 : 3으로 정해졌다. 일본이 낮은 비율을 받아들인 것은, 영국과 미국이 서태평양 지역에서 해군력을 증강하지 않겠다고 약속했기 때문이다. 3개국 정부는 그 비율이 군비확대를 방지하는 동시에 세 나라의 안전을 보장하는 데 적절하다고 합의했던 것이다.

1920년대 내내 일본정부는 전략적인 이유와 경제적인 이유로 군대의 효율화를 도모했다. 대부분의 군 지도자들은 이런 노력을 지지했다. 정부는 병력수와 무기를 감축했다. 국가예산에서 차지하는 군사비의 비율은 가장 높았던 1918년에 55%에 달했으나, 1924년에는 불과 29%로 줄어들었다. 병력감축은 그후 수년에 걸쳐 계속되었다. 1925년에 육군대신 우가키 가즈시게(宇垣一成, 1924-1927년, 그리고 1930-1931년의 헌정회/민정당 내각에서 육군대신으로 재직했다)는 4개 사단(3만 4천 명)의 폐지를 단행했다. 그렇지만 군축에 의해 절감된 예산 대부분은 근대식 무기를 구입하는 비용에 충당되었다. 우가키는 또 중학교와 고등학교에서 남학생의 군사교련을 의무화하는 등, 군에 대한 국민의 지지기반 확대를 위한 시책도 강구했다. 이런 접근방법에는 일본의 군수뇌부가 제1차 세계대전에서 배운, 미래의 모든 전쟁에서는 민간인과 민간자원의 총동원이 불가피해질 것이라는 교훈에 따른 것이었다.

군대의 규모를 축소하는 것과 동시에 근대화를 도모하는 이 정책과 병행해서, 일본정부는 1920년대에 대중국정책 면에서는 제1차 세계대전 때와 비교해서 보다 신중한 자세를 취했다. 극적으로 증대하고 있던 중국에서의 일본의 영향력과 경제적 권익을 지키기 위한, 그리고 중국 국내에서 권력투쟁을 전개하고 있던 다양한 세력에 대처하기 위한, 제일 나은 방법은 무엇인가 하는 것이 초미의 과제였다. 1900년에는 중국 주재 일본 민간인은 4천 명 미만이었는데, 1920년에는 중국의 일본공동체는 13만 4천 명으로 팽창했다. 일본인 거주자는 주로 만주와 중국 북부에 집중되어 있었으나, 1920년대 중반에 이르러 일본기업은 섬유생산에 중점을 두는 상하이에 많은 투자를 했다.

중국에 진출한 일본기업은 끊임없이 변하는 정치환경 속에서 사업목표를 추구했다. 이 무렵 중국의 국민당이 청조를 타도한 신해혁명의 대의를 계승한 존재가 되었다. 하지만 1920년대 중반까지 국민당의 지배력은 매우 불안정했다. 도시에서도 농촌에서도 세력을 키워가고 있던 공산주의운동에 의한 저항뿐만 아니라, 상당한 군사력을 거느리고 지방에서 할거하고 있던 이른바 군벌들도 국민당의 지배에 저항하고 있었다. 군벌의 세력이 특히 강했던 곳은, 일본이 자국을 위해 경제상·전략상 특수권익을 주장하고 있던 중국 북부와 만주였다.

하라가 이끄는 정우회 내각은 구미제국 및 베이징의 북방정권과 협력해서 일본의 권익을 지키려 했다. 하라는 중국정치에 일본이 간섭하기 위한 수단이었던 니시하라 차관을 중단했다. 1922년의 워싱턴 회의에서는, 하라 내각은 국제적인 합의형성의 일환으로서 산둥을 중국에 반환하는 대신, 주요 철도에 대한 장기간의 권리를 보장받았다. 1924년부터 1927년까지 집권한 헌정회/민정당 내각 시기에 외무대신을 역임한 서구 지향의 시데하라 기주로(幣原喜重郞)는 융화·협조를 중시하는 방침을 계속 이어 나갔다. 1925년부터 1927년에 걸쳐 영국 또는 미국 으로부터 일본에게 중국에서 외국의 이익을 위협할 듯한 상황이 있으므 로, 그에 대처하기 위한 공동의 군대파견에 참가해주기 바란다는 요청 이 세 차례 있었지만, 시데하라는 파병을 거부했다.

한편 시데하라는 중국에서 활동하는 일본기업을 개방된 시장으로의 자유로운 접근에만 의지하는 상태에 두어서는 안되겠다고 생각했다. 위 싱턴 회의의 합의를 받아들여, 주요 나라들은 1925년 중국의 관세자주 권 회복에 대해서 협의하기 위한 베이징 특별관세회를 개최했다. 이 회 의의 목적은 중국에게 80년 전 아편전쟁으로 잃었던 관세자주권을 회 복시켜주는 것이었다. 당초부터 시데하라는 중국의 관세자주권 회복요 구를 지지할 생각은 없었다. 관세자주권을 회복한다면 중국이 그 힘을 이용해 일본의 섬유수출을 제한하는 것은 아닐까 우려했다. 시데하라는 중요 사항에 대해 양보하는 것을 거부하고, 다국간이 아니라 이국간의 교섭을 하는 데 보다 강한 관심을 보였다. 그러나 당시 진행 중이던 내 전의 동향으로부터도 영향을 받아 베이징 회의는 아무런 합의도 이끌어 내지 못한 채 실패로 끝났다.[17]

경제이익을 중시하면서 만만치 않은 교섭을 벌였음에도 불구하고, 시데하라는 반일운동과 대결하기 위한 중국파병에 소극적인 자세를 취 하는 등 '요와고시'(弱腰, 저자세)외교를 했다고 해서 일본 국내에서 신 랄한 비판을 받았다. 1927년에 다나카 기이치(田中義一) 육군대장이 새 정우회 내각의 총리에 취임하면서, 시데하라와는 다른 접근방법의 가능성이 열렸다. 다나카는 직업군인이었지만, 1925년에 정우회의 요 청으로 가입하여 총재에 취임했다. 다나카는 노골적으로 구미와의 협조 를 거부하진 않았으나, 시데하라보다도 훨씬 더 독단적인 외교정책을 전개했다. 다나카는 1927년부터 1928년에 걸쳐 모두 세 차례 중국에 파병했다. 파병이유는 일본인과 일본의 경제이익을 보호하기 위한 것이라고 했지만, 실제로 닥친 위협은 본국에 보고된 것보다 훨씬 적었다. 그렇다고는 해도 당시 야심 찬 리더 장제스(蔣介石)가 이끌던 국민당군은, 1927년에 중국 중앙부를 지배하기에 이르렀다. 장제스가 중국 북부까지 지배를 확대해, 중국 북부와 만주에서 일본이 누리고 있는 특수권익을 위협할 가능성이 생겨났다. 정우회와 군부의 수뇌는 일본으로서는 자국의 권익을 지키기 위해 구미와는 별도로 독자적으로 움직이고, 지역 군벌들과 제휴하는 것도 고려해야 한다는 데 의견의 일치를 보았다.

다나카 총리는 1927년 도쿄에서 대(對)중국정책을 논의하기 위해 동방회의를 개최했는데, 이 회의의 예기치 않은 산물이 훗날 논란의 대상이 되었다. 1929년에 '다나카 상주문'(田中上奏文)이라 불리는 괴문서가 중국에서 중국어로 공표되었다. 당시 동방회의에서 작성된 것으로 알려진 이 문서는 아시아 및 세계정복에 관한 일본의 계획으로 추정되었다. 1930년대에 일본과 중국 및 구미와의 관계가 악화되자, 이 문서는 일본의 침략야욕을 보여주는 증거로 주목받았다. 일본어로 된 원본이 아직까지 발견되지 않은 만큼, 일본과 서양의 학자들 대부분은 이 문서를 위조된 것으로 보고 있다. 그렇다 하더라도, 다나카가 전임자에 비해 훨씬 강경한 외교정책을 폄으로써 아시아에서 긴장을 고조시켰던 것은 사실이다.[18]

일본국민 사이에서는 대중국외교를 구미와 협조해서 하는 데 반발이 심했는데, 그런 반발을 초래한 요인의 일단으로서, 당시 미국에서 일본인 이민자가 받고 있던 대우에 대한 반감이 있었다. 1900년대 초까지 하와이와 미국 본토에 거주하는 일본계 이민자는 10만 명에 가까웠다. 황인종의 이민이 늘면 백인종에게 화를 초래한다고 해서 이민 반대를 주장하는 이른바 황화론(黃禍論)은 미국 서해안에서 특히 거세게 불었다. 학동(學童)의 격리교육을 의무화하는 지방 레벨의 법률과 조례도 잇달아 제정되었다. 시어도어 루스벨트 대통령은 사태를 진정시키기 위해 1908년 사이온지 총리와 이른바 이민에 관한 미일신사협정을 체결했다. 입법부의 승인을 받지 않았던 이 협약 아래, 일본은 신규 미국이민의 유출을 대폭 줄이겠다고 서약했다.

이미 미국에 살고 있던 일본계 사람에 대한 미국 국내에서의 차별은 신사적이라고 하기엔 거리가 멀었다. 캘리포니아 주는 일본계의 토지소유와 장기 임차를 금지하는 주법을 새로 제정했다. 1922년에는 미국 연방최고재판소는 일본계를 비롯한 다른 아시아계 이민 1세의 미국국적 취득을 금지하는 판결을 내렸다. 게다가 1924년에는 앞서 언급한 미일신사협정의 내용을 대신하는 새로운 이민법이 제정되어 일본으로부터의 이민이 전면 금지되었다. 이런 일련의 조치는 제1차 세계대전 후 국제협조를 부르짖던 전반적인 정신에 위배되는 것만이 아니었다. 보다 구체적으로는 미국이 아시아에서 자국의 이익확보를 가능하게 하려고 일본에 요구하고 있던 문호개방정책의 지지 요청을 헛수고로 만드는 것이었다. 일본에서는 미국의 이민금지조치에 대해서 상당히 격렬한 분노가 일었다. 하니하라 마사나오(埴原正直) 주미대사는 미국의 휴즈 국무장관에게 보낸 편지에서 다음과 같이 지적했다.

> 일본정부가 중요시하는 점은, 일본이 국민으로서 다른 나라의 국민으로부터 그것에 걸맞은 존경과 배려를 받을 자격이 있는가 없는가의 문제입니다. ……〔개정이민법안의 배일(排日) 조항의〕 목적은 일부러 일본 국민을 골라내서 형편없는 국민이라는 오명을 씌우는 데 있음이 틀림없습니다.[19]

그러나 일본 국내에서 정부의 외교정책에 대한 비판의 목소리가 커진 더 중요한 요인은, 아시아에서 일본의 식민지지배와 제국주의에 대한 저항이 점점 거세지고 있었다는 데 있다. 정말 아이러니하게도 중국·베트남에서부터 필리핀·버마·인도에 이르는 각지에서 원래 최초로 식민지 반대정서에 불을 붙인 것은, 러일전쟁에서 일본이 승리한 일이었다. 아시아 각지의 사람들은 일본을 반식민지세력으로 생각하고 '황색'인종이 근대전에서 '백색'인종에 최초로 승리를 거둔 데 고무되었다. 특히 20세기에 들어서부터 1910년대 말까지 일본에서 교육을 받고 싶어하는 청년들이, 중국에서 수천 명 규모로, 타이완과 한국과 베트남에서는 수백 명 규모로, 또 인도·버마·필리핀에서도 소수지만 일본에 유학했다. 반서구적인 국수주의자에서부터 국제주의를 지향하는 사회주의자에 이르는 많은 일본인 정치인과 활동가들로부터, 이들 유학생에게는 저마다의 나라에서 개혁사업을 펼칠 수 있도록 지원이 쇄도했다.

그러나 아시아 청년들이 마음속에 그리던 해방의 꿈에 대한 일본인의 지원은 제국주의적 정치현실에 직면하여 순식간에 사라져 버렸다. 예컨대 1907년에 일본과 프랑스는 협약을 맺고, 서로의 식민지영토를 침범하지 않는다는 밀약을 맺었다. 이 협약에 의해 일본정부는 베트남인 유학생에 대한 강제적인 국외퇴거처분을 단행했다. 그 이후 많은 아시아인의 입장에서 보면, 일본은 한국병합에서부터 중국에 대한 21개조 요구에 이르는 일련의 침략적인 정책을 통해, 아시아 해방의 아군에서 억압자로 변해 있었던 것이다.

특히 1919년에는 기념비적 항일운동이 두 차례 일어났다. 한국에서는 베르사유 강화회의 직전인 1918년에 윌슨이 제창한 민족자결원칙에 고무된 망명 애국자들이 하와이에서 강화회의에 대표를 파견하려 했으나, 일본정부는 그들에게 여권 발급을 거부했다. 같은 해 2월, 도쿄에 있던 한국인 유학생 수백 명이 조선청년독립단을 결성하고, 그 이름 아래 독립선언서를 채택했다. 한편 서울에서도 1919년 1월에 승하한 전(前) 국왕 고종의 국장을 계기로, 같은 생각이 구체적인 행동으로 나타나기 시작했다. 국장 당일인 3월 3일은 다수의 일본인 경찰에 의한 경비

가 삼엄해질 것을 예상한 독립운동가들은 3월 1일에 독립선언서를 발표
했다. 독립선언 발표가 계기가 되어 서울 시내에서 학생, 노동자, 그 밖의
시민이 가세한 수십만의 시위행진이 벌어졌고, 시위는 순식간에 전국으
로 확산되었다. 일본인 통치자들은 독립을 희구하는 사람들의 뜨거운 반
일감정과 이 광범위한 행동을 배후에서 주도한 치밀한 조직력에 경악을
금치 못했다. 매우 당황한 그들은 폭력적인 탄압으로 반격했다. 일본군
은 수천 명을 살해하고 수만 명을 체포했다. 이렇게 해서 4월 말에는 잔
인한 형태의 질서가 회복되었다.[20]

　3·1운동 직후에 비슷한 대규모 시위가 중국에서도 발생했다. 4월 말,
베르사유 회의에서 일본으로부터 산둥을 완전히 되찾겠다는 중국의 요
구는 열강에 의해 거부되었다. 5월 4일, 이에 반발한 수천 명의 학생이
베이징의 천안문(天安門) 광장에서 시위행진을 벌였다. 한국의 경우와
마찬가지로 이 시위는 즉시 다른 도시들로 확산되었다. 중국정부 자체
의 허약함도 어느 정도 비판의 대상이 되었지만, 운동을 일으킨 최대의
원동력은 일본의 중국침략에 대한 격렬한 분노였다. 5·4운동은 중국에
서 인민에 의한 내셔널리즘의 힘과 파급력이 새로운 단계에 도달했음을
보여주었다. 일본상품 배척운동을 비롯한 제국주의에 대한 다양한 항의
행동이 1920년대 내내 계속 전개되었다. 1925년에는 일본자본이 소유
한 상하이의 방적공장(在華紡)에서 발생한 파업이 계기가 되어 5·30운
동이 일어났다. 5월 30일, 반일시위대를 향해 영국의 조계경찰이 발포해
서 여러 명의 사망자가 나오자, 반일데모, 파업, 일본상품배척의 물결이
5·4운동 때를 능가하는 규모로 전국적으로 일거에 고양되었다.

　이런 중국사태에 대응한다는 의미도 있어서, 일본의 정치지도자들은
1920년대에 중국 내의 경제권익을 보호하기 위해 융화적·회유적인 정
책을 펼치는 경우가 많았다. 비슷한 맥락에서 하라 다카시 총리도 탄압
일변도의 무단정치는 한국에서 식민지지배를 유지하는 데 부적절하다

고 판단했다. 3·1운동의 봉기가 일어난 후, 하라는 해군대장 사이토 마코토(齋藤實)를 새 조선총독에 임명하고, '한·일 간의 조화'를 회복하라고 명령했다. 조선총독에 취임한 사이토가 추진한 통치정책은 '문화정치'라 불리게 되었지만, 그것은 기본적으로 분단과 지배의 전략이었다. 식민지행정의 담당자들에게 부과된 책무는 일본에 협력적인 한국인 리더들과 조직에는 지원을 실시하는 한편, 반일행동의 징후는 모조리 격리해서 진압하는 것이었다.

지금까지 '문화정치'는 가혹한 권위주의적 지배의 본질을 위장하기 위한 기만적 개혁에 지나지 않는다고 간단히 정리되어 왔다. 사이토가 취임한 뒤, 일본은 1년 만에 경찰서와 파출소의 수를 네 배나 늘리는 신속하고 극적인 조치를 단행했다. 경찰은 한국 전역에 걸쳐 스파이와 밀고자들로 이루어진 방대한 네트워크를 구축했다. 경제발전이라는 명목 아래 식민지 당국은 관개설비를 개선했다. 분명히 쌀생산은 늘었지만, 생산량 대부분은 일본에 수출되었다. 한국 국내의 인구 1인당 쌀소비량은 실제로 감소했다.

그렇긴 하지만 사이토 총독이 손댄 개혁에는 겉치레로 단정을 지어버릴 수 없는 측면도 다소 포함되어 있었다. 사이토는 한국인을 위한 공립학교수를 점차 늘려갔고, 식민행정을 담당하는 총독부의 직원으로서 종래보다도 많은 한국인을 기용했다. 그는 한국인 직원과 일본인 직원의 임금격차를 좁혔다. 한국인에 대한 서적·잡지·신문의 발행에 관한 인가도 이전보다 확대되었다. 광범위한 한국인 단체·조직의 활동이 허용되었다. 그 결과 수천 개의 교육기관과 종교단체, 청년단체, 농민과 노동자의 조직이 새로 설립되었다. 소수의 한국인 자본가에게는 새로운 경제활동의 기회도 열렸다.

물론 엄격한 검열과 감시의 체제는 유지되었다. 조금이라도 일본의 지배에 이의를 제기하는 자는 투옥되어 고문당했다. 그럼에도 민족주의적인 정치활동은 교묘한 위장을 통해 공공연히 또는 비밀리에 계속되었다. 일본에서와 마찬가지로(물론 더욱 엄격한 제약 아래서였지만) 영화, 라디오, 문학 등의 새로운 다양성과 에너지를 갖춘 근대적인 문화생활이 1920년대를 통해, 그리고 1930년대 초에 크게 유행했다.

일본 국내에서도, 정부 밖에서는 제1차 세계대전 후의 새로운 국제환경에 대한 실로 다양한 반응이 보였다. 요시노 사쿠조 같은 일부 지식인은 국내의 정치체제를 보다 민주적인 것으로 변화시켜야 한다는 주장과, 식민지 주민 특히 한국인의 민족자결권을 점진적으로 실현시켜야 한다는 주장을 결합시켰다. 특히 요시노의 경우 이전에는 무조건 한국의 독립에 반대했기 때문에 이런 입장을 취하게 된 것은 주목할 가치가 있다. 또 요시노는 언론인이자 정치인이었던 시마다 사부로(島田三郎)를 비롯한 많은 사람들과 함께 군축계획을 열렬히 지지했다. 1921년이 되자 여론은 시베리아 출병에 대해 완전히 비판적으로 되었고, 신문들은 일본군 철수를 부르짖게 되었다. 1920년대 초에는 여론이 군부를 너무 심하게 비판하기 때문에, 병사들이 군복차림으로 외출하는 것을 꺼린다는 이야기가 떠돌았다. 1920년에는 제국주의 반대를 표명하는 상징적인 행동으로서, 일본 최대의 노조연합체인 대일본노동총동맹이 그 명칭에서 '대'자를 뺐다. 일본노동총동맹은 민족자결의 성명을 한국어로 발표하고, 이따금 한국노동자들의 어렵고 가난한 삶을 전하는 기사를 기관지에 게재했다. 몇몇 무산정당은 1920년대 말에 중국인의 자결권을 지지했다. 이들 정당은 한결같이 다나카 기이치 장군과 정우회에 의한 군사개입을 비판했다.

민간인 중에는 구미 제국주의에 대해서는 비판적인 태도를 보이면서도, 일본을 구미와 종류가 다른 대국으로서 묘사하는 사람들도 있었다. 그들은 실제로는 훨씬 강경한 외교정책을 취해야 한다고 주장했다. 우치다 료헤이(內田良平, 1874-1937)를 비롯한 구세대의 국수주의자들은

1880년대 이래 아시아에 대한 일본 제국주의 진출을 지지해왔고, 제국의 영광스런 지배를 강화하기 위해서 중국대륙에서 세력확장을 해야 한다고 요구했다. 이런 구상을 주장한 지식인 중에서 분명 가장 영향력이 컸던 사람은 기타 잇키(北一輝, 1883-1937)였다. 기타는 앞에서도 언급한 유명한 정책문서 『국가개조원리대강』(1919)에서 국내에서의 계급투쟁은 부인하면서 그것을 국외에 전가했다. 그는 일본은 국제적으로는 '무산자 지위에 있다'고 하면서 "일본은 정의의 이름으로 그들〔영국과 미국〕의 독점으로부터 탈취하는 개전(開戰)권리를 가진 게 아닌가?"라고 반문했다.[21]

이런 사고는 일반 대중 사이에서도 어느 정도 지지를 받았다. 유명한 조선소의 기계공이었던 가미노 신이치(神野信一)는 1920년에 유럽으로 기계공학을 공부하러 가던 길에 상하이에 들렀다. 가미노가 훗날 쓴 것에 의하면, 그는 상하이의 공원에서 '중국인과 개는 출입금지'라는, 중국인에게 중국 국내의 공원을 이용 못하게 하는 표지판이 걸려 있는 것을 보고 큰 충격을 받았다. 그래서 그는 국제주의를 표방하는 사회주의를 버리고, 스스로 이름 지은 강경한 '일본주의'를 신봉하게 되었다. 가미노는 동료 노동자들에게 구미에 대항해서 천황과 제국을 지지하자고 호소했고, 상당한 지지자를 모았다. 중국에서는 '중국 낭인' 내지 '대륙낭인'이라 불리던 수백 명의 일본인 모리배들이, 아시아의 해방을 지원한다는 명목 아래 정치공작과 강도처럼 장사하면서 배회하고 있었다. 1920년대 말에 이르자 국수주의적 정치집단을 연결하는, 점점 확대되고 있던 네트워크를 통해 팽창주의를 신봉하는 국내·국외의 민간인과 행동지향적인 젊은 군인들이 결탁하게 되었다. 그들은 육군대신 우가키 가즈시게(宇垣一成)와 아라키 사다오(荒木貞夫), 조선총독 사이토 마코토를 비롯한 군부의 최상층으로부터 암묵적인(때로는 공공연한) 지지를 받고 있었다. 이들 국수주의적 팽창주의자는 구미에 대항하는 범아시아

연대라는 대의를 내걸고 있지만, 늘 일본을 아시아의 선두에 서서 지도하는 패자(覇者)라고 생각했다.

당시는 아직 여론조사가 광범위하게 실시되고 있지 않았기 때문에, 제국주의에 찬성 또는 반대하는 다양한 입장이 어느 정도 지지를 얻고 있었는지 판단하기란 불가능하다. 군대에 비판적인 의견이 있었다고 하는 그 자체가 주목할 가치가 있지만, 제1차 세계대전 후 국제주의가 극에 달했던 때조차도 그런 의견이 다수파의 의견이 아니었음은 틀림없다. 일본의 지식인과 대중의 의견의 주류는 서양 제국주의에 대해서는 불만을 토로하면서도, 일본의 제국주의를 지지했던 것이다.

정부 내에서도, 정부 밖에서도 1910년대와 1920년대에 일본의 외교정책을 둘러싸고 벌어진 주요 대립점은, 제국주의를 지지하는가, 제국주의를 반대하는가의 문제가 아니었다. 오히려 대립은 제국주의자끼리의 이른바 '점진'파와 '급진'파의 대립이었다. 점진파 제국주의자는 다른 나라들, 특히 영국·미국·중국과의 협조를 중시하는 신중한 접근방식을 취했다. 급진파는 일본이 단독으로 분쟁에 대처하는 것을 중시했다. 양자를 나누는 선은, 언제나 각 정당의 노선과 일치하는 것은 아니었다. 또한 대립은 '점진'을 주장하는 온건한 민간인과, '급진'을 주장하는 팽창주의적인 군부라는 식으로 일관된 것도 아니었다. 본시 제1차 세계대전 중에 중국에 대한 침략적인 21개조 요구를 개진했던 사람은 입헌동지회와 관련 있는 오쿠마와 가토였다. 그러나 1920년대 말에는 외교정책을 둘러싼 국내논쟁에서는 일관된 패턴이 나타났다. 입헌민정당은 영국 및 미국과의 교섭을 벌이는 데도 중국의 민족주의를 다루는 데도 좀더 협조적인 접근법을 지지했다. 정우회는 중국에 대해서도 구미에 대해서도 보다 강경한 단독외교를 지지했다. 군 수뇌부와 대다수의 하급장교는 협조외교를 용납하지 못했으며, 점차 민간인 정치가들을 경멸하게 되었다. 육군은 아시아에서 일본의 주도권을 위협하는 가장 큰 걸림돌—그리고 그것을 해결하기 위한 최대의 기회—이 중국, 특히 북중국과 만주에 있다고 보았다. 한편 해군의 관심은 태평양에서 라이벌인 서양열강의 동향에 쏠려 있었다.

여기서 일본의 외교정책과 다른 제국주의 열강의 외교정책 사이에는 기본적으로는 거의 다른 점이 없었다는 점을 인식하는 것이 중요하다. 모든 제국주의 국가들이 1920년대에 식민지 내지 반(牛)식민지 지배를 계속했다. 그중에는 동화(同化)를 강조하는 나라가 있는가 하면, 언젠가 독립과 민족자결을 인정하겠다고 약속하는 나라도 있었지만, 식민지 민중의 보호와 육성이라는 구실을 내걸고 식민지 지배를 정당화한 것은 어떤 제국주의국가든 똑같았다. 또 모든 제국주의국가는 개별적으로는 자국이 특별히 깊은 관심을 가진 지역에 대한 제국주의적 지배권을 방위하기 위해 애쓰면서도 상호간의 협력에 대해 운운했다. 미국이 라틴아메리카에서 자국의 고유한 권리와 이익에 대해 말하던 말투는, 일본이 아시아에서 자국의 특수한 권익에 대해 늘어놓던 언사와 거의 비슷했다.

그러나 일본과 구미 제국주의 사이에는 그후 사태가 전개해가는 과정에서 두 가지 중대한 차이가 있었다. 1920년대 중반부터 중국의 국민당정권에 어느 정도의 자주권을 회복시켜 중국으로의 제국주의적 진출로부터 후퇴하려던 서양열강의 의향은 일본보다 약간 더 강한 것이었다. 이때부터 중국에 대한 대응자세를 둘러싼 일본과 구미 제국 사이의 대립은 심해졌다. 그리고 또 하나 중대한 결과를 초래한 것은, 1930년대에 메이지 헌법 아래 구축된 일본의 정치체제가 정부지도자에 의한 유력자간의 분쟁을 조정할 때 방해물이 되어버렸다는 사실이다. 이 정치체제에서는 군 장교들이 정식 허가를 받지 않고 독단적으로 행동해도 이를 통제할 제도적 장치가 없었다. 오직 천황만이 이론상 군에 대한 통수권을 갖고 있었지만, 천황에게는 그 권한을 그런 식으로 실제로 행사

할 수도 없었고, 행사하려 들지도 않았다.[22]

요컨대 1920년대 말부터 1930년대 초에 걸쳐 제국민주주의 질서가 국내외에서 공격에 노출되었을 때, 일본의 지도자들은 민주주의보다도 제국과 천황을 우선시했던 것이다. 때마침 경제불황과 국제적 긴장이 깊어지는 가운데, 지도자들은 협조적인 제국주의보다도 배타적 제국을 선택하여, 의회민주주의의 길을 버리고, 권위주의적 정치체제를 강화시켰던 것이다.

지은이 주

1장 도쿠가와 막부의 정치체제

1) Mikiso Hane, *Peasants, Rebels, and Outcastes: The Underside of Modern Japan* (New York: Pantheon Books, 1982), p. 8에서 인용.

2) Engelbert Kaempfer, *Kaempfer's Japan*, ed. and trans. Beatrice M. Bodart Bailey (Honolulu: University of Hawaii Press, 1999), p. 271. 켐퍼는 1690년부터 1692년까지 나가사키(長崎) 데지마(出島)의 네덜란드 상관(商館)에 근무했던 독일인 의사이자 박물학자다.

3) 영어권에서 일본사 연구에 영향을 준 제임스 머독(James Murdoch, 1856-1921)과 조지 샌섬(George Sansom, 1883-1965)이 쓴 표현으로, 다음에 인용되어 있다. George Elison, "The Cross and the Sword," in *Warlords, Artists, and Commoners: Japan in the Sixteenth Century*, ed. George Elison and Barwell L. Smith(Honolulu: University of Hawaii Press, 1981), pp. 67-68.

4) A. L. Sadler, *The Maker of Modern Japan: The Life of Tokugawa Ieyasu* (1937; reprint, Rutland, Vt.: Charles E. Tuttle Company, 1984), p. 25.

5) 일부의 번이 분할된다든가, 일부의 막부 직속 무사가 다이묘로 승진하는 경우가 생기면서 점차 다이묘의 수가 늘어나, 18세기에는 약 260명 수준에서 안정되었다.

6) 1석(石)은 약 180리터이다.

7) *The Journal of Townsend Harris* (東京: 金港堂書籍, 1913), pp. 468-80.

8) James L. McClain, *Kanazawa: A Seventeenth-Century Japanese Castle Town*

(New Haven, Conn.: Yale University Press, 1982), p. 151.

9) 사원에 대한 규제는 역사가들에게는 중요한, 하나의 의도하지 않은 결과를 가져왔다. 유럽 근대 초기의 교구의 데이터와 마찬가지로, 일본사원의 종문입별장(宗門入別帳)에 기록된 인구 데이터는, 최근에 인구통계학에 근거한 정밀한 사회사 분석을 위한 일차자료로서 활용되고 있다.

10) Bob Tadashi Wakabayashi, *Anti-Foreignism and Western Learning in Early-Modern Japan: The New Theses of 1825* (Cambridge: Harvard University Council on East Asian Studies, 1986), p. 149.

11) John W. Hall, "Rule by Status in Tokugawa Japan," *Journal of Japanese Studies* Vol. 1, No. 1(Fall 1974): 39-49.

2장 도쿠가와 시대의 사회경제적 전환

1) John W. Hall, "The Castle Town and Japan's Modern Urbanization," in *Studies in the Institutional History of Early Modern Japan*, ed. John W. Hall and Marius Jansen(Princeton, N. J.: Princeton University Press, 1968).

2) Engelbert Kaempfer, *The History of Japan, Together with a Description of the Kingdom of Siam, 1690-92*, vol. 3, trans. J. G. Scheuchzer(Glasgow: J. MacLehose and Sons, 1906), p. 306.

3) 인용된 부분은 모두 야스미 로안(八隅蘆庵)의 『旅行用心集』에 나오는 것으로, 영역은 Constantine N. Vaporis, "Caveat Viator: Advice to Travelers in the Edo Period," *Monumenta Nipponica* Vol. 44, No. 4(Winter 1989): 461-83에서 인용.

4) Thomas C. Smith, *Native Sources of Japanese Industrialization, 1750-1920* (Berkeley: University of California Press, 1988), p. 51.

5) 식자율(識字率)에 관한 논고로서는 Ronald P. Dore, *Education in Tokugawa Japan* (Berkeley: University of California Press, 1965)을 참조.

6) Smith, *Native Sources*, pp. 20-21, 46-47.

7) Thomas C. Smith, *Nakahara: Family Farming and Population in a Japanese Village, 1717-1830* (Stanford, Calif.: Stanford University Press, 1977)을 참조. *Journal of Japanese Studies* Vol. 5, No. 1(Winter 1979)에 의한 이 책의 서평은 같은 자료에 대해서 다른 해석을 제시한다.

8) 스기타 겐파쿠(杉田玄白)의 『野叟独語』(1807). Harold Bolitho, "The Tempō Crisis," in *The Cambridge History of Japan*, Vol. 5, *The Nineteenth Century*, ed. Marius Jansen(Cambridge: Cambridge University Press, 1989), p. 128에서 재인용.

9) Smith, *Native Sources*, pp. 25-26에서 재인용.

10) Smith, *Native Sources*, p. 29에서 재인용.

11) Stephen Vlastos, *Peasant Protests and Uprisings in Tokugawa Japan* (Berkeley: University of California Press, 1986), p. 46; James W. White, *Ikki: Social Conflict and Political Protest in Early Modern Japan* (Ithaca, N.Y.: Cornell University Press, 1995), p. 157을 참조.

12) Jennifer Robertson, "The Shingaku Woman," in *Re-creating Japanese Women, 1600-1945*, ed. Gail Bernstein(Berkeley: University of California Press, 1991), p. 91.

13) Kathleen S. Uno, "Women and Changes in the Household Division of Labor," in *Re-creating Japanese Women*, p. 33.

14) Isabella Bird, *Unbeaten Tracks in Japan* (New York: G. P. Putnam, 1880). Uno, "Women and Changes in the Household Division of Labor"에서 재인용.

3장 도쿠가와 후기의 지적 상황

1) 이 주제에 대한 더 자세한 논의는 Herman Ooms, *Tokugawa Ideology Early Constructs, 1570-1680* (Princeton, N. J.: Princeton University Press, 1985)을 참조.

2) Samuel H. Yamashita, "The Writings of Ogyū Sorai," in *Confucianism and Tokugawa Culture*, ed. Peter Nosco(Princeton, N. J.: Princeton University Press, 1984), pp. 161-65.

3) Tetsuo Najita, *Visions of Virtue: The Kaitokudō Merchant Academy of Osaka* (Chicago: University of Chicago Press, 1987), pp. 1-17.

4) Haruo Shirane, *Traces of Dreams: Landscape, Cultural Memory, and the Poetry of Basho* (Stanford, Calif.: Stanford University Press, 1998), p. 13에서 인용.

5) *Chushingura* 忠臣蔵: *The Treasury of Loyal Retainers*, trans. Donald Keene (New York: Columbia University Press, 1971), pp. 2-3에서 인용.

6) Thomas C. Smith, "'Merit' as Ideology in the Tokugawa Period," ch. 7 in *Native Sources of Japanese Industrialization, 1750-1920* (Berkeley: University of California Press, 1988), pp. 156-72.

7) Kate Wildman Nakai, "Tokugawa Confucian Historiography," in *Confucianism and Tokugawa Culture*, ed. Peter Nosco(Princeton, N. J.:Princeton University Press, 1984), p. 86.

8) Tsuji Tatsuya, "Politics in the Eighteenth Century," in *The Cambridge*

History of Japan, Vol. 4, ed. John W. Hall(Cambridge: Cambridge University Press, 1991), pp. 468-69.

9) Kären Wigen, *The Making of a Japanese Periphery* (Berkeley: University of California Press, 1995), p. 169.

10) Peter F. Kornicki, *The Book in Japan: A Cultural History from the Beginnings to the Nineteenth Century* (Leiden: Brill, 1998), pp. 300-06.

4장 도쿠가와 체제의 전복

1) Harold Bolitho, "The Tempō Crisis," in *The Cambridge History of Japan*, Vol. 5, *The Nineteenth Century*, ed. Marius Jansen(Cambridge: Cambridge University Press, 1989), p. 157.

2) Edward Yorke McCauley, *With Perry in Japan: The Diary of Edward Yorke McCauley*, ed. Allan B. Cole (Princeton, N. J.: Princeton University Press, 1942), pp. 98-99.

3) McCauley, *With Perry in Japan*, p. 98.

4) William G. Beasley, ed., *Select Documents on Japanese Foreign Policy, 1853-1868* (London: Oxford University Press, 1955), p. 102.

5) Patricia Sippel, "Popular Protest in Early Modern Japan: The Bushū Outburst," *Harvard Journal of Asiatic Studies* Vol. 37, No. 2(1977): 273-322.

6) Anne Walthall, *The Weak Body of a Useless Woman: Matsuo Taseko and the Meiji Restoration* (Chicago: University of Chicago Press, 1998), p. 98에서 재인용.

7) George Wilson, *Patriots and Redeemers in Japan: Motives in the Meiji Restoration* (Chicago: University of Chicago Press, 1992), pp. 105-06에서 재인용.

5장 무사들의 혁명

1) Basil Hall Chamberlain, *Things Japanese* (London: K. Paul, Trench, Trubner & Co., Ltd., 1891), p. 1.

2) 이 건에 대해서는 역사가 토머스 스미스(Thomas C. Smith)가 "Japan's Aristocratic Revolution"이라는 제목의 짧지만 훌륭한 논문을 썼다. Thomas C. Smith, *Native Sources of Japanese Industrialization, 1750-1920* (Berkeley: University of California Press, 1988)을 참조.

3) Yokoyama Toshio, *Japan in the Victorian Mind: A Study of Stereotyped Images of a Nation 1850-80* (Houndmills, Basingstoke, Hampshire: Macmillan, 1987), p. 109.

4) 德富健次郎(蘆花), 『思出の記』(1901), p. 274. 영역은 Tokutomi Kenjirō, *Footprints in the Snow*, trans. Kenneth Strong (New York: Pegasus Books, 1970), p.107.

5) Tokutomi, *Footprints in the Snow*, p.107.

6) Takeshi Fujitani, *Splendid Monarchy* (Berkeley: University of California Press, 1996), p.36.

7) 日本史籍協會 編, 『木戶孝允日記』 2卷(1967). 영역은 Kido Kōin, *The Diary of Kido Kōin*, Vol. 2, trans. Sidney D. Brown (Tokyo: Tokyo University Press, 1982).

8) Stephen J. Ericson, *The Sound of the Whistle: Railroads and the State in Meiji Japan* (Cambridge: Harvard University Council on East Asian Studies, 1996), pp.66-73.

9) 大久保利通의「殖産興業に関する建議書」는, 日本史籍協會 編, 『大久保利通文書』5卷(1928). 영역은 Sidney D. Brown, "Ōkubo Toshimichi: His Political and Economic Policies in Early Meiji Japan," *Journal of Asian Studies* Vol. 21, No. 2 (February 1963), p. 194. 마에다 마사나(前田正名)의 「興業意見」은, 大藏省 編, 『明治前期財政經濟史料集成 18卷の1 : 工業意見』에 수록. 인용된 부분은 같은책 p. 70. 영역은 Thomas C. Smith, *Political Change and Industrial Development in Japan: Government Enterprise, 1868-1880* (Stanford: Stanford University Press, 1955), p. 39에서 인용.

10) 타이완 파병과 식민지화계획에 대해서는 Robert Eskildsen, "Of Civilization and Savages: The Mimetic Imperialism of Japan's 1874 Expedition to Taiwan," *American Historical Review* Vol. 107, No. 2(April 2002): 388-418을 참조.

11) 일본 최북단 변경지방의 주민에 대한 흥미로운 기술에 대해서는, Tessa Morris-Suzuki, "Becoming Japanese: Imperial Expansion and Identity Crisis in the Early Twentieth Century," in *Japan's Competing Modernities: Issues in Culture and Democracy, 1900-1930*, ed. Sharon Minichiello (Honolulu: University of Hawaii Press, 1998), pp.157-80을 참조.

12) 어떤 역사가는, '서비스 인텔리겐치아'에 의한 혁명이라는 시사하는 바가 많은 표현을 써서 메이지 유신을 규정했다. Thomas Huber, *The Revolutionary Origins of Modern Japan* (Stanford, Calif.: Stanford University Press, 1981).

6장 참여와 이의신청

1) 古島敏雄,『日本封建農業史』(東京: 光和書房, 1947), p.83.

2) Bob Tadashi Wakabayashi, *Anti-Foreignism and Western Learning in Early-Modern Japan: The New Theses of 1825* (Cambridge: Harvard University Council on East Asian Studies, 1986), p.211.

3) Soyejima Taneomi et al., "Memorial on the Establishment of a Representative Assembly," in *Japanese Government Documents*, ed. W. W. McLaren, published in *Transactions of the Asiatic Society of Japan* 42, Part 1(1914), pp.426-32.

4) Irokawa Daikichi, *The Culture of the Meiji Period* (Princeton, N. J.: Princeton University Press, 1985), p.101.

5) Irokawa, *Culture of the Meiji Period*, p.111.

6) 야마가타가 이토에게 보낸 1879년 7월 4일자 편지. Stephen Vlastos, "Opposition Movements in Early Meiji," in *The Cambridge History of Japan*, Vol. 5, *The Nineteenth Century*, ed. Marius Jansen(Cambridge: Cambridge University Press, 1989), p.411에서 인용.

7) 이노우에가 이토에게 보낸 1881년 7월 12일자 편지. Richard Devine, "The Way of the King," *Monumenta Nipponica* Vol. 34, No. 1 (Spring 1979), p. 53에서 인용.

8) Masao Miyoshi, *As We Saw Them: The First Japanese Embassy to the United States, 1860* (Berkeley: University of California Press, 1979), p.71에서 인용.

9) 『明六雜誌』에 발표된 다양한 평론은 William Braisted, ed. and trans. *Meiroku Zasshi: Journal of the Japanese Enlightenment* (Cambridge: Harvard University Press, 1976)에 수록되어 있다.

10) 사카타니 시로시(阪谷素)가 『明六雜誌』 32號(1875년 3월 8일)에 기고한 첩에 관한 글「妾說の疑」. 영역은 Braisted, *Meiroku Zasshi*, p.395.

11) 福田英子,「妾の半生涯」(1904), pp. 21-22. Sharon Seivers, *Flowers in Salt* (Stanford, Calif.: Stanford University Press, 1983), p.36에서 인용.

12) 니토베의 말은 Sally A. Hastings. "The Empress' New Clothes and Japanese Women, 1868-1912," The Historian, no.4 (summer 1993): 689에서 재인용. 원문은 Nitobe Inazo, *The Intercourse between the United States and Japan: An Historical Sketch* (Baltimore: Johns Hopkins Press, 1891), pp. 154-55.

13) 井上淸,『條約改正: 明治の民族問題』(東京: 岩波書店, 1955), p.117.

14) 겐로에 관해서는 Roger Hackett, "Political Modernization and the Meiji Genr in Robert E. Ward, ed., *Political Development in Modern Japan*

(Princeton, N. J.: Princeton University Press, 1968), pp. 68-79를 참조. 1890년대에 일본의 언론계에서는 어떤 정치지도자들이 겐로 반열에 드는 지에 대해 약간의 논란이 있었지만, 시간이 지나면서 7명의 겐로는 원래 이토 히로부미, 구로다 기요타카, 마쓰카타 마사요시, 오야마 이와오(大山巖), 사이고 쓰구미치(西鄕從道), 야마가타 아리토모, 이노우에 가오루를 지칭한다는 합의가 이루어졌다. 1900년대 초에는 가쓰라 다로와 사이온지 긴모치가 추가되었다.

7장 사회·경제·문화의 변용

1) James Nakamura, *Agricultural Production and the Economic Development of Japan, 1873-1922* (Princeton, N. J.: Princeton University Press, 1966)와 Henry Rosovsky, "Rumbles in the Rice Fields," *Journal of Asian Studies* Vol. 27, No. 2 (February 1968): 347-60을 참조.

2) 이토가, 그때로부터 얼마 안되어 미쓰이물산의 초대 지배인이 된 마스다(益田)에게 한 말. Eleanor Hadley, *Antitrust in Japan* (Princeton, N. J.: Princeton University Press, 1970), p. 35에서 인용.

3) Alexander Gerschenkron, *Economic Backwardness in Historical Perspective* (Cambridge: Harvard University Press, 1962), ch. 1, pp. 5-30.

4) 철도의 국유화, 국산 기관차, 레일의 보호정책에 대한 보다 상세한 설명은 Steven J. Ericson, *The Sound of the Whistle: Railroads and the State in Meiji Japan* (Cambridge: Harvard University Council on East Asian Studies, 1996)을 참조.

5) Byron Marshall, *Capitalism and Nationalism in Japan* (Stanford, Calif.: Stanford University Press, 1967), pp. 35-36에 인용된 시부사와 에이이치(澁澤榮一)와 모리무라 이치자에몬(森村市左衛門)의 말이다.

6) 이 보고는 하자마 히로시(間宏)의 『日本勞務管理史硏究』(東京: 御茶の水書房, 1978), p. 277에 실려 있다.

7) 최초로 실린 것은, 「製絲獎勵之歌」라는 노래의 가사로, 製絲織物新報社 編, 『工女の鑑』(1912), pp. 82-83. 영역은 E. Patricia Tsurumi, *Factory Girls: Women in the Thread Mills of Meiji Japan* (Princeton, N. J.: Princeton University Press, 1990), pp. 93, 97, 99.

8) Thomas C. Smith, *Native Sources of Japanese Industrialization, 1750-1920* (Berkeley: University of California Press, 1988), p. 257.

9) 『太平洋商工世界』 1908년 11월 15일호, p. 42에 게재된 芝浦製作所의 공장부 주임 小林作太郎의 발언. Andrew Gordon, *The Evolution of Labor Relations*

in Japan (Cambridge: Harvard University Council on East Asian Studies, 1985), p. 83에서 인용.

10) Donald Roden, *Schooldays in Imperial Japan: A Study in the Culture of a Student Elite* (Berkeley: University of California Press, 1980), pp. 165-73.

11) William P. Malm, "Modern Music of Meiji Japan," in *Tradition and Modernization in Japanese Culture*, ed. Donald Shively(Princeton, N. J.: Princeton University Press, 1971), pp. 259-77.

12) John M. Rosenfield, "Western Style Painting in the Early Meiji Period and Its Critics," in *Tradition and Modernization in Japanese Culture*, pp. 181-219.

13) Stephen Vlastos, ed., *Mirror of Modernity: Invented Tradition of Modern Japan* (Berkeley: University of California Press, 1998)을 참조.

14) Henrietta Harrison, *China: Inventing the Nation* (New York: Oxford University Press, 2001), pp. 132-34, 138-39.

15) Irwin Scheiner, *Christian Converts and Social Protest in Meiji Japan* (Berkeley: University of California Press, 1970)을 참조.

16) Helen Hardacre, *Shintō and the State, 1868-1988* (Princeton, N. J.: Princeton University Press, 1989), pp. 22-24, 36-39.

17) 다나하시 이치로(棚橋一郎)의 말. Kenneth Pyle, *The New Generation in Meiji Japan: Problems of Cultural Identity, 1885-1895* (Stanford, Calif.: Stanford University Press, 1969), p. 66에서 인용.

8장 제국과 국내질서

1) 「脱亞論」은 1885년 3월 16일자 『時事新報』에 처음 발표되었다. 영어 번역본은 David Lu, ed., *Japan: A Documentary History: The Late Tokugawa Period to the Present* (Armonk, N. Y.: M. E. Sharpe, 1996), pp. 351-53을 참조. 일본을 아시아의 영국으로 만들고 싶어했던 후쿠자와의 소원에 대해서는 Fukuzawa Yukichi, *The Autobiography of Fukuzawa Yukichi, trans. Eiichi Kiyooka*, (New York: Columbia University Press, 2007), p. 334를 참조.[허호 옮김, 『후쿠자와 유기치 자서전』, 이산, 2006, p. 363.]

2) *The Times*, April 20, 1895, p. 7.

3) Carol Gluck, *Japan's Modern Myths: Ideology in the Late Meiji Period* (Princeton: Princeton University Press, 1985), pp. 135-36 참조. 도쿠토미의 말은 Kenneth Pyle, *The New Generation in Meiji Japan: Problems of Cultural Identity, 1885-1895* (Stanford, Calif.: Stanford University Press, 1969), p. 175에서 인용.

4) 安田琢崇, 『雜居準備愛國之淚』(晚翠書院, 1897), p. 3. Gluck, *Japan's Modern Myths*, p. 137에서 인용.

5) Howell, "Visions of the Future," p. 117에서 인용.

6) William Lockwood, *The Economic Development of Japan* (Princeton, N. J.: Princeton University Press, 1968), ch. 6 참조.

7) 하와이에서 송금된 것으로 알려진 것만 해도 일본수출액의 1.6%에 상당했다. 정부통계에서 누락된 송금액도 있을 것이고, 미국 본토로 이주한 사람들로부터도 그에 맞먹는 액수가 송금되었을 것이라고 가정한다면, 총송금액은 수출수입의 3% 이상에 상당하게 된다. 鈴木讓二, 『日本人出稼ぎ移民』(東京: 平凡社, 1992), p. 67을 참조.

8) Akira Iriye, *Pacific Estrangement: Japanese and American Expansionism, 1897-1911* (Cambridge: Harvard University Press, 1972), ch. 5 참조.

9) J. M. Winter, "The Webbs and the non-White World: A Case of Socialist Racialism," *Journal of Contemporary History* Vol. 9, No. 1(January 1974): 181-92에서 인용.

10) 일진회에 관한 이 새로운 관점에 대해서는 Yumi Moon, "The Populist Contest: The Ilcjinhoe movement and the Japanese colonialization of Korea, 1896-1910," Ph. D. dissertation, Harvard University, 2005를 참조.[이 박사논문은 나중에 단행본으로 출판되었다. *Populist Collaborators: The Ilchinhoe and the Japanese Colonization of Korea, 1896-1910*, Cornell University Press, 2013.]

11) 쑨원을 비롯한 재일 중국인 유학생에 대해서는 Marius Jansen, *The Japanese and the Sun Yat-sen* (Stanford, Calif.: Stanford University Press, 1954), pp. 104-30을 참조. 일본정부가 보스를 추방하려다 실패한 일에 관해서는 Ian H. Nish, *Alliance in Decline: A Study in Anglo-Japanese Relations, 1908-23* (London: Athlone Press, 1972), pp. 184-85를 참조.

12) Bob Tadashi Wakabayashi, *Anti-Foreignism and Western Learning in Early-Modern Japan: The New Theses of 1825* (Cambridge: Harvard University Council on East Asian Studies, 1986), p. 149.

13) 하라의 이름은 읽는 법이 '다카시'와 '게이' 두 가지인데, 둘 다 널리 쓰인다. 그가 정우회 총재가 된 것은 1914년부터이지만, 그 이전 1904년부터 표면상의 정우회 총재 사이온지 밑에서 사실상 원내(院內)의 리더 역할을 했다.

14) Tetsuo Najita, *Hara Kei in the Politics of Compromise* (Cambridge: Harvard University Press, 1967).

15) Natsume Soseki, *Kokoro* (New York: Regency, 1957), p. 245.

16) Tetsuo Najita, *Hara Kei in the Politics of Compromise*, p.147에서 인용.

17) 아베 신노스케(阿部愼之助)의 말. Tetsuo, *Hara Kei in the Politics of Compromise*에서 인용.

18) Andrew Gordon, *Labor and Imperial Democracy in Prewar Japan* (Berkeley: University of California Press, 1991), pp.106-07에서 인용.

19) 坂野潤治, 『大系日本の歷史 13: 近代日本の出發』(東京: 小學館, 1989), p. 338. Tetsuo Najita, *Hara Kei in the Politics of Compromise*, p.168.

20) 宮地正人, 『日露戰後政治史の研究』(東京: 東京大學出版會, 1973), p.226.

21) Vera Mackie, *Creating Socialist Women in Japan: Gender, Labour and Activism, 1900-1937* (Cambridge: Cambridge University Press, 1997), pp.60-62.

22) 『社会新聞』 38號(1908年 3月 8日). Gordon, *Labor and Imperial Democracy*, pp.74-75에서 인용.

23) 松本克平, 『日本社會主義演劇史』(東京: 筑摩書房, 1975), p.406에서 인용.

24) 여성단체에 관해서는 Sharon Nolte and Sally Hastings, "The Meiji State's Policy toward Women," in *Recreating Japanese Women*, ed. Gail Bernstein (Berkeley: University of California Press, 1991), pp.163-64를 참조. 지방개량운동에 관해서는 Kenneth Pyle, "The Technology of Japanese Nationalism: The Local Improvement Movement, 1900-1919," *Journal of Asian Studies* 33, no.1(November 1973): 51-65를 참조.

25) Richard Smethurst, *A Social Basis for Prewar Japanese Militarism: The Army and the Rural Community* (Berkeley: University of California Press, 1974), p. vii.

26) 宮地正人, 『日露戰後政治史の研究』(東京: 東京大學出版會, 1973), p.24.

27) 나쓰메 소세키가 1914년 11월 25일에 學習院에서 한 연설 「나의 개인주의」에 나오는 말. Natsume Soseki, *Kokoro: A Novel and Selected Essays* (Lanham, Md.: Madison Books, 1992), p.313에서 인용.

28) Gluck, *Japan's Modern Myth*, p.250.

9장 경제와 사회

1) 여기서 나타내는 공업생산액은, 5명 이상의 종업원이 일하는 공장을 대상으로 한 것이다. William Lockwood, *The Economic Development of Japan: Growth and Structural Change* (Princeton, N.J.: Princeton University Press, 1968), pp.38-39 참조.

2) Lockwood, *The Economic Development of Japan*, pp.39, 56.

3) 이 문제에 대한 분석은 Hugh T. Patrick, "The Economic Muddle of the

1920s," in *Dilemmas of Growth in Prewar Japan*, ed. James Morley (Princeton, N. J.: Princeton University Press, 1971), pp. 211-66 참조.

4) 영어로 된 설명은 Edward Seidensticker, *Low City, High City, Tokyo from Edo to the Earthquake* (New York: Knopf, 1983), pp. 3-7을 참조. 사이덴스티커에 의하면, 조리용 불뿐만 아니라 화학물질과 전기배선도 대화재의 원인이 되었다.〔허호 옮김,『도쿄 이야기』, 이산, 1997〕

5) 1932년에 미쓰이 상사의 총수 단 다쿠마(團琢磨)를 암살한 히시누마 고로 (菱沼五郞)의 자백. John G. Roberts, *Mitsui: Three Centuries of Japanese Business* (New York: Weatherhill, 1973), p. 276 참조.

6) Ann Waswo, *Japanese Landlords: The Decline of a Rural Elite* (Berkeley: University of California Press, 1977), pp. 99, 108-09와 中村政則, 「大恐慌と農村問題」, 『岩波講座 日本歴史 19：近代 6』(東京: 岩波書店, 1976), p. 145를 참조.

7) Ronald P. Dore, "The Meiji Landlord: Good or Bad," *Journal of Asian Studies* Vol. 18, No. 3(May 1959): 343-55.

8) 제국에 대한 지주와 농촌주민의 태도에 대해서는 Michael Lewis, *Becoming Apart: National Power and Local Politics in Toyama, 1868-1945* (Cambridge: Harvard University Asia Center, 2000)을 참조.

9) Nagatsuka Takashi(長塚節), *The Soil: A Portrait of Rural Life in Meiji Japan*, trans. Ann Waswo (Berkeley: University of California Press, 1993), p. 47 참조.〔원작소설『土』는 1910년에『아사히 신문』에 연재됨.〕

10) Ann Waswo, *Modern Japanese Society, 1868-1994* (Oxford: Oxford University Press, 1996), p. 66.

11) 저자가 1992년 10월 14일에 가미무라 히데지와 인터뷰한 내용이다.

12) Kobayashi Takiji(小林多喜二), *The Absentee Landlord* (Tokyo: University of Tokyo Press, 1973), p. 147.〔일본어 원작「不在地主」는 1929년에 발표됨.〕

13) Waswo, *Japanese Landlords*, pp. 99, 108-09. 소작농이 요구사항의 전부 또는 일부를 얻어낸 쟁의는 전체 쟁의의 74%에 달한다.

14) 상인과 직인이 유업인구 70만 중 약 28만 명을 차지했다. 당시 도쿄의 인구는 200만에 조금 못 미쳤다.

15) 당시의 고용조사나 취업조사에서는, 공장에서 일하는 여공은 유업자로 간주되어 계산되었지만, 개인경영점포나 작업장을 남편과 함께 꾸려가는 아내는, 가족노동으로 간주되어 유업자에 포함되지 않았다. 따라서 도쿄의 유업인구에서 '상인과 직인'의 비율은, 실제로는 41%를 넘었다고 봐야 할 것이다.

16) Sheldon Garon, *Molding Japanese Minds: The State in Everyday Life* (Princeton, N. J.: Princeton University Press, 1997), pp. 52-57.

17) Andrew Gordon, *The Evolution of Labor Relations in Japan* (Cambridge: Harvard University Council on East Asian Studies, 1985), pp. 83, 85. 1908년 11월 15일자『太平洋商工世界』, p. 42와 같은 해 9월 1일자『實業少年』, p. 9에 실린 시바우라 공작소 소속 고바야시 사쿠타로(小林作太郎)의 말을 인용.

18) 松成義衛 編著, 『日本のサラリーマン』(東京: 靑木書店, 1957), p. 31.

19) 松成義衛 編著, 『日本のサラリーマン』, p. 35.

20) 松成義衛 編著, 『日本のサラリーマン』, pp. 27-31. Margit Nagy, "Middle Class Working Women during the Interwar Years," in *Re-creating Japanese Women, 1600-1945*, ed. Gail Bernstein(Berkeley: University of California Press, 1991), pp. 199-216.

21) 남자 사무직원의 월급에 대해서는 竹內洋, 「サラリーマンという社會的表徵」, 『岩波講座現代社會學 23: 日本文化の社會學』(東京: 岩波書店, 1996), p. 132에 인용되어 있는 前田一, 『サラリーマン物語』(東京: 東洋經濟出版部, 1928), pp. 1-2를 참조. 여공의 임금에 대해서는 內閣統計局, 『勞働統計實地調査報告』第4卷(東京: 東京統計協會, 1927), p. 6을 참조.

22) 남녀 사무직원에 의한 조합조직화에 대해서는 松成 編著, 『日本のサラリーマン』, pp. 46-57을 참조.

23) 『円地文子·佐多稻子集』, 現代日本の文學 第25卷(東京: 學習硏究所, 1971), pp. 255-56.

24) 渡辺悅次·鈴木裕子 編, 『たたかいて生きて: 戰前婦人勞働運動への証言』(東京: ドメス出版, 1980), p. 206에서 인용.

25) 勞働運動史料編纂委員會 編, 『日本勞働運動史料』第十卷(東京: 東京大學出版會, 1975), p. 122.

26) Gordon, *The Evolution of Labor Relations in Japan*, p. 36에서 인용.

27) Gordon, *The Evolution of Labor Relations in Japan*, pp. 85-86에서 인용.

28) Andrew Gordon, *Labor and Imperial Democracy in Prewar Japan* (Berkeley: University of California Press, 1991), p. 40에서 인용.

29) Stephen Large, *The Rise of Labor in Japan: The Yūaikai* (Tokyo: Sophia University Press, 1972), p. 142.

30) 勞働運動史料編纂委員會 編, 『日本勞働運動史料』第十卷, p. 440.

31) 勞働運動史料編纂委員會 編, 『日本勞働運動史料』第十卷, p. 424. 1931년은 노동자들의 조합가입률(7.9%)이 최고조에 달한 해이다. 조합가입자수의

절정은 1936년으로 42만 600명(6.9%)이었다.

32) 미국의 경우, 노동조합에 대한 법적인 보호를 규정한 와그너 법이 제정된 1935년 초까지 노동조합이 조직된 것은, 농업부문 이외의 노동인구의 13% 가량이었다.

33) Thomas C. Smith, *The Native Origins of Japanese Industrialization* (Berkeley: University of California Press, 1988), pp. 236-70.

34) Gordon, *The Evolution of Labor Relations in Japan*, p. 146에서 인용.

35) 학살된 한국인 희생자수에 대해서는, 요시노 사쿠조(吉野作造, 일본정부의 한국·중국정책에 대해 비판하고, 3·1운동과 5·4운동에 대한 지지를 표명하는 등 당시의 지식인 중에서 예외적인 존재였다)가 독자적으로 행한 조사의 잠정 결과가 2,613명으로 비교적 적게 추정하고 있는 데 반해, 당시 상하이에 있던 대한민국 임시정부의 기관지 『독립신문』의 조사는 훨씬 많은 6,661명으로 되어 있다. 일본 법무성의 보고서는 학살의 피해자를 고작 243명이라고 하지만, 이것은 너무나도 적어서 논외이다. 학살 피해자수의 다양한 추정 치와 군이나 경찰이 자경단에 내린 지령에 관한 추측에 대해서는 『關東大震災: 虐殺の記憶』(東京: 靑丘文化社, 2003), pp. 88, 225-238을 참조. 한국인 폭동에 대한 유언비어의 발생과 확대, 자경단의 형성과 군·경찰에 의한 폭행·학살의 실태, 신문보도 등에 대해서는 姜德相, 『關東大震災』(東京: 中央公論社, 1975), p. 73과 『關東大震災: 虐殺の記憶』, 그리고 姜德相·琴秉洞 編, 『現代史資料 6: 關東大震災と朝鮮人』(東京: みすず書房, 1963), 제1부를 참조. 또 경찰이 노동운동활동가와 한국인을 학살한 가메이도(龜戶)사건의 실태에 대해서는 二村一夫, 「龜戶事件 小論」, 法政大學大原社會問題研究所 『資料室報』, 138號(1968年 3月)를 참조.

36) 오키나와 이주민과 이들의 정체성에 관해서는 富山一郎, 『近代社會と「沖繩人」:「日本人」になるということ』(東京: 日本經濟評論社, 1990)을 참조.

37) 백화점에 대해서는 Louise Young, "Marketing the Modern: Departments Stores, Consumer Culture, and the New Middle Class in Interwar Japan," *International Labor and Working Class History* 55 (Spring 1999): 52-70을 참조.

38) Young, "Marketing the Modern," p. 56.

39) 竹內洋, 「サラリーマンという社會的表徵」, p. 127.

40) 有吉廣介·浜口晴彦 編, 『日本の新中間層』(早稻田大學出版部, 1982), p. 1.

41) Laurel Rasplica Rodd, "Yosano Akiko and the Taishō Debate over the 'New Women,'" in *Re-creating Japanese Women*, pp. 175-98.

42) Miriam Silverberg, "The Modern Girl as Militant," in *Re-creating Japanese*

Women, pp. 239-66. '다리'에 대한 기술은 p. 242에서 인용.

43) 이 주제에 관한 중요한 연구로는 *Modern Girl Around the World Research Group* (Alys Eve Weinbaum, Lynn. M. Thomas, Priti Ramamurthy, Uta G. Poiger, Madeleine Yue Dong, Tani E. Barlow), ed., *The Modern Girl Around the World* (Durham, N.C.: Duke University Press, 2008)을 참조.

44) Henry DeWitt Smith II, *Japan's First Student Radicals* (Cambridge: Harvard University Press, 1972), p. 137.

45) 松成 編著, 『日本のサラリーマン』, pp. 44-45에 인용된 1918년 2월 17일자 『도쿄 아사히 신문』의 기사이다. 모치는 전통적으로 새해를 맞이할 때 해먹던 찰진 떡이다.

46) 竹内洋, 「サラリーマンという社會的表徵」, p. 131; 田沼肇 編, 『現代の中間階級』(東京: 大月書店, 1958), p. 6.

47) 有吉廣介·浜口晴彦 編, 『日本の新中間層』, p. 4에 인용된 하라 다카시의 일기(1910년 6월 13일자).

48) 吉野信次, 『労働法制講話』(東京: 國民大學會, 1925), p. 14.

49) Miriam Silverberg, "The Modern Girl as Militant," pp. 248, 258-59, 264.

50) Garon, *Molding Japanese Minds*, pp. 60, 71.

51) Garon, *Molding Japanese Minds*, pp. 73-74.

52) 稲垣達郎·下村富士男 編, 『日本文學の歷史 11卷』(東京: 角川書店, 1968), p. 364.

53) Gregory J. Kasza, *The State and the Mass Media in Japan* (Berkeley: University of California Press, 1988), p. 88.

54) 이 주제에 관해서는 Harry D. Harootunian, *Overcome by Modernity: History, Culture and Community in Interwar Japan*(Princeton, N. J.: Princeton University Press, 2000)을 참조.

10장 전간기(戰間期)의 민주주의와 제국

1) 다이쇼 천황이 평생 병약했고 정신적 장애를 갖고 있었다는 통설에 중요한 변경을 촉구하는 연구서로는 原武史, 『大正天皇』(東京: 朝日新聞社, 2000)을 참조. 마루야마의 회상에 대해서는, 1989년 발표된 마루야마의 에세이 「昭和天皇をめぐるきれぎれの回想」, 『丸山眞男全集』 第15卷(岩波書店, 1996)을 참조.

2) Andrew Gordon, *Labor and Imperial Democracy in Prewar Japan* (Berkeley: University of California Press, 1993), p. 56에서 인용.

3) 升味準之輔, 『日本政黨史論』 第4卷(東京: 東京大學出版會, 1968), p. 366.

4) John W. Dower, *Embracing Defeat: Japan in the Wake of World War II* (New York: W. W. Norton, 1999), pp. 314-15.

5) 젊은 천황의 교육과 세계관에 대해서는 Herbert Bix, *Hirohito and the Making of Modern Japan* (New York: HarperCollins, 2000) 1부를 참조.

6) Edward Behr, *Hirohito* (New York: Vintage, 1990), p. 65; Bix, *Hirohito and the Making of Modern Japan*, pp. 214-20.

7) Hugh Byas, *Government by Assassination* (New York: A. A. Knopf, 1942).

8) Gordon, *Labor and Imperial Democracy in Prewar Japan*, p. 136.

9) Vera Mackie, *Creating Socialist Women in Japan: Gender, Labour, and Activism, 1900-1937* (New York: Cambridge University Press, 1997) 참조. Laura Rasplica Rodd, "The Taishō Debate over the 'New Women,'" in *Re-creating Japanese Women, 1600-1945*, ed. Gail Bernstein (Berkeley: University of California Press, 1991), p. 194와 E. Patricia Tsurumi, "Visions of Women and the New Society in Conflict: Yamakawa Kikue versus Takamure Itsue," in *Japan's Competing Modernities: Issues in Culture and Democracy, 1900-1930*, ed. Sharon Minichiello (Honolulu: University of Hawaii Press, 1998), pp. 335-57도 참조.

10) Tetsuo Najita, "Some Reflections on Idealism in the Political Thought of Yoshino Sakuzō," in *Japan in Crisis: Essays on Taishō Democracy*, ed. Bernard S. Silberman and H. D. Harootunian (Princeton, N. J.: Princeton University Press, 1974), p. 56을 참조.

11) 江口圭一, 『シンポジウム日本歴史 20: 大正デモクラシー』(東京: 學生社, 1976), p. 129에서 요코타의 말을 인용.

12) 吉見周子, 『近代日本女性史2: 婦人參政權』(東京: 鹿島研究所出版會, 1971), p. 146에 실린 하라의 말.

13) Sheldon Garon, *The State and Labor in Japan* (Berkeley: University of California Press, 1987), pp. 62-68; Andrew Gordon, *The Evolution of Labor Relations in Japan* (Cambridge: Harvard University Council on East Asian Studies, 1985), pp. 210-11.

14) Sheldon Garon, *Molding Japanese Minds* (Princeton, N. J.: Princeton University Press, 1997), pp. 52-53.

15) 大原社會問題研究所 編纂, 『日本労働年鑑』第6集(東京: 大原社會問題研究所 出版部, 1925), pp. 509-13; Richard Smethurst, *Agricultural Development and Tenancy Disputes in Japan, 1870-1940* (Princeton, N. J.: Princeton University Press, 1986), p. 355.

16) 일본과 제1차 세계대전에 관해서는 Fred Dickinson, *War and National Reinvention: Japan in the Great War, 1914-1919* (Cambridge: Harvard University Asia Center, 1999), pp.93-116 참조.

17) Akira Iriye, *After Imperialism: The Search for a New Order in the Far East* (Cambridge: Harvard University Press, 1965), pp.68-80.

18) John J. Stephan, "The Tanaka Memorial(1927): Authentic or Spurious?," Modern Asian Studies 7, no.4(1973): 733-45.

19) Roger Daniels, *The Politics of Prejudice: The Anti-Japanese Movement in California and the Struggle for Japanese Exclusion* (Berkeley: University of California Press, 1962), p.101에서 인용.

20) 총사망자수에 대한 추정치는 저마다 다르다. 일본 당국은 사망자 500명, 부상자 1,400명, 체포자 1만 2,000명이라고 인정했다. 한국에서는 사망자 7,600명, 체포자 5만 명이었다고 추정했다.

21) George Wilson, *Radical Nationalist in Japan: Kita Ikki, 1883-1937* (Cambridge: Harvard University Press, 1969), p.82.

22) Bix, *Hirohito and the Making of Modern Japan* 참조.